守正：民航创新案例与研究 2023

CAPSE 创新奖组委会　编

航空工业出版社
北　京

内 容 提 要

守正是创新的基本前提，也是创新的可靠保障，所谓守正创新，就是坚持实事求是，坚持真理性认识，坚持正确政治方向。《守正：民航创新案例与研究 2023》共收录第六届 CAPSE 创新大赛 44 个优秀标杆案例，本书包含序言、前言、CAPSE 顾问专家寄语、CAPSE 关于《“十四五”民用航空发展规划》解读图、CAPSE 服务管理模型、CAPSE 旅程地图、CAPSE 服务品牌评价模型、时间效率提升案例专区分布、CAPSE 创新方法论、CAPSE 创新准则、第六届 CAPSE 创新大赛技术评审总结和 44 个优秀标杆案例内容展示等重要部分。

《守正：民航创新案例与研究 2023》是一本创新工具手册，旨在为民航同仁在民航领域的创新管理、创新探索、实践提供借鉴和参考。

图书在版编目(CIP)数据

守正：民航创新案例与研究 . 2023 / CAPSE 创新奖组委会编 . --北京：航空工业出版社，2023. 10
ISBN 978-7-5165-3468-7

Ⅰ. ①守…　Ⅱ. ①C…　Ⅲ. ①民用航空-交通运输业-经济发展-研究-中国　Ⅳ. ①F562. 3

中国国家版本馆 CIP 数据核字(2023)第 165126 号

守正：民航创新案例与研究 2023
Shouzheng：Minhang Chuangxin Anli yu Yanjiu 2023

航空工业出版社出版发行
（北京市朝阳区京顺路 5 号曙光大厦 C 座四层　100028）
发行部电话：010-85672666　010-85672683

北京天恒嘉业印刷有限公司印刷　　全国各地新华书店经售
2023 年 10 月第 1 版　　2023 年 10 月第 1 次印刷
开本：889×1194　1/16　　字数：504 千字
印张：21　　定价：198. 00 元

编 委 会

序　言

三年疫情，民航服务创新的本质是什么？值得我们深思。

首先，需要让我们的服务回归到行业本质，行业的本质是实现出行时间可靠性（travel time reliability，TTR），提高人们的时间可靠性，就是提升国民安全感，这是民航服务的根本。

其次，需要让我们的服务回归到经济规律本质，确保航空公司收益的安全。如果我们服务建设投入的成本与我们的收益没有关系，最终会导致服务无法持续。

如何实现以上目标？我们认为要“碳”“数”驱动。

顶层以“碳”驱动。

“双碳”是中国政府的重要政治承诺，已被确立为国家长期战略，将指导未来 40 年的发展模式和路径。民航业作为一个高能耗、高排放的行业，是“双碳”战略目标下需要重点改善的行业之一，实现“双碳”目标的责任重大。民航旅客服务测评（CAPSE）已经在征集 2023 年度民航“双碳”实践案例，希望能够鼓励更多的民航企业和单位积极探索创新，为实现“双碳”目标做出贡献。

底层需要用“数”实现。

“数”驱动可以实现服务能力数据资产化，让我们的服务能力确权，解决第三产业的鲍莫尔成本病，持续提高服务效率，更深度地参与社会交换。

数据作为生产要素已经明确写进“十四五”规划中；2023 年 8 月 21 日，财政部制定印发了《企业数据资源相关会计处理暂行规定》，2024 年 1 月 1 日起执行；2023 年 9 月 8 日，在财政部指导下，中国资产评估协会制定了《数据资产评估指导意见》，2023 年 10 月 1 日起执行。我们需要一起实现服务能力的数据资产化，对服务能力的社会贡献进行确权、评估、融资、再投入，这是一次重要的革命。CAPSE 正在配合大家开展服务创新、服务能力数字化、服务能力数据资产确权等重要实践。

未来，我们一起推动民航服务创新，提升民航服务效率，满足旅客出行需求。

前　　言

CAPSE 创新的核心观点

以科学严谨的管理实践引领创新，民航一切创新都值得被看见

为满足各民航单位对服务创新更广泛的需求，助力民航服务创新体系建设，我们升级推出了“CAPSE 创新生态体系”，为行业输出较高领先度的创新准则，务实推进 CAPSE 创新准则的应用，为民航服务创新进行体系化、科学化赋能。

CAPSE 创新生态体系使命之一：为行业输出较高领先度的创新准则

我们整合行业资源、专家资源，成立技术专家委员会和顾问专家委员会，其中技术专家委员会邀请行业高校专家从学术角度为 CAPSE 创新组委会把控创新执行概念，为“CAPSE 创新”提供强大的学术支持。顾问专家委员会，邀请航企知名专家领导从实战角度进行指导，继而夯实 CAPSE 创新的专业度方向的提升。我们相信，技术专家和顾问专家的加入，将助力民航创新高效、高质量发展。

CAPSE 创新生态体系使命之二：务实推进 CAPSE 创新准则的应用

创新准则的应用的第一部分是举办 CAPSE 创新大赛，发现民航业具有行业代表性的民航创新组织，对行业优秀创新案例进行表彰，树立行业标杆。

创新准则的应用的第二部分是输出创新辅助，依托 CAPSE 评审专家团队，针对企业在创新过程中的方法、思路等进行辅导，助力企业提高创新能力和创新质量。

CAPSE 首席执行官：王智勇

CAPSE 顾问专家寄语 部分

注：按顾问专家姓名拼音字母正序排序

陈　锋

温州机场集团有限公司温州龙湾国际机场　服务管理部副部长

很荣幸参与并成为 CAPSE 创新大赛评委，感谢 CAPSE 为机场航司提供一个全新视角的质量创新交流平台。祝大赛越办越好，祝 CAPSE 越来越好！

崔　艳

国际航空运输协会（IATA）北亚区运营、安全与安保部地区经理

连续参加了三年的 CAPSE 线上评审，今年终于盼到了全国网友在长沙奔现！满满三天的优秀案例展演，大家似乎都忘记了疲惫，自始至终为民航人在追求卓越的路上孜孜以求、精益求精的精神所鼓舞、所打动！你们——值得被看见，你们——才是各自岗位上真正的英雄！

冯力彪

元翔（厦门）国际航空港股份有限公司　安全质量部经理助理

创新是引领发展的第一动力，CAPSE 创新案例大赛为机场、航司等民航单位提供了相互交流与学习的平台，打造一系列优质的服务创新产品，增强民航服务质量的影响力，提升人民群众对民航真情服务的获得感。

雷　蕾

首都机场股份有限公司　服务品质部副总经理

站在民航“规划实施年”和“行业恢复年”的交汇节点，第六届 CAPSE 民航创新大赛的举办恰逢其时。“一切创新都值得被看见”的办赛宗旨，正契合民航企业高质量发展的核心需求。本次大赛专家团队从近 600 项案例申报中，精挑细选 46 个优秀创新案例，覆盖承运人 / 航空公司、机场管理机构 / 专业公司、地面服务代理人等各类型公共航空运输企业的最佳实践，所应用管理理念和创新模式为行业高质量发展提供了宝贵的经验和启发。

李金龙

湖南航空股份有限公司　服务质量管理部总经理

创新是提升民航服务质量的动力源，CAPSE 通过创新平台搭建，为行业各单位提供了一个展示自我、交流合作的机会。很多创新案例内容新颖，思路和方法值得学习和借鉴。期待在 CAPSE 的组织和指导下，各单位携手共进，持续提升服务效率，增强核心竞争力，打造具有国际影响力的中国民航服务品牌。

李丽佳

四川航空股份有限公司　品牌质量管理部副总经理

愿民航同仁以优化创造为抓手，在降本增效上下苦功，从日常的点滴中积累，斟酌每一处细节，将创新创效化作驱动力，通过 CAPSE“创新奖”孵化平台为民航事业的蓬勃发展奉献智慧和力量。

李　岩

飞友科技有限公司 / 合肥航联文化传播有限公司　副总裁

能入选 CAPSE 年度创新案例册可谓“大浪淘沙”，但它们正是中国民航服务创新与发展革新的真切缩影。细读每一篇，案例栩栩如生，逻辑夯实合理，目标明确清晰，阐释深入浅出，这是一本窥见和洞察中国民航服务发展与成就的佳作。

李勇奇

内蒙古民航机场集团公司　服务品质部副总经理

抓创新就是抓发展，谋创新就是谋未来，CAPSE 创新案例评选活动，让我们看到优秀民航服务案例，让我们看到民航客户至上的服务理念、高效的服务流程、出色的服务质量和积极的服务态度。创新是促进行业发展的不竭动力，每一个优秀的民航服务创新案例背后，都体现了民航人对卓越品质的追求，都代表了民航人“真情服务”的初心，都表达了民航人“满足人民美好出行”的愿景。

廖　芳

中国南方航空股份有限公司　服务质量部副总经理

创新是高质量发展的第一动力。第六届 CAPSE 创新大赛为国内民航业提供了一个高水平的交流学习平台，营造了良好的创新氛围。期待 CAPSE 创新大赛越办越好，为民航高质量发展行稳致远注入更强动力！

刘 军

河北航空有限公司　办公室主任

创新需要智慧、头脑和灵感。CAPSE 创新大赛的平台将民航业内优秀的创新案例和人才会聚一堂，会聚众人智慧，激发头脑风暴，产生灵感碰撞。让我们在学习借鉴的基础上，敢于打破常规，推动民航服务创新，助力行业高质量发展。

孟立华

湖北机场集团有限公司　质量安全部部长

“知常明变者赢，守正创新者赢。”在守正基础上的创新才能根深叶茂、源远流长。搭建创新舞台，优化创新环境、激发创新活力。聚焦旅客所需，紧贴旅客所盼，以创新的思路、创新的办法、创新的举措延伸民航服务触角，不断增强广大旅客出行的安全感、获得感、幸福感。

彭洪雅

湖南机场股份有限公司长沙黄花国际机场分公司　服务管理部部长

“民航一切创新都值得被看见”！很赞同 CAPSE 创办民航创新大赛的初衷。习近平总书记讲过“创新是引领世界发展的重要动力”，民航的“创新”，激活的不仅仅是团队创新、项目创新，更是引领整个行业蓬勃发展的驱动力。衷心祝福 CAPSE 创新活动越办越好！

綦 琦

广州民航职业技术学院　民航经营管理学院副院长

与 CAPSE 走过全部六届创新大赛，从这里我看到了中国民航旅客服务持续创新从第一届的“星星之火”，已经逐步发展为第六届的“燎原之势”。以人民至上、系统观念、创新驱动、问题导向、法治保障为基本原则的中国特色航空运输旅客服务高质量发展正在通过 CAPSE 参赛案例生动地展现给每一名中国民航人。CASPE 正在以最广泛的触达、最真实的数据、最精准的洞察，最完美地呈现中国民航服务每一点进步，中国民航服务的卓越品牌必将在 CAPSE 的赋能中诞生，CAPSE 也必将为建设交通强国民航新篇章贡献智慧、洞见和力量。

宋 煜

昆明航空有限公司　地面服务部总经理

创新源自旅客需求，也不断超越旅客需求。星星之火，可以燎原，相信 CAPSE 案例集一定会为大家带去更多的启发和力量，帮助我们拥抱无限机遇和无限可能。

武瑞立

东部机场集团有限公司南京禄口国际机场　运行管理总部副总经理

机场服务创新为旅客提供了可供选择的多元化的服务体验。CAPSE 服务创新活动为机场提供交流平台，通过相互交流、相互借鉴，共同追求更高的服务品质。

徐奕龙

四川省机场集团有限公司成都天府国际机场分公司　运行服务监察部经理

创新是引领发展的第一动力，CAPSE 创新生态体系的理念是综合运用多种科学手段，积极赋能民航创新。天府机场自筹备到运营，也坚持以创新发展为导向，构建综合管理体系，打造亮点标杆服务，实现“国际一流、国内领先”的目标。

许洪澎

山东航空股份有限公司　服务发展部总经理

创新是民航高质量发展的第一动力。CAPSE 搭建创新交流平台、推广民航服务创新应用。当前，民航局开展“服务助力行业恢复年”主题活动，CAPSE 新一版创新案例册的推出正当其时。相信大家能从丰富的服务创新案例中获得启发，有效推动创新实践，助力市场恢复和民航高质量发展。

杨　晶

中国航空运输协会　运输业务部副总经理

创新是推动社会进步的重要力量。非常有幸参与第六届 CAPSE 案例创新评选活动。案例创新评选注重创新的原创性、实用性和市场适应性，深刻诠释了“民航一切创新都值得被看见”。萤烛虽为微光，仍冀燎原之势。希望民航人用心血点亮的每一颗创新案例的星火，通过 CAPSE 一年一度的创新评选活动平台，都能够成为民航灿烂未来的光源，引领民航高质量发展的征程。真诚祝愿 CAPSE 越办越好，奋发向前。

杨　敏

厦门航空有限公司　空中乘务部副总经理

通过对《守正：民航创新案例与研究 2023》案例册的学习，能够启发大家如何精细化打造好的服务产品，并不断在技术、文化、个性上创新，从服务标准体系、服务产品体系、服务能力提升等多个方面，将景、物、境、感融合，延伸出不同客舱情景，以期搭建出完整的客舱服务生态链。

张 凡

成都双流国际机场股份有限公司　安全监察部副主任

“以人为本、真情服务”是民航多年来传承的服务文化，CAPSE创新奖为民航服务的各流程、各环节、各岗位提供了很好的展演平台，让民航的创新能够被看见、被认可、被传播，也为民航的“持续创新”提供了标杆、方法和工具。祝愿CAPSE创新大赛越办越好，共同助力民航服务高质量发展。

张浩波

广州白云国际机场股份有限公司　服务品质部部长

CAPSE作为独立的第三方民航服务测评机构，凭借专业的态度，越来越受到行业关注，伴随着中国民航的高质量发展，期待CAPSE成为全球民航服务评测的度量尺。

张 勇

青岛航空股份有限公司　服务质量管理部/客舱部总经理

创新是活力的源泉，也是建设中国民航强国的必由之路。中国民航各系统从不同角度发力、创新、突破，朝着更安全、更可靠、更便捷、更舒适、更贴心的方向前进，在实践中涌现出一大批经典创新案例，务实高效，具有较强的可参考性、可借鉴性。

赵 娟

新疆机场集团乌鲁木齐国际机场分公司　服务管理部部长

三年疫情，让民航经历了前所未有的考验。为了更好地提升旅客的美好生活质量，2023年民航局提出了“稳中求进，进中谋变，变中提质”的工作方针，通过创新变革提质，更好地践行“人民至上”的理念，建设交通强国。击鼓催征，奋楫扬帆，党的二十大胜利召开，为我们指明了方向，也带来了更好的机遇与挑战，先进科技、高质量管理与民航旅客出行体验的大胆探索，将会推动民航发展迈向新的高度。

赵 卒

重庆江北国际机场有限公司　服务质量部副总经理

疫情三年，民航服务创新从未止步，今年的CAPSE创新案例申报数量反而再创新高，层层甄选出的创新奖案例呈现出百花齐放的良好局面！事实证明，CAPSE致力于驱动整个行业服务创新蓬勃发展的目标正在逐步实现，各机场和航空公司争创行业创新标杆的意识和能力持续加强！感谢CAPSE为行业创新发展提供展示平台，祝案例评选活动行稳致远，越办越好！

朱建军

上海国际机场股份有限公司　服务管理部部长

CAPSE 作为专业的咨询研究机构，致力于发现和引导民航创新发展。本届 CAPSE 创新活动 582 个案例充分展示了民航在低谷期积极应对新变化、谋划新举措、寻求新突破的决心与活力，有力推动了复苏进程，也为高质量发展、建设民航强国积蓄了后劲。

朱勇刚

上海虹桥国际机场有限责任公司　服务管理部部长

这六届的评奖活动，每一届都很精彩，每一届都承载了希望的开始和收获的结果。每一届都凝聚着 CAPSE 人的努力付出，为民航发展展现努力和实力。祝愿下一届能展现更多的精彩，越办越好！

以上顾问专家的职位以 2023 年 4 月时的职位为准

目　录

CAPSE 关于《“十四五”民用航空发展规划》解读图

根据民航局民航强国战略来看，第六届 CAPSE 创新奖获奖案例，分别围绕民航局关于《“十四五”航空运输旅客服务专项规划》所部署的四大主要任务中的“七大工程”进行了创新探索和实践。

其中：围绕第一大任务“提升航班正常管理能力”中的“航班运行效率提升工程”有 2 个案例承接；围绕第二大任务“推广‘人享其行’的智慧出行服务”中的“民航旅客出行便捷工程”有 12 个案例承接，“民航旅客出行关爱工程”有 3 个案例承接，“民航旅客出行愉悦工程”有 8 个案例承接；围绕第三大任务“推进民航服务质量治理能力现代化”中的“民航服务治理能力提升工程”有 8 个案例承接；围绕第四大任务“打造中国民航服务品牌”中的“民航服务品牌建设工程”有 11 个案例承接。

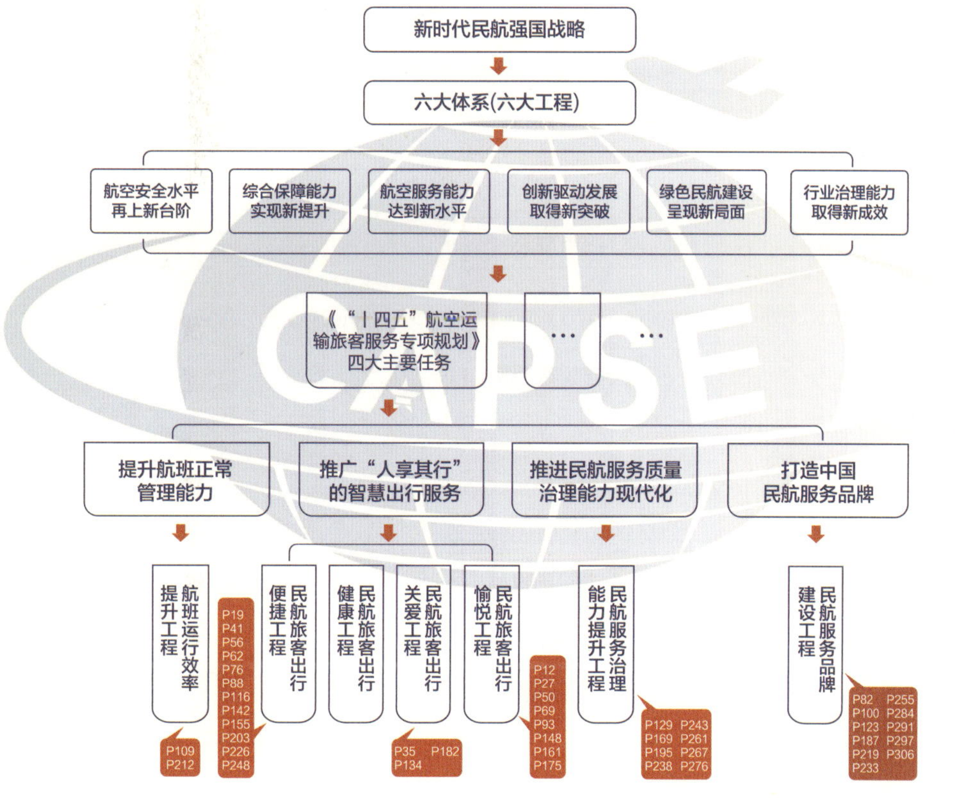

CAPSE 关于《“十四五”民用航空发展规划》解读图

CAPSE 关于《“十四五”民用航空发展规划》解读图是 CAPSE 根据《“十四五”民用航空发展规划》和《“十四五”航空运输旅客服务专项规划》总结梳理得出，版权归 CAPSE 所有。

CAPSE 服务管理模型

根据《CAPSE 服务管理模型》来看，第六届 CAPSE 创新奖获奖案例，分别围绕 CAPSE 管理要素中“服务领导力”“关键业务板块”各细分板块进行创新探索与实践。

其中：“服务领导力”板块中的“创新体系”有 1 个创新案例实践，“品牌体系”有 5 个创新案例实践，“服务质量管理体系”有 2 个创新案例实践，“服务风险管理体系”有 2 个创新案例实践；“关键业务板块”中的“服务产品体系”有 16 个创新案例实践，“顾客关系体系”有 2 个创新案例实践，“服务过程能力”有 15 个创新案例实践，“服务资源生态”有 1 个创新案例实践。

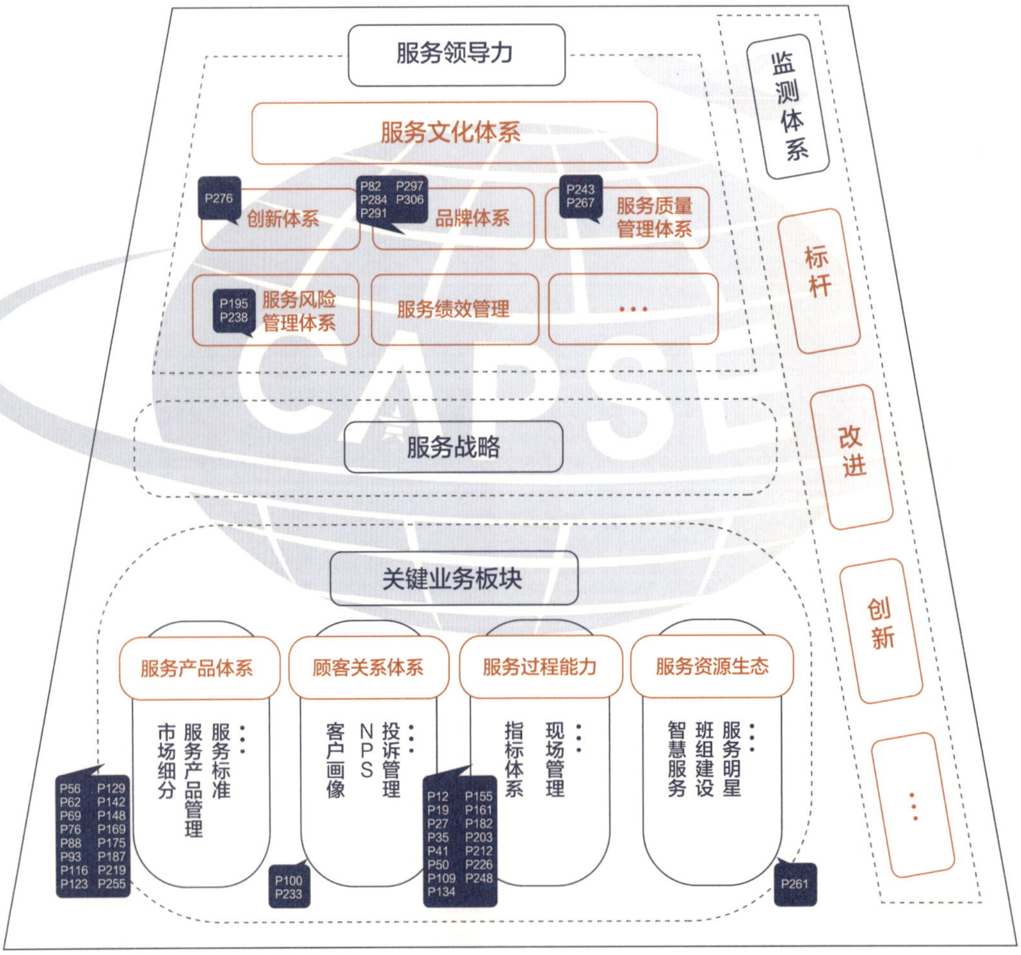

CAPSE 服务管理模型

《CAPSE 服务管理模型》是 CAPSE 借鉴国内外主流的管理模型和工具，结合 CAPSE10 年多民航服务领域的管理实践，梳理得出适合民航服务管理的关键要素，版权归 CAPSE 所有。

CAPSE 旅程地图

从《CAPSE 旅程地图》来看，第六届 CAPSE 创新奖获奖案例，分别围绕 CAPSE 旅程地图中的“搜索预定”“行程服务”两大阶段的细分服务环节进行创新探索和实践。

其中：“搜索预定”阶段“票务服务”环节中“退改签”有 1 个创新案例实践；“行程服务”阶段“出发机场服务”环节中“机场交通”有 1 个创新案例实践，“机场服务与设施”有 7 个创新案例实践，“行李服务”有 3 个创新案例实践，“机场安检”有 1 个创新案例实践，“机场商贸”有 1 个创新案例实践，“登机服务”有 2 个创新案例实践，“中转服务”环节有 5 个创新案例实践，“机上服务”环节中“机上餐食”有 2 个创新案例实践，“客舱环境设施”有 2 个创新案例实践，“到达机场服务”环节中“行李服务”有 1 个创新案例实践。

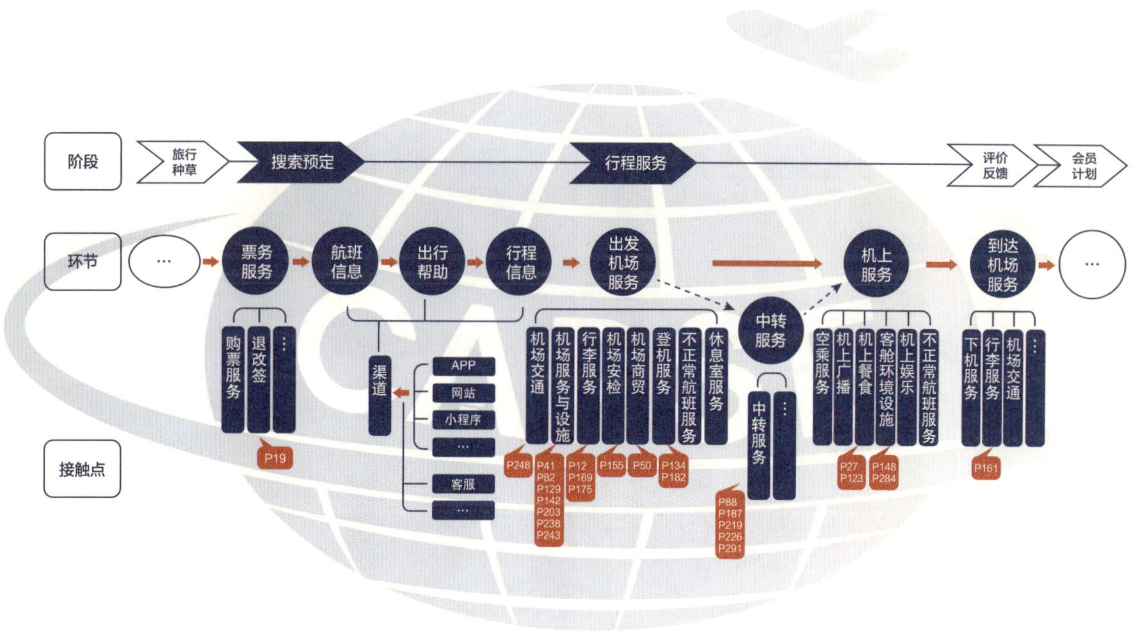

CAPSE 旅程地图

《CAPSE 旅程地图》是 CAPSE 根据旅客出行全流程的服务蓝图及 MOT（关键时刻）整理梳理出关键体验环节的要素，版权归 CAPSE 所有。

CAPSE 服务品牌评价模型

根据《CAPSE 服务品牌评价模型》来看，第六届 CAPSE 创新奖获奖案例，分别围绕 CAPSE 服务品牌评价模型中的服务品牌核心价值进行创新探索和实践。

其中，围绕“服务品牌定位”有 11 个创新案例实践、“服务品牌文化塑造”有 6 个创新案例实践、“服务品牌更新和延伸”有 5 个创新案例实践、“服务体验交付”有 11 个创新案例实践、“产品开发服务创新”有 11 个创新案例实践、“服务品牌传播与维护”有 11 个创新案例实践、“服务品牌设计”有 8 个创新案例实践、“服务品牌架构管理”有 8 个创新案例实践。

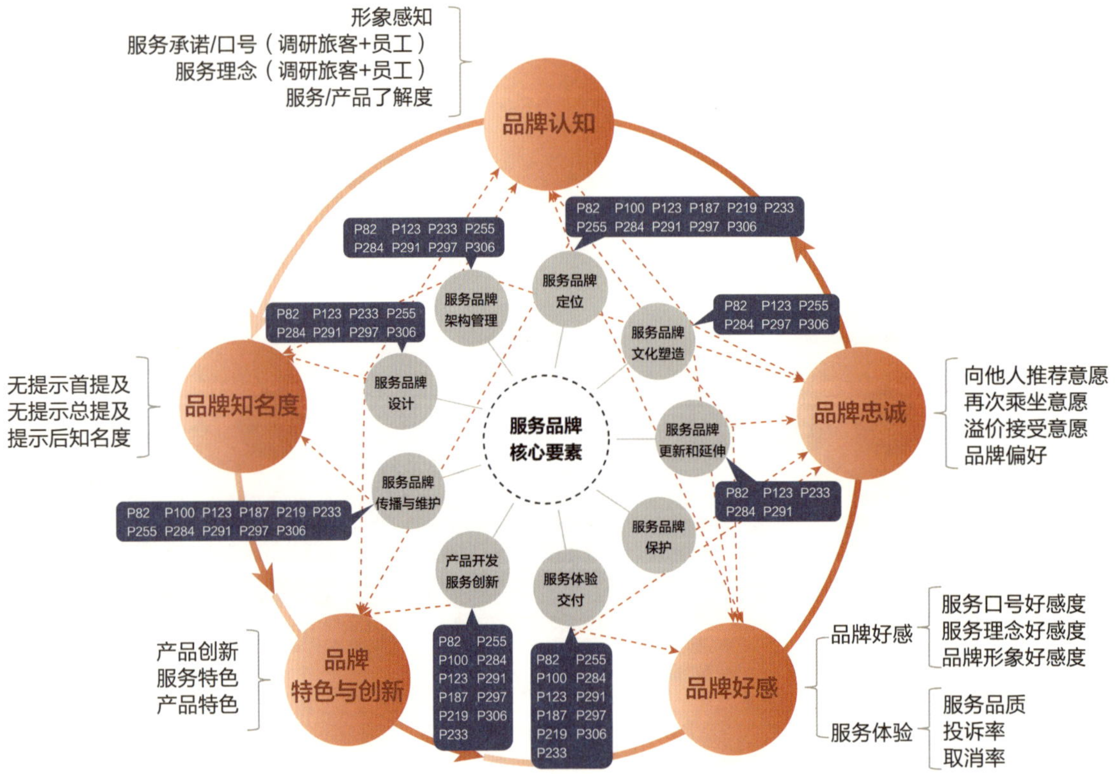

CAPSE 服务品牌评价模型

《CAPSE 服务品牌评价模型》是根据主流通用品牌理论，梳理出服务品牌建设的核心要素。在品牌要素基础上，借鉴世界一流品牌价值评估榜单，并结合 CAPSE 多年研究经验，最终形成适用于中国民航服务品牌评价的体系，版权归 CAPSE 所有。

时间效率提升案例专区分布

2022 年，CAPSE 创新案例围绕旅客端，突出“时间效率”的理念，缩短旅客出行时间。从《CAPSE 旅程地图》来看，第六届 CAPSE 创新奖获奖案例分别围绕 CAPSE 旅程地图中的“搜索预定”“行程服务”两大阶段的细分服务环节进行的创新探索和实践。

其中：“搜索预定”阶段“票务服务”环节中的“退改签”有 2 个创新案例实践；“行程服务”阶段“出发机场服务”环节中的“机场交通”有 1 个创新案例实践、“机场服务与设施”有 5 个创新案例实践、“行李服务”有 2 个创新案例实践、“登机服务”有 2 个创新案例实践，“中转服务”环节有 3 个创新案例实践，“到达机场服务”环节中的“下机服务”有 2 个创新案例实践、“行李服务”有 1 个创新案例实践。

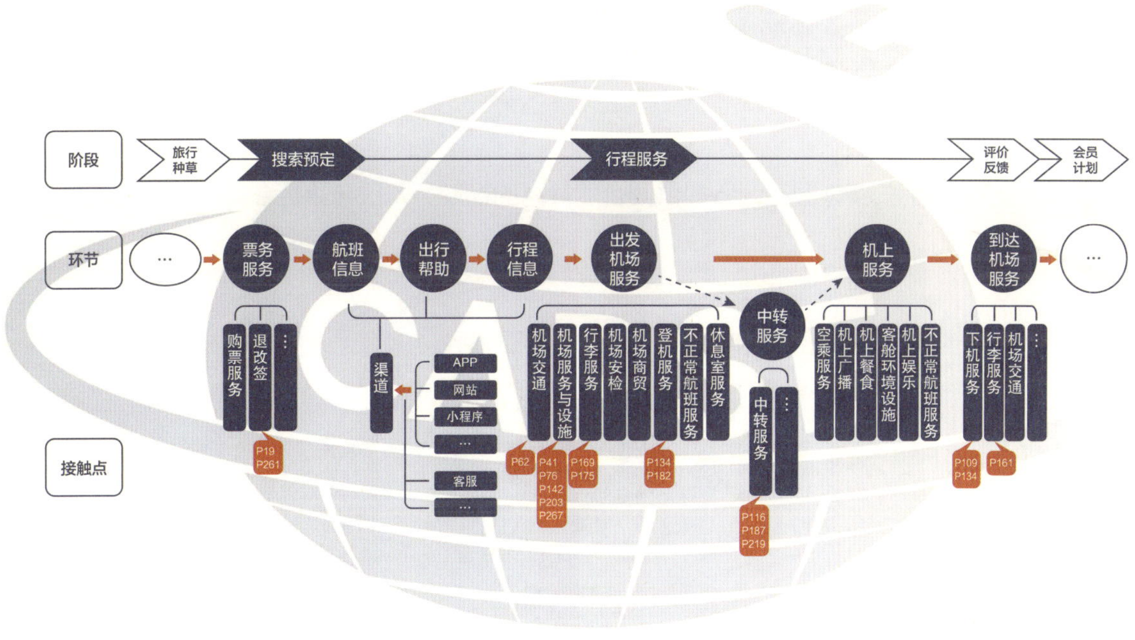

时间效率提升案例专区分布

《CAPSE 旅程地图》是 CAPSE 根据旅客出行全流程的服务蓝图以及 MOT(关键时刻) 整理梳理出关键体验环节的要素，版权归 CAPSE 所有。

CAPSE 创新方法论

（1）以道御术，术以载道，度量成熟。

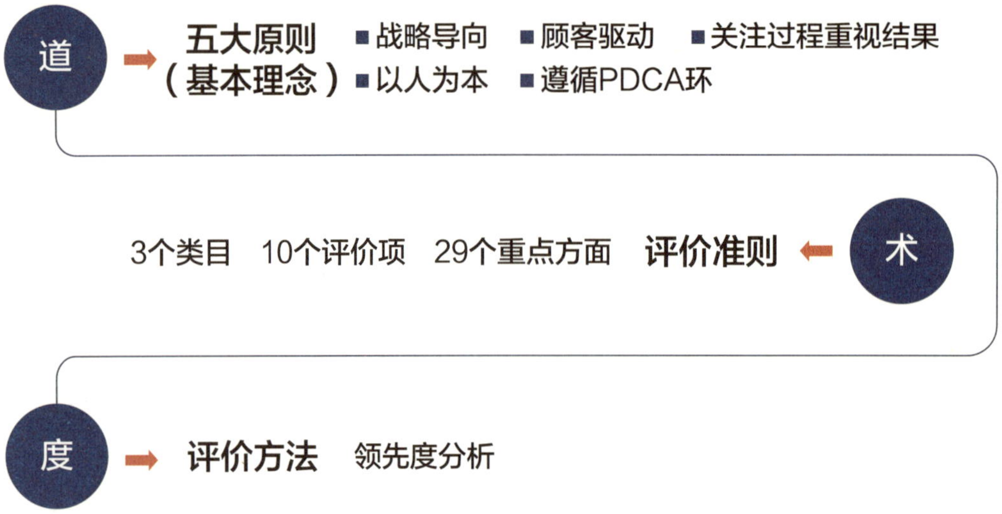

（2）为民航服务相关实体服务创新提供契合度最高的标准、方法与路径参考。

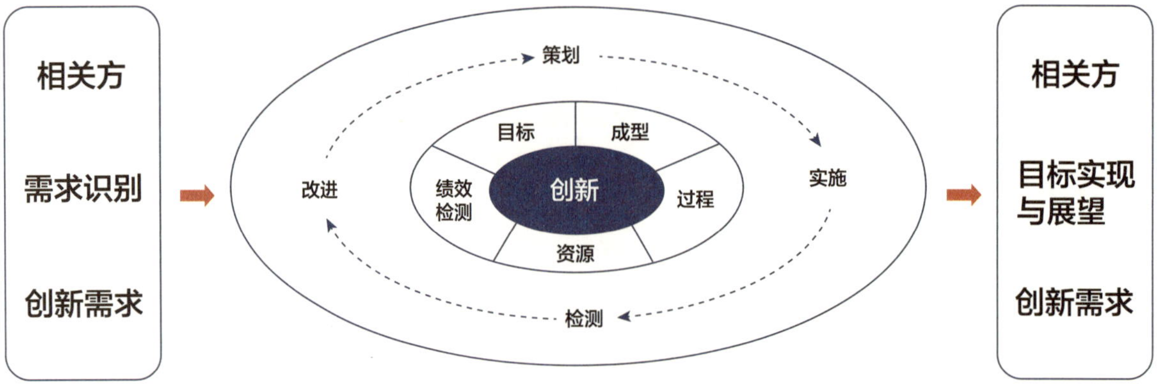

CAPSE 创新准则

（本书服务、产品、流程相关案例整理逻辑严格按照《CAPSE 创新准则》2.0 版本）

《CAPSE 创新准则》（2.0 版本）服务、产品、流程		
维度分类	维度明细	细则
策划与设计	需求识别	需求识别准确，践行“发展为了人民”的理念，与多领域民航强国建设、民航“十四五”规划要求一致
		与公司战略、品牌定位、服务理念一脉相承，符合公司发展愿景
		有清晰、明确的顾客和市场（或场景）定位，且可行性和实操性强
	成型过程	有较完备、有效的策划工作程序和依据
		具有设计、完善、检验、实施和维护这一创新项目的工具和技能
		充分利用数据（自身数据、外部第三方数据等）支持业务分析
		考虑了行业环境（如行业背景分析）、内部要素资源协同、新理念新技术等方面的应用
	创新特点	创新点独特，具有新颖性和吸引力
		与行业已有同类服务有明显差异及提升
	目标设定	根据需求设定具体、可测量的指标
		指标值设定具有突破性或者标杆意义
服务落地与实施	流程设计	流程清晰、符合逻辑、易实施，制定了清晰的实施表（如根据 5W1H）
		使用了科学、合理的设计工具（如服务蓝图、价值流分析等）
		流程设计围绕“提质增效”原则，对实施成本、效率等进行了最优选择考量，符合高质量、绿色发展的需求
	资源保证	有标准规范、流程图或者作业指导书等输出，包含相应的资源支持（如物料配备、服务现场改进等）
		实施对服务人员的必要指导、培训和结果反馈
		有对服务人员经验的整理和服务相关的知识或经验保存、传承的机制
	监测改进	建立了“需求导向”的监督和意见反馈机制，并定期评价、分析服务过程和成效
		建立了“目标导向”的目标指标、流程指标的监测体系和定期评价、分析机制，相应数据来源是否具有“四性”（客观性、可比性、时效性、全面性）
		建立了“问题导向”的及时改进机制、措施，包括补救、修订服务过程和制度

续表

《CAPSE 创新准则》（2.0 版本）服务、产品、流程		
维度分类	维度明细	细则
目标实现与展望	目标性	达成目标，充分响应旅客和相关方需求
		超越对需求方的承诺
		服务创新新颖、过程先进、有启发性，有引领性、示范性
	标准化	相应创新成果形成固定文件或制度，并正常实施
		可推广性强，形成可推广的标准总结和落地布局
		对创新服务过程资料进行了存档管理
	展望	对创新项目未来发展的展望与合理规划

CAPSE 创新准则

（本书品牌、管理相关案例整理逻辑严格按照《CAPSE 创新准则》1.0 版本）

《CAPSE 创新准则》（1.0 版本）品牌、管理		
维度分类	维度明细	细则
策划与设计	科学性	目标有充分依据，从组织生态的角度进行了系统思考
		目标设定清晰，可测量
	新颖性	采用差异化的技术、方法取得成果
		与已有解决方案有显著区别
	顾客导向	需求识别准确，践行“人民航空为人民”的理念，与民航强国战略要求一致
		理解顾客与市场需求
		能够进行充分、科学的分析，找出顾客关键需求要点，满足超越顾客需求
落地与实施	系统性	有较完备、有效的策划工作程序和依据，在组织内进行部署和实施
		逻辑性强，思路清晰，推理严谨
	可行性	易于实施，符合组织人力、资金、技术、设备和材料、信息等资源的配置能力
	创新性	实施中应用创新思维，实施过程中运用创新工具与方法并取得显著成效
	可推广性	方法路径具有组织内外、行业内外示范与推广的价值
		建立了针对性的过程绩效测量体系
目标实现与展望	目标达成	目标的实用性得到充分的运用，并得到有效的检验
		提供了充分、有效的数据和证据
	技术或经营绩效	取得较好的新产品、新技术、新标准或者新规范等成果
		项目取得良好的财务、市场等经营结果
	社会效益	项目成果社会效益显著，形成组织差异化竞争优势
		对组织的管理水平、品牌形象提升有积极影响

第六届 CAPSE 创新大赛技术评审总结

（评审组现场总结整理稿）

CAPSE 第六届创新奖决赛于 2023 年 3 月 31 日在湖南长沙落下帷幕，CAPSE 创新奖组委会基于决赛展演的基本情况，对 CAPSE 第六届创新大赛在内容呈现、典型特点等方面进行了总结，期望与各民航单位进行交流探讨。

本次创新大赛共征集总案例数量 582 个，与第五届相比增长 70%，案例数量再创新高，通过初审技术评审的综合打分评定，此次进入决赛的案例有 92 个，占总案例数量的 15.8%。同时，组委会发现各参赛单位创新能力提升非常迅速，此次进入决赛的案例领先度平均达到了 45%，相比于去年领先度提高了 5%。决赛中，根据《CAPSE 创新准则》和实际打分，最终有 46 个案例（本书收录 44 个案例）获得了创新奖，占总案例数量的 7.9%。这也是我们民航人践行“人民航空为人民”的发展理念，通过创新持续满足人民对航空出行美好愿望的精彩呈现。

本次创新奖决赛呈现了三个典型特点。

第一，打造服务品牌导向越来越清晰。民航局出台的《“十四五”航空运输旅客服务专项规划》提出打造中国民航服务品牌的目标要求，并通过持续的、系统性的引导，不断推动服务品牌建设；2023 年，中共中央、国务院印发《质量强国建设纲要》，也明确提出通过质量提升打造中国品牌。从成功的实践来看，创新将是民航服务品牌打造的核心抓手，根据本次创新大赛的整体情况也可以看出，越来越多的航企开始探索由服务向产品延伸、由产品向品牌转变，积极打造能代表中国民航的中国服务品牌。比如，厦门航空推出的茶文化新服务体系及“摘星绮旅”头等舱餐酒服务、湖南航空的“云端 · 彩虹机队”、南京机场的即“食”达、四川航空的“熊猫之路”战略子品牌、衡阳机场推出的“衡阳那碗粉”服务等，由服务创新发展为服务产品，再由服务产品培育成民航服务的一个品牌，并通过持续的品牌价值管理，取得了不错的效果。

第二，探索精益服务创新越来越成为共识。此次案例的另外一个典型特点是，创新管控的维度更为精细，主要表现在通过追求精益服务，提高旅客出行效率，回归航空旅行核心价值本身。比如，天府机场的登机桥全自动接机项目、福州机场晚到旅客保障体系、厦门机场助力旅客缩短出行时间项目、武汉天河机场“机场快线”服务等都在探索精益，力求精益求精，通过优化服务流程，培育服务核心竞争力。

第三，聚焦旅客价值导向的营销服务一体化成为新的方向。此次案例展现，无论是机场还是航司，围绕服务资源增值的商业模式进行了大量的实践，典型的方向是营销服务一体化。比如，厦航茶文化新服务体系、南京机场的即“食”达等，无论是对于行业探索服务促营销，还是服务产品打造都具有代表意义和推广价值。

注：本书 44 个案例内容呈现为 CAPSE 创新奖组委会根据项目组提交的案例材料，按照创新方法论进行的架构拆分和归类，非原始结构。

第六届 CAPSE 创新大赛决赛技术评审团

王凤杰
（主席）

卢志钢
（组长）

韩　健
（组长）

郭朔辰
（组长）

苏清妙
（技术评审）

刘欣倩
（技术评审）

梁薇薇
（技术评审）

陈浩菲
（技术评审）

管文溥
（技术评审）

李嗣承
（技术评审）

王　昆
（技术评审）

CAPSE 创新案例领先度参照表

领先度等级	一级	二级	三级	四级	五级
领先度百分比	0%，5% 10%，15% 20%，25%	30%，35% 40%，45%	50%，55% 60%，65%	70%，75% 80%，85%	90%，95% 100%
案例水平	**反应级** （落实评分准则各级要求非常有限、零散）	**初期级** （落实准则的基本要求（第三级准则都有应对），相当于达到符合性评价要求）	**成熟级** （能系统、有效地落实条款要求，总体超出了认证审核级的要求）	**优秀级** （在系统有效落实条款要求基础上有明显的持续改进导向，相关准则要求达到同行先进水平）	**卓越级** （条款实施已达到行业领先水平，形成了自身特色的创新模式）

案 例 名 称：【湖南机场股份有限公司长沙黄花国际机场分公司】匠心换舒心，提升长沙机场行李运输服务品质

案 例 编 号：IAS2022001

创 新 分 类：服务创新

所 属 单 位：湖南机场股份有限公司长沙黄花国际机场分公司

项目负责人：李长、刘祥、段军

项 目 成 员：徐晓辉、唐祥峰、文杵、刘亭、朱科亮 、刘栋梁、宋先德

创新“坐标”

在“民航强国战略”中的位置

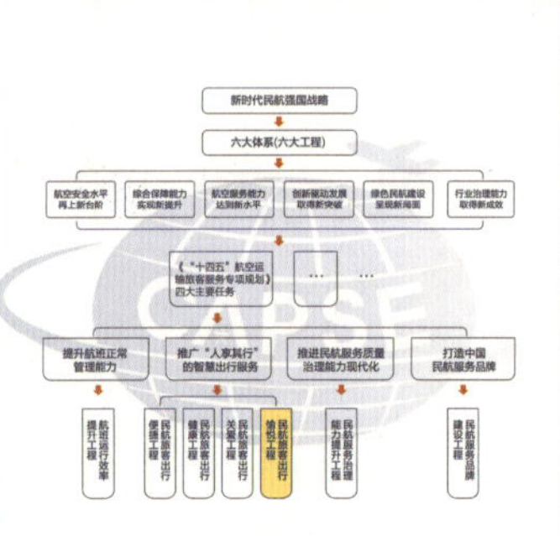

CAPSE 关于《“十四五”民用航空发展规划》解读图

在“服务管理体系”中的位置

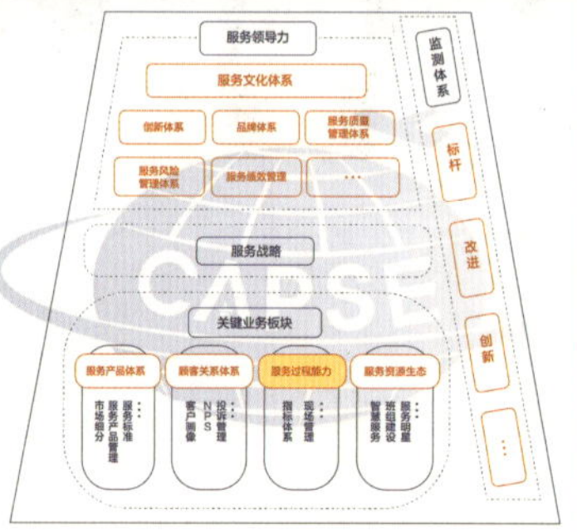

CAPSE 服务管理模型

在“旅客出行体验”中的位置

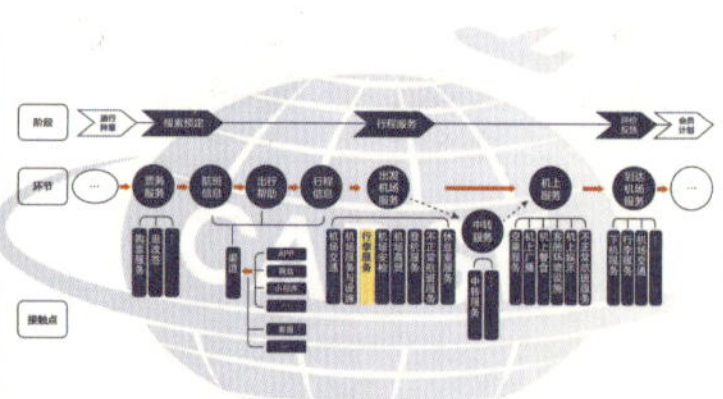

CAPSE 旅程地图

创新 KPI

指标名称	创新前	创新后	备注（行业现状）
出港行李破损率	1.99‰	0.4‰	—

一 关键内容展示

（一）策划与设计

1. 需求识别

（1）提升行李运输服务质量，为旅客提供高效、便捷、快速、舒适的行李运输服务，提高旅客出行体验，2018 年 CAPSE 机场服务测评报告显示，长沙黄花国际机场行李服务综合得分为 3.73，低于 45 家中国内地机场平均得分，其中主要原因是托运行李损坏。

（2）长沙机场要求旅客对行李运输的年有效投诉≤ 2 起，不发生航空公司有效投诉。

2. 成型过程

（1）长沙机场航站区管理部设备管理室成立“非凡”创新小组，小组成员共 10 人，其中硕士研究生 1 人，本科学历 7 人，平均年龄 34 岁，是一支专业化、高素质的技术团队。

（2）为使本次项目有计划、有步骤地进行，小组制订出详细的计划实施表，活动从 2018 年 9 月开始，持续至 2022 年 12 月。

3. 创新特点

根据行李系统设备现状和场地条件，小组自主研发了一种“机场行李滑槽缓冲输送装置”，并在 2023 年 2 月 10 日获得国家专利。

4. 目标设定

降低托运行李破损率，提升行李运输服务品质，行李破损情况下降 80% 左右。

（二）落地与实施

1. 流程设计

（1）行李输送系统简介。基于小组的管辖权责，本项目只研究和调查长沙机场国内出港行李由值机柜台办理托运至行输系统自动分拣机滑槽的破损。

① 国内出港行李系统：共 60 个值机柜台，3 条主输送线，1 台自动分拣机，2 个人工分拣转盘。

② 自动分拣机：自动分拣机是由机械电气元件替代人工分拣的一套快速、准确、高效的自动化设备。通过识别行李条码确认航班目的地，由托盘倾翻行李至对应滑槽的自动化设备。

（2）行李破损现状调查。

① 自动分拣机滑槽：滑槽用来接收自动分拣机分拣下来的行李，长沙机场 T2 航站楼滑槽共有 32 个，长 7.5m，坡度为 45° 。旅客托运行李在自动分拣机滑槽下滑过程中速度较快，冲击力较大，易造成行李破损，导致旅客要求航空公司赔偿并投诉，影响了旅客的出行感受和机场的服务质量。

② 行李堆积在滑槽内未及时分拣，造成行李间相互碰撞。

③ 小组成员对某航空公司 2018 年 7—12 月在长沙机场国内出港行李数进行统计，得出行李月均破损率为 1.99‰。

④ 小组成员对选取行李破损最多的 12 月进行分析，发现行李在滑槽内破损占比 79.81%。

（3）行李破损原因分析。小组成员从人、机、环、管四个方面对行李破损进行原因分析，得出末端因素：

① 行李下滑时速度快、冲击力大。

② 行李量日益增加，滑槽资源紧张。

③ 值机员违章操作托运行李。

④ 维修员未对设备进行精细化维护。

⑤ 相关制度不完善。

（4）确定关键因素。

① 由于滑槽设计不合理，行李在滑槽下滑过程中速度快、冲击力大，造成行李破损，占比 48.28%，确认为关键因素。

② 随着航班量日益增加，行李量远超设计容量，滑槽资源紧张，造成部分行李拖斗车摆放距滑槽较远，未对滑槽行李及时分拣，易造成行李堆积相互碰撞，破损占比 31.53%，确认为关键因素。

③ 值机员严格按照行李运输规范标准进行行李托运，确认为非关键因素。

④ 维修员严格按照科室制定的设备精细化管理制度和要求，按计划对行输系统进行维护保养，积极处理设备各类故障和解决可能易卡挂行李等影响行李运输的各种问题，确认为非关键因素。

⑤ 建立并完善行李运输相关规定和制度，规范行李操作行为，确认为非关键因素。

（5）确定主要原因。

行李下滑时速度快、冲击力大，行李量日益增加，滑槽资源紧张为行李破损的主要原因。

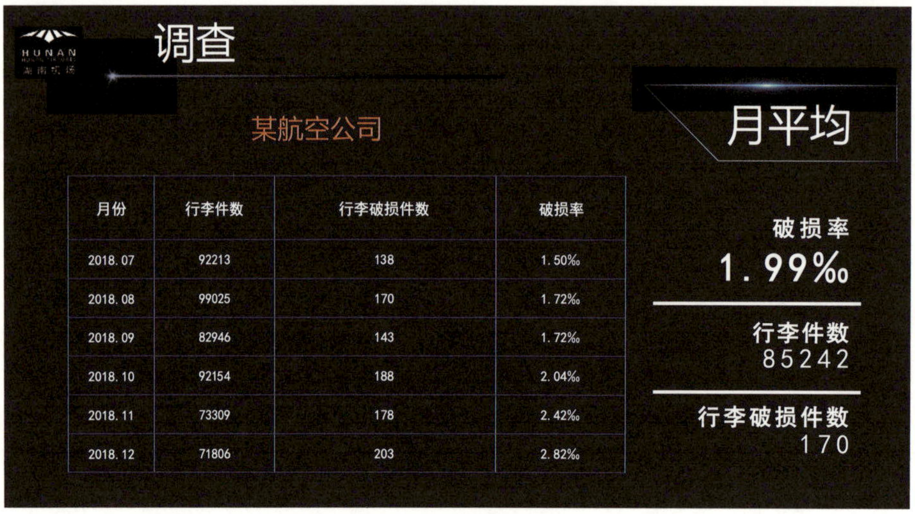

月份	行李件数	行李破损件数	破损率
2018.07	92213	138	1.50‰
2018.08	99025	170	1.72‰
2018.09	82946	143	1.72‰
2018.10	92154	188	2.04‰
2018.11	73309	178	2.42‰
2018.12	71806	203	2.82‰

图源：2022CAPSE 创新奖决赛展演材料

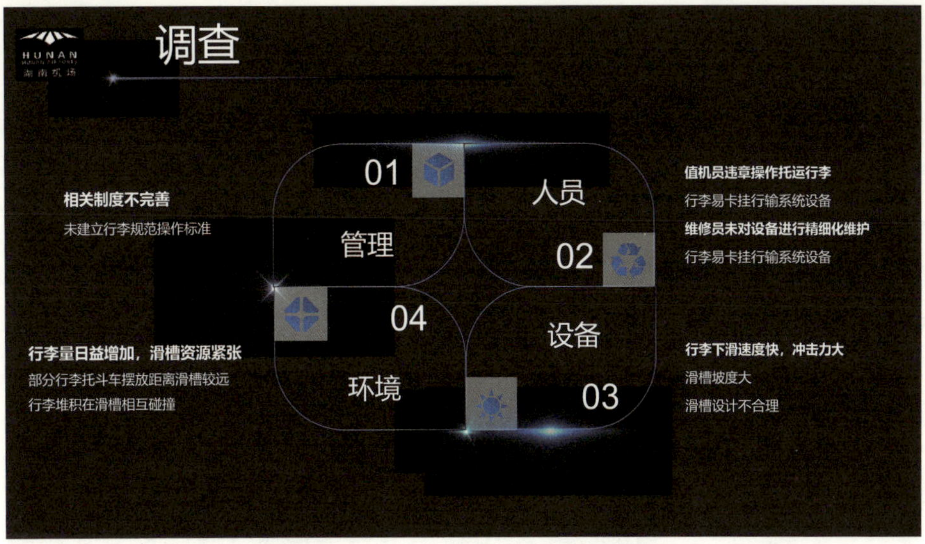

图源：2022CAPSE 创新奖决赛展演材料

2. 资源保障

（1）理论分析

由调查得知，行李破损发生在自动分拣机滑槽的数量占行李破损总量的 79.81%，只需要解决这部分问题，就可以将破损率控制在 0.4‰，即“1.99‰ ×（1-79.81%）≈ 0.4‰”。行李破损率将下降 80% 左右。

（2）制定 5W1H 对策表

聚焦对策表实施项目，建立微信群，讨论制订改造自动分拣机滑槽项目初步方案，并将设计图样绘制成三维图，及时交流意见，沟通题目进度、安装及调试情况。

（3）成立专项小组

长沙机场航站区管理部设备管理室成立“非凡”创新小组，小组成员共 10 人，其中硕士研究生 1 人，本科学历 7 人，平均年龄 34 岁，是一支专业化、高素质的技术团队。

3. 监测改进

（1）对策一

① 成立改造自动分拣机滑槽项目小组，讨论制订初步的改造方案，将设计图样绘制成三维图，并建立微信沟通群，及时将小组成员意见、项目进度、安装及调试情况进行交流分享。经过安装调试及现场测试，发现细纹面的皮带摩擦力不够，行李下滑时速度依然较快，冲击力依旧较大，达不到理想的缓冲效果。长沙机场航站区管理部设备管理室成立“非凡”创新小组，拟订方案 1、方案 2、方案 3 三种解决措施，方案 3 减少了输送机的数量，降低了整个装置的重量（质量），并使用了更为节能的变频减速机，所以小组选择方案 3 进行安装运行。

② 增派中控员实时监控滑槽状态，如发现有行李堆积在滑槽内的情况，及时通知货运增派人员进行分拣，避免行李在滑槽内堆积造成相互碰撞而损坏。

③ 组织相关单位召开行李运输协调会，明确相关单位的职责与范围，并形成相互监督、相互促进、相互帮助的良好氛围，共同为旅客提供优良的行李运输服务。

④ 小组成员继续优化，用一台宽度为 1 米的输送机代替之前两台宽度为 0.8 米的输送机，经过再次安装调试及现场测试，发现前两次存在的问题都已解决，该缓冲装置对下滑的行李起到了理想的缓冲效果，行李下滑速度由活动前 3.4 米 / 秒降至活动后的 0.4 米 / 秒，小组活动初见成效。

⑤ 方案 3 减少了输送机的数量，降低了整个装置的质量，并使用了更为节能的变频减速机，所以小组选择方案 3 进行安装运行。

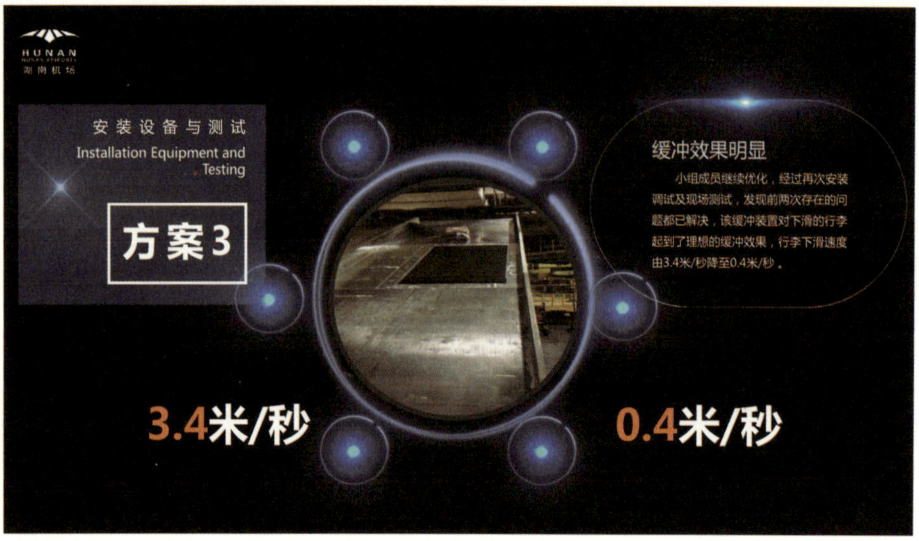

图源：2022CAPSE 创新奖决赛展演材料

（2）对策二

增派中控员实时监控滑槽状态，如发现有行李堆积在滑槽内的情况，及时通知货运增派人员进行分拣，避免行李在滑槽内堆积造成相互碰撞而损坏。

（3）对策三

① 组织相关单位召开行李运输协调会，明确相关单位的职责与范围，并形成相互监督、相互促进、相互帮助的良好氛围，共同为旅客提供优良的行李运输服务。

② 将两个出港备用转盘作为常规分拣转盘，增加行李拖斗车摆放量，缓解滑槽资源紧张的状况，让滑槽行李能够及时进行分拣，减少行李堆积在滑槽内相互碰撞造成的破损。

（三）目标实现与展望

1. 目标性

长沙机场国内出港托运行李破损率降低 80%，提升了行李运输服务品质，给旅客带来舒心的出行体验，也得到了驻场航空公司的高度评价。

2. 标准化

（1）荣获中国质量技术与创新成果发表赛“专业级”成果、湖南省优质服务大赛暨质量创新成果发布会一等奖，该项目在 2023 年 2 月 10 日获得国家专利。

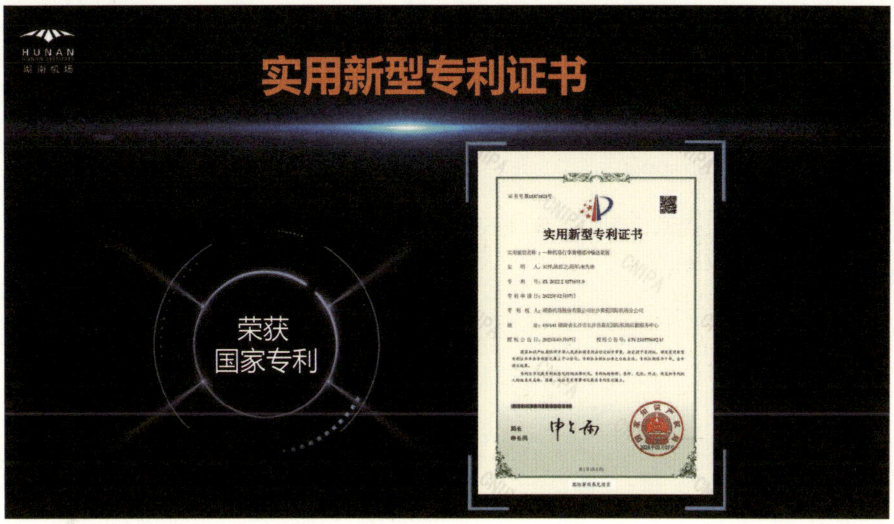

图源：2022CAPSE 创新奖决赛展演材料

（2）向其他有需要的机场进行推广使用。

3. 展望

长沙机场航站区管理部设备管理室“非凡”创新小组将会持续以“提升行李运输服务品质、保障设备安全平稳运行”理念为核心，继续为旅客和航司提供高质量的服务。

二 案例综评

（一）综合点评

该创新案例团队围绕“降低行李破损”进行了服务创新实践。创新团队在创新过程中，灵活运用质量改进小组创新方法，通过对数据的分析，较为精准地确定创新点。创新过程中，创新团队对于创新方案有明确的对比过程，在一定程度上对创新的有效性、创新的产投比进行了控制，最终通过自主发明的方式实现具体价值，确保了创新的提质增效基本原则。该案例为民航实体单位如何发挥基层班组创新作用、提升基层班组创新能力提供了很好的借鉴。

（二）技术建议

从创新团队申报的材料来看，主要是从 QC 活动的逻辑转换而来，在具体程序方面比较严密，但是基于创新在整体服务管理中的定位来看，创新团队在创新的需求确认和过程设计方面还有一定的提升空间。首先，该创新的需求方面不明确，在整个创新过程中也缺少对相关方、相关工序影响的评估，这不利于对该创新成果的整体有效性的评估和监测。其次，从对于效果的监测环节来看，目前主要聚焦在 QC 活动的程序范畴，尚未基于创新从需求满足能力方面对新设备的运行状态、点检要求等层面进行关注。这些都有可能会影响该创新发挥作用的持续性。

三 现场展演视频回放

微信扫码可观看

【湖南机场股份有限公司长沙黄花国际机场分公司】“匠心换舒心，提升长沙机场行李运输服务品质”展演视频

案例名称：【上海虹桥国际机场有限责任公司】上海虹桥机场隔离区智慧退改签服务

案例编号：IAS2022002

创新分类：服务创新

所属单位：上海虹桥国际机场有限责任公司

项目负责人：戴艳

项目成员：尹洁、李超、李寅丰、林豆豆、郑雪

创新“坐标”

在“民航强国战略”中的位置

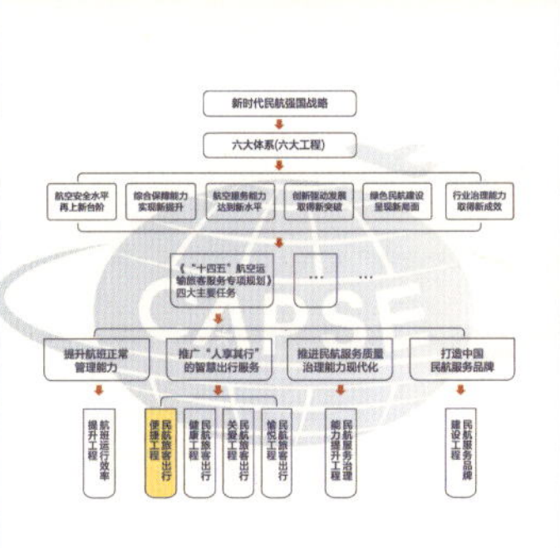

CAPSE 关于《“十四五”民用航空发展规划》解读图

在“服务管理体系”中的位置

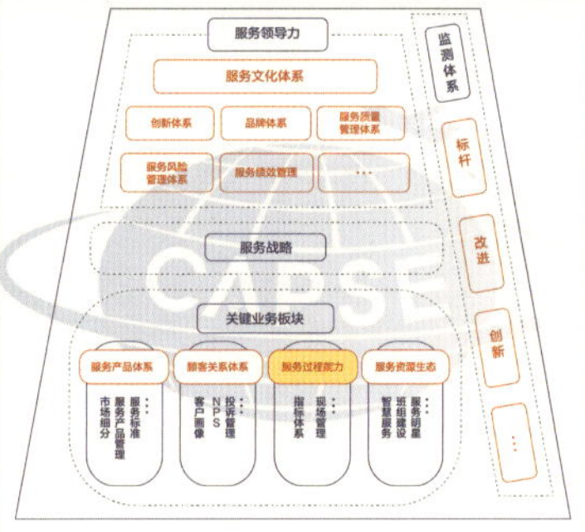

CAPSE 服务管理模型

在“旅客出行体验”中的位置

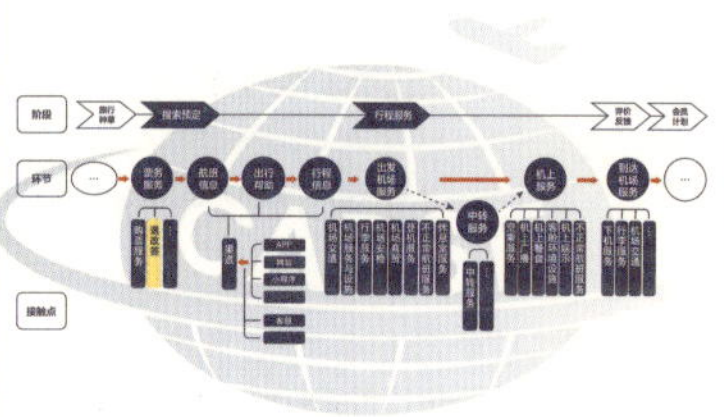

CAPSE 旅程地图

在“时间效率”中的位置

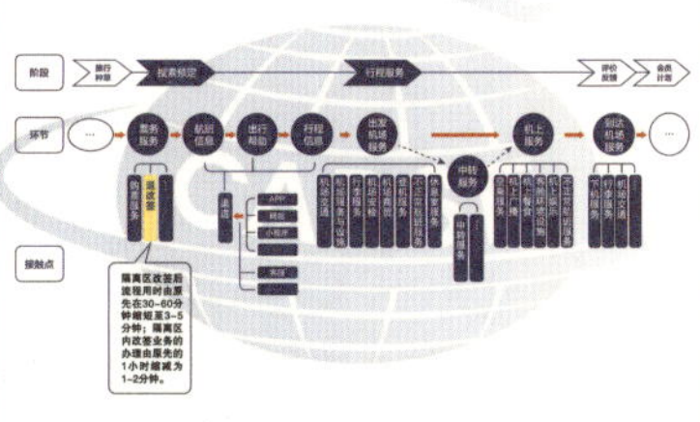

CAPSE 旅程地图

创新 KPI

指标名称	创新前	创新后	备注（行业现状）
便捷度（航班改签二次安检）	航班改签后，旅客须出隔离区后进行二次安检	航班改签后，旅客无须出隔离区，无须进行二次安检	—
效率（改签后流程用时）	30~60 分钟	3~5 分钟	—
自助改签使用范围	仅在隔离区外可使用	隔离区内外均可使用	—
服务范围	部分在隔离区设置固定柜台的航司	具备在线改签服务的全航司	—
登机体验	隔离区内改签后，凭安检纸质改签凭证登机	隔离区内改签后，无须出示纸质转签凭证，无感登机	—

一 关键内容展示

（一）策划与设计

1. 需求识别

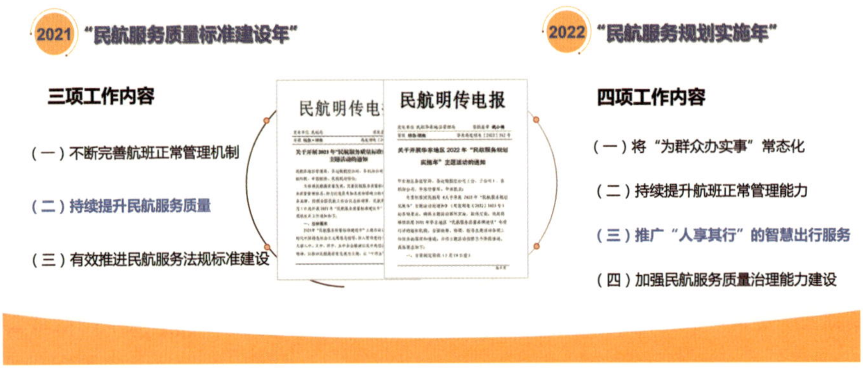

图源：2022CAPSE 创新奖决赛展演材料

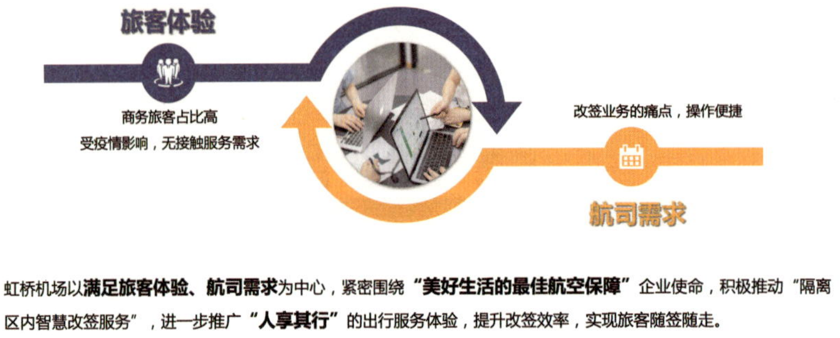

图源：2022CAPSE 创新奖决赛展演材料

2021 年，民航局开展的“民航服务质量标准建设年”主题活动，在持续提升民航服务质量方面提出，不断完善客票退改签服务，推广隔离区内智慧改签服务。2022 年在推广“人享其行”的智慧出行服务方面提出，在更多机场和航空公司推广“随到随飞”快线 + 隔离区内签转服务，实现旅客随到随走。围绕局方要求，虹桥机场以聚焦旅客体验及关注航司需求为着力点，推进“人享其行”的智慧出行服务，提升改签效率，实现旅客随签随走。

2. 成型过程

2010 年，改签业务主要发生在航班延误时，由航司主动发起改签业务办理，而且旅客需要离开隔离区在值机区域完成改签业务的操作，办理完成后，旅客需要重新安检才能进行后续的登机业务，整体业务流程较为繁琐。

2017 年，项目组在隔离区内设立人工改签柜台，增设安检、离港服务功能，旅客改签无须离开隔离区，可在人工改签柜台办理相关业务。但是，应对的业务场景仍仅限于航班延误时航司主动发起的单个航班改签业务整体办理。

为满足旅客个性化服务要求，2021 年，项目组在现有的人工改签柜台上增设了订票功能，实现了旅客不同航班的改签需求，除航司主动发起的改签外，旅客可自主发起改签业务，在登机口核验转签凭证后人工放行。

为更进一步提升旅客服务体验，项目组对隔离区内改签服务开展了进一步的探讨，于 2022 年 1 月完成虹桥机场隔离区智慧改签业务优化，使旅客能够在隔离区内自助完成改签业务，实现便捷登机。

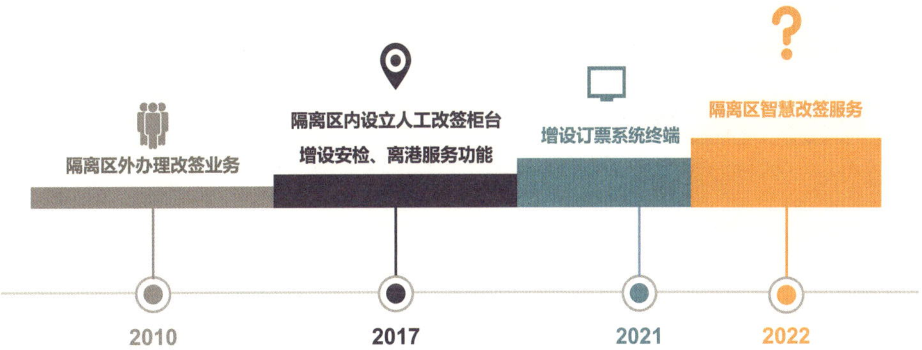

图源：2022CAPSE 创新奖决赛展演材料

3. 创新特点

虹桥机场成为全国首家提供隔离区内自助改签服务的机场。区别于传统服务业单纯以扩大规模、增加人员的方式实现旅客改签服务优化的措施，虹桥机场采用的是通过优化离港系统逻辑，完善离港系统内安检信息查询流程，对离港系统登机口业务进行升级，实现改签旅客的登机航班对安检信息的自动二次调用。整体实施成本较低，支持不同航司的改签业务办理；旅客改签业务办理不局限于改签柜台，可支持航司 App 自助改签；自助改签旅客无须出示纸质转签凭证，可正常办理登机业务；减少航司人员在登机口复核安检转签凭证的工作量，提高登机效率，优化旅客在隔离区内的改签业务办理。

虹桥机场：全国首家提供隔离区内自助改签服务的机场

图源：2022CAPSE 创新奖决赛展演材料

4. 目标设定

通过较少的实施成本实现隔离区智慧改签服务，改变隔离区航班改签方式，由固定柜台改签变更为支持具备在线改签服务的全航司航班智慧改签服务，达成旅客在隔离区内改签后无须二次安检即可前往改签航班登机口实现无感登机的目标，隔离区改签后流程用时由原先 30~60 分钟缩短至 3~5 分钟。

核心指标	行为现状（创新前）	期望目标（创新后）
便捷度	二次安检	一次安检
效率	30~60分钟	3~5分钟
登机体验	凭安检纸质改签凭证	不需要凭证，无感登机
自助改签使用地点	仅隔离区外	隔离区内、外
隔离区内服务范围	有固定柜台的航司	具备线上改签服务的全航司

图源：2022CAPSE 创新奖决赛展演材料

（二）落地与实施

1. 流程设计

虹桥公司及东航组建专业团队，会同中航信、公安部一所，为实现隔离区内自助改签，通过名义群体法的方式，多次开展线上交流及现场会议，合作研究优化方案。在深挖国内外机场及虹桥机场隔离区内改签业务的基础上，针对航司业务需求、旅客改签服务需求，提出了《人工服务改签柜台增设方案》和《隔离区内改签离港系统优化方案》两种方案。

通过对方案比较分析，从实施成本和实施效果两个方面综合考量，聚焦离港系统逻辑优化，实现改签旅客的安检信息调用，改善隔离区内自助改签服务。对机场及航司而言，方案前期实施及方案落地后无额外成本投入。

通过对方案的整体评估，整体实施成本较低，支持不同航司的改签业务办理；旅客改签业务办理不局限于改签柜台，可支持航司 App 自助改签；自助改签旅客无须出示纸质转签凭证，可正常办理登机业务；减少航司人员在登机口复核安检转签凭证的工作量，提高登机效率，有效优化旅客在隔离区内的改签业务办理。

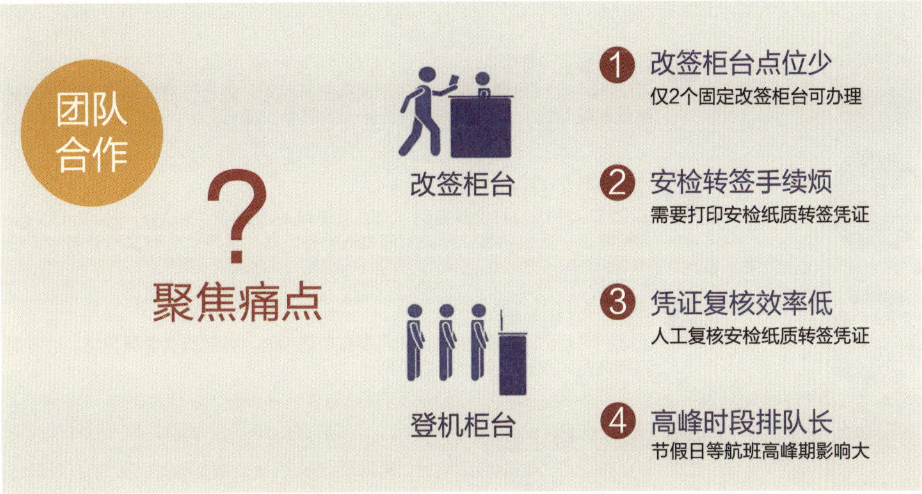

图源：2022CAPSE 创新奖决赛展演材料

2. 资源保障

由虹桥机场牵头，联合东航、中航信、公安部一所组建服务研究团队，集合业务、技术专家，共同研讨方案可行性、流程设计及后期的落地实施。

图源：2022CAPSE 创新奖决赛展演材料

3. 监测改进

（1）测试上线方案严谨，通过 PDCA 管理循环规则（计划—执行—检查—调整）的方式，在正式上线前进行多次模拟测试及实战测试，确保正式上线的安全性、可靠性；项目组联合东航，使用现有东航 App 进行隔离区内旅客智慧改签业务流程模拟测试，确认当前改签业务流程难点、痛点。

（2）在后期优化方面，与航司做好充分的沟通，与东航建立业务联络群，及时沟通使用中出现的问题，针对问题转技术支持团队进行后台的排查与改进。在推广方面，积极与各航司进行业务、技术交流，实地进行业务正式测试，通过测试完善航司线上程序、业务流程，实现业务、技术的融合。

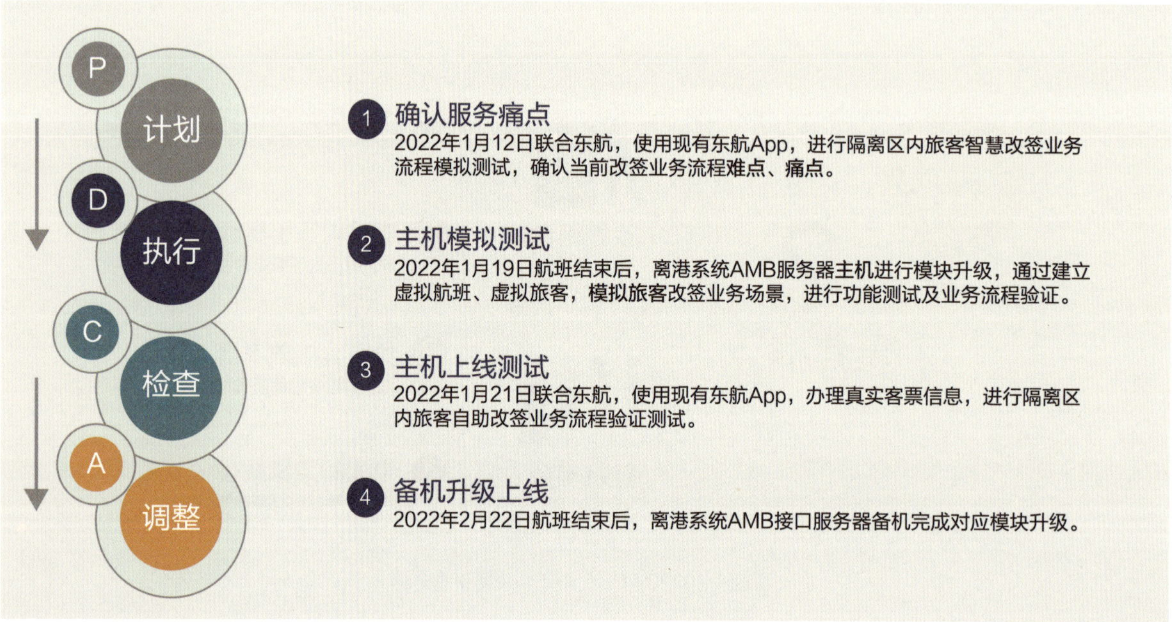

图源：2022CAPSE 创新奖决赛展演材料

（三）目标实现与展望

1. 目标性

（1）业务流程得到了优化，旅客使用航司 App 完成自助改签业务，无须去改签柜台办理，隔离区内改签业务的办理由 1 小时缩减为 1~2 分钟，进一步助力旅客“随到随走”；取消纸质安检转签凭证，优化改签流程，人工改签及自助改签无须进行安检转签办理；登机口改签旅客可以正常登机，优化了原有的登机牌及转签凭证核对功能，提高了改签旅客的登机效率。

（2）旅客体验得到了提升，旅客无须出隔离区重新安检；助力疫情防控，为旅客提供改签无接触式服务，满足旅客健康出行需求；同时为老年旅客、不能熟练使用智能手机的特殊人群保留人工柜台，助力顺畅出行。

（3）便捷出行更进一步，所有改签旅客通过电子登机牌、身份证件正常登机，工作人员无须进行转签凭证复核，实现改签业务的无感登机；真正做到了“信息多跑路，旅客少走路”，通过优化系统逻辑，支持航司手机 App 改签，实现了旅客改签“零”路线。

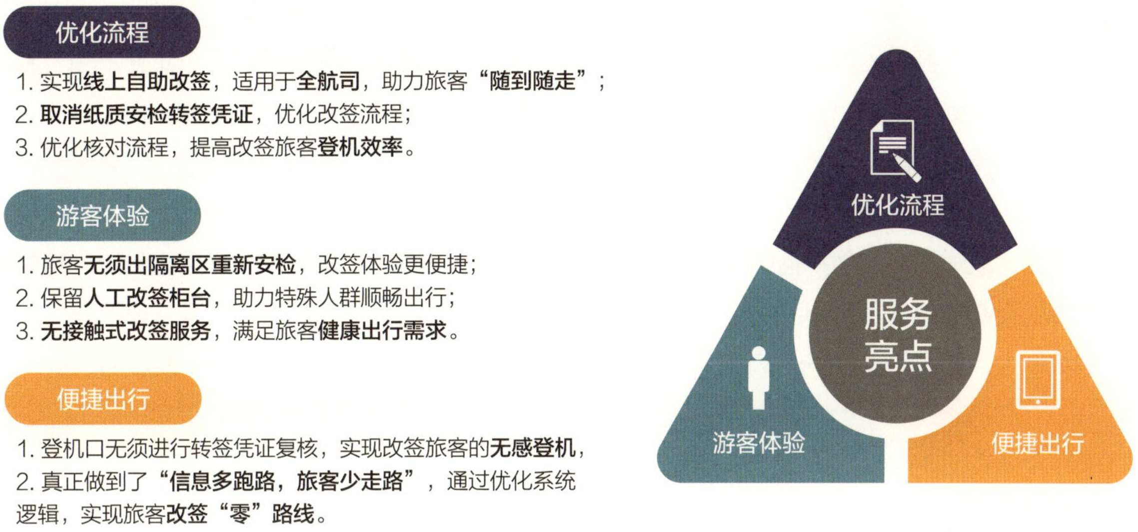

图源：2022CAPSE 创新奖决赛展演材料

2. 标准化

（1）航司用户的认可

虹桥机场隔离区智慧改签服务上线初期与东航紧密合作，完成了服务的设计、测试工作，上线后东航作为首家使用该服务的航司，高度认可此项服务功能，为其旅客提供了更优质、更便捷的服务。

（2）行业内的认可

虹桥机场隔离区智慧改签服务在行业内也获得普遍的认可，华东局于 2022 年 9 月召开“隔离区内改签工作经验交流会”，高度评价虹桥机场与东航联合推出隔离区内智慧改签服务。通过此次交流会，各航司、机场同仁均表现出对“隔离区智慧改签服务”的浓厚兴趣，并在会后与虹桥机场加深沟通，以期共同推广此项服务，扩大服务范围，为广大旅客提供便捷服务。

3. 展望

虹桥机场隔离区智慧退改签业务已完成预期目标，后续项目组将在现有东航隔离区智慧改签业务的基础上进一步拓展使用范围，所有具备手机 App 改签业务功能的国内航司（春秋除外），均可在虹桥机场实现隔离区内旅客智慧改签业务，提升旅客改签的便捷性。项目组也将联合东航，通过媒体等多种渠道推广隔离区智慧改签业务。今后，各航司达成跨航司改签业务协议，无须修改离港系统，也可实现隔离区内旅客自助改签业务。

二 案例综评

（一）综合点评

该创新案例团队围绕民航局“人享其行”的智慧出行部署，聚焦“隔离区内自助改签服务”进行创新，实现了旅客随签随走。首先，在需求确认方面，创新团队在承接民航局、企业愿景、业务开展的使命的基础上，从旅客“获得感”出发，旗帜鲜明地以“魅力需求”满足为创新切入点，进行需求展开和流程设计，确保旅客可以实现功能上的需求和期望，在体验上得到超预期体验，确保了创新的先进性。第二，在设计过程中以流程效率、流程成本为牵引，通过“端到端”的系统性优化，将旅客、航司均纳入创新相关方，整合性完善业务流、信息流、应用流，采用性价比、可拓展性最优模式完善安检信息查询流程，而非单纯地以扩大规模、增加人员的方式实现旅客改签服务优化。该案例为民航实体在采用信息化等手段解决旅客关键体验点诉求方面，提供了很好的借鉴。

（二）技术建议

该创新是一个新的服务改善创新，创新团队在围绕创新的后续应用层面还有较大的提升空间。首先，在监测过程中，缺少对设定目标指标的常态化监测机制，比如，缺少对用户体验类的持续监测和关注，也未对系统的可靠性、安全性、易用性等维度进行相应性能类的关注。其次，该创新作为领先的服务单品，在单品支撑机场整体服务竞争力方面，还没有进行强关联分析，比如，是否要将该单品作为增强虹桥机场差异化服务品牌的品牌服务，以及后续的展开策略等。这些不足，可能会导致领先的服务创新不能对自身服务品牌形成真正强有力的支持。

三 现场展演视频回放

微信扫码可观看

【上海虹桥国际机场有限责任公司】“上海虹桥机场隔离区智慧退改签服务”展演视频

案例名称：【厦门航空有限公司】厦门航空“摘星绮旅”头等舱餐酒服务项目

案例编号：IAS2022003

创新分类：服务创新

所属单位：厦门航空有限公司

项目负责人：关懿苓

项目成员：张雷、阮晓禾、叶炜楠

创新“坐标”

在“民航强国战略”中的位置

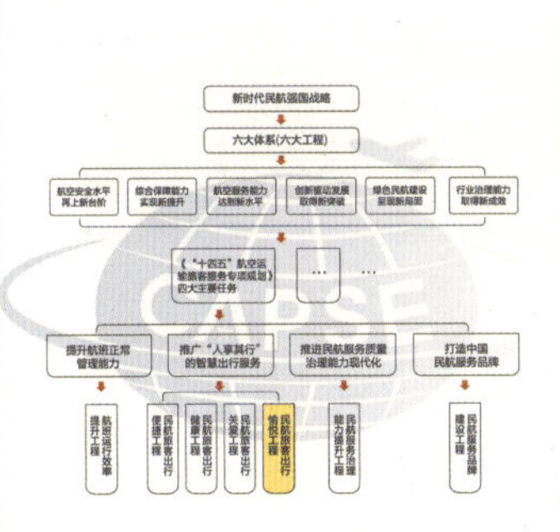

CAPSE 关于《“十四五”民用航空发展规划》解读图

在“服务管理体系”中的位置

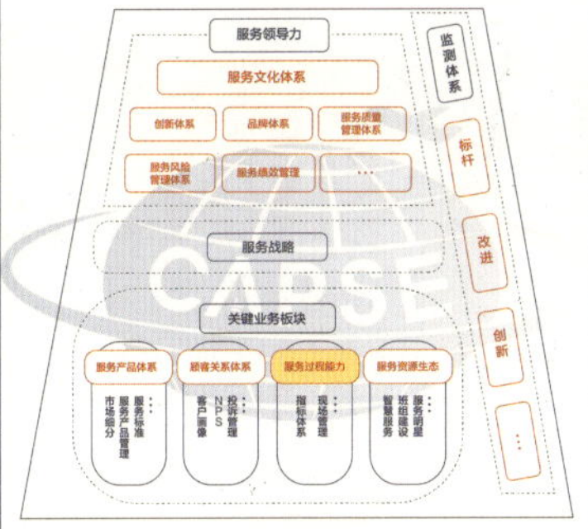

CAPSE 服务管理模型

在“旅客出行体验”中的位置

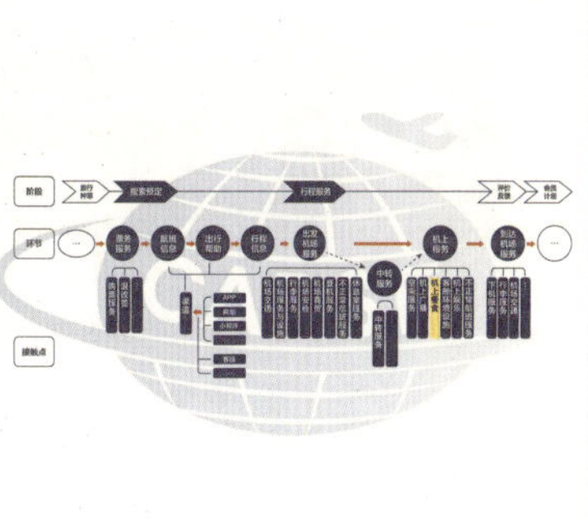

CAPSE 旅程地图

创新 KPI

指标名称	创新前	创新后	备注（行业现状）
头等舱餐酒服务认可度（净推荐值）	—	62.3%（2022 年第 1 季度） 70.2%（2022 年第 2 季度） 69.3%（2022 年第 3 季度） 79%（2022 年第 4 季度）	—

续表

指标名称	创新前	创新后	备注（行业现状）
头等舱餐酒服务认可度（回订意愿）	—	96.3%（2022 年）	—

一 关键内容展示

（一）策划与设计

1. 需求识别

随着后疫情时代的到来，在行业态势变化、服务竞争加剧，以及“新客规”鼓励航司大胆探索差异化服务的背景下，厦航对高端餐酒市场进行了更深层次的探索。通过打造全球领先的高端航旅服务品牌，对标全球高品质、高水准服务，撬动高端圈层流量，挖潜增值市场空间，拉大头等舱与商务舱的差异，推动高品质服务向高收益的转化。

2. 成型过程

“摘星绮旅”餐酒服务是战略定位为整合公司所有服务力量、全面提升服务能力的大品牌项目，客群定位为高净值人群、美食朝圣者、深度飞友。依托与米其林星级餐厅名厨的合作，促成不同行业的优势互补，达到服务能力的大幅跨越、品牌效应的显著提升和服务营销的互融互促。

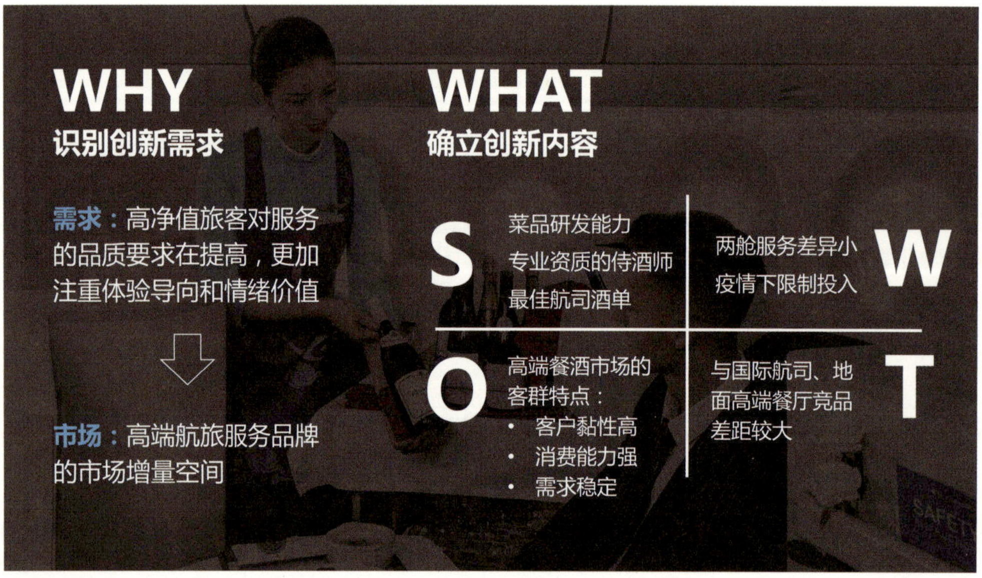

图源：2022CAPSE 创新奖决赛展演材料

前期成立专项公司级项目团队，分成品牌、产品和数字化三个小组推动项目落地。采用 4W1H 方法敲定项目落地实施点，用 SWOT 工具明确市场竞争优势及目标客群，通过各部门协同推进。

3. 创新特点

（1）服务大升级：通过跨界优势互补，成为全国第一家与米其林三星餐厅合作、把成熟的米其林星级服务水准搬入客舱的航司，实现万米高空还原米其林餐酒体验。打通航空服务全链条环节，塑造了民航界高端餐酒服务的标杆。

（2）服务助品牌：开创航司与米其林餐厅在差异化服务跨界合作的成功先河，提高航空服务品牌调性，一定程度撬动国内高端餐酒圈层的流量，增强厦航品牌影响力。

（3）服务促营销：重新定义飞行，从"位移服务"到"一张餐桌"，拉动头等舱与商务舱的差异化，精准挖掘出有高消费需求和能力的高价值目标群体，成为增强黑钻旅客消费黏性的营销亮点，实现服务促营销。

4. 目标设定

（1）塑造跨界合作成功案例，打造"航空 + 米其林"的常态商业运营模式。

（2）实现头等舱高端餐酒服务认可度的提升，提升品牌影响力。

（3）进一步有效提高头等舱客座率。

（二）落地与实施

1. 流程设计

根据用户体验地图，梳理服务触点，基于全流程服务链条，规划高品质、连贯性、一致化的高端服务，从旅客购票、会员服务、地面服务、客舱服务、餐酒服务、航后服务等环节构建完整服务体系，着眼迎宾、进餐、餐毕至下机，设计真正能够在航旅链条上完整呈现的米其林星级水准服务。

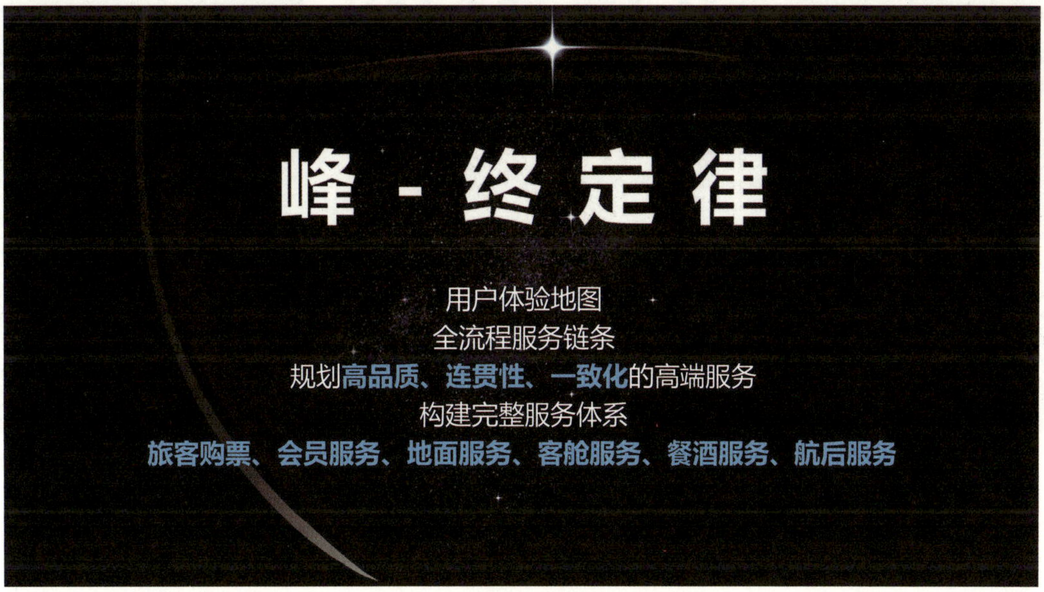

图源：2022CAPSE 创新奖决赛展演材料

（1）Chef’s Table 式餐酒服务体验

在餐食体验上，以潮流的“Chef’s Table”理念重构服务体验逻辑，以机上餐桌作为承载不同顶尖餐饮文化理念的平台，并周期性迭代更新，在给予丰富的感官体验价值的同时，引入高期待的情绪价值和文化价值。

头等舱餐单由厦航空厨团队与米其林星级餐厅主厨团队共同研发，精选优质时令食材，用国际化烹饪手法融入亚洲特色，以丰富的口感层次和浓淡相宜的风味，展现食材本真与季节特色，为旅途中的乘客带来米其林星级的精致餐饮体验，在万米高空还原三星米其林餐厅的菜品出品。例如，第一季合作菜单与米其林三星餐厅泰安门合作，以经典西餐手法融入亚洲特色；第二季合作菜单与国内唯一米其林星级闽菜餐厅遇外滩合作，推广高端闽菜文化。

在菜品的开发上，兼顾航餐标准和机上限制条件的考量，采用符合航餐要求的烹饪技艺还原地面菜品的口感与风味。如西餐中最经典的牛排，由于航餐经过冷链，在机上通过烤箱复热难以复原地面上牛排的嫩度，采用“5+2”的熟成 + 低温慢煮的烹饪手法，将进口牛肉进行 5 天的香料腌制，通过反复抽真空的方式严格控制汁水的菌落指数，腌制完成后进行 48 小时的低温慢煮熟成，让水分保持在牛肉纤维里，这样在机上过烤时水分不会流失，保持鲜嫩口感。还有广受欢迎的三文鱼，机上提供生食存在食品安全隐患，而生食遇热则口感不佳。空厨团队采用北欧烹饪工艺，对三文鱼进行盐糖茶渍处理，降低蛋白质的水活性，再用纯净水低温脱盐脱咸，这样可以保持口感且不易腐败，且增加了独特的福建茶韵。

图源：2022CAPSE 创新奖决赛展演材料

在酒服务上，由具有国际酒类资质的天际侍酒师根据不同菜品，选取经典产区和风格的“天际酒廊”葡萄美酒，为旅客提供专业的侍酒服务和推介。酒的风格由轻至重，以清爽的香槟激活味蕾，以果脯蜜香的甜酒延长回味。考虑到高空压力带来的嗅味觉迟钝，在白葡萄酒上多选用芳香品种，在红葡萄酒上选用风味集中度较高的桶陈佳酿，匹配不同口感和风味浓郁梯度的菜肴，打造渐进式的极致 Wine-Pairing 体验。

（2）全盘升级的服务设计

结合民航服务特点，以米其林星级水准服务作为标杆，从旅客峰值体验地图入手，全面优化服务细节，实现从点餐规范、餐具组合、烘烤摆盘、桌面布置、餐酒搭配、餐食亮点、酒水推介、品牌介绍、氛围营造等方面，设计出 21 道专属服务流程，打造 MOT 时刻，为乘客带来云端星级奢享体验。

在服务流程上，撷取米其林体验流程亮点，在迎宾场景增加了特制的小食服务；在菜品服务上，引入桌边服务。例如，端上羊肚菌汤后，点上法国香葱做的葱油，呈现精致的美食艺术；乘务组经过米其林餐厅的摆盘艺术培训，展现更奢美的盘面设计；在旅客品尝每道美食时，介绍菜品的工艺和烹饪灵感，推介合适的葡萄酒搭配；在旅客离开时，送给旅客惊喜伴手礼。

（3）极具福建文化特色的服务用品

在菜单、酒单、食盒、杯花、餐具、酒具、餐垫、伴手礼等服务触点，精心设计产品，并注入福建特色文化，打造具有亲切氛围感的客舱场景。

甜品的餐垫使用具有闽南特色的花砖图案；餐具使用福建德化白瓷餐盘；杯花上引入“天际美学”，以福建各城市市花组合插花；酒具则采用酒杯中的“劳斯莱斯”品牌 Riedel 酒杯。

2. 资源保障

（1）培训提升

外训方面，每季度厦航选派人员至签约合作的米其林星级餐厅进行实地培训交流，充分体验和学习高端餐厅的运行模式及服务呈现，确保米其林星级餐酒服务能够最大限度地在机上延伸。米其林星级餐厅主厨团队对厦航厨务人员和空乘人员提供必要的餐饮服务培训，培训内容包括但不限于准备、制作、装盘、摆盘等菜品制作步骤，讲解菜品设计思路、灵感来源、背景故事、食材风味、制作工艺等内涵，以保证服务的高品质与一致性。

内训方面，根据不同的资质、能力、考核表现等，成立星级人才库，建立星级人才培养计划。在培训上将桌边服务与空中服务相结合，进一步提升服务礼仪、餐酒搭配、服务话术等能力。

（2）数字化保障

数字化团队以选餐系统为信息中台，将旅客的选餐信息传递至配餐的生产三期系统、乘务的机上平板、地面的旅服系统，充分串联服务前后端，确保信息传递的时效性及准确性。灵活复用了电商中台和旅服系统主题航班、shopping 图文和服务标签等，实现了从机票销售到服务保障的全流程信息展示，确保各个岗位都能及时查看到旅客信息；在旅服系统新增复购旅客标识，便于业务识别并开展针对性的营销服务活动；新增“摘星绮旅”服务报表，用于产品运营情况分析。

（3）营销推广

精心打造四款尊享礼包，整合机票、酒店、积分、厦航高端会员等资源，推出礼享卡、纷享卡、欢享卡、畅享卡。

3. 监测改进

在全流程上，设立专项的服务质控体系和专人跟踪。在出行前，提前收集旅客的个性化需求。出行后，及时更新旅客画像，设立专门的项目组，根据回访的意见，优化改进服务产品。针对厦航的黑钻会员，安排黑钻大使进行一对一的跟踪服务。

形成周期性的服务改进复盘研讨会，综合旅客意见和运行数据，使用 KISS 模型评估，拆解成运行保障可迭代优化的改进点，联动各个部门逐个解决。

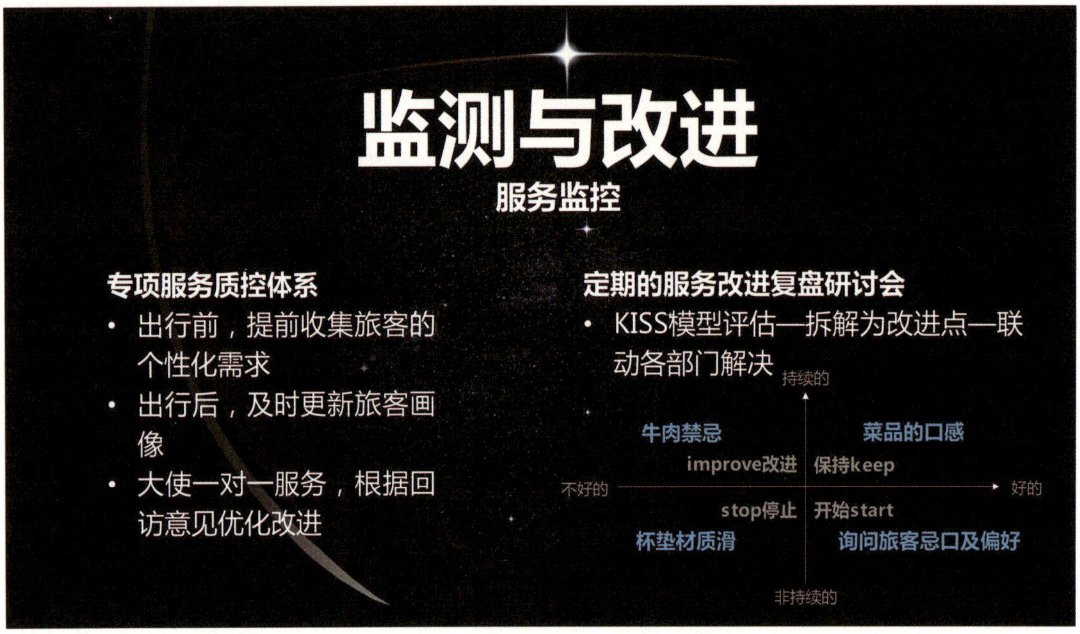

图源：2022CAPSE 创新奖决赛展演材料

（三）目标实现与展望

1. 目标性

“摘星绮旅”是国内航空公司客舱餐酒服务的一次突破性创新提升，厦航也成为首家与米其林三星餐厅合作开展头等舱餐酒服务的中国航司。

（1）通过“航空 + 米其林”模式，优化全服务链条，提升差异化服务软实力，厦航空厨、乘务团队经米其林团队培训，实现了在万米高空还原三星米其林餐厅菜品出品和服务呈现的能力，并从中挖掘出更多优质人才。

（2）拉动两舱差异化，挖掘出一批有高消费需求和能力的高价值目标群体，通过服务升级实现破圈营销效应，在行业整体较前两年低迷的情况下，跟踪体验反馈，达到 0 负评，黑钻旅客宣贯率达到 100%，复购率达到 26.55%，最高复购次数为 10 次 / 年。

（3）提升品牌影响力。各平台相关宣传共 379 篇，包含新华社、福建日报、厦门日报、中国民航报、民航资源网、界面新闻、澎湃新闻等官方媒体，any 味、飞行男孩俱乐部、FAT Ⅲ 等多位 KOL 参与宣推，其中相关 KOL 体验视频在各平台播放量超 1600 万，并有 24.7 万人次的互动评论，在行业内、餐酒圈形成了广泛且长效的影响，进一步提升品牌形象，稳固厦航服务品质在旅客印象中的价值。

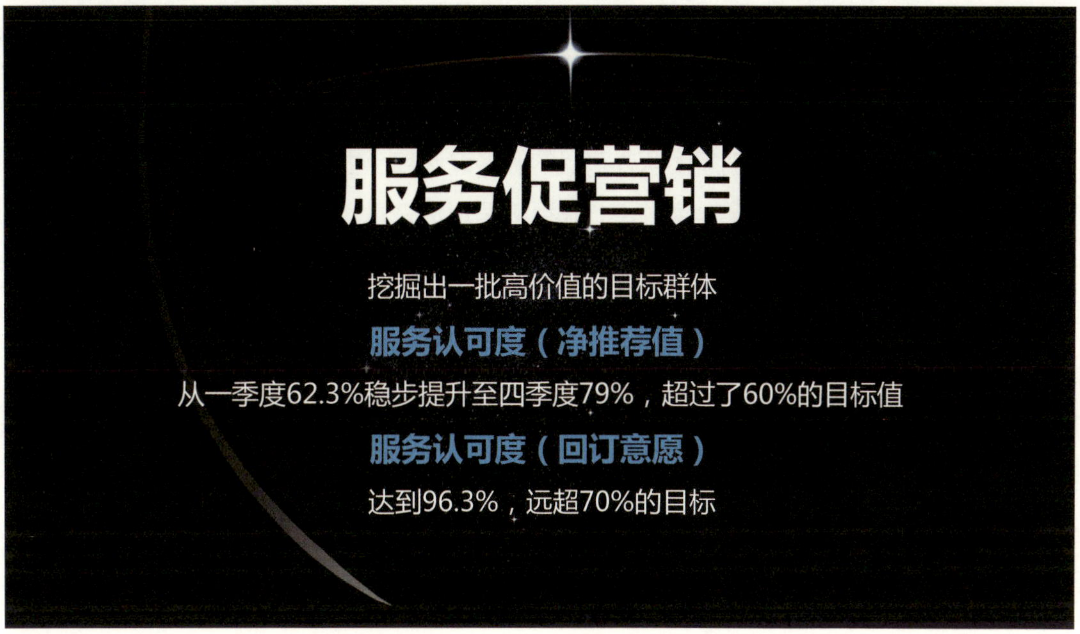

图源：2022CAPSE 创新奖决赛展演材料

2. 标准化

材料未呈现。

3. 展望

身处万米高空，美食通过色、香、味的美妙感官体验带给乘客无与伦比的惬意与放松，更能跨越国界和语言的障碍，展现独特风土故事和人文底蕴。这正是厦门航空一直以来致力打造个性化品质服务的重要组成部分，让飞行不止于位移，更是一次次空中品位之旅。

未来，厦航将会进一步做深“摘星绮旅”服务项目，全方面提升其影响力。通过合作境外米其林星级餐厅打造“摘星绮旅”国际知名度和口碑；在地面探索新颖商业模式，将“摘星绮旅”的产品推广到更多的体验场景，增加服务触点，延伸服务半径，进一步提高品牌的曝光量。

二　案例综评

（一）综合点评

创新团队围绕厦航战略定位需要，对高价值顾客领域的机上餐食服务进行创新升级，打造了“航空 + 米其林”的商业餐酒运营模式，在国内航空公司中打开了机上餐食的天花板。创新团队在创新过程中，采用品牌强强联合的模式，不仅仅将“米其林”餐搬上飞机，还从品牌价值共鸣的角度，将厦航品牌内涵和“米其林”品牌内涵充分融合，最终呈现在“摘星绮旅”的目标客户面前，如在餐品设计、餐具设计、用餐呈现等方面均进行了交叉设计。另外，在资源储备方面，创新团队充分应用了厦航多年来打造的乘务员多技能体系优势，为产品上线提供了较为坚实的保障。这为国内民航实体在进行服务产品品牌打造时如何用好品牌联合这个工具，提供了较好的借鉴。

（二）技术建议

作为一个服务产品的创新，创新团队在产品的服务设计和全生命周期管理方面还有一定的提升空间。从设计端看，该产品涉及全链条触点，在目前呈现端来看，对于“旅客购票、会员服务、地面服务、客舱服务、餐酒服务、航后服务”的全链条需求到服务的转化缺少清晰的逻辑线，重点也更偏向空中的设计和理念的描述，缺少基于需求层次的系统性差异化满足设计。从全生命周期端看，与民航服务大部分产品情况类似，缺少对产品整体生命周期的规划，也未根据整体生命周期考虑不同阶段的核心任务和价值诉求，如市场容量追求、品牌力追求、品牌溢价追求等。这些可能会影响公司在该细分市场持续获取差异化优势。

三 现场展演视频回放

微信扫码可观看

【厦门航空有限公司】“厦门航空‘摘星绮旅’头等舱餐酒服务项目”展演视频

案例名称：【昆明航空有限公司】“飞同小可”细节服务项目

案例编号：IAS2022004

创新分类：服务创新

所属单位：昆明航空有限公司

项目负责人：宋煜、舒文澜

项目成员：李宁、金琳玲、李梦樱、黎佳佳、酆佩、孙畅、石凡、刘卉慧、李婷、唐贵立

创新“坐标”

在“民航强国战略”中的位置

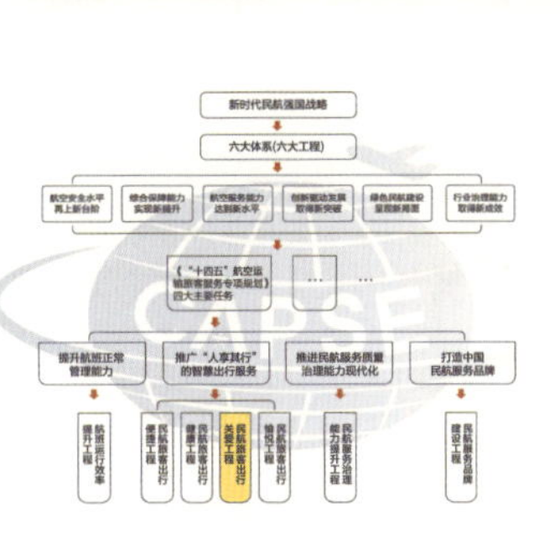

CAPSE 关于《“十四五”民用航空发展规划》解读图

在“服务管理体系”中的位置

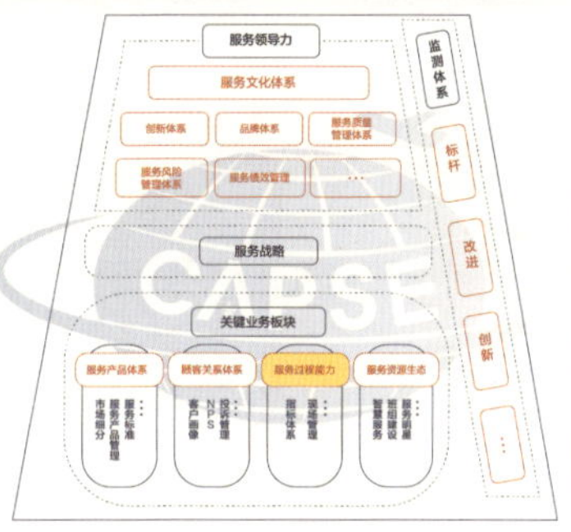

CAPSE 服务管理模型

创新 KPI

指标名称	创新前	创新后	备注（行业现状）
旅客满意度	CAPSE 满意度 3.79 分 公司调研满意度 3.84 分	CAPSE 满意度 3.92 分 公司调研满意度 4.26 分	CAPSE 满意度 3.86 分
细节服务项目数量	无	共推出项目 59 项	未见针对细节服务的服务项目

一 关键内容展示

（一）策划与设计

1. 需求识别

自疫情暴发以来，民航业迫于经营压力，不断减少服务资源投入，制约了公司服务水平的提升。同时，从行业端来看，民航服务趋于同质化，昆明航空与其他航司在服务上区别不明显，缺乏具有公司特色的服务项目。后疫情时代，昆明航服务的知名度、影响力仍有待进一步提升。

图源：2022CAPSE 创新奖决赛展演材料

2. 成型过程

昆明航空设立“飞同小可”细节服务项目，以“服务无小事”为原则，从旅客体验出发，倡导基于顾客服务感知提升和基于问题导向的“微创新”。通过对昆航旅客、一线员工的意见征集，同时结合 CAPSE 旅客留言及服务报告、服务监察、公司服务满意度的即时反馈，评估选出可以实施的小项目。

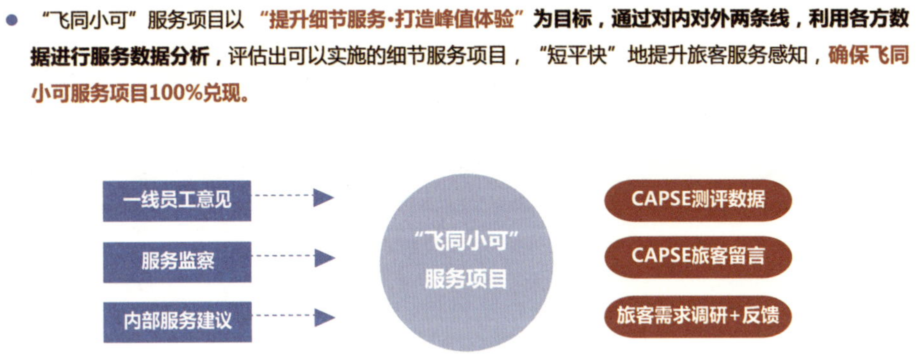

图源：2022CAPSE 创新奖决赛展演材料

3. 创新特点

“飞同小可”涉及购票、候机、登机、乘机、航班不正常等环节，在行业内，率先将“细节服务”作为改进重点，实现服务提升“短平快”，小项目串联起来变成一个大项目，由量变引起质变，对客打造峰值体验，更加规范性、系统性地为旅客提供了细心周到的服务。

4. 目标设定

服务提升“短平快”，经济、全面、有效地提升旅客服务感知，改进完善旅客途中的每一个服务细节，使旅客获得“服务峰值体验”。

围绕1个目标、3个维度、9项指标设定项目目标

图源：2022CAPSE 创新奖决赛展演材料

（二）落地与实施

1. cc 流程设计

（1）立项阶段，项目组通过对旅客直接调研、服务一线员工的意见征集、结合 CAPSE 旅客留言、服务报告、服务监察五个模块收集服务意见，确定服务项目内容。

（2）小项目确定后，按服务类型划分归类对应的子项目之下，每个子项目名字都应与主题相对应，使很细节的小项目不再散而乱，遍布于整个服务链条当中，同时项目的包装与宣传也围绕关怀类、便捷类、惊喜类、特色类、公益类五个子项目主题开展。

（3）在品牌宣传推广方面，通过汇总项目亮点，充分运用微信公众号、官网、微博等多个宣传渠道开展外部宣传，提升品牌曝光度，对外形成“飞同小可”服务品牌印象；同时，积极参与行业会议、创新服务类竞赛，推动“飞同小可”服务品牌“走出去”，在业内获得良好的品牌认可度，进一步提升“飞同小可”细节服务品牌的知名度和影响力。

（4）对于乘务员采取加分激励机制，若旅客接受该项服务或乘务员给出的意见被采纳，均可进行个人绩效加分。

2. 资源保障

通过设立专项预算，由项目组成员统一集中采购，做好项目实施的资源保障。按季度及时分发、补充服务物资，截至目前已采购服务物资 43 种。

图源：2022CAPSE 创新奖决赛展演材料

3. 监测改进

（1）意见反馈及服务落地监测

① 主动反馈。旅客和一线员工均可通过扫描反馈贴纸进行项目意见反馈，一线员工也可以在公司工作平台联系项目负责收集反馈的同事进行反馈。

② 一线监察 + 访谈。在乘务员航前准备会进行服务监察，同时邀约乘务长进行服务项目访谈，倾听服务项目意见和建议。

（2）改进机制

持续围绕旅客峰值体验，按计划推动服务小项目落地，实行“总量增长、优胜劣汰、动态调整”的管理机制。通过收集旅客、员工对各项目的反馈意见，对已实施项目做出评估，优胜劣汰；对于各类客群进行服务需求梳理，结合旅客反馈，为其打造定制化服务，增加优质项目数量，形成服务峰值体验项目矩阵。

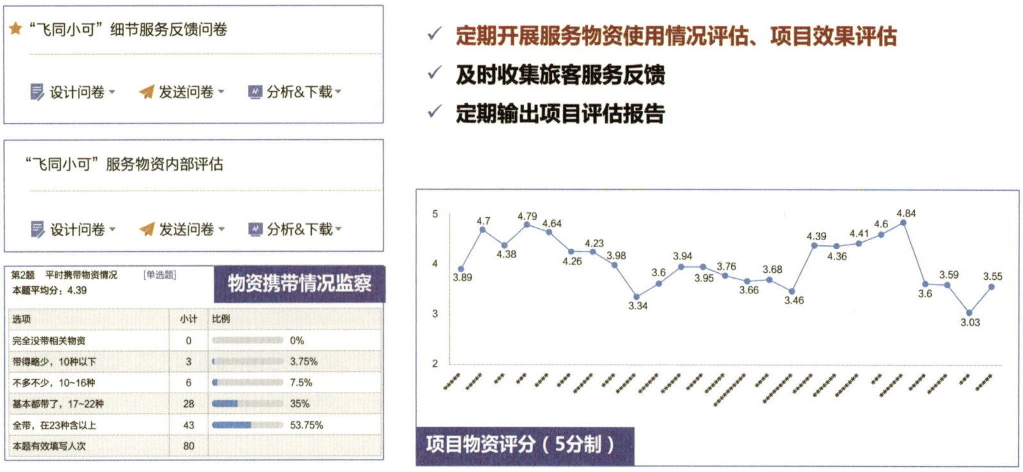

图源：2022CAPSE 创新奖决赛展演材料

（三）目标实现与展望

1. 目标性

（1）通过创新项目构思与征集，2022 年共推出 46 个细节服务项目，涉及购票、值机、候机、乘机、中转等多个环节，覆盖旅客约 10 万人次。重点项目有舒心睡眠服务、医疗百宝箱、空中儿童画廊、公务舱漱口水服务、生理期关怀服务、暖心糖果等，针对旅客旅途中的关键时刻，提供体验感好、有针对性的差异化服务，拔高旅客服务体验峰值，提升旅客复购率。

（2）在旅客反馈上，收获好评问卷反馈 312 条，旅客多次对服务进行当面好评；经一线员工反馈，项目物资不仅可提供服务属性，一定程度上为乘务员们提供了服务补救资源，在服务低谷挽回了旅客对昆航的服务印象。

（3）从旅客满意度上来看，公司自有旅客满意度从 3.84 分提升至 4.26 分；CAPSE 满意度从 3.79 分提升到 3.92 分。

图源：2022CAPSE 创新奖决赛展演材料

2. 标准化

（1）管理、反馈、考评标准化。发布管理办法，对工作范围、工作重心、工作组、工作机制、宣传机制等项目管理作出明确规定。建立年度、月度反馈机制，年初进行项目立项，每月各部门定期汇报项目执行、新增情况，通过邮件反馈进度。加入服务过程绩效考核，制定项目考核细则与加减分规则，激励各部门积极参与项目创新与服务项目开发。

（2）过程资料存档。所有过程资料均做存档管理，包括月度项目反馈、采购计划、采购报销资料、物资发放记录、服务过程绩效月度打分情况等，由项目成员统一管理。

3. 展望

昆明航空将再接再厉，持续优化旅客细节服务体验，做到服务无小事，把旅客需求放在第一位，为旅客打造峰值体验、创造愉悦的旅程！

二　案例综评

（一）综合点评

创新团队围绕常规服务全流程中现行标准、规范与旅客需求的契合度提升，进行创新实践。创新团队创新性地将制造领域的“点检”模式应用于现有服务标准的契合度管理上，内部通过“飞同小可”项目的形式，基于顾客服务感知提升和问题导向的“微创新”模式，对现有接触面服务质量进行常态化提升。在微创新过程中，团队对需求层次进行了细分（分为关怀类、便捷类、惊喜类、特色类、公益类服务），并应用“峰值体验”设计方法进行体验等设计，有效提升了微创新的精准度。该创新案例对民航实体如何保持常态化服务的活力提供了较好的借鉴。

（二）技术建议

该创新的本质属于管理模式的一种探索，在该模式的有效性设计方面还有一定的提升空间。该管理模式与深航的创新工作实验室模式有异曲同工之妙，但是人员的微创新能力和授权管理、容错机制、激励机制都将是影响该模式成功的重要因素，从现阶段来看，该项目对于这些方面的关注尚处于早期阶段。

三　现场展演视频回放

微信扫码可观看

【昆明航空有限公司】“‘飞同小可’细节服务项目”展演视频

案例名称：【元翔（福州）国际航空港有限公司】福州机场晚到旅客保障体系

案例编号：IAS2022005

创新分类：服务创新

所属单位：元翔（福州）国际航空港有限公司

项目负责人：周义华

项目成员：欧文洁、何慧、冀鲁闽、王豪、黄若杉、王雪、高梦婷

创新“坐标”

在“民航强国战略”中的位置

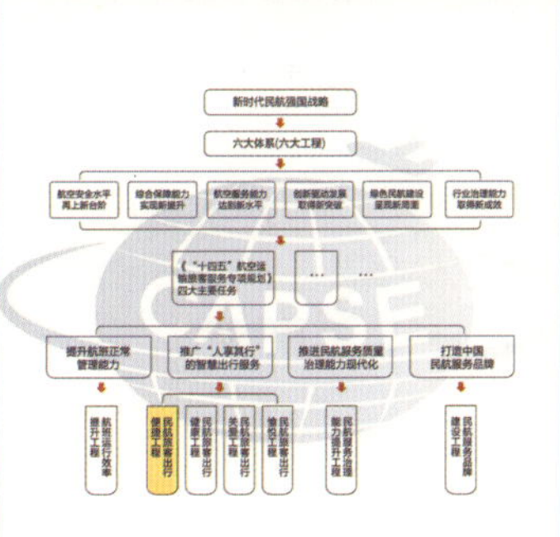

CAPSE 关于《“十四五”民用航空发展规划》解读图

在“服务管理体系”中的位置

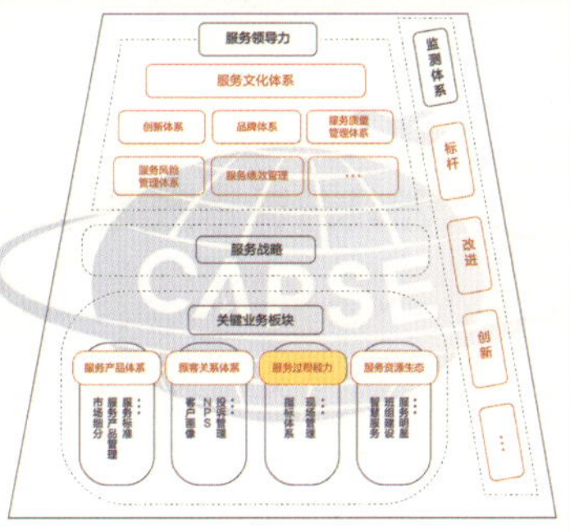

CAPSE 服务管理模型

在“旅客出行体验”中的位置

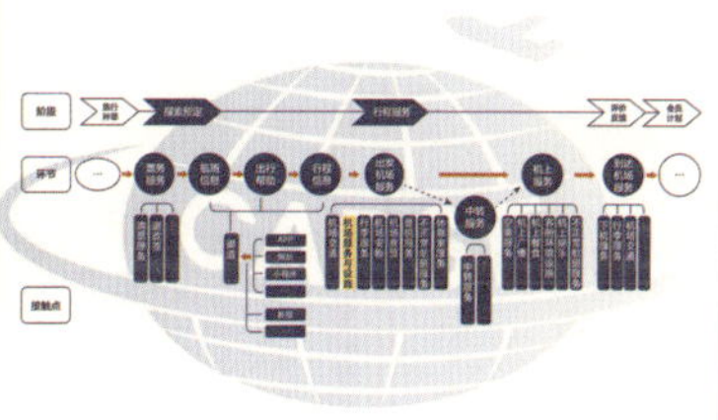

CAPSE 旅程地图

在“时间效率”中的位置

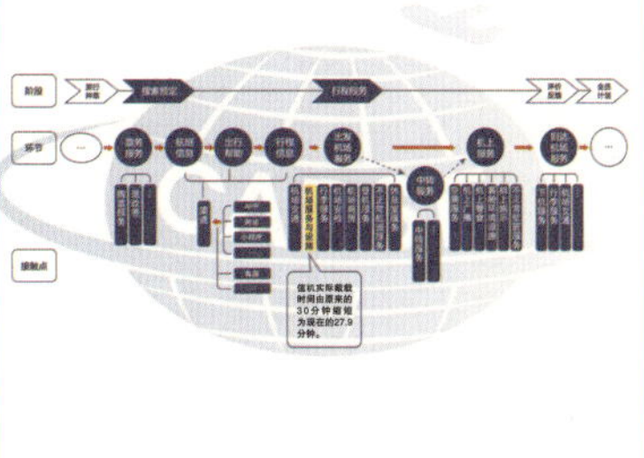

CAPSE 旅程地图

创新 KPI

指标名称	创新前	创新后	备注（行业现状）
航班截载时间	30 分钟	27.9 分钟	30~45 分钟

一 关键内容展示

（一）策划与设计

1. 需求识别

随着民航运输业的高速发展，飞机已经成为越来越多人的出行选择。目前，国内大部分机场均明确规定，航班起飞前 30~50 分钟停止办理乘机手续，即提前 30~50 分钟航班截载，一些大型机场针对国际、地区航班的截载时间，甚至提前至航班起飞前 60 分钟。但是，几乎每天都会遇到一些晚到旅客因为各种原因“差几分钟”赶不上航班，伴随晚到旅客衍生的问题有：旅客耽误了原定行程、退改签机票产生经济损失、旅客不满引发投诉、修正平衡配载舱单和寻找旅客行李导致航班晚关舱等，因此，提升晚到旅客出行率是各大机场亟须解决的问题。

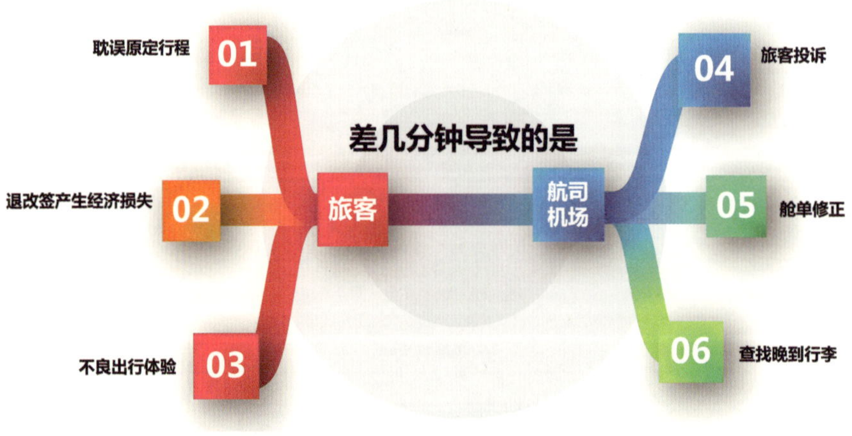

图源：2022CAPSE 创新奖决赛展演材料

2. 成型过程

专项小组通过对晚到旅客保障流程进行系统性优化，对服务链条上每一个环节一秒一秒地“抠”，并通过计算晚到旅客的行李保障时间和到达不同登机口时间进行细化分析，建立晚到旅客时间保障模型投入试用，与此同时，基于旅客出行各触点优化服务细节，推出晚到旅客服务产品，最终成功为晚到旅客搭建了一条“高速通道”。

3. 创新特点

（1）缩短了值机实际截载时间，大大提升了晚到旅客出行率。

（2）形成了较为完善的晚到服务体系，大大提升了晚到旅客的成行率。

4. 目标设定

提升晚到旅客出行率，目标值机截载时间 26 分钟。

（二）落地与实施

1. 流程设计

（1）科学规划，精准实施

① 建立“晚到旅客保障”运行体系与协同机制，制订实施计划。

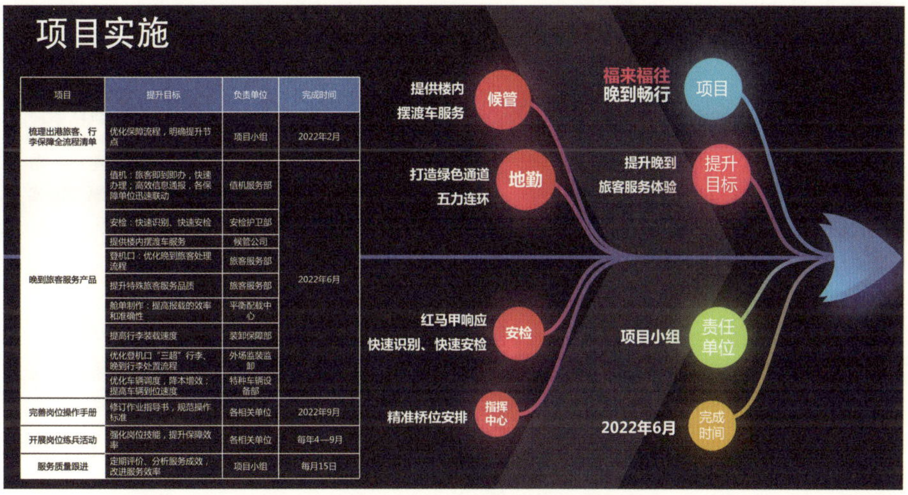

项目	提升目标	负责单位	完成时间
梳理出港旅客、行李保障全流程清单	优化保障流程，明确提升节点	项目小组	2022年2月
晚到旅客服务产品	值机：旅客即到即办，快速办理；高效信息通报，各保障单位迅速联动	值机服务部	2022年6月
	安检：快速识别、快速安检	安检护卫部	
	提供楼内摆渡车服务	候管公司	
	登机口：优化晚到旅客处理流程	旅客服务部	
	提升特殊旅客服务品质	旅客服务部	
	舱单制作：提高报载的效率和准确性	平衡配载中心	
	提高行李装载速度	装卸保障部	
	优化登机口“三超”行李、晚到行李处置流程	外场监装监卸	
	优化车辆调度，降本增效；提高车辆到位速度	特种车辆设备部	
完善岗位操作手册	修订作业指导书，规范操作标准	各相关单位	2022年9月
开展岗位练兵活动	强化岗位技能，提升保障效率	各相关单位	每年4—9月
服务质量跟进	定期评价、分析服务成效，改进服务效率	项目小组	每月15日

图源：2022CAPSE 创新奖决赛展演材料

② 实地调研，建立数据模型。

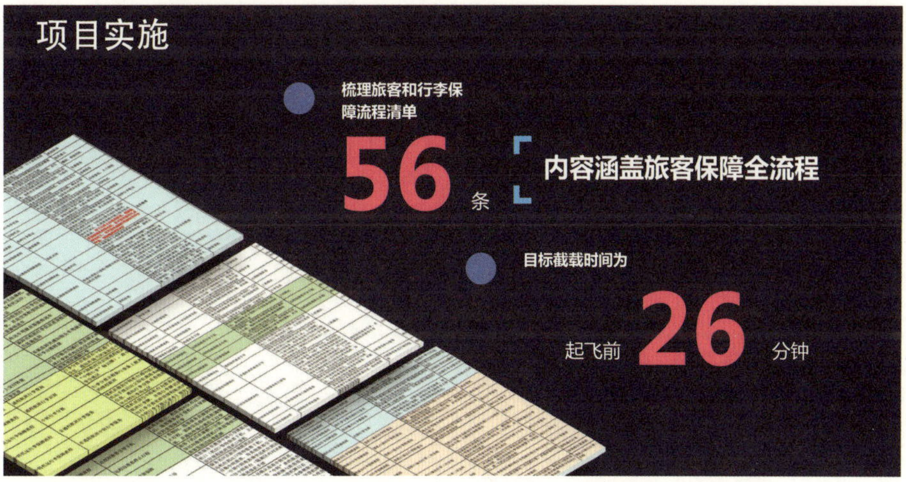

图源：2022CAPSE 创新奖决赛展演材料

（2）步步引导，开启旅客乘机“高速通道”

打通旅客值机—安检—登机全流程通道，建立不同岗位的联结机制，搭建“高速通道”，保障晚到旅客乘机畅通无阻。

①“急客柜台”，为您常开。

② 红马甲守候，快速响应。

③ 爱心摆渡，加速抵达。

（3）环环提升，创新快速保障“五力连环”

除了开通“高速通道”，地服保障各环节继续优化服务流程，从晚到旅客保障的各个环节出发，细“抠”每一分每一秒，针对晚到旅客可能发生的一系列问题，推出风险预警和航班保障预案，完善各个岗位的操作手册；收集旅客误机的原因，形成完善的应对晚到旅客的航班保障预案。

① 值机环节。

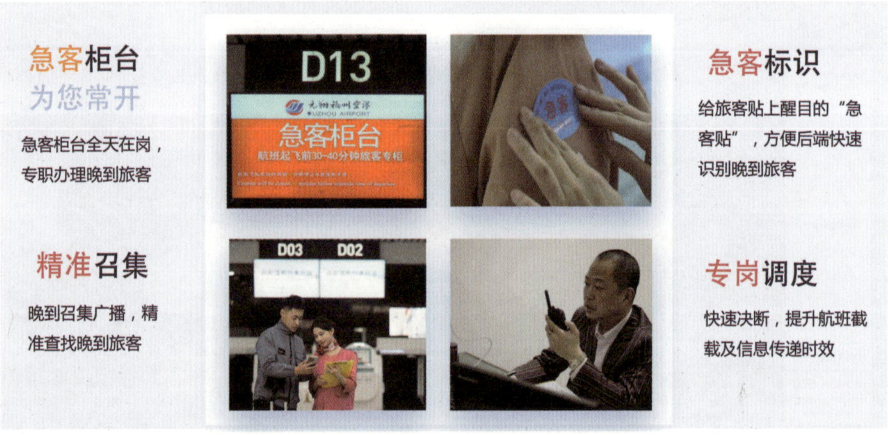

图源：2022CAPSE 创新奖决赛展演材料

② 配载环节。

配载环节

机型舱位	H1	H2	H3	H4	H5
A321	7立方	11.1立方	11.6立方	6.7立方	4.6立方
货邮装载	1.3车货邮	2车货邮	2.5车货邮	1.3车货邮	0.8～1车货邮
行李装载	1.7车	3车	3车	1.6车	1.2车
A320	10.6立方	无	7.8立方	6.8立方	4.7立方
货邮装载	1.7～2车货邮	无	1.5车货邮	1.3车货邮	0.8～1车货邮
A319	6.8立方	无	无	9.6立方	5.8立方
货邮装载	1～1.2车货邮	无	无	1.5车货邮	1车货邮

机型舱位	H1	H2	H3	H4
B737-800分舱	3.5立方	11.7立方	16.6立方	3.4立方
B737-800不分舱	15.2立方		19.6立方	
B737-700分舱	3.5立方	5.2立方	9.7立方	3.4立方
B737-700不分舱	8.7立方		13.1立方	

提前处置

货舱修正

- 制作舱位预估技巧表
- 提升外场监装监卸员的估舱能力，提前修正

行李一满车约3.5立方，货邮一车（普通正常）约5立方 （抛货及特殊货物估舱以实际计算）

图源：2022CAPSE 创新奖决赛展演材料

③ 登机环节。

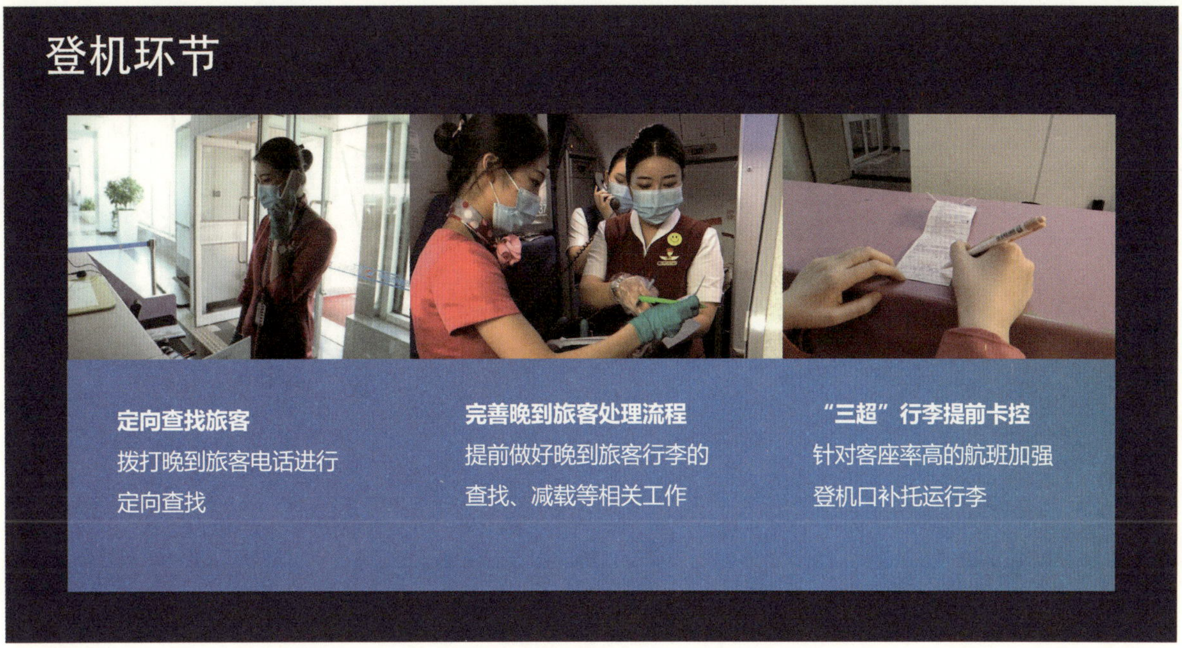

图源：2022CAPSE 创新奖决赛展演材料

④ 行李分拣环节。

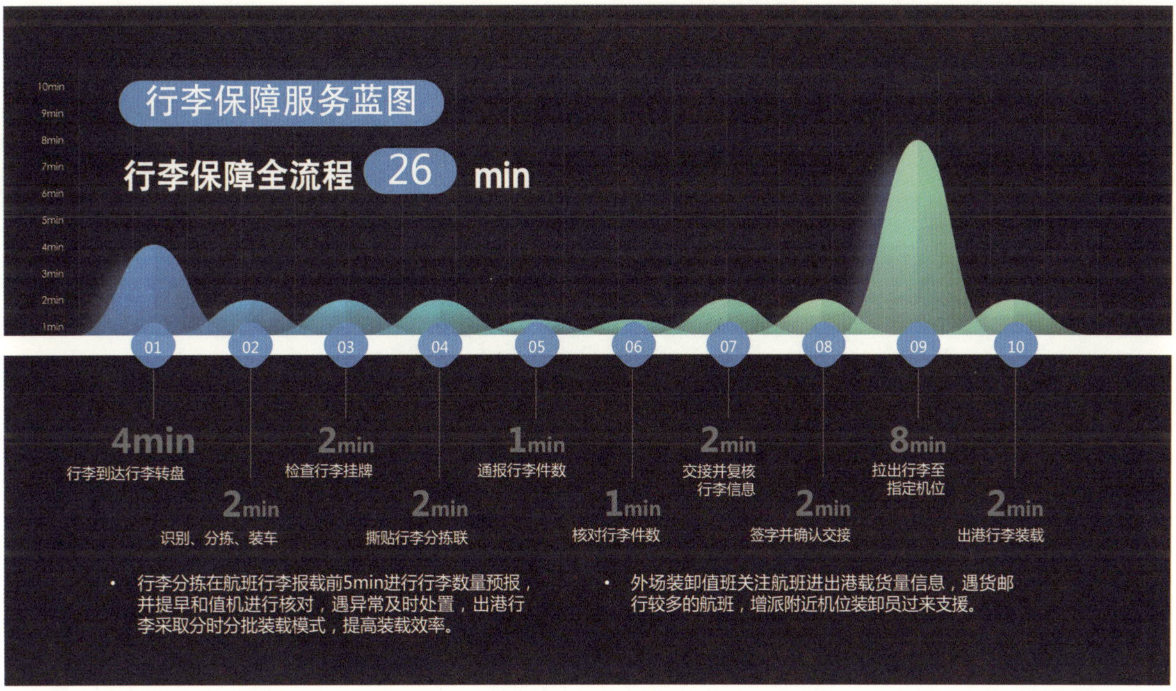

图源：2022CAPSE 创新奖决赛展演材料

⑤ 车辆摆渡环节。

车辆摆渡环节

GIS 系统实时监测

结合GIS系统检测车辆定位，合理安排车辆，保证晚到旅客第一时间能够坐上摆渡车

图源：2022CAPSE 创新奖决赛展演材料

（4）层层细分，落实真情服务

考虑到晚到旅客的群体差异性，项目组对晚到旅客群体进行细分，针对需要特殊照顾的晚到旅客群体（首次乘机旅客，老人、儿童、孕妇及行动不便的旅客等），我们也推出一系列暖心举措，加快晚到旅客的出行速度，将真情服务践行到底。

2. 资源保障

为了提升员工的保障能力，2022 年，各单位围绕“提高航班保障效率”开展岗位技能竞赛共计 20 余场，全面提升岗位技能水平，提升保障实效；围绕“提质增效”开展精益改善活动共计 10 余场，全面优化保障细节，提升保障流畅度。

员工培训

图源：2022CAPSE 创新奖决赛展演材料

3. 监测改进

为了对项目实施效果进行有效监测，项目组设立项目跟踪表和相互质控机制，各分部定期反馈项目推进情况及对“上下游保障环节”的质控情况；每月召开服务质量月度工作汇报会，对晚到旅客保障工作进行汇报讨论，并就实施过程中发现的新问题进行保障流程优化，以确保晚到保障流程能有效应对各种特殊情况。

项目跟踪表

为了对项目实施效果进行有效监测，福州机场设立项目跟踪表和相互质控机制，各分部定期反馈项目推进情况及对“上下游保障环节”的质控情况

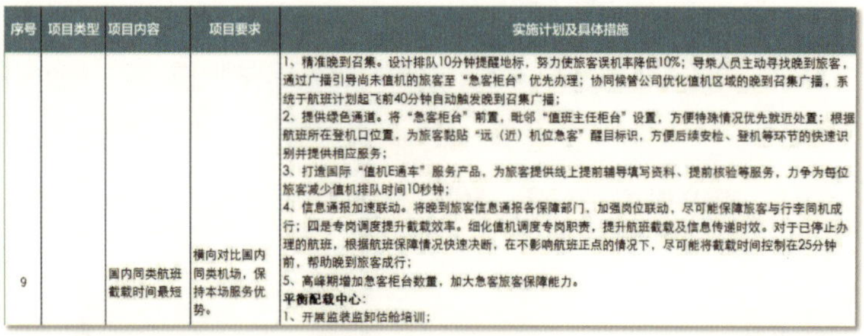

序号	项目类型	项目内容	项目要求	实施计划及具体措施
9		国内同类航班截载时间最短	横向对比国内同类机场，保持本场服务优势。	1、精准晚到召集。设计排队10分钟提醒地标，努力使旅客误机率降低10%；导乘人员主动寻找晚到旅客，通过广播引导尚未值机的旅客至“急客柜台”优先办理；协同候管公司优化值机区域的晚到召集广播，系统于航班计划起飞前40分钟自动触发晚到召集广播； 2、提供绿色通道。将“急客柜台”前置，毗邻“值班主任柜台”设置，方便特殊情况优先就近处置；根据航班所在登机口位置，为旅客黏贴“远（近）机位急客”醒目标识，方便后续安检、登机等环节的快速识别并提供相应服务； 3、打造国际“值机E通车”服务产品，为旅客提供线上提前辅导填写资料、提前核验等服务，力争为每位旅客减少值机排队时间10秒钟； 4、信息通报加速联动。将晚到旅客信息通报各保障部门，加强岗位联动，尽可能保障旅客与行李同机成行；四是专岗调度提升截载效率。细化值机调度专岗职责，提升航班截载及信息传递时效。对于已停止办理的航班，根据航班保障情况快速决断，在不影响航班正点的情况下，尽可能将截载时间控制在25分钟前，帮助晚到旅客成行； 5、高峰期增加急客柜台数量，加大急客旅客保障能力。 **平衡配载中心**： 1、开展监装监卸估舱培训；

服务质量月度汇报会

每月召开服务质量月度工作汇报会，对晚到旅客保障工作进行汇报讨论，并就实施过程中发现的新问题进行保障流程优化，以确保晚到保障流程能有效应对各种特殊情况

图源：2022CAPSE 创新奖决赛展演材料

（三）目标实现与展望

1. 目标性

（1）成为最短实际截载时间的千万级机场

把福州机场对外承诺的“航班起飞前 30 分钟为截载时间”作为人民民航为人民的理念贯彻到底，并缩短到 27.9 分钟。根据《关于航班截载时间相关情况通报》（局发明电（2022）2109）通报，一千万至二千万级机场中，福州机场的航班实际截载时间最短，2022 年上半年为 27.86 分钟，2022 年第三季度为 27.63 分钟，成为实际截载时间最短的千万级机场。

（2）平均每天帮助近百名晚到旅客顺利出行

晚到旅客保障服务流程在不断优化后，已经形成了较为完善的晚到服务体系，各单位在各自领域不断优化创新，大大提升了晚到旅客的乘行率。2022 年我们“拯救”了近 3.6 万名晚到旅客，平均每天福州机场就能“抢救”回 100 名左右晚到旅客，帮助其顺利赶上飞机。

目标实现与展望

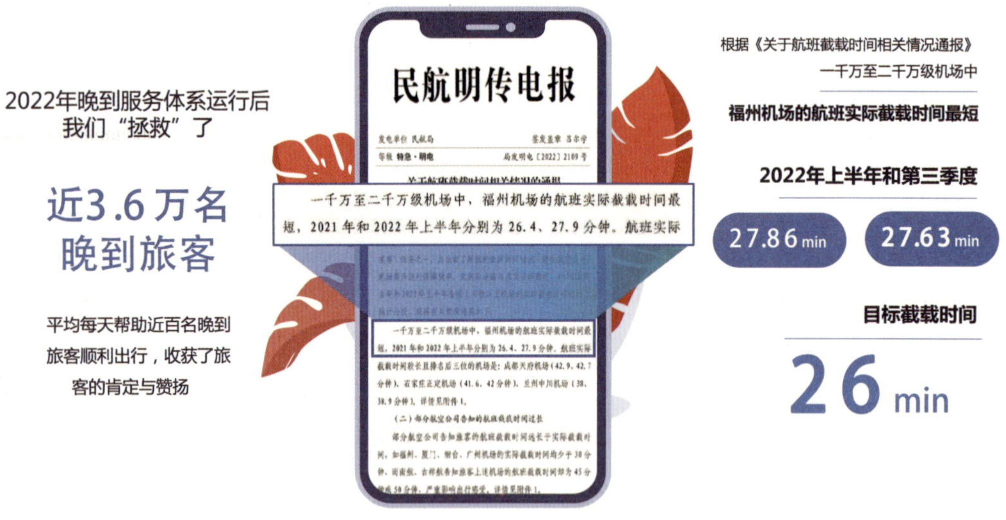

图源：2022CAPSE 创新奖决赛展演材料

2. 标准化

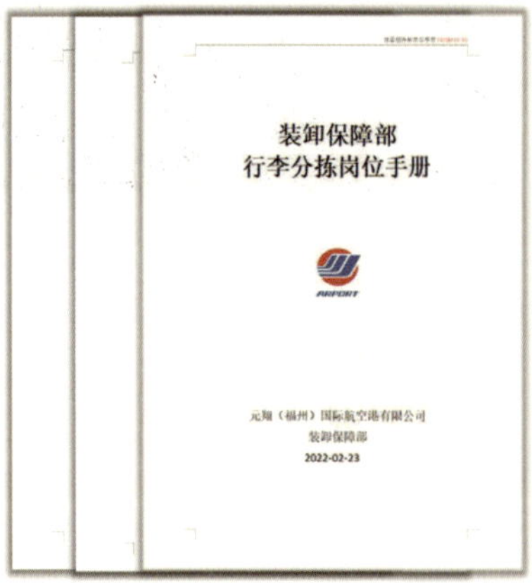

作业指导书

3. 展望

“我就迟到了 2 分钟，为什么不让我上飞机?”这是误机旅客的疑问，对于旅客来说，晚到机场或登机口并非出于自愿，我们的一个小小举措就能让更多旅客顺利乘坐飞机。多打一个电话，避免旅客错过登机时间；多一个手势指引避免旅客走错方向，在服务流程不断完善的当下，各大机场和航司都在从这些小细节上不断优化服务，小举措，大收获。

创新是民航未来发展的重要动力，晚到 2 分钟真的不能赶上飞机吗？事实证明，能赶得上。福州机场在晚到保障流程上进行了初步探索和实践，目前已取得初步成效，接下来，福州机场将继续秉承工匠精神，不断探索、钻研，继续优化晚到服务体系，针对精品航线精准缩短截载时间，升级服务品质，在确保航班安全正点的前提下，为旅客提供更“精准”的优质服务，共绘民航强国建设的美好蓝图。

二 案例综评

（一）综合点评

晚到旅客一直是机场旅客运输保障的难点与高服务的风险点，该案例团队通过全流程、全链条梳理，打通保障关键环节，建立完善的运行体系与协同机制，通过服务流程优化与升级，有效解决了晚到旅客从值机、行李托运、安检、登机等个关键环节存在的问题，通过各岗位操作时间压缩与协同，为晚到旅客争取时间，确保旅客行程，是管理者思维转变至旅客思维的成功案例。

（二）技术建议

创新团队虽然是围绕全流程链条进行的梳理，但是在流程基础上的具体服务标准、服务规范的设计缺少基于场景需求的分层分析，更倾向于痛点解决设计。这些可能会不利于该服务真正打造成旅客有获得感的服务品牌。

三 现场展演视频回放

微信扫码可观看

【元翔（福州）国际航空港有限公司】“福州机场晚到旅客保障体系”展演视频

案例名称：【东部机场集团有限公司】即“食”达

案例编号：IAS2022006

创新分类：服务创新

所属单位：东部机场集团有限公司

项目负责人：张智超

项目成员：张家瑜

创新“坐标”

在“民航强国战略”中的位置

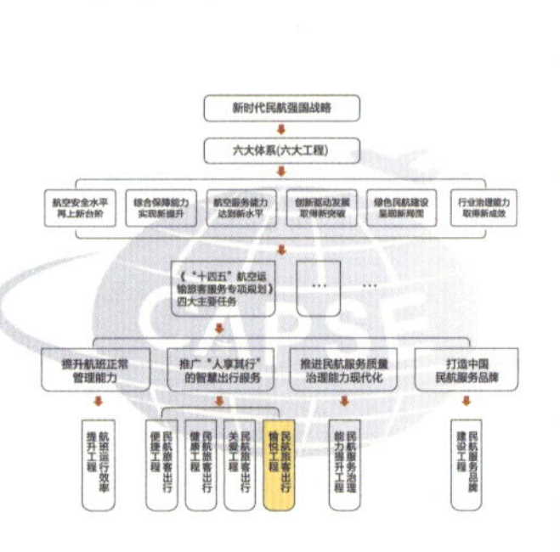

CAPSE 关于《“十四五”民用航空发展规划》解读图

在“服务管理体系”中的位置

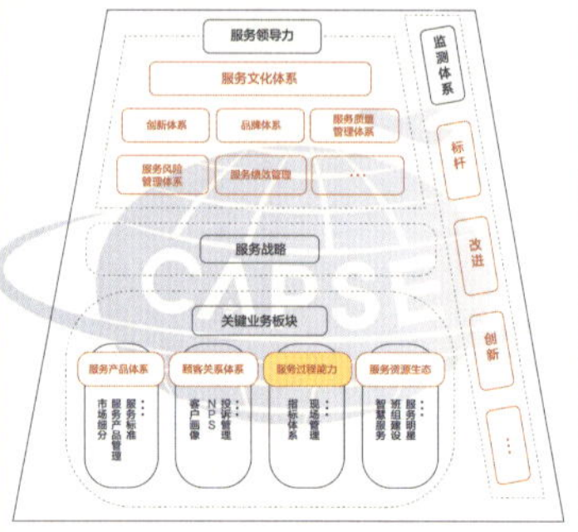

CAPSE 服务管理模型

在“旅客出行体验”中的位置

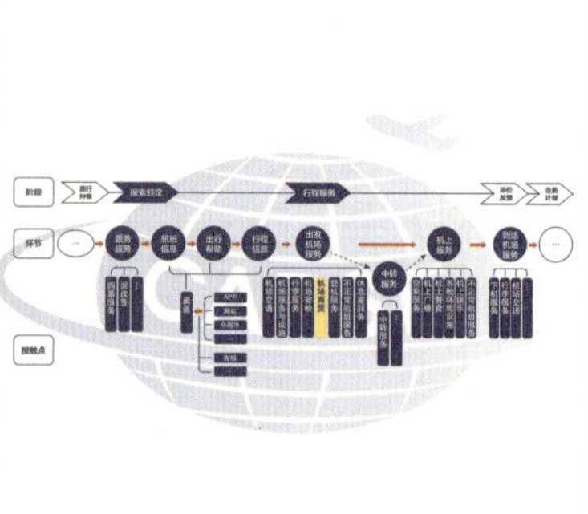

CAPSE 旅程地图

创新 KPI

指标名称	创新前	创新后	备注（行业现状）
CAPSE	创新前一季度，出发机场餐食种类与价格项平均分为3.61	创新后当月，出发机场餐食种类与价格项平均分为3.79	航站楼餐食配送服务是南京机场的首次尝试，也是全国机场商业与美团外卖的首次合作

一 关键内容展示

（一）策划与设计

1. 需求识别

践行“发展为了人民”的理念。从机场层面考虑，为旅客提供多样化、定制化餐食服务，提升南京机场餐饮消费满意度；从商家需求探究，商家希望通过多渠道宣传运营，抓住每位潜在客户，也期望中转旅客能在候机休闲的同时品尝地道南京味；从旅客需求着手，期望享受实惠的价格，体验优质、便捷的个性化专属服务。

2. 成型过程

项目成立初期，成立风险评估小组，识别食品安全风险和餐食配送风险，制订突发事件应急预案，增加人员储备，并设立中转接力店铺。为便于项目的设计与实施，制作《南京机场商业服务线上调研问卷》，提前收集三方合作平台信息、用户特征信息。为具备有效的策划工作程序和依据，制定《南京机场航站楼内餐食外送服务规范》，并根据实际不断优化完善。

3. 创新特点

（1）旅客可以随时随地提前在手机里完成餐品的挑选，也可由他人代替进行选购。

（2）体现特色真情服务，如 3 月 8 日女神节，为通过即“食”达下单的女性送上一支康乃馨，为男性送上口香糖。

（3）为首乘旅客、老年旅客、无人陪伴儿童等特殊旅客提供餐食代点服务。

（4）打破候机楼商业点位布局壁垒，解决远机位、指廊下沉端商业较少的问题。

（5）机场免单承诺，旅客成功下单，若餐食未在规定时间为旅客送达则提供免单。

4. 目标设定

持续扩大配送范围与配送品牌；商业 CAPSE 得分在现有的基础上取得一定提升；美团外卖平台商家得分 4.9 以上，提高该项目普及率。

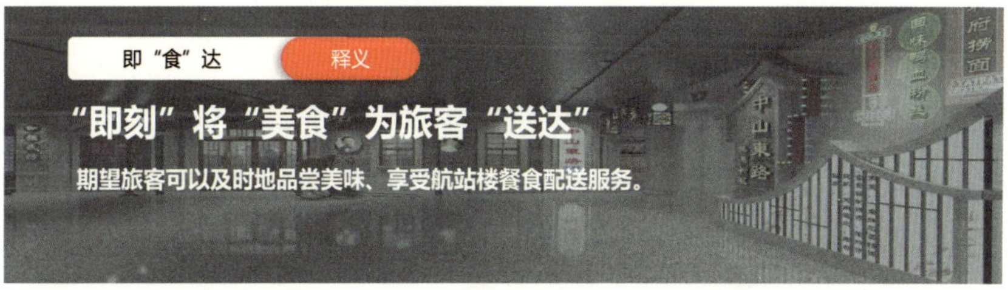

项目为南京机场与第三方平台合作推行的航站楼餐食配送服务。 美团 大众点评

项目通过个性化定制，为旅客提供预订、制作、打包、配送、自提等多项特色服务。

图源：2022CAPSE 创新奖决赛展演材料

（二）落地与实施

1. 流程设计

（1）调研了解旅客需求。制作《南京机场商业服务线上调研问卷》，收集 400 余份答卷，并对调查结果进行分析：参与调研者 30 岁以下人员近五成；抵达陌生地点时大多通过大众点评与美团外卖 App 选择餐食；点外卖大多使用美团外卖 App；旅客大多想在南京机场吃到南京特色小吃的餐食品类；绝大多数人对南京机场提供航站楼配送服务表示期待。

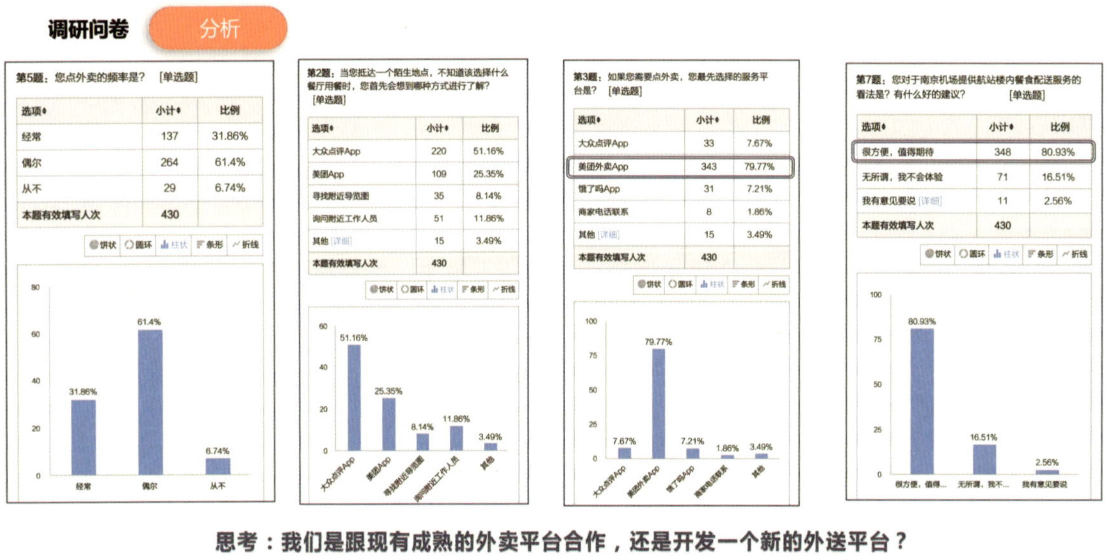

图源：2022CAPSE 创新奖决赛展演材料

（2）三方合作平台信息提前收集。2015—2019 年外卖行业渗透率逐年上升，美团在 2018—2019 年主流外卖品牌市场份额占比最大。美团外卖是美团旗下的网上订餐平台，于 2013 年 11 月正式上线，外卖提供美食、水果生鲜、甜点饮品、超市便利等众多品类的配送功能，有必胜客、肯德基、麦当劳、汉堡王、星巴克等品牌入驻。大众点评涵盖吃喝玩乐、好店推荐、美食优惠、旅游攻略、酒店门票等功能，有大量真实的用户点评信息及客观的商户评分，在消费者选择美食餐厅、门票、团购相关信息时提供帮助。

（3）用户特征信息提前收集。对比南京机场国内旅客与外卖人群年龄与性别分布情况，知晓国内旅客与外卖人群大多同为较年轻化群体，为项目实施提供有利条件。

（4）旅客下单三大渠道设计。一为大众点评 App 内完成线上选购下单，二为美团外卖 App 内完成线上选购下单，三为线下点单。

（5）合理控制实施成本。围绕“提质增效”的原则，控制项目开发成本：以现有且成熟的外卖平台——美团外卖，作为项目基点运行，减少了单独开发三方软件所需的人力与财力，提升项目实施效率，符合高质量、绿色发展的要求。

（6）服务质量流程设计。实行需求确认、订单核对、商品打包、微笑配送服务。接单后，商家对每笔订单进行仔细确认，依据旅客指定的要求，开始餐品的准备；针对旅客信息填写不完全、登机口临时变更等因素，商家在接单后，会及时、耐心与每位下单的旅客取得联系，确认位置，保证餐品的高效精准送达。为保证餐食的新鲜味美，餐品“即接即备”，商家准备完成后，即刻为旅客进行打包服务，主动提供餐具、餐巾纸、醋包及辣油包等，关注旅客用餐体验。制作、打包完成的餐品由商家完成配送；做到面带微笑，使用文明用语。目前，此服务配送范围已开通至 T1、T2 航站楼隔离区内。

2. 资源保障

（1）规范化平台的支持。美团外卖是目前比较成熟的外卖平台，也是国内用户量较大、较主流的平台，是受消费者知晓信任的平台，使得旅客、商家、商业与其合作，有一定品质保障。

（2）标准流程输出。从下单到完成送餐，整套流程明朗清晰，旅客可随时线上跟进订单进度，期间需要退单也十分便捷高效。

3. 监测改进

为更好地监督、分析、优化服务流程，服务上线后第一时间进行内测，发现由于商家初次使用美团外卖 App，操作不熟练，内测人员点单 40 分钟后仍未收到商家联系，于是南京机场立刻进行后续系列整改调试。后续根据多次内测，分别在提供纸巾、蒸点的打包方式、增加门店联系方式等方面进行调整优化；期间也关注旅客评论，广泛收集旅客意见反馈，及时整改。

（三）目标实现与展望

1. 目标性

机场在 0 成本的情况下，提高机场服务美誉度和非航收入，打破候机楼商业点位布局壁垒，旅客获得便捷性，增加了可选性，商家开辟线上销售新领域，增加了商家营业收入，实现机场、旅客、商家“三赢”。

旅客点单量急速攀升，从 2022 年 10 月每月 20 单，到 2023 年 2 月月销突破 900 单。据统计，截至 2023 年 3 月，商家线上销售额达 12 万元，预计待所有餐饮商户全部上线后，年线上销售额可达百万元。同时南京机场在 CAPSE 得分上也获得了很大提升，在 2023 年 2 月机场餐饮类排名中荣获全国第一。

通过意见箱、机场官网、旅客测评回复等渠道反馈，即“食”达服务获得了旅客的一致好评，旅客认为餐食口味正宗、配送及时，还有意外惊喜，纷纷表示值得推荐打卡。

项目自2022年第四季度（10月）上线至今，CAPSE测评数据排名逐步上升。

南京机场2022年CAPSE测评数据					
		1季度	2季度	3季度	4季度
指标名称		南京机场排名	南京机场排名	南京机场排名	南京机场排名
机场商贸	出发机场餐饮种类	14	17	12	7
	出发机场餐饮价格	18	13	9	4

南京机场2023年CAPSE测评数据			
		1月	2月
指标名称		南京机场排名	南京机场排名
机场商贸	机场餐饮	5	1

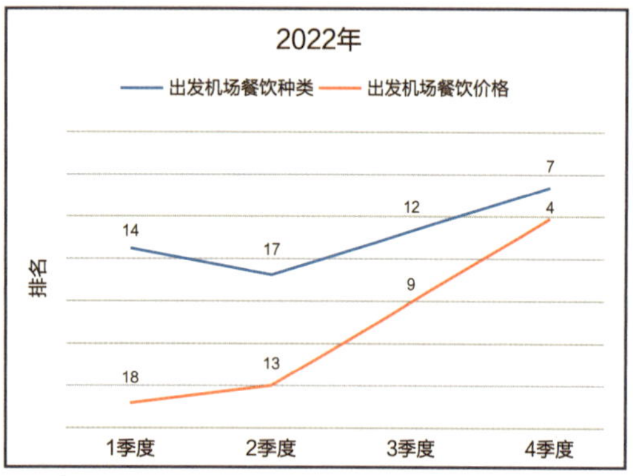

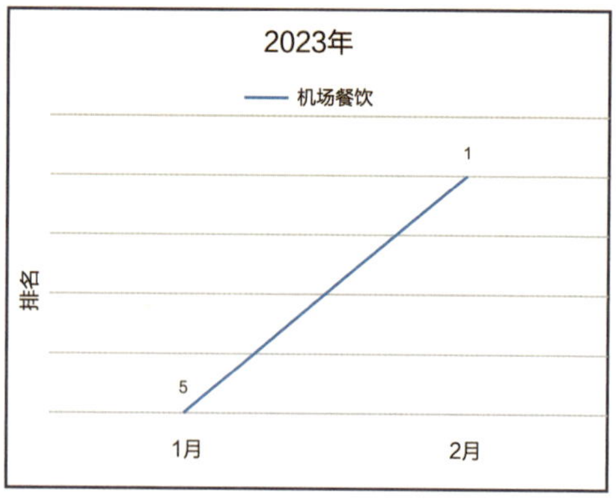

图源：2022CAPSE 创新奖决赛展演材料

2. 标准化

为提高航站楼餐食配送服务的规范性，南京机场制定了服务标准，编写了《南京机场航站楼内餐食外送服务规范》，并统一纳入《南京机场岗位管理手册》，顺利通过 ISO9001 质量管理体系认证，涵盖了商户资质、配送范围、安全管理等模块。

3. 展望

（1）对此项服务进行持续优化完善，逐步将剩余的 29 家餐饮商户全部上线。

（2）依据旅客需求，逐步扩大配送业态，如南京伴手礼等。

（3）积极与航司对接，将延误餐由“被动投喂”转变为“旅客主动点餐”。

（4）在持续推进美团外卖工作的同时，积极与更多成熟的综合性平台进行合作，为旅客线上选购提供便利。

二 案例综评

（一）综合点评

从创新方法来看，创新团队运用对标场景最佳案例的方式，将外卖模式引入机场餐食配送。创新过程中，团队从商家、旅客和自身服务提升需求入手，通过需求调研、信息收集、分析评估，借助美团成熟的平台，将商家餐饮和人力资源与自身管理和政策资源结合，通过 SOP 设计和品控管理，为旅客提供有效的配餐服务。该案例为机场探索更加丰富的旅客餐食供应方式、落实局方“加强与航站楼餐食商户合作，为旅客提供餐食外送、登机口取餐等服务”等提升民航服务助力行业恢复年主题活动，提供较好的借鉴。

（二）技术点评

创新团队在创新需求达成方面还有待提升。影响餐食满意度的指标比较丰富，团队设定的目标指标衡量维度过粗，缺少强相关指标的监测，如围绕该次创新的核心需求满足程度的衡量指标。此外，创新团队在创新成果风险系统性识别方面还有待提升，如商家食品安全管控、配送中的空防安全隐患、舆情处置、就餐旅客对周边旅客影响，以及外送服务成规模化后对不同商业地段招租的影响等方面。这些可能会影响该产品的持续迭代能力。

三 现场展演视频回放

微信扫码可观看

【东部机场集团有限公司】“即‘食’达”展演视频

案例名称：【深圳航空有限责任公司】"享飞就飞，时刻出发"——先行快线

案例编号： IAS2022007

创新分类： 服务创新

所属单位： 深圳航空有限责任公司

项目负责人： 马波、卢和青、张剑

项目成员： 孙玉柱、马建波、孙滔、朱俊霖、王娜、董裴君、齐扬、许重阳、梁薇薇、陈增才、符星、王玉朋、郑思丽

创新"坐标"

在"民航强国战略"中的位置

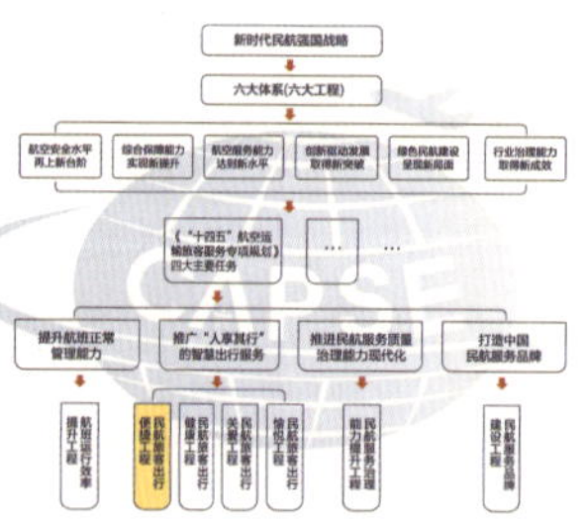

CAPSE 关于《"十四五"民用航空发展规划》解读图

在"服务管理体系"中的位置

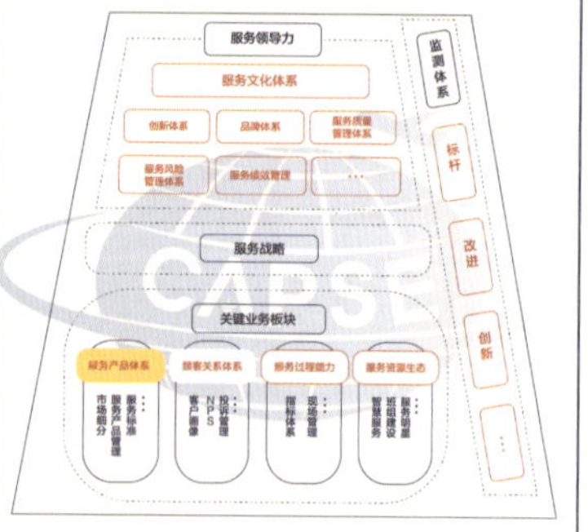

CAPSE 服务管理模型

创新 KPI

指标名称	创新前	创新后	备注（行业现状）
"四专"服务建设	无"四专"服务	所有快线航站"四专"服务达到二级标准，其中 6 个航站的 10 项服务达到一级标准	—
"六率"建设	靠桥率、执行率、正常率、收益率及服务"两率"方面，关键指标具有较大提升空间	较创新前，靠桥率提升 15 个百分点，执行率提升 38 个百分点，正常率提升 2 个百分点，收益率提升 12 个百分点，投诉率下降 2 个百分点，满意度达 94 个百分点。运行质量和服务品质均有较大提升	—

一 关键内容展示

（一）策划与设计

1. 需求识别

（1）政策有引导，在民航局《“十四五”民用航空发展规划》中，提出了“推进快线公交化，打造高频率、高品质的骨干网，巩固航线网络基本盘”的相关要求。

（2）旅客有需求，根据《深圳航空 2021 年快线产品建设需求调研报告》显示，长期依赖民航出行的旅客，迫切希望航班可以满足随到随走，在值机、安检、登机环节能够节省时间，航班起飞时间能够准时准点。

同时，根据深圳航空的企业文化，深航致力于以客户为中心，为美好生活添翼为愿景，最终，深航于 2022 年 4 月开始启动先行快线的建设。

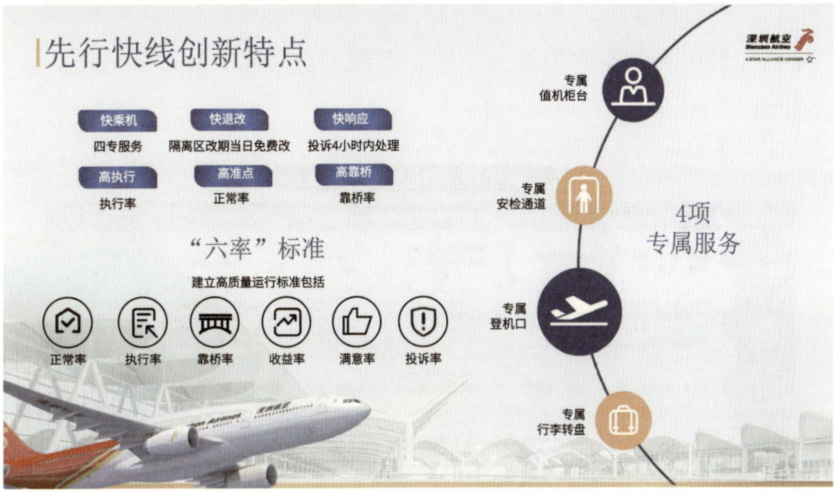

图源：2022CAPSE 创新奖决赛展演材料

2. 成型过程

一方面，深航通过客户调研形成了《快线客户调研报告》，根据报告分析确定客户需求，同时组织多次专项研讨会议，最终确定了先行快线核心内容。

另一方面，由公司飞行部、客舱部、地服部、服发部、营销委等多部门共同组成公司级项目组，促使先行快线项目最终形成。

3. 创新特点

在行业内首次推出以“四专六率”为核心标准建设快线，不仅提高航班密度，还通过四专建设优化地面环节流程，缩短旅客地面环节时间，同时围绕“六率”提高航班正常率、靠桥率和服务响应率。另外，在餐食、退改政策方面进行特殊设计。实现旅客出行“享飞就飞、时刻出发”，满足旅客便捷、便利、舒心的出行需求。

4. 目标设定

图源：2022CAPSE 创新奖决赛展演材料

（二）落地与实施

1. 流程设计

通过对旅客的六大出行环节和关键触点进行分析，旅客在购票环节体验要素要便利改签、随到随走，在值机、安检、登机环节需要有专人引导、专属值机柜台、专属安检通道、优先登机口等，最终确定以“四专六率”为快线的核心建设标准。

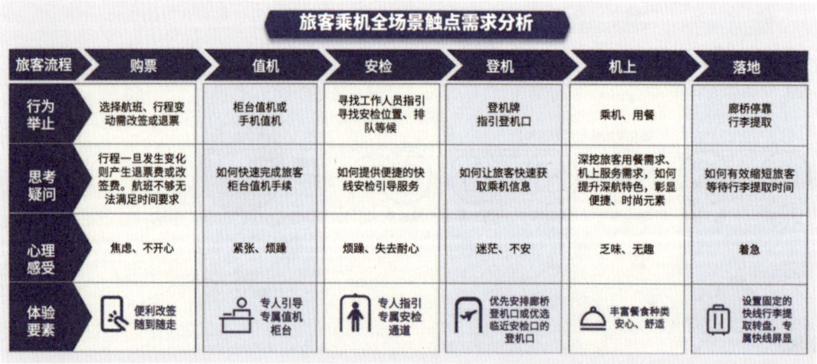

旅客乘机全场景触点需求分析

旅客流程	购票	值机	安检	登机	机上	落地
行为举止	选择航班、行程变动需改签或退票	柜台值机或手机值机	寻找工作人员指引寻找安检位置、排队等候	登机牌指引登机口	乘机、用餐	廊桥停靠行李提取
思考疑问	行程一旦发生变化则产生退票费或改签费。航班不够无法满足时间要求	如何快速完成旅客柜台值机手续	如何提供便捷的快线安检引导服务	如何让旅客快速获取乘机信息	深挖旅客用餐需求、机上服务需求，如何提升深航特色，彰显便捷、时尚元素	如何有效缩短旅客等待行李提取时间
心理感受	焦虑、不开心	紧张、烦躁	烦躁、失去耐心	迷茫、不安	乏味、无趣	着急
体验要素	便利改签随到随走	专人引导专属值机柜台	专人指引专属安检通道	优先安排廊桥登机口或优选临近安检口的登机口	丰富餐食种类安心、舒适	设置固定的快线行李提取转盘，专属快线屏显

图源：2022CAPSE 创新奖决赛展演材料

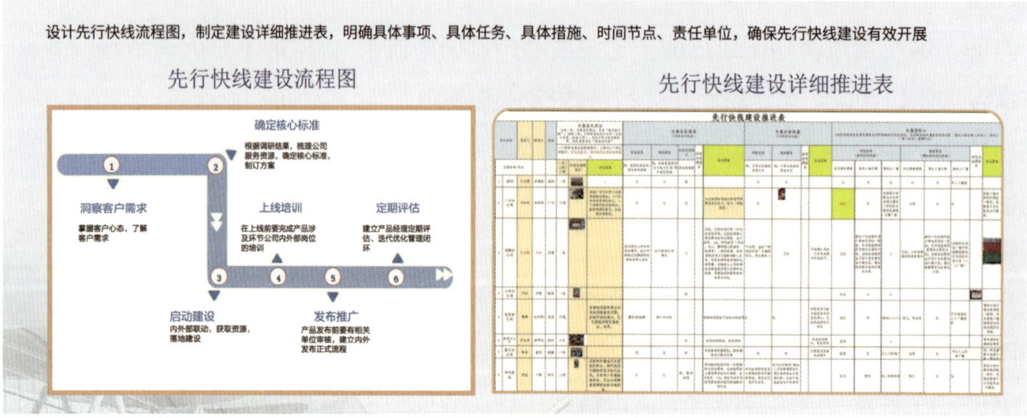

图源：2022CAPSE 创新奖决赛展演材料

2. 资源保障

公司成立专项工作组，建立运行质量标准及总体考核方案，与各地机场值机柜台、安检通道、登机口、行李转盘等联合来确保“四专”建设有效落地；同时，与民航管理局、空管局、机场等单位联动，共同推进快线建设，不断提高运行效率及品质。在呼叫中心、地面、客舱安排人力资源，从而提高快线服务质量。最终，先行快线各项标准得以有效落地。

图源：2022CAPSE 创新奖决赛展演材料

3. 监测改进

项目组制定了全链条监测机制，通过规划部门监控运行品质、财务部门监控执行率、服发部门监控服务提升，真正做到各项标准的可评估、可跟踪。

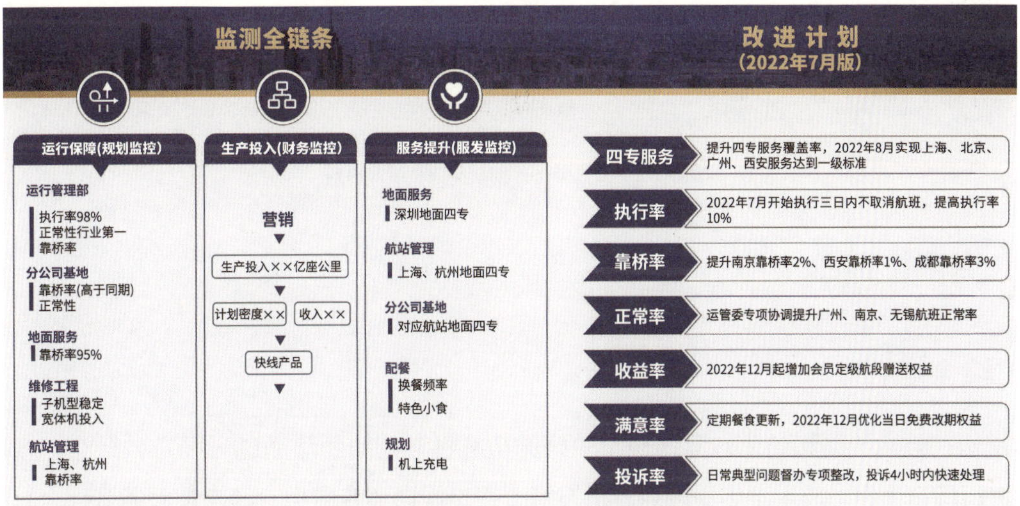

图源：2022CAPSE 创新奖决赛展演材料

（三）目标实现与展望

1. 目标性

在效果与收益方面，2022 年 4 月至年底，先行快线整体收益率提升 12%，靠桥率提升 15%，三日内执行率提升 38%，正常率提升 2%，客座率提升 5%。

在专属服务方面，所有快线航站“四专”服务达到二级标准，其中 60% 的航站“四专”达到一级标准。

在社会效益、旅客满意度方面，从快线建设后，投诉率环比下降 2%，满意度高达 94%。自先行快线项目启动以来，各大头部媒体对该项目进行全方位多角度宣传报道，引发公商务旅客关注。整体而言，先行快线让旅客的出行更有保障、更加便捷。

2. 标准化

项目组形成先行快线建设标准文档及手册，保证先行快线的建设标准化、流程化，可复制、可扩大。先行快线经验，项目组将其复制到 19 个分公司、基地，建设航线范围更广的深航快线。

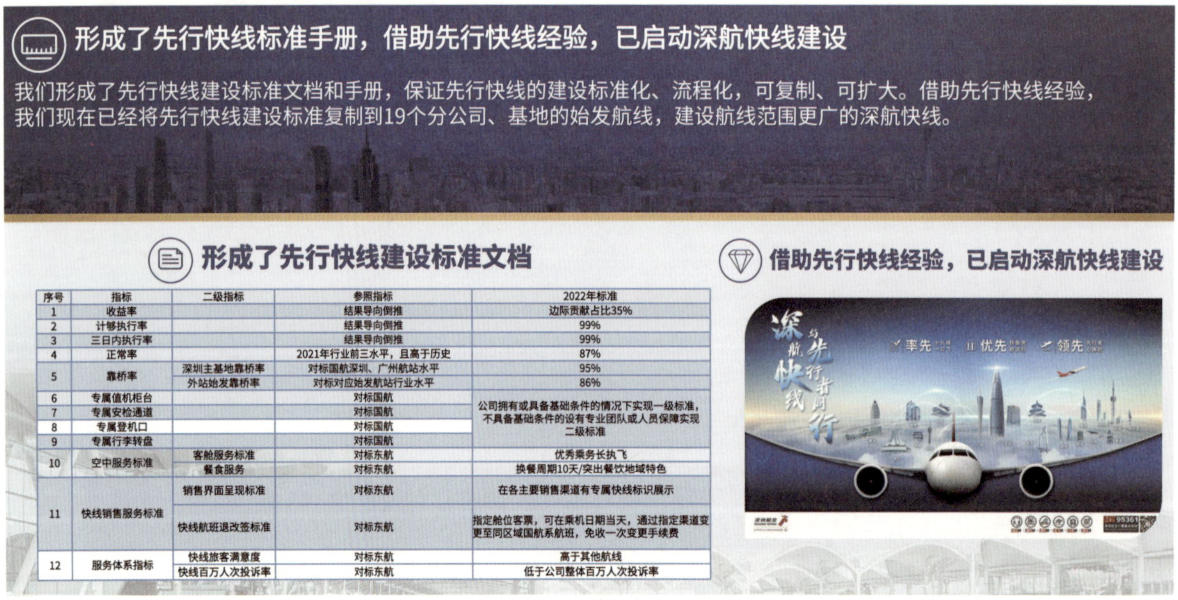

序号	指标	二级指标	参照指标	2022年标准
1	收益率		结果导向倒推	边际贡献占比35%
2	计够执行率		结果导向倒推	99%
3	三日内执行率		结果导向倒推	99%
4	正常率		2021年行业前三水平，且高于历史	87%
5	靠桥率	深圳主基地靠桥率	对标国航深圳、广州航站水平	95%
		外站始发靠桥率	对标对应始发航站行业水平	86%
6	专属值机柜台		对标国航	公司拥有或具备基础条件的情况下实现一级标准，不具备基础条件的设有专业团队或人员保障实现二级标准
7	专属安检通道		对标国航	
8	专属登机口		对标国航	
9	专属行李转盘		对标国航	
10	空中服务标准	客舱服务标准	对标东航	优秀乘务长执飞
		餐食服务	对标东航	换餐周期10天/突出餐饮地域特色
11	快线销售服务标准	销售界面呈现标准	对标东航	在各主要销售渠道有专属快线标识展示
		快线航班退改签标准	对标东航	指定舱位客票，可在乘机日期当天，通过指定渠道变更至同区域国航系航班，免收一次变更手续费
12	服务体系指标	快线旅客满意度	对标东航	高于其他航线
		快线百万人次投诉率	对标东航	低于公司整体百万人次投诉率

图源：2022CAPSE 创新奖决赛展演材料

二 案例综评

（一）综合点评

本案例在需求挖掘和转化方面体现了较好的实践性，创新团队通过对局方、行业、旅客等各方需求进行综合考量，应用全场景触点分析发法，在专属通道专属柜台等常规服务基础上，更精细地打磨了快线产品质量，打造“四专六率”的差异点，实现旅客时刻出发的需求，不仅关注专属资源，更依靠流程设计和资源保障，注重实际效率，确保快线的“快”字落位。创新团队围绕此次创新，设置了更综合的可量化指标体系——“四专六率”的量化考核指标，这确保了产品设计到成型的既定目标。从更综合的需求视角对快线产品进行定位和设计的做法，为行业内各单位推进精品快线提供了较好的借鉴。

（二）技术建议

创新团队在创新监测反馈应用于持续改进产品力方面有待提升，该创新打造的全过程体现的是精益服务逻辑，但是缺少对整体旅客视角成本、公司视角成本的节约程度或增值程度的通算。这些可能会对该产品生命力持续性的观测和提升产生影响。

三 现场展演视频回放

微信扫码可观看

【深圳航空有限责任公司】“‘享飞就飞，时刻出发’——先行快线”展演视频

案 例 名 称：【武汉天河机场有限责任公司】武汉天河机场“机场快线”服务

案 例 编 号：IAS2022008

创 新 分 类：服务创新

所 属 单 位：武汉天河机场有限责任公司

项目负责人：周少华

项 目 成 员：孔长缨、刘涛

创新“坐标”

在“民航强国战略”中的位置

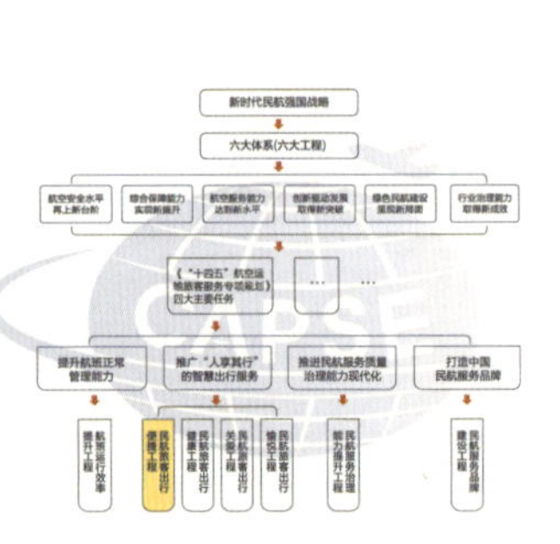

CAPSE 关于《“十四五”民用航空发展规划》解读图

在“服务管理体系”中的位置

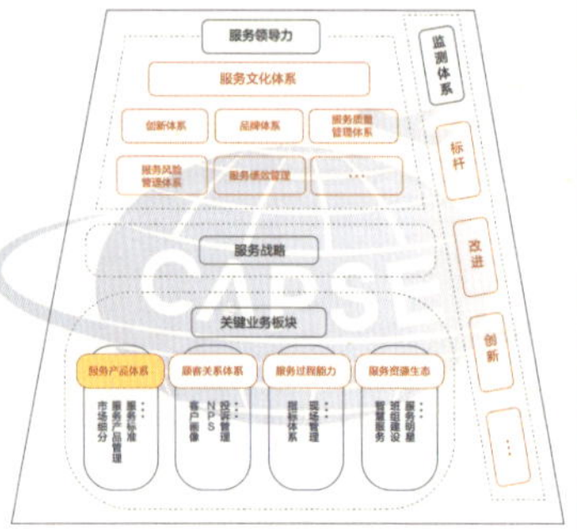

CAPSE 服务管理模型

在“时间效率”中的位置

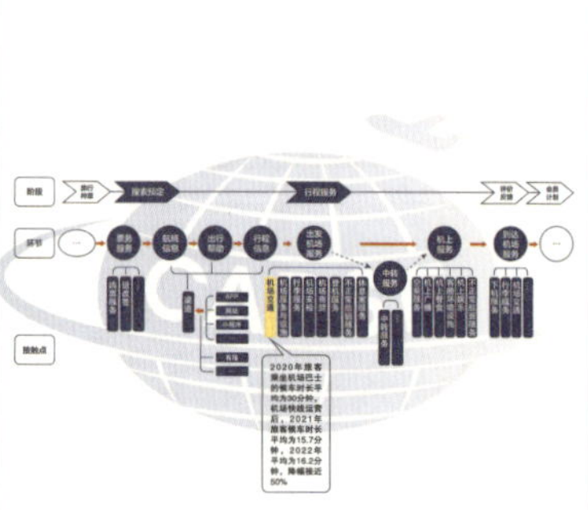

CAPSE 旅程地图

创新 KPI

指标名称	创新前	创新后	备注（行业现状）
武汉天河机场“机场快线”服务创新	旅客需等待30分钟，并且只能到达指定站点	通过机场快线的点到点、门到门的出行特点，满足机场到达旅客群体的差异化出行需求，同时缩短旅客候车时间，整体提升机场旅客出行服务体验	武汉天河机场是首家运用此服务且在运行情况良好的机场

一 关键内容展示

（一）策划与设计

1. 需求识别

从湖北省层级讲，《湖北省综合运输服务发展“十四五”规划》大力发展基于智能终端的“一站式”旅客联程联运服务，推动不同客运方式间运力、班次等对接，培育发展空铁、公铁、公空、公水、空水等旅客联程运输产品。

从民航局层级讲，《“十四五”民用航空发展规划》推动与各种交通方式深度融合，强化与干线铁路、城际铁路、城市轨道交通、高（快）速路等衔接联通。

从湖北机场集团层级讲，坚持“四型机场”建设理念，有效落地湖北机场集团战略规划，依靠科技进步、改革创新、智慧赋能，实现旅客出行的便捷高效。

2. 成型过程

第一步，分析现状，明确解决问题的同时注重旅客乘坐的舒适性及效率性。

第二步，针对方案，制定后台运营程序。

第三步，完善后台运营程序，做好旅客服务流程。

第四步，完善各项制度要求。

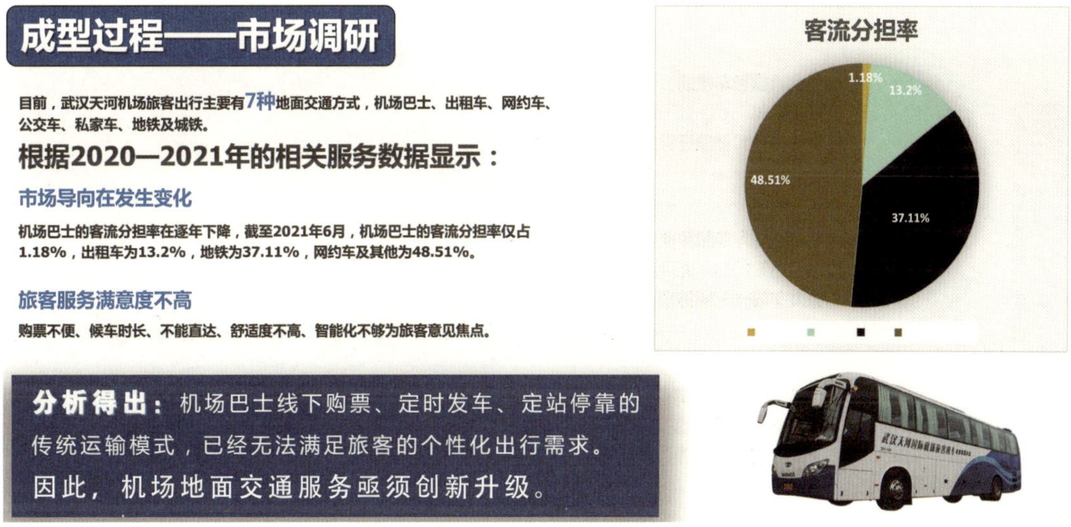

图源：2022CAPSE 创新奖决赛展演材料

成型过程——确定方案

通过对机场地面交通运输方式特点的分析，结合旅客的实际需求，我们确定了以“舱门到家门、服务零距离”为服务理念的创新产品——**“机场快线”**

机场地面交通运输方式特点

序号	客运方式	购票方式	票价	附加费用	是否直达	舒适性	候车时间	乘车便捷性
1	机场大巴	线下	适中	无	否	一般	长	较好
2	地铁	线下	低	无	否	较差	适中	一般
3	出租车	线下	高	高速通行费	是	一般	不确定	较好
4	网约车	线上	高	高速通行费	是	较好	长	较差

图源：2022CAPSE 创新奖决赛展演材料

3. 创新特点

“机场快线”为上行 To B 和下行 To C 混合运营模式，不同于班线客运与网约车的运营模式。机场快线平台是一个采用 Spring Cloud 微服务架构的云原生应用平台，包含乘客端小程序、司机端 App、拼车调度、运营管理、模拟仿真等子系统，平台搭建了实时运营数据分析流水线，结合数字化模拟仿真、关键运营指标评价及机器学习等技术手段，可实现智能自动排班、运营线路优化、智能拼车调度算法的持续迭代优化。

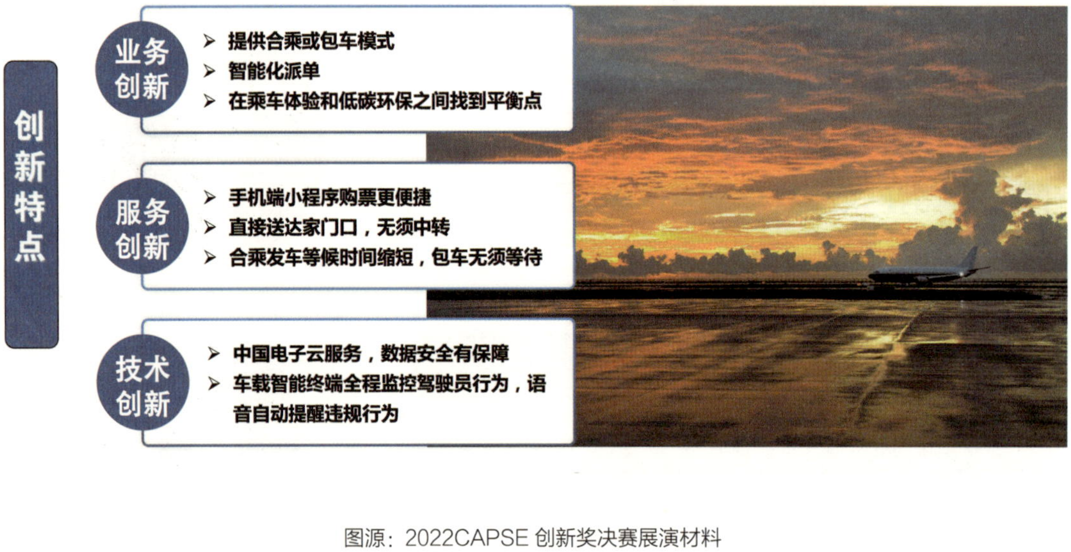

图源：2022CAPSE 创新奖决赛展演材料

4. 目标设定

上行采用预约用车的方式，为出行计划性强、对时间要求高的商旅及旅游乘客提供运力服务；下行乘客主要为下机后需要选择机场与目的地接驳交通工具的旅客，该类旅客对安全性、舒适性、性价比要求高，对旅客流线产品宣传及地推人员引导较为友好。

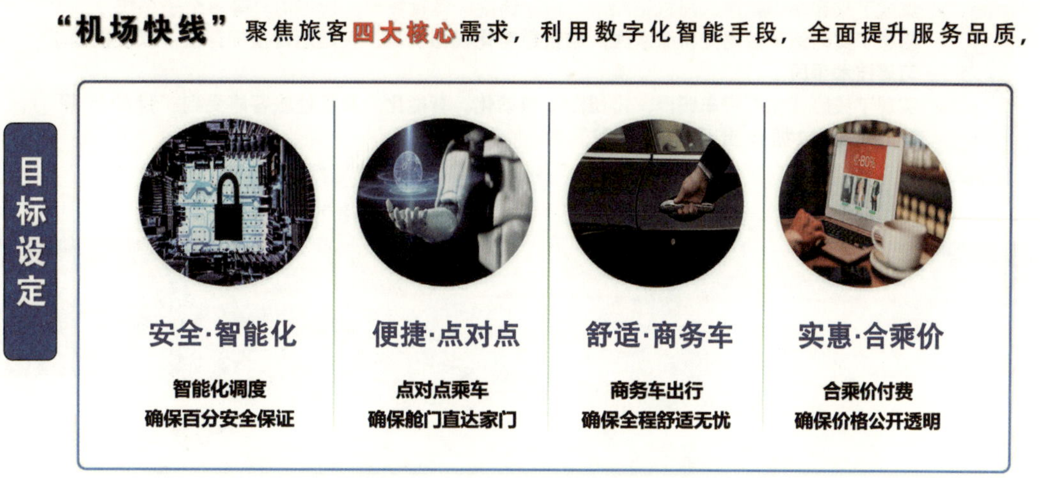

图源：2022CAPSE 创新奖决赛展演材料

（二）落地与实施

1. 流程设计

机场快线主要承运每天 7：00—23：00（23：00 以后交由机场大巴运营）天河机场往返武汉市区的旅客，5 条线路覆盖武汉城区，沿线上门接送旅客。机场快线运营规则为本车第一个乘客到达车辆前，扫车辆码登记上车（检票），系统自动开始计算时间，30 分钟计时到，安排司机发车。同车后续乘客扫码上车，不影响当前计时。30 分钟计时到，无论该车辆有几位乘客都会马上发车（只有 1 位乘客也会发车）。如果计时不到 30 分钟车上已坐满，司机会立即发车，不会等 30 分钟倒计时结束才发车。当前运营方式满足民用机场旅客服务质量标准。实际运作中车辆 100% 在 30 分钟内发车，其中平均乘客等待时长 9 月为 11.75 分钟，10 月为 12.8 分钟，11 月为 14.8 分钟。候车时长短，可快速疏散机场旅客。

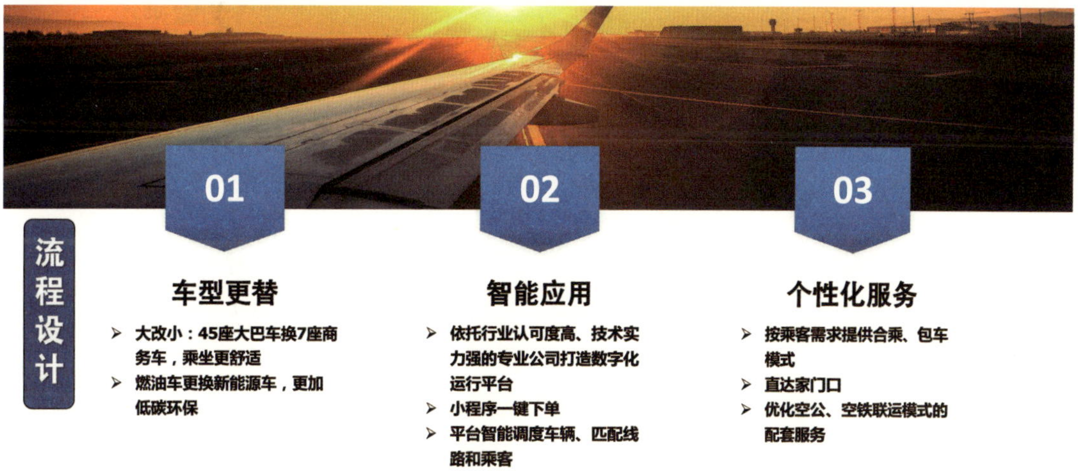

图源：2022CAPSE 创新奖决赛展演材料

流程设计

- **集成了**乘客端小程序、司机端App、拼车调度、运营管理、模拟仿真**等多个子系统**
- **搭建了实时运营数据分析流水线，结合数字化模拟仿真、关键运营指标评价，以及机器学习等技术手段**
- **实现了**线路优化、拼车调度、排班派车**自动化、智能化，真正让旅客感受到“我的行程我做主，数据让出行心里有数”**

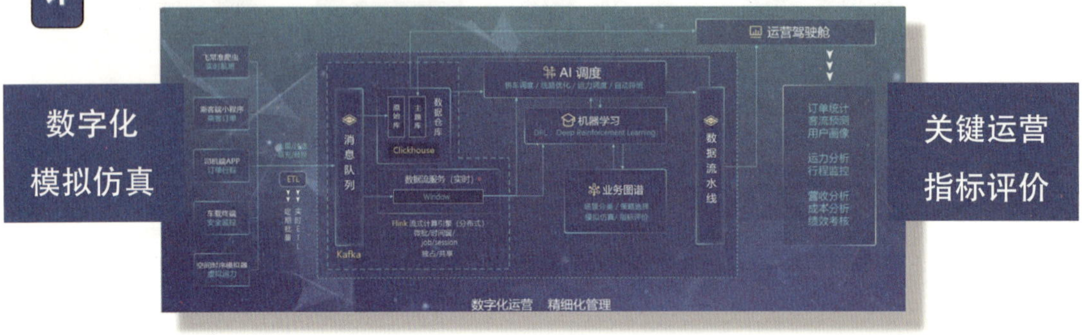

图源：2022CAPSE 创新奖决赛展演材料

2. 资源保障

（1）规范服务流程。制作“机场快线”乘车流程示意图及旅客扫码单（休息区立牌 + 售票区手卡），方便旅客现场下单。

（2）制定服务标准。制定站务员、驾驶员服务质量规范及考核标准，组织开展全员培训。

（3）完善服务设施。设置空公联运接驳中心，优化旅客候乘环境，保证航延等突发事件时旅客快速分流。

3. 监测改进

（1）定期开展旅客满意度测评。每季度以线下的方式，从发车时间、购票方式、服务态度、卫生状况等方面收集旅客意见建议。2020—2022 年，回收有效问卷 3800 余份，分析改进服务措施 10 余项，有效提升旅客满意度。

（2）实时进行平台系统迭代升级。管理平台实时监测并对乘客、司机端小程序等子系统进行迭代升级。2021—2022 年，合计升级优化 1600 余次。

（3）数字化手段改善运营与服务。通过对客户路径及受众的数据分析，实现站点设置优化、运营效率提升、车辆能耗成本降低、旅客体验感提升。

监测改进

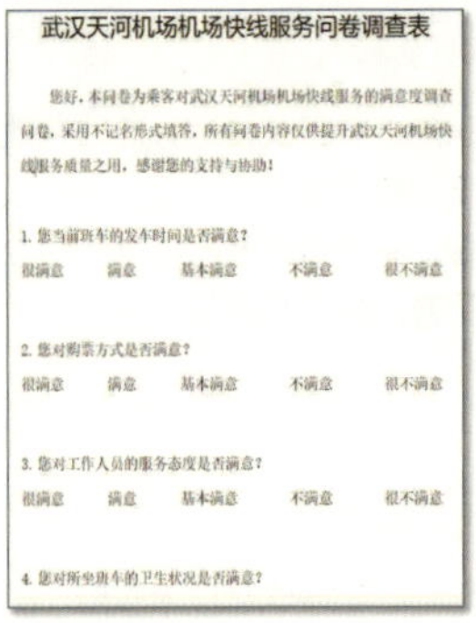

武汉天河机场机场快线服务问卷调查表

您好，本问卷为乘客对武汉天河机场机场快线服务的满意度调查问卷，采用不记名形式填答，所有问卷内容仅供提升武汉天河机场快线服务质量之用，感谢您的支持与协助！

1. 您当前班车的发车时间是否满意？

很满意　满意　基本满意　不满意　很不满意

2. 您对购票方式是否满意？

很满意　满意　基本满意　不满意　很不满意

3. 您对工作人员的服务态度是否满意？

很满意　满意　基本满意　不满意　很不满意

4. 您对所坐班车的卫生状况是否满意？

定期开展旅客满意度测评

每季度以线下的方式，从发车时间、购票方式、服务态度、卫生状况等方面收集旅客意见建议。2020—2022年，回收有效问卷3800余份，分析改进服务措施10余项，有效提升旅客满意度

实时进行平台系统迭代升级

管理平台实时监测并对乘客、司机端小程序等子系统进行迭代升级。2021—2022年，合计升级优化1600余次

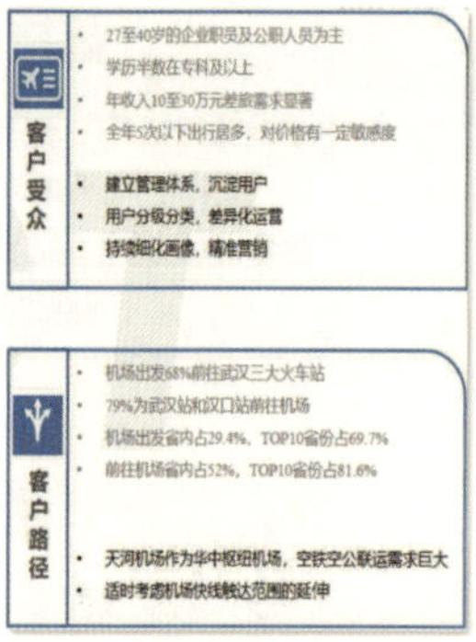

数字化手段改善运营与服务

通过对客户路径及受众的数据分析，实现站点设置优化、运营效率提升、车辆能耗成本降低、旅客体验感提升

图源：2022CAPSE 创新奖决赛展演材料

（三）目标实现与展望

1. 目标性

（1）旅客候车时长缩短。2020 年旅客乘坐机场巴士的候车时长平均为 30 分钟，机场快线运营后，2021 年旅客候车时长平均为 15.7 分钟，2022 年旅客候车时长平均为 16.2 分钟，降幅接近 50%。

（2）旅客服务体验提升。2020 年机场大巴运营时的旅客满意度为 65.3%，机场快线运营后，2021 年旅客满意度为 73.8%，2022 年旅客满意度为 89.6%，提升较为明显。

2. 标准化

（1）通过机场快线的点到点、门到门的出行特点，满足机场到达旅客群体的差异化出行需求，同时缩短旅客候车时间，整体提升机场旅客出行服务体验。

（2）采用拼车模式能够快速帮助机场进行旅客分流，尤其在疫情阶段，基于机场疫情防控需求，以及传统客运安全管理下的机场快线运输模式能够有效地保障乘客安全，提高机场服务水平。

（3）响应国家号召，节能降耗，保护环境，减少汽车尾气排放，机场快线将逐步用电动汽车替换燃油车。

（4）通过利用智能化和数字化技术对机场快线运营模式进行数字化赋能，提高机场知名度，形成武汉新名片，打造全国机场陆侧交通标杆。

收获及启发

01 新技术

新能源设施的推广，有利于节能减排

平台全流程监控，有利于保障安全

02 新模式

采用合乘模式快速分流，有效降低旅客出行成本

保证空公联运及航延处置时效，提升服务保障水平

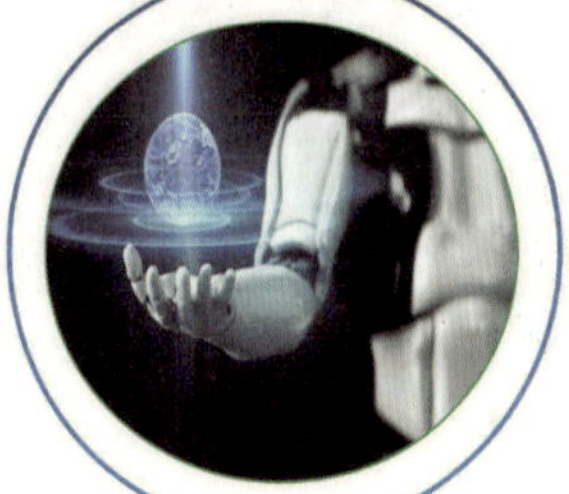

03 个性化

门到门服务满足旅客个性化出行需求

缩短旅客候车时间，整体提升服务体验

04 智慧化

智能化和数字化技术应用，提升机场智慧化水平

服务品牌效应，提高机场知名度，打造服务标杆

图源：2022CAPSE 创新奖决赛展演材料

二 案例综评

（一）综合点评

创新团队围绕旅客对机场交通的体验进行创新，团队借鉴居民生活已经习惯的拼车、顺风车等模式进行探索实践。首先，创新团队通过建设平台、建立运营体系方案、接送服务接入第三方等模式对整体创新服务架构进行了搭建；其次，创新团队从旅客体验的角度对服务标准进行了规范，如对候车等候时长等进行了规范。这为机场提供了机场交通服务差异化创新提供了借鉴。

（二）技术点评

创新团队在服务的可持续性和常态化运营的监控方面还有较大的提升空间。首先，创新团队对于整体服务的设计输出缺少基于全需求的转化设计和需求的全生命周期管理策划，这不利于持续提升产品力。其次，该创新在商业模式和产品可持续性方面缺少策划呈现，在监测环节缺少对该类绩效的监测。

三 现场展演视频回放

微信扫码可观看

【武汉天河机场有限责任公司】“武汉天河机场‘机场快线’服务”展演视频

案例名称：【山东航空股份有限公司】山东航空升舱产品体系整合项目

案例编号：IAS2022009

创新分类：服务创新

所属单位：山东航空股份有限公司

项目负责人：王德强

项目成员：冯磊、刘栋、杨光、李振磊、张涛、魏星、陈涛、张晓曦、李俊玲、熊春彬、杜道林、闫旭、王景超、张永刚、郝峰、于宁

创新“坐标”

在“民航强国战略”中的位置

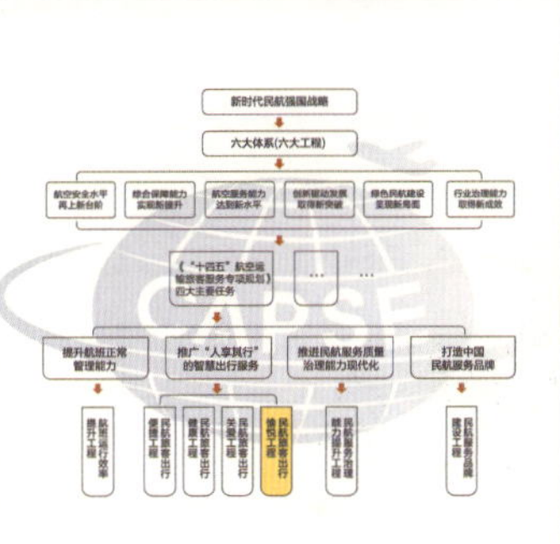

CAPSE 关于《“十四五”民用航空发展规划》解读图

在“服务管理体系”中的位置

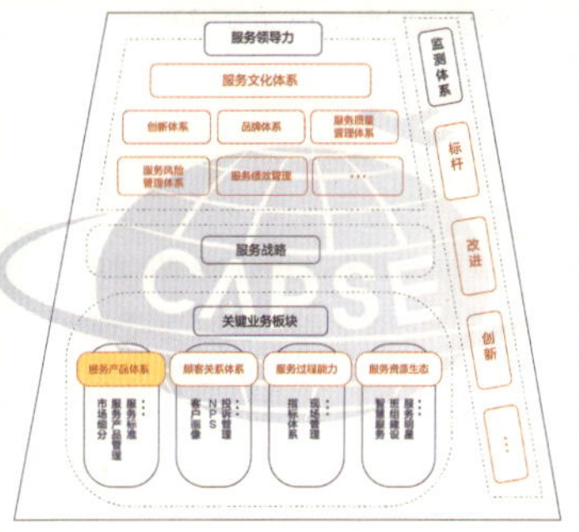

CAPSE 服务管理模型

创新 KPI

指标名称	创新前	创新后	备注（行业现状）
产品单客收入	2.83 元 / 人	4.14 元 / 人	—

一 关键内容展示

（一）策划与设计

1. 需求识别

自 2014 年以来，山航先后推出机上升舱、预购升舱、登机口升舱、地面人工升舱等升舱产品，初步搭建了山航升舱产品体系，满足了旅客在购票后、登机口（自助、员工推荐）、客舱等场景的升舱需求，但各升舱产品在办理、支付、服务交付、售后保障等环节需进一步统一优化。

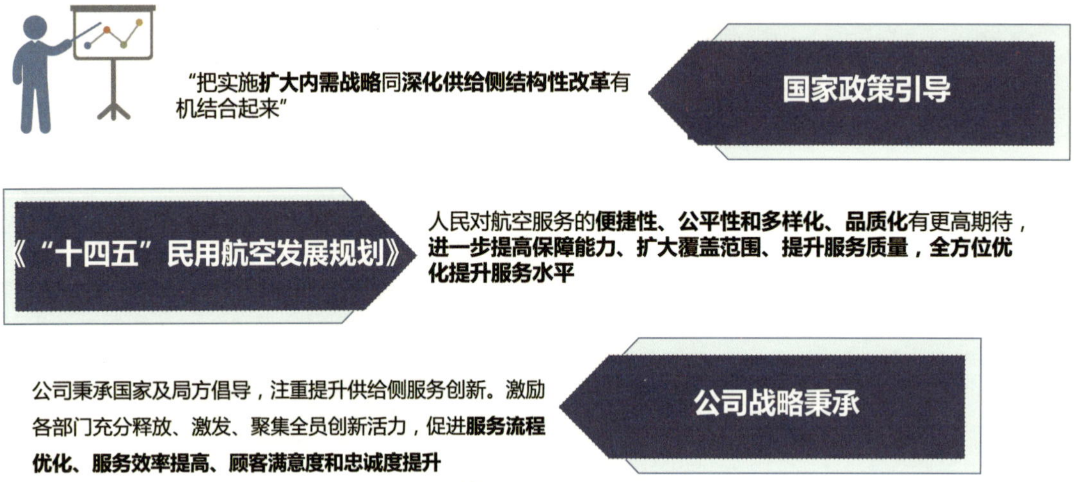

图源：2022CAPSE 创新奖决赛展演材料

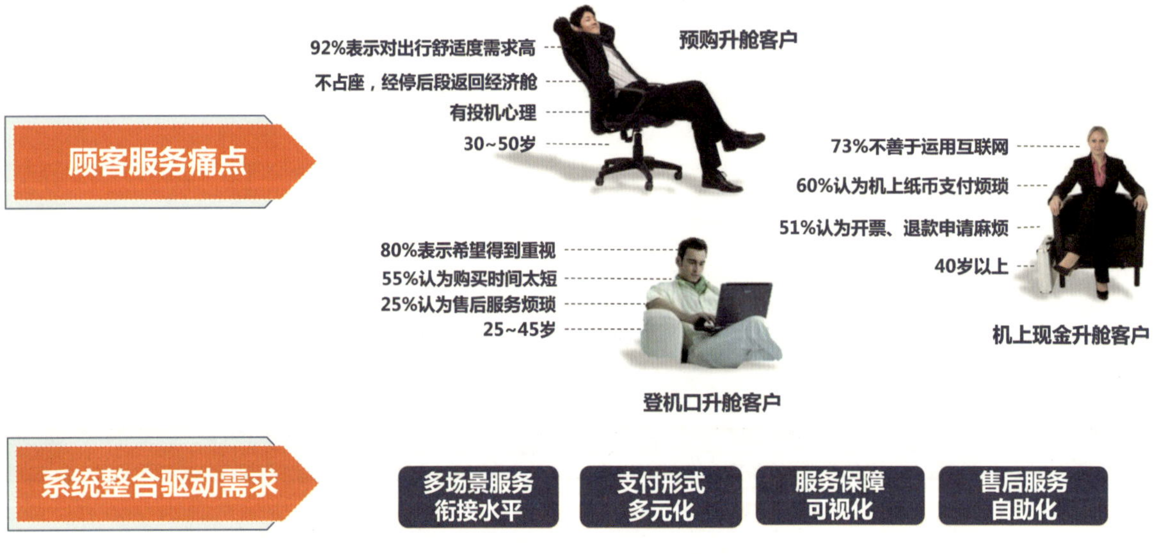

图源：2022CAPSE 创新奖决赛展演材料

基于对各升舱产品的运营、旅客调查及内部访谈等方式，山航精准识别旅客体验升级需求点，主要集中在升舱体验连续性、升舱可办理时间、机上场景交易、自助售后等四个方面。

2. 成型过程

充分借助 CAPSE 外部专业评测数据及内部旅客反馈数据，识别服务痛点，形成需求依据，结合公司“统领”+“引领”的双线改进创新管理模式，依据公司信息化项目建设程序，采取 PDCA 质量管理工具，完成项目需求会签、经济及技术可行性分析、项目立项、试运行、验收等过程。从公司层面成立了跨部门升舱产品整合项目组，并成立了需求 QC 小组、投资小组，进行了公司级的立项审批会和跨部门的需求会签及投资分析评议，保证实施过程高效且不走形。

图源：2022CAPSE 创新奖决赛展演材料

3. 创新特点

创新点有从服务场景挖掘和内部管理创新两个角度，共 7 大创新点。

（1）从服务场景挖掘角度

① 做到升舱出行关键场景的全覆盖。

② 做到升舱子产品间共享用户资源。

③ 满足多样化的支付需求。

④ 售后服务的延伸可追踪。

（2）从内部管理创新角度

① 实现了各服务接触点提供升舱交付体验的一致性。

② 各交付场景交付标准的稳定性，通过升舱产品体系系统化整合，统一服务的标准。

③ 各场景间的服务衔接顺滑、灵活补位。

4. 目标设定

搭建升舱产品体系，全面提升旅客服务体验，实现“三统一，一新增”（升舱订单、用户界面、结算模式统一；新增线上升高级经济舱），助力公司辅营增收。

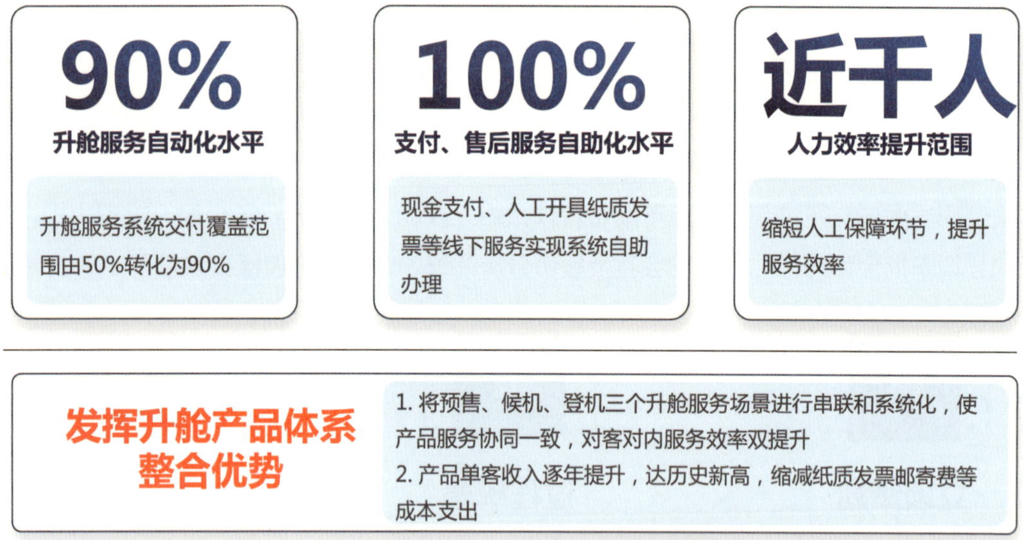

图源：2022CAPSE 创新奖决赛展演材料

（二）落地与实施

1. 流程设计

应用 5W1H 工具，产出实施落地计划表。通过服务蓝图和流程穿梭工具，分析与顾客接触的各个升舱服务环节，识别影响服务质量的关键活动，形成了搭建各升舱子产品触达、销售、交付和管理的统一平台的原则。

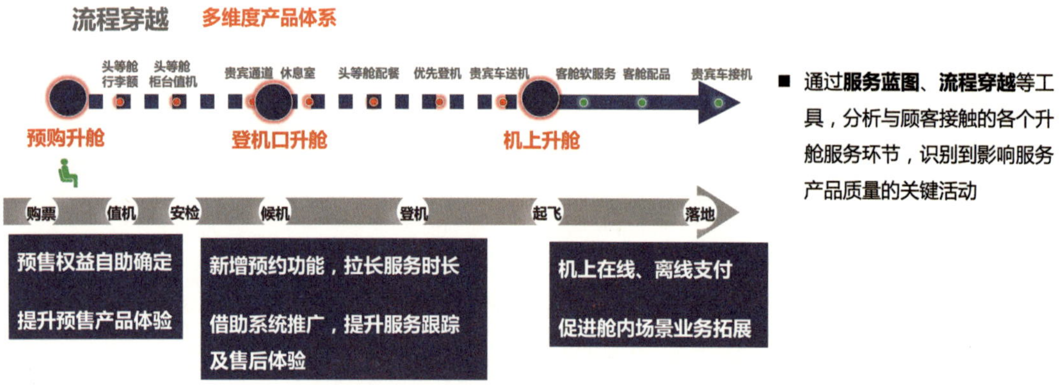

图源：2022CAPSE 创新奖决赛展演材料

2. 资源保障

项目通过形成服务指导手册，规范产品体系服务规范，通过培训会及讲师机制，共享推广及保障经验，借助知识库形式，固化服务经验传承。

01 跨部门资源整合

14个内部部门及**多家第三方**供应商通力合作

02 承担总集成商角色

山航项目组**承担总集成商角色**，梳理**25**项方案

03 建立规范体系

形成了**三大规范体系**，规范产品服务保障流程、产品定价规则及正向激励机制

图源：2022CAPSE 创新奖决赛展演材料

3. 监测改进

建立了需求导向、目标导向、问题导向的监测改进机制，改进优化服务过程，提升服务质量。

（1）需求导向层面：借助升舱用户调查问卷、SMS 系统等信息系统，收集、整理各类需求文件，定期对内外部需求进行分析，并传递至各相关服务保障方。

（2）目标导向层面：以每月公司级服务质量例会、效益分析会复盘和推进改进，分析满意度走势、经济效益评价，并根据分析情况，针对性向各场站进行服务及推广指导反馈。

（3）问题导向层面：通过知识库、服务指导手册，建立预判机制；建立三级应急响应机制，周期性进行桌面应急演练；试运行期间发现保障及系统问题 60 余项，进行了两次较大的版本迭代及一次产品服务规则的优化。

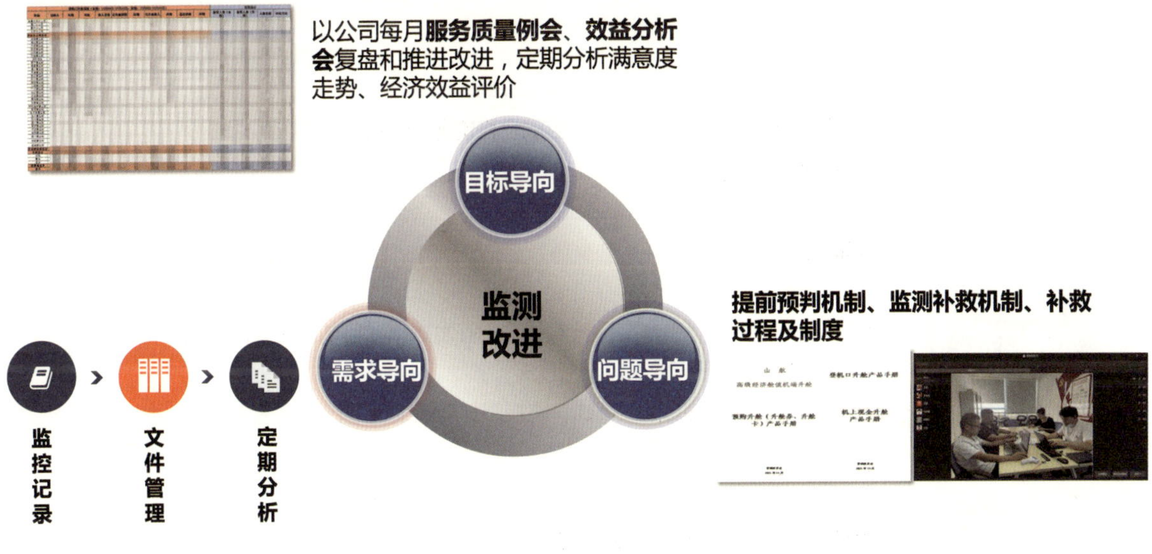

图源：2022CAPSE 创新奖决赛展演材料

（三）目标实现与展望

1. 目标性

首先实现了增收节支；其次是服务水平得到了提升，升舱体系整合后，服务自动化水平超90%，支付、售后自助水平 100%，旅客满意度打分提升 50%。

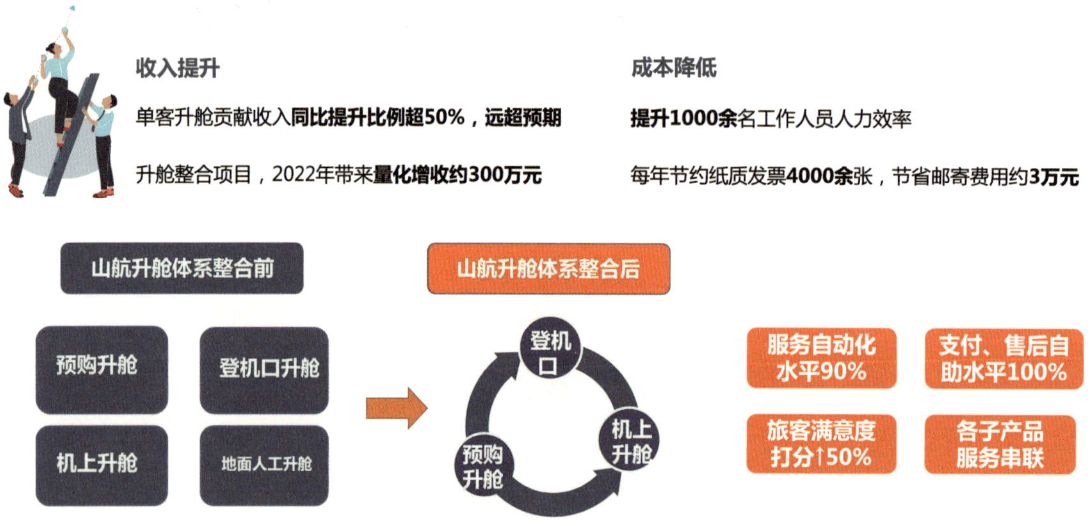

图源：2022CAPSE 创新奖决赛展演材料

2. 标准化

目前项目已经稳定运行 15 个月，并形成固定升舱产品服务制度。升舱服务覆盖山航 100% 航线，并形成了对外输出标准化 API 接口，在多家在线商旅平台（以下简称 OTA）实现快速上线。机上场景支付功能已拓展应用于山航国际付费选座服务产品。项目采用问题清单制、WBS、日报制，对创新全过程存档管理。

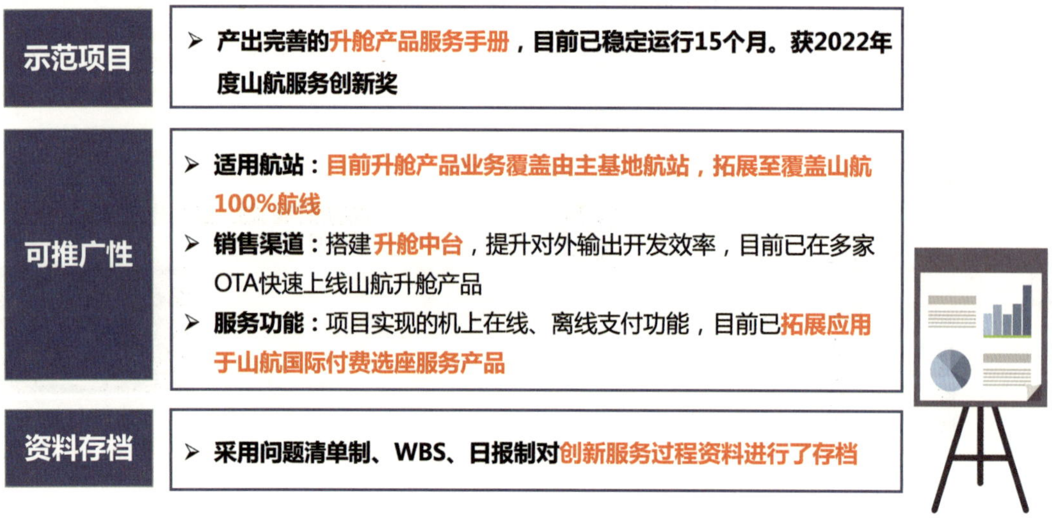

图源：2022CAPSE 创新奖决赛展演材料

二 案例综评

（一）综合点评

该创新案例在原有基础服务产品基础上，通过借鉴集成产品开发模式，将不同环节、不同策略、不同主体的升舱服务进行了整合，整合过程充分应用了信息化项目管理工具，将流程优化与系统优化进行了整合管理，对行业面临的营销、服务、点式服务系统性不强等问题进行了创新探索。这为各民航实体发展到一定阶段后，解决产品多、防火墙不清晰等管理现状提供了较好的借鉴。

（二）技术建议

创新团队在创新方案的需求整合性上还可以进一步优化。创新目前定位升舱产品整合，但是尚未以全旅客为导向，从升舱产品本质需求和公务舱 / 高级经济舱等全旅客需求的角度进行需求整合评估，这不利于对升舱服务的潜在服务范围和不恰当范围进行系统性评估。另外，在方案确定过程中，缺少对不同方案评估选择的关注和应用，不利于对此次创新路径的先进性进行确认。

三 现场展演视频回放

微信扫码可观看

【山东航空股份有限公司】“山东航空升舱产品体系整合项目”展演视频

案例名称：【重庆机场集团有限公司重庆江北国际机场有限公司】重庆飞 · 渝快线

案例编号： IAS2022010

创新分类： 服务创新

所属单位： 重庆机场集团有限公司重庆江北国际机场有限公司

项目负责人： 周记

项目成员： 无

创新“坐标”

在“民航强国战略”中的位置

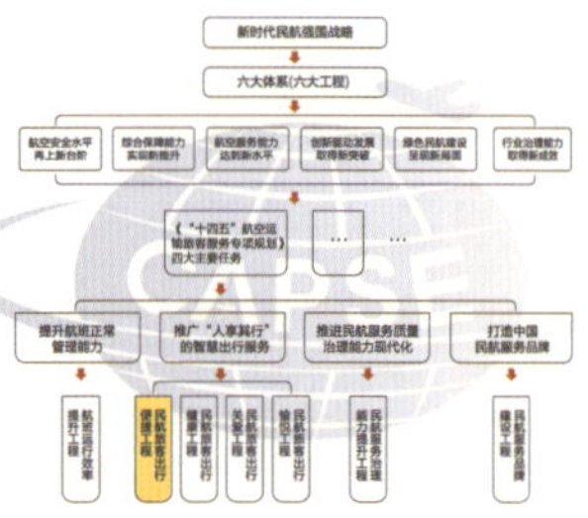

CAPSE 关于《“十四五”民用航空发展规划》解读图

在“服务管理体系”中的位置

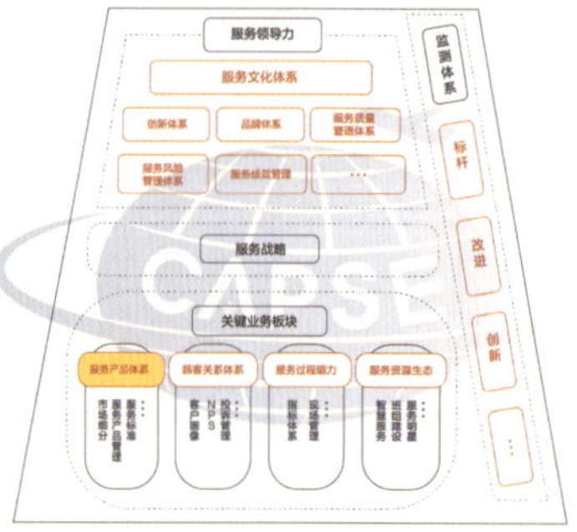

CAPSE 服务管理模型

在“时间效率”中的位置

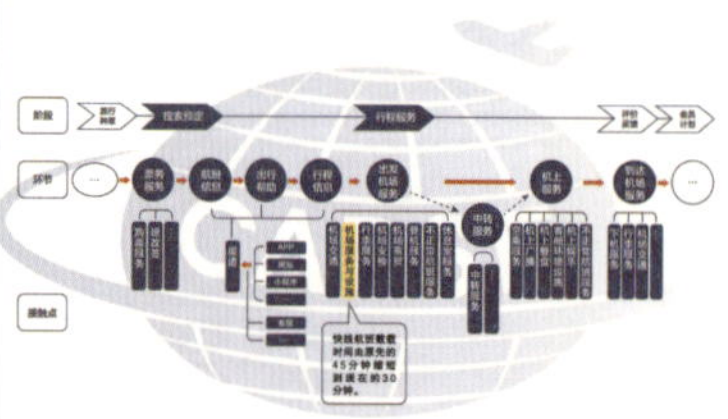

CAPSE 旅程地图

创新 KPI

指标名称	创新前	创新后	备注（行业现状）
快线航班截载时间	45 分钟	30 分钟	45 分钟
快线航班改签	改签限定航班	改签同条快线任意航班	改签限定航班
快线值机柜台	无指定值机柜台	专属快线值机柜台	无指定值机柜台
快线安检通道	无指定安检通道	专属快线安检通道	无指定安检通道

续表

指标名称	创新前	创新后	备注（行业现状）
快线机位靠桥率	无特殊安排	专属机位、100% 靠桥率	无特殊安排
快线标识	各航司使用自家标识	统一使用“渝快线”标识	各航司使用自家标识

一 关键内容展示

（一）策划与设计

1. 需求识别

重庆江北国际机场是国家定位的十大国际枢纽之一，是成渝世界级机场群的核心机场。2023 年夏航季换季后，重庆机场高峰时期每日前往北上广深等一线城市的航班超过 250 个往返架次，占机场国内日均航班量的 1/4 左右，是重庆机场吞吐量的重要组成部分。北上广深航线，公商务旅客的构成超过 50%，这部分人群对航空出行的时间效率要求和服务的品质要求更高。同时，根据《新时代民航强国建设行动纲要》的要求，民航要实施“便捷工程”，构建辐射式和城市对相结合的航线网络，积极发展空中快线。而重庆“井”字形的高铁网络也逐渐成型，高铁运输动能大、能耗低、候车时间短、签转灵活等特点让许多中短程航线更是难以为继。

为加强重庆江北国际机场精品快线建设，进一步提高运行效率、优化保障流程，切实提高服务品质、提升旅客体验，大力拓展商务航空市场，重庆江北国际机场于 2022 年打造“渝快线”精品快线品牌。

2. 成型过程

（1）调研旅客市场，了解旅客对快线航班需求痛点。

（2）走访各家航司，了解快线航班保障资源需求和运行难点。

（3）协调机场内部各个保障部门，了解快线保障挑战。

（4）汇集调研结果和各方意见形成“渝快线”保障方案。

3. 创新特点

“渝快线”创新地将不同航司、不同目的地快线整合为同一快线品牌，并统一服务标准、标志标识，给予公商务旅客更清晰、更便捷的出行体验。

图源：2022CAPSE 创新奖决赛展演材料

4. 目标设定

图源：2022CAPSE 创新奖决赛展演材料

（二）落地与实施

1. 流程设计

在流程设计中，重庆江北国际机场的目标是两个“最”，首先是精品快线航班旅客出港流程达到最优，其次是精品快线执飞航班出港效率到达最高。

在工作流程上，值机柜台由机场市场部协调重庆机场各个地服代理公司安排相对固定的快线值机柜台，由重庆机场安检站负责安排距离快线值机柜台相对较近的安检通道，同时由现场指挥中心安排离安检通道较近的固定停机位，并保证快线航班 100%靠桥率。通过机场内外各个部门通力协作，共同保障渝快线出港流程和出港效率达到最优。

图源：2022CAPSE 创新奖决赛展演材料

在标志标识设计方面，除精心设计的渝快线 logo 外，重庆江北国际机场在值机柜台、安检通道、安检等候区隔离栏、行李转盘、登机口柜台和航站楼内数十处重要节点位置均放置了样式不一的指示工具，以期给乘客最清晰明了的指示。

2. 资源保障

（1）航班时刻资源

协调快线运营航司，加大北上广深运力投入，并调整航班时刻排布，使航班出发时间排布时间均匀至每整点或每半点；同时协调航司在高峰时间段加大宽体机运力投入，便捷旅客出行。

（2）机场保障资源

协调机场内地服、安检等保障单位，安排快线专属值机柜台、专属安检通道等硬件资源，同时联合航司、现场指挥中心、地服制定快线快速进离场流程、安排快线航班停机位、行李快速处置流程。

（3）产品宣传资源

设计快线统一标志标识，在航站楼内各重要通道入口进行展示和摆放，并联合航司在通过线下实体广告、线上媒体广告等渠道进行宣传。

航班时刻资源

协调快线运营航司，加大北上广深运力投入，并调整航班时刻排布，使航班出发时间排布时间均匀至每整点或每半点；同时协调航司在高峰时间段加大宽体机运力投入，便捷旅客出行

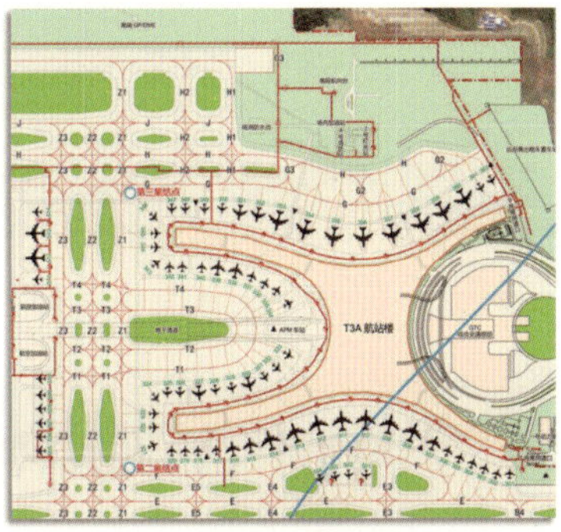

机场保障资源

协调机场内地服、安检等保障单位，安排快线专属值机柜台、专属安检通道等硬件资源，同时联合航司、现场指挥中心、地服制定快线快速进离场流程、安排快线航班停机位、行李快速处置流程

产品宣传资源

设计快线统一标志标识，在航站楼内各重要通道入口进行展示和摆放，并联合航司在通过线下实体广告、线上媒体广告等渠道进行宣传

图源：2022CAPSE 创新奖决赛展演材料

3. 监测改进

目前，“渝快线”已整体投入试运行，在试运行期间，由重庆江北机场牵头，定期从航空公司、地服、安检、现场指挥中心等关键流程部门收集反馈信息，并根据实际情况调整快线运行方案。同时，江北机场公司通过官方微博、微信公众号等渠道，收集旅客服务质量反馈信息，及时根据旅客反馈调整快线服务细节。未来，重庆江北机场将继续优化现有快线运行方案，结合现场资源情况，努力实现所有快线航班 30 分钟截载和隔离区内改签等服务。同时，还将继续研究如何打造跨航司、跨航站楼以及跨地服的快线运营，通过整合多方资源，形成更统一的标准，为旅客打造更便捷舒适的快线乘机体验。

（三）目标实现与展望

1. 目标性

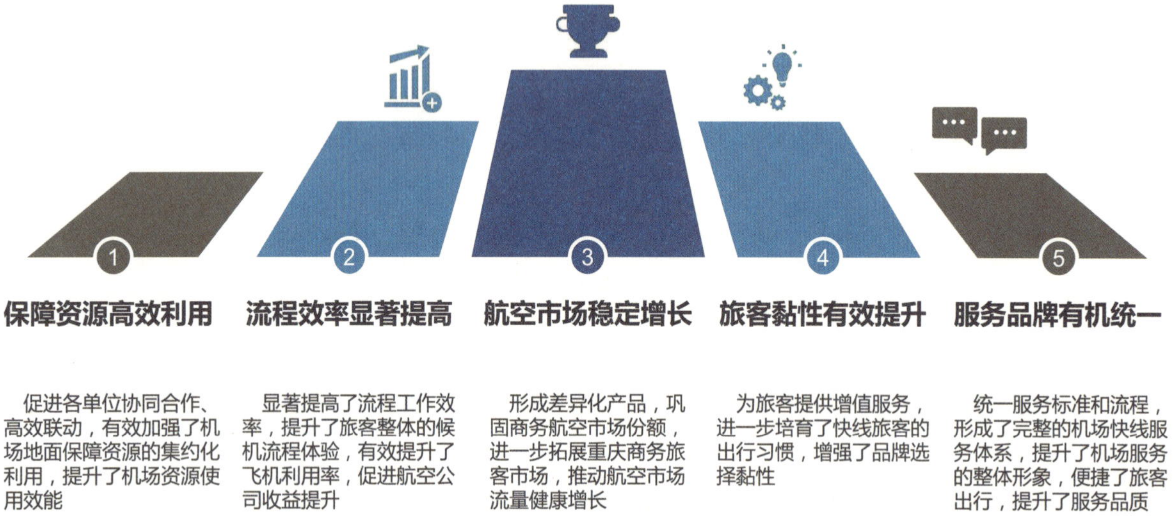

图源：2022CAPSE 创新奖决赛展演材料

2. 标准化

（1）因地制宜，缩短截载时间，提升效率。

（2）整合资源，形成统一快线品牌。

（3）加强合作，推动市场有序增长。

除此之外，重庆机场未来还将继续研究快线服务和产品的升级改进，研究不同城市快线的最佳时刻间隔时间，以及快线航班打造和不同快线衔接的中转快线可能性。同时，重庆机场也要加深快线经济属性的研究，平衡快线建设和机场商业收入之间的关系。

二　案例综评

（一）综合点评

创新团队围绕中国民航大产品线——空中快线进行了创新。创新团队从支撑大产品线生态整合的角度切入，真正发扬“功成不必在我”的精神，提高机场在推动中国民航服务品牌打造进程中的站位，将机场和航司资源整合，创新地将不同航司、不同目的地快线整合为同一快线品牌，并统一服务标准和标志标识，实现互利共赢。通过打造精品快线，落实民航“便捷工程”的要求。这为民航各主体从生态的角度如何做好品牌服务打造提供了较好的借鉴。

（二）技术点评

创新团队核心在创新需求梳理方面还需进一步精细化。从现阶段的创新来看，对于该创新成果基于需求达成情况设置的衡量指标还不清晰。目前设定的指标更多以行为变化为衡量标准，尚未从“渝快线”的初心角度进行精准量化监测。比如，如果定位为一个品牌，那需要从品牌的角度建立“渝快线”的品牌测量指标体系；如果作为一个服务产品，那需要从服务流程、服务感知的角度对创新成果进行测量监控。

三 现场展演视频回放

微信扫码可观看

【重庆机场集团有限公司重庆江北国际机场有限公司】“重庆飞 · 渝快线”展演视频

案例名称：【衡阳南岳机场有限责任公司】“衡阳那碗粉”服务品牌

案例编号：IAS2022011

创新分类：服务创新

所属单位：衡阳南岳机场有限责任公司

项目负责人：杨帆

项目成员：郑慧敏、彭浩伦

创新“坐标”

在“民航强国战略”中的位置

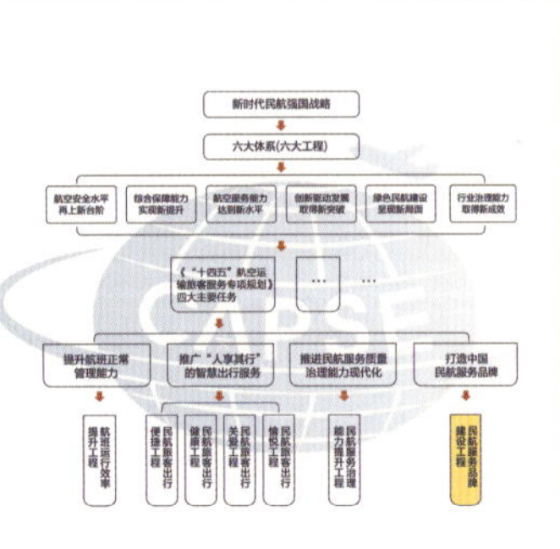

CAPSE 关于《“十四五”民用航空发展规划》解读图

在“服务管理体系”中的位置

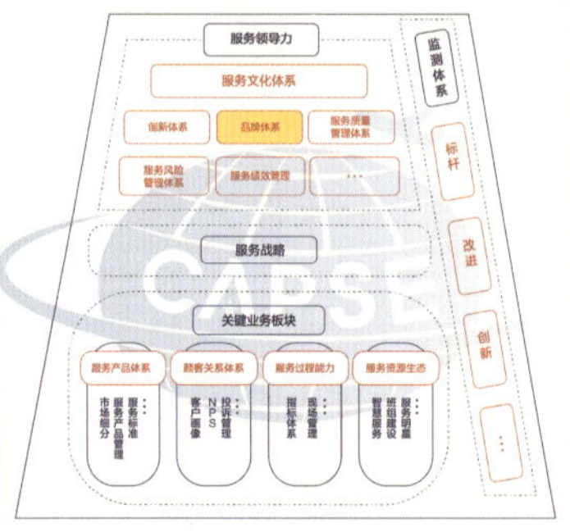

CAPSE 服务管理模型

在“旅客出行体验”中的位置

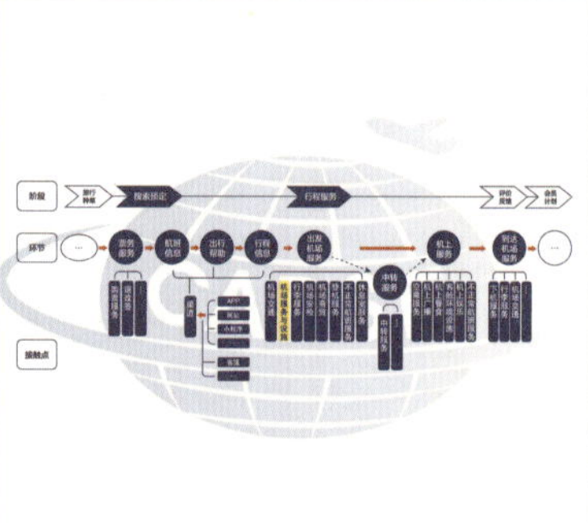

CAPSE 旅程地图

在“服务品牌评价模型”中的位置

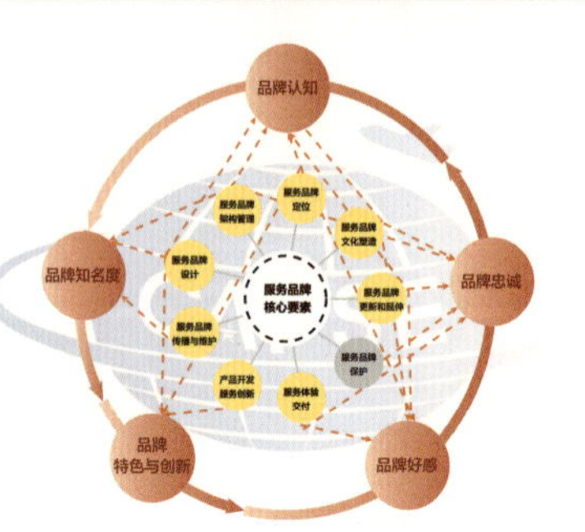

CAPSE 服务品牌评价模型

创新 KPI

指标名称	创新前	创新后	备注（行业现状）
CAPSE 航空服务	—	2021 年度最佳机场（100~200 万）	—
CAPSE 机场商贸指标	—	4.12（2021 年）	3.12（2021 年行业平均水平）

一 关键内容展示

（一）策划与设计

1. 需求识别

一是旅客的需求。由于民航运输市场的中高端定位，曾经的“天价”航站楼餐饮一度引发大众吐槽，一份健康、实惠的机场餐饮能有效满足旅客的美好出行体验。

二是政府的需求。作为城市的形象窗口和靓丽名片，衡阳机场有义务和责任承担起传播衡阳地域文化特色的使命，有效助推地方经济社会的良好发展。

三是机场的需求。按照衡阳机场“一体两翼三驱动”发展战略和“乐湘融”1+6 服务品牌体系规划，餐饮服务的创新提质升级是其中的重要内容和有力举措。

基于以上需求，项目组大胆开启了机场“免费餐饮”概念。

2. 成型过程

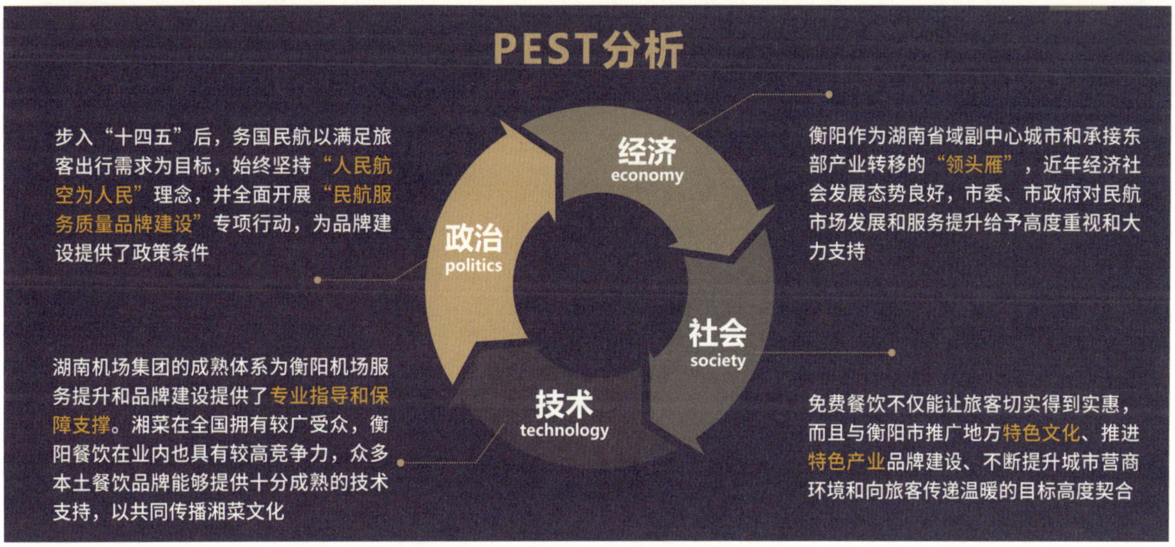

图源：2022CAPSE 创新奖决赛展演材料

一是立题。围绕抓准需求、解决需求这一目标，项目组借助 CAPSE 服务评价指标体系，通过头脑风暴和反复评估，最终将航站楼餐饮作为项目主攻方向，以历史悠久、极具代表性的衡阳米粉作为具体呈现形式。

二是解题。项目组实地考察了衡阳市多家本土餐饮品牌，经过对技术能力、产品质量、服务口碑、合作意向等方面的综合比选，选择以衡阳老字号的“紫竹林”作为项目实施合作伙伴，并共同商定了共赢合作模式。

三是破题。在确定合作模式后，机场与合作方共同推进项目选址、保障流程设计、周边产品策划、文化创意融合等工作内容，确保了项目全流程的顺利实施落地。

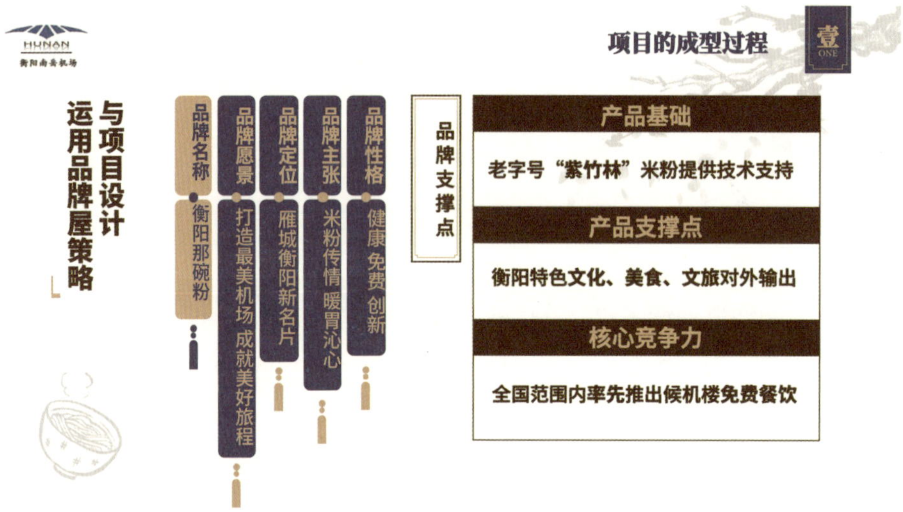

图源：2022CAPSE 创新奖决赛展演材料

3. 创新特点

一是特色概念。率先在国内民航提出“文创 + 免费餐饮”概念，始发旅客免费，过站旅客只需成本价即可品尝地道衡阳米粉。

二是特色模式。项目不以营利为目的，合作方承担项目全部建设投入和运营成本，机场免费提供运营场地并按照市场价格补贴产品成本，机场的平台功能和合作方的技术支持让双方实现共赢。

三是特色产品。项目免费提供筒子骨粉、牛肉卤粉、碎肉粉等三款特色产品，并提供加卤蛋、加蔬菜和续粉的“高配”待遇。

四是特色周边。文化展示墙便于旅客在用餐期间了解更多衡阳地域文化，旅客寄语墙为旅客提供抒发心情、留下印记的窗口，定期更新的文创书签既是免费取餐的凭证，也是值得收藏的纪念品。

4. 目标设定

（1）不发生一起食品安全事件。

（2）不发生一起旅客投诉事件。

（3）不出现一碗品质不高的米粉。

同时，项目组致力于让项目在助推服务品质提升、实现机场航线降补等方面发挥更大效能。

（二）落地与实施

1. 流程设计

为方便旅客用餐，项目组将流程精简为发放文创书签、凭书签免费取餐和就餐三个环节。项目组在值机柜台和控制区内外问询柜台均设置了文创书签领取点，并在旅客行进沿途设置明显的路标指引。文创书签设有副联，主要用作机场与合作方结算补贴的凭证。通过服务产品梳理，明确目标旅客群、识别目标旅客需求、模拟旅客出行方式。持续细化服务蓝图，并融入地域特色，有效实现“文创 + 免费餐饮”的有机融合。

图源：2022CAPSE 创新奖决赛展演材料

2. 资源保障

一是人员物资保障。由合作方从市区总店选派骨干技术人员驻场负责项目运营和出品，所需物资均由合作方按总店标准采购供应。

二是现场管理保障。合作方负责产品线的运营管理，机场负责全员服务标准和话术的培训把关，以及产品、服务、环境的监督管理。

三是资金安排保障。机场在年初按旅客吞吐量预计数测算全年补贴总额，纳入公司年度预算内，并由市财政据实拨付。

3. 监测改进

为确保项目持续高质量运营，机场成立了由公司高管、相关部门和合作方共同参与的管理小组，并建立长期的信息收集反馈机制和定期的调度协调改进机制。利用 PDCA 质量管理模式，从服务、安全、质量、成本四个层面进行监控实施和整顿改善，采取收集旅客留言、开展问卷调查、线上评论跟踪（美团、大众点评、抖音、快手等平台）及现场亲自品尝等手段促使项目运营实现循环提升。

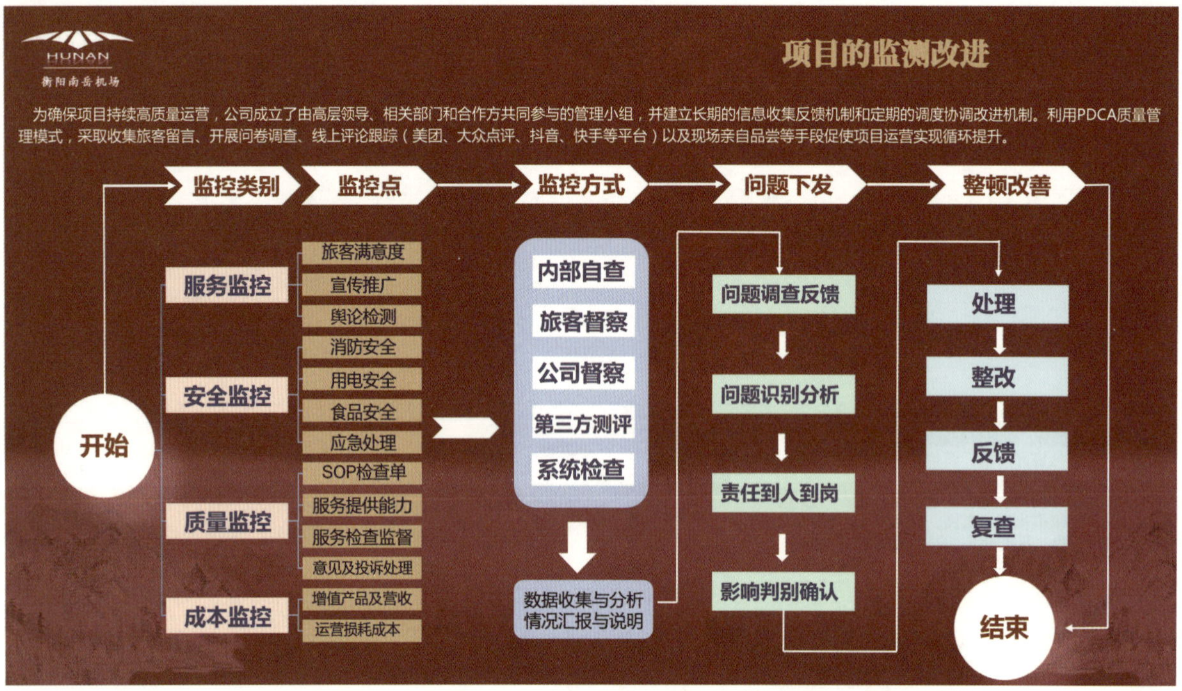

图源：2022CAPSE 创新奖决赛展演材料

（三）目标实现与展望

1. 目标性

一是社会效应。截至 2023 年 3 月，“衡阳那碗粉”已累计免费供应米粉 25 万余份，在飞常准、航旅纵横、抖音、快手等平台已累计评论和点赞超 3000 万次，获得了民航业内和社会各界的广泛认可和好评。

二是经济效应。在“衡阳那碗粉”品牌助力下，衡阳民航市场得到了更多航司的关注认可和运力支持，增开了“零补贴”航线，实现了疫情三年的不停航运行，多条航线顺利兑现补贴降坡，累计节省财政补贴资金超 5000 万元。

三是管理效应。得益于“衡阳那碗粉”在内的“乐湘融”服务品牌体系建设，衡阳机场实现了由“四难机关”到“形象窗口”的快速转变，2021 年 CAPSE 机场商贸指标超出全国平均水平 32%（衡阳 4.1，全国 3.1），2022 年先后荣获第八届 CAPSE 航空服务“最佳机场”（100~200 万）和中国民用机场协会“100~200 万量级服务质量优秀机场”荣誉，并于 2023 年 2 月受邀在第四届中国机场发展大会人文机场建设分论坛上做优秀服务案例分享。

2. 标准化

材料未呈现。

3. 展望

依托“衡阳那碗粉”品牌建设，项目组在全方位分析和全流程总结基础上，逐步形成了“概念创新 + 文化融合 + 精益管理 + 全面宣传”的支线机场服务品牌打造经验。下一步，项目组将继续在“衡阳那桌菜”“衡阳那壶酒”“衡阳那包粽”“衡阳那泡茶”“衡阳那桶油”等品牌实践中尝试更多有益探索。未来，衡阳南岳机场将持续坚持以人民为中心，持续提升真情服务能力，切实用好创新关键一招，认真走好品质发展之路，不断满足旅客美好出行需求，为助力民航发展和城市建设贡献应有力量。

二 案例综评

（一）综合点评

该创新案例以机场餐饮产品服务场景为切入点，充分考虑机场特色和使命，打造“衡阳那碗粉”IP，取得了良好的传播效果。创新团队在传统的活动、服务设计基础上，通过使用“品牌屋”工具，将品牌元素纳入策划环节，较好地完成了创新服务产品的品牌基因设计，为服务产品到服务品牌打造做好了顶层设计。在创新设计环节，创新团队将补贴资源与 IP 设计进行了较好的结合，前期利用补贴资源，以“免费”这个卖点快速拉升了品牌的知名度和好感度。本案例为民航实体在探索打造服务品牌的过程中，如何立足自身特色和优势设计服务品牌基因、实现常规服务向品牌服务升级提供了很好的借鉴。

（二）技术建议

创新团队在创新过程中，对于创新的核心目标设定和专业方法应用方面还需要进一步加强。创新团队在创新过程中尚未建立完整的产品服务品牌培育的管控体系，如对于已经成型的 IP（或品牌影响力）如何进行综合衡量，如“衡阳那碗粉”的核心使命与相应的资源成本之间的平衡评估、品牌价值衡量；另外，在整体创新过程中，虽然使用了 PEST、“品牌屋”等工具，但是使用的恰当性和合理性还处于初级阶段，对服务产品本身的全生命周期管理也有明显的缺失。这些有可能会影响已经成型的潜力服务产品品牌的行稳致远。

三 现场展演视频回放

微信扫码可观看

【衡阳南岳机场有限责任公司】“‘衡阳那碗粉’服务品牌”展演视频

案例名称：【四川航空股份有限公司】中转无忧

案例编号：IAS2022012

创新分类：服务创新

所属单位：四川航空股份有限公司

项目负责人：戴德斌

项目成员：无

创新"坐标"

在"民航强国战略"中的位置

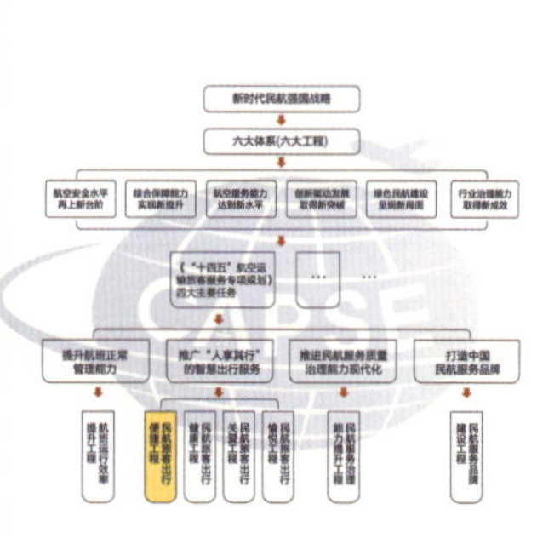

CAPSE 关于《"十四五"民用航空发展规划》解读图

在"服务管理体系"中的位置

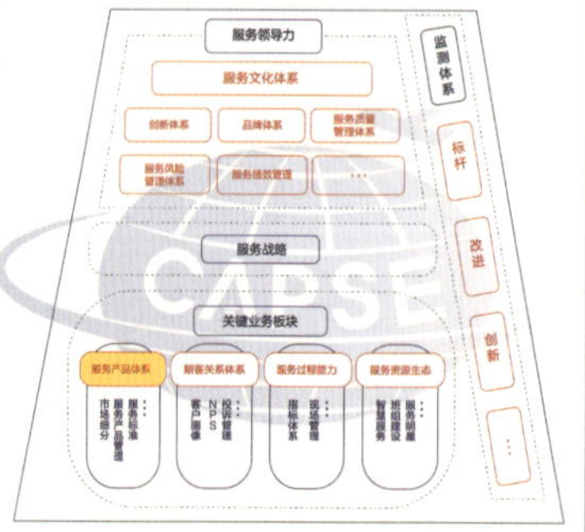

CAPSE 服务管理模型

在"旅客出行体验"中的位置

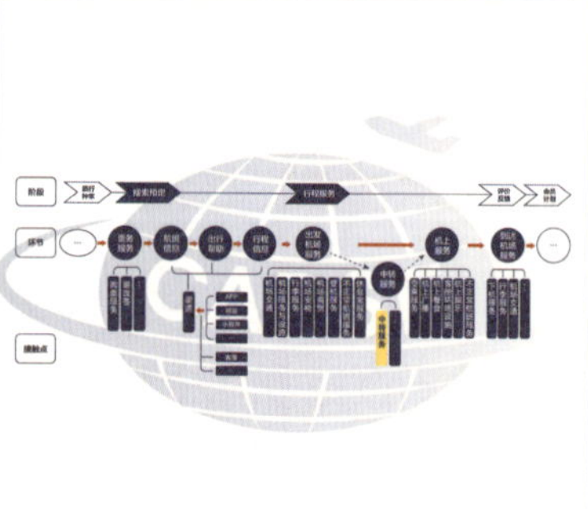

CAPSE 旅程地图

创新 KPI

指标名称	创新前	创新后	备注（行业现状）
中转无忧	MCT 急转旅客、航班调时或者取消的中转旅客没有专席人员管理和跟进处置	专席人员围绕值机、行李、机位协调等开展中转管家式服务，协助旅客顺利成行	川航根据中转旅客"一次值机、一次托运、一次安检"全程无忧出行理念，将接机、行李保障、值机办理等中转关键业务节点整合为一个业务板块，在西南地区首创中转管家式服务，全流程保障中转旅客

一 关键内容展示

（一）策划与设计

1. 需求识别

旅客在中转中容易面临多个问题：中转站拖着行李箱，寻找柜台重新托运；航班延误，焦虑如何中转下一程；下机后在陌生的航站楼茫然无助等。为响应民航局“中转旅客一次支付、一次值机、一次安检、行李直挂，实现旅客中转全程无忧”号召，川航设立专人专岗，打造中转团队，围绕旅客值机、行李保障、MCT 衔接时间、增值产品等，具体从中转调度监控、保障预案及人员安排等方面开展全流程中转无忧服务，从而解决旅客一次值机、一次安检、一次托运、一次购票，实现旅客中转全程无忧。

2. 成型过程

通过川航中转服务平台监控川航中转旅客办理情况；通过航信中转系统了解跨航司旅客情况；通过国内通程航班服务管理平台监控跨航司通程旅客办理情况。

3. 创新特点

中转产品方面，推出跨航司中转、中转旅客住宿餐饮，推出行李无忧产品，方便旅客“门到港”，行李从始发站一站到旅客的家门。

中转资源方面，争取了与西昌、拉萨、林芝机场的合作，以及航站管理部所辖航站点的通程协议支持，还包括与天府机场作为国内中转枢纽型机场的深度合作。

中转系统方面，设立中转专业调度人员，使用局方、航信、公司开发的中转系统全天候监控中转旅客动态数据，并适时发起保障预案。

4. 目标设定

围绕旅客出行所必需的值机、行李保障板块，成立专业保障团队，打破不同岗位之间业务壁垒。设立中转岗位，高效、精准地开展中转旅客服务。从中转产品、中转资源、中转队伍打造、中转调度岗位、中转系统五点切入，建立全流程无忧体系。

（二）落地与实施

1. 流程设计

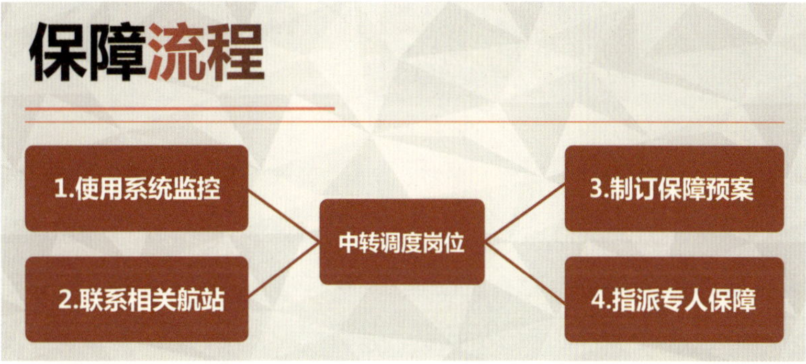

图源：2022CAPSE 创新奖决赛展演材料

2. 资源保障

（1）中转队伍打造。围绕旅客民航出行所必需的值机、行李保障板块，成立了自营完整的保障队伍。

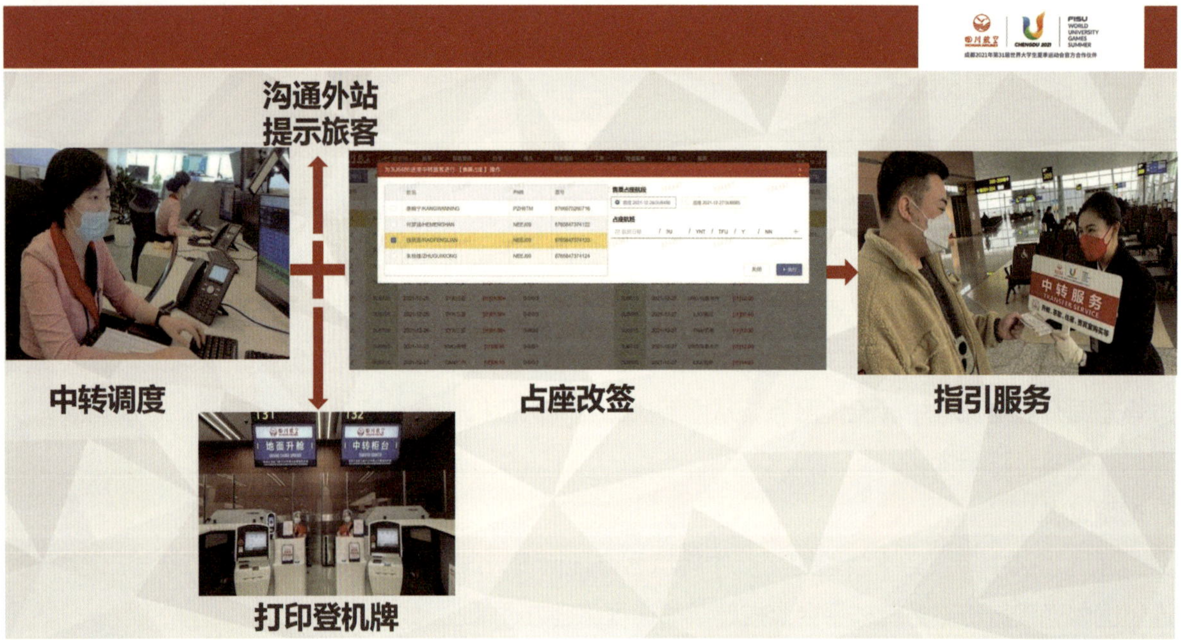

图源：2022CAPSE 创新奖决赛展演材料

（2）中转调度岗位。针对中转旅客出行、跨航司中转场景设置了专业调度岗位，依托 AOC 大厅运行环境优势，安排专人使用局方中转系统、航信中转系统、川航中转系统三套系统，对本航司中转、跨航司中转开展全天候中转航班监控，拟订中转旅客保障预案，并协调其他保障单位发起保障。

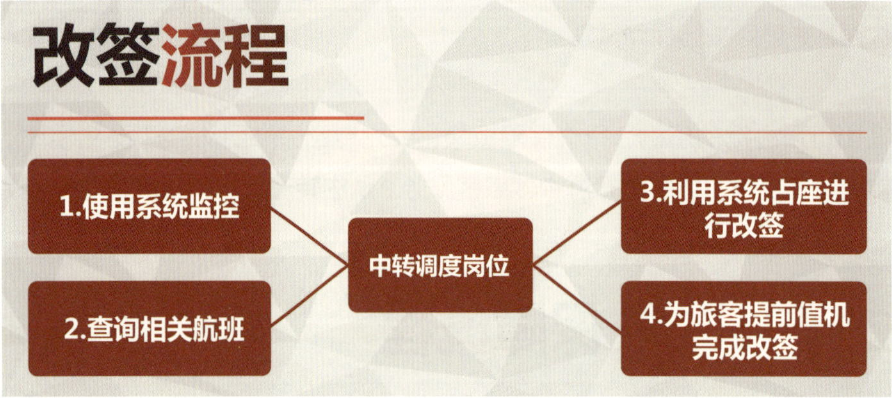

图源：2022CAPSE 创新奖决赛展演材料

（3）中转品牌打造。以天府机场中转区作为中转旅客全流程监控节点，开展对客值机服务；邀请中转旅客入会、升舱、进厅辅营创收，打造中转形象专区；每日专人动态监控落地天府旅客的外站通程办理率，汇总分析数据，敦促代理人提升始发站同程办理，根据旅客中转需求，新增通程航点。

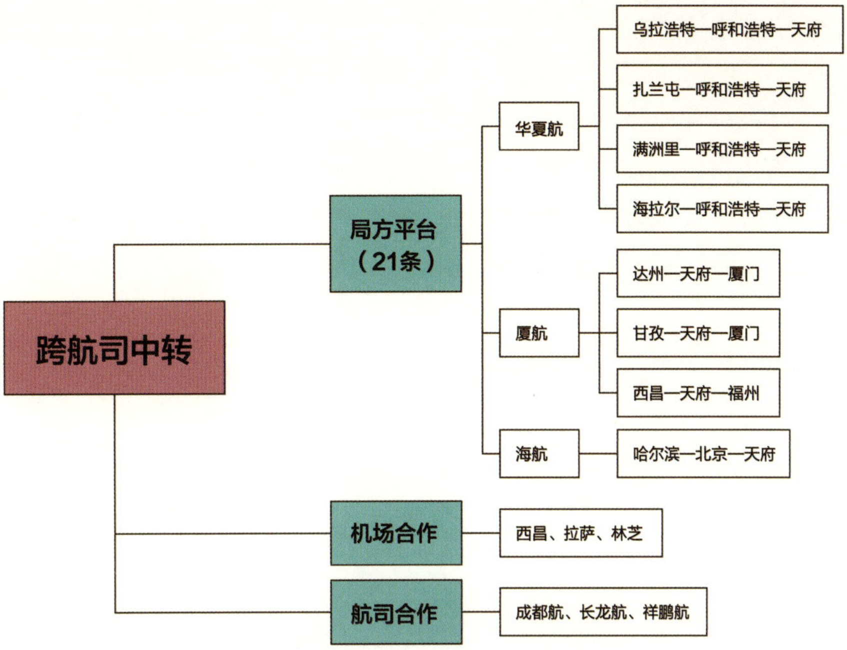

图源：2022CAPSE 创新奖决赛展演材料

3. 监测改进

打造中转管家服务方案，进一步优化局方以及航司中转系统，由专席人员动态化监控中转旅客行程并拟订保障方案；结合天府机场战略定位，发展航线干支联、机场全网通，促进天府机场中转快线、中转精品航线的落地；提升各航站通程率，以天府机场中转站为模板，复制中转站保障模式，以及与物流、始发航站、中转航站等主体的中转联动机制。

（三）目标实现与展望

1. 目标性

2022 年在中转运行方面：川航 2022 年在天府机场中转旅客 44.1 万，中转率 19.6%。

中转品牌方面：川航中转份额占天府机场 27.2%，排名第 2 位；与东航、成都航、长龙航、祥鹏航、华夏航等 10 多家航司开展了经停天府机场跨航司中转保障；跨航司地面服务保障合作量居西南地区行业内第 1 位。

高效“天府转”，2023 年（截至 3 月 20 日），针对航班调时、取消等特情，共保障急中转旅客人数 1837 人，使得 1568 名中转旅客顺利成行，成行率 85%。

首创中转辅营：辅营收入合计 26 万元，国内逾重行李业务收入 3 万元，两舱付费进厅业务收入 5 万元，付费升舱业务收入 18 万元。

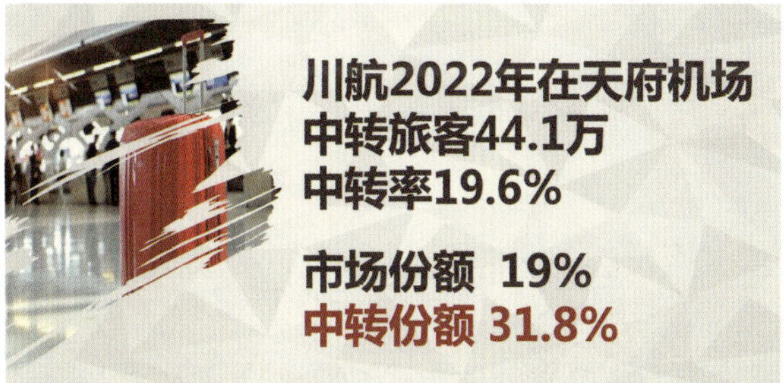

图源：2022CAPSE 创新奖决赛展演材料

2. 标准化

材料未呈现。

3. 展望

（1）优化中转系统，提升中转服务。

（2）促进天府机场中转快线、中转精品航线落地。

（3）提升各航站通程率，建立中转联动机制。

二 案例综评

（一）综合点评

创新团队围绕民航大产品线——中转产品进行创新探索，从航空公司侧打造了独具特色的中转服务产品。创新团队围绕“中转旅客”这一目标用户，通过“端到端”流程整合的理念，对现有服务单品、支撑系统进行了系统性整合，比如，将“行李门到门”产品、升舱产品、付费休息室业务等常态化服务单品与“中转”流程进行了交叉组合，实现了基于需求和场景的服务单品与服务流的整合应用；另外基于日常服务中经常面临的系统孤岛或多系统问题，创新团队也基于“端到端”流程整合的理念实现了系统应用（自身平台、航信中转系统、国内通程航班服务管理平台）整合。该案例对民航实体整合可用资源、运用新技术充分赋能业务流程提供了较好的借鉴。

（二）技术建议

作为围绕中国民航大产品线——中转产品的航空公司侧的创新实践，在中转产品的绩效目标和过程质量控制目标方面的设定和监测还有较大的完善空间，比如，目前对于该产品的体系的量化指标仅限与中转人数、收入等方面的指标，缺少对服务质量类指标的关注；在呈现的材料中，团队在监测环节也尚未建立基于中转产品关键过程指标的监测机制。另外，从整个案例来看，创新团队立意还是偏向将该产品打造成一个品牌级的服务产品，但是从整体创新的设计来看，还未真正从产品服务品牌管理的角度，对该创新进行整体的顶层设计和系统性管理。这些都可能会影响该创新成果产品力和品牌力的持续提升。

三 现场展演视频回放

微信扫码可观看

【四川航空股份有限公司】“中转无忧”展演视频

案 例 名 称：【上海吉祥航空股份有限公司】宠物友好主题航班

案 例 编 号：IAS2022013

创 新 分 类：服务创新

所 属 单 位：上海吉祥航空股份有限公司

项目负责人：李平

项 目 成 员：洪波、吕之璠

创新“坐标”

在“民航强国战略”中的位置

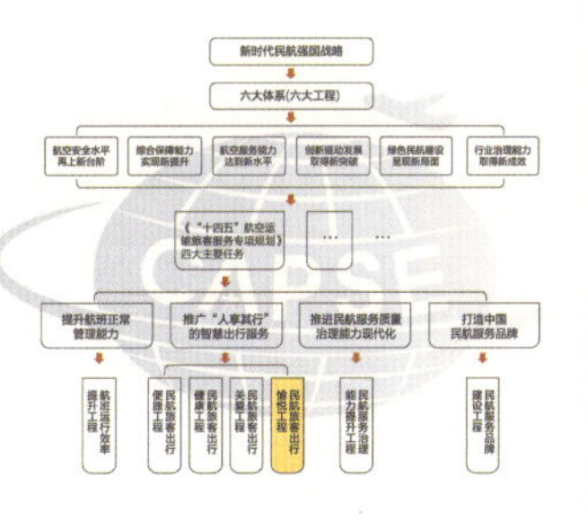

CAPSE 关于《“十四五”民用航空发展规划》解读图

在“服务管理体系”中的位置

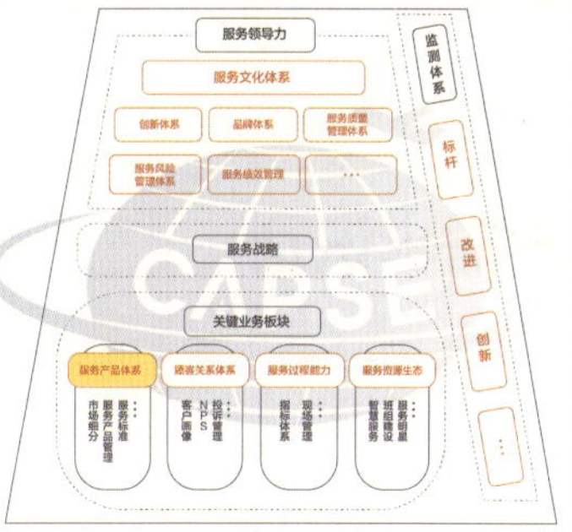

CAPSE 服务管理模型

创新 KPI

指标名称	创新前	创新后	备注（行业现状）
宠物承运航班数量	吉祥航空航班不可承运或托运宠物	自宠物友好航班推出以来，已经执行 6 班宠物友好航班，2023 年计划宠物友好航班将覆盖多个旅游目的地	仅厦门航空同外部渠道合作执行 1 班宠物航班

续表

指标名称	创新前	创新后	备注（行业现状）
宠物承运航班规则	吉祥航空航班不可承运或托运宠物	宠物友好航班精选吉祥航空精品航线，自北向南覆盖长白山、丽江、西双版纳、三亚4个国内旅游城市，承运6个班次	目前国内仅东航、海航等大型航司有运送宠物的服务
宠物承运旅客规则	吉祥航空航班不可承运或托运宠物	宠物友好航班上，宠物可以跟随主人进入客舱并妥善放置在座位上，自运行以来共运送旅客和宠物旅客近千人次	目前国内大型航司仅支持宠物托运服务，仅海航允许小体形宠物进入客舱，并放置在座椅下
宠物承运服务规则	吉祥航空航班不可承运或托运宠物	在宠物友好航班上，可支持多类型、体形的犬种进入，最高可支持5号航空箱进入客舱	目前有宠物服务的国内航司大都仅支持小体形犬类托运

一 关键内容展示

（一）策划与设计

1. 需求识别

民航“十四五”规划指出，民航高质量发展要以满足旅客出行需求为出发点和落脚点，要构建高质量的服务产品体系，通过线上线下相结合的方式推进业态创新、模式创新，延伸和升级服务产品，鼓励航空服务产品多元化、差异化发展。

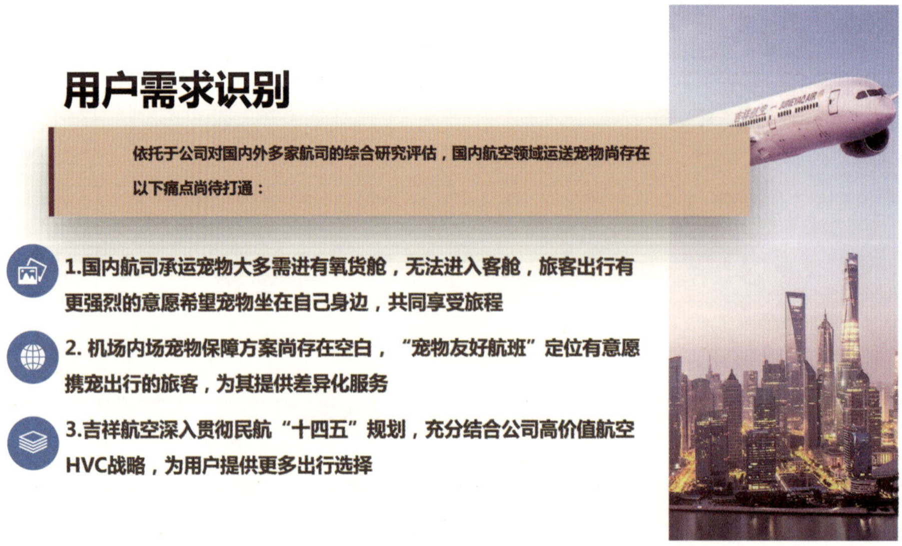

图源：2022CAPSE 创新奖决赛展演材料

2. 成型过程

（1）宠物市场需求规模较大，服务模式相对单一

在我国，居民养宠仍然以犬猫为主，城镇犬猫饲养数量逐年攀升，2019年我国拥有宠物的家

庭平均宠物数量为 2.82 只，2020 年增加至 2.85 只，同比增长 1.1%，宠物市场规模巨大。

养宠人群主要集中在年轻、高学历、女性群体，携宠出行意愿较大。

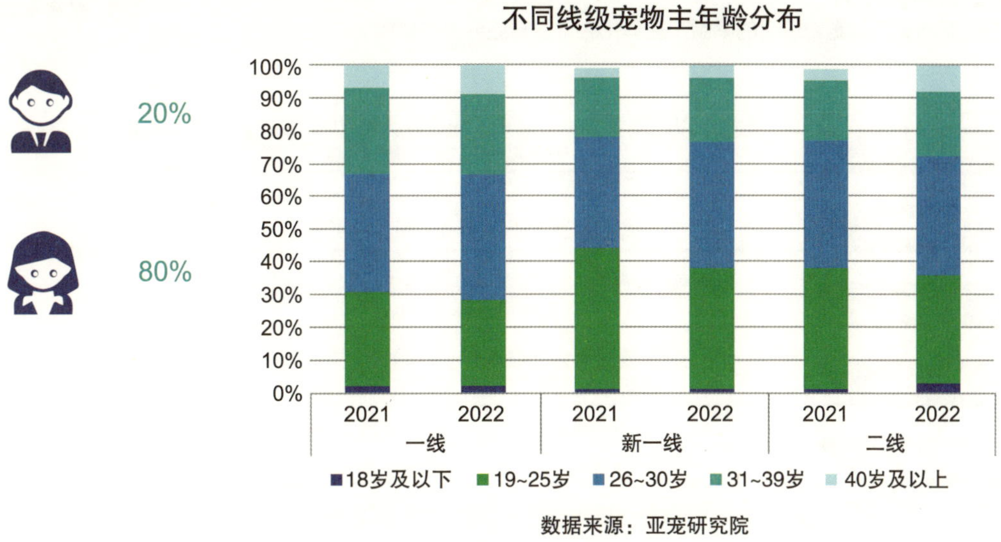

图源：2022CAPSE 创新奖决赛展演材料

（2）行业内此类服务较少，供需壁垒尚待打通

由于宠物的特殊身份，宠物主带着宠物出行极为不方便，有 53.4% 的宠物主认为出行问题是他们养宠物的最大困扰。

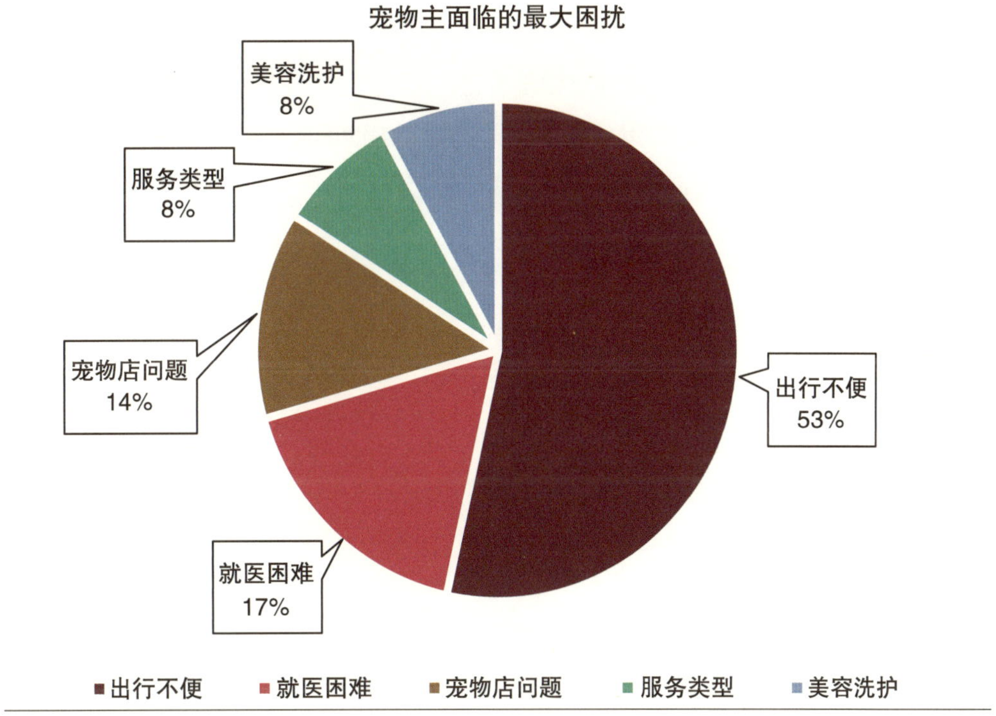

图源：2022CAPSE 创新奖决赛展演材料

3. 创新特点

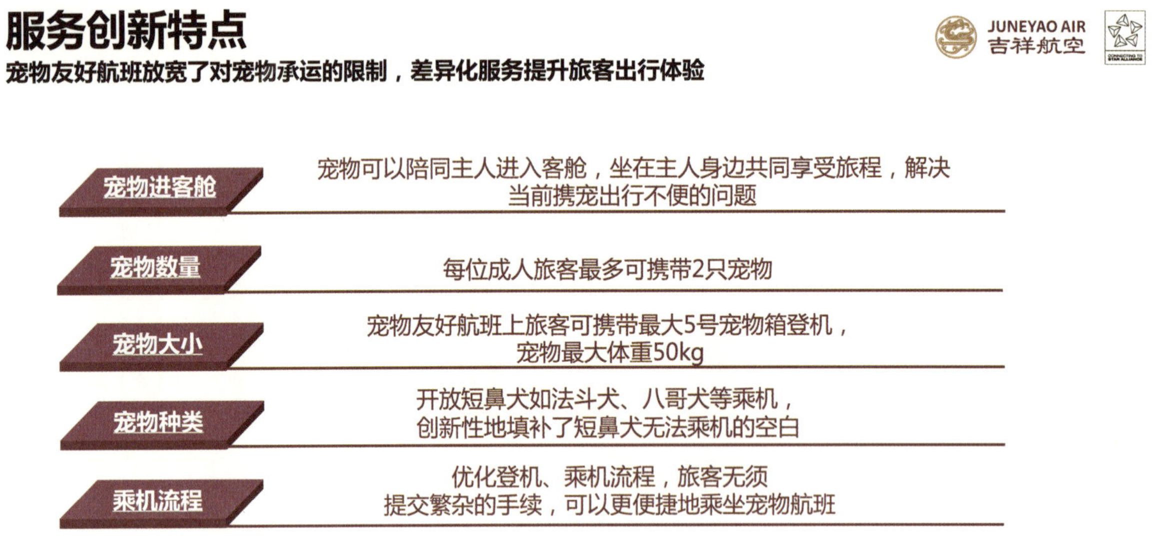

图源：2022CAPSE 创新奖决赛展演材料

4. 目标设定

公司 320 全系列航班均执行过宠物包机航班，未来将持续推进宠物包机出行，并进一步完善差异化服务，实现宠物常态化的运行目标。

（二）落地与实施

1. 流程设计

创新服务流程，多部门协作配合保障宠物航班正常运行。由客户体验部牵头，待包机商确认行程后，与收益管理部门确认航班时刻运行细节。乘机前，由地面服务部门完成航班保障流程准备，机上环节，由客舱部、工程部等部门协同完成旅客运输工作，航后由外站营业部负责落地后地面服务及客舱清洁工作，确保后续航班正常运行。

2. 资源保障

地面服务准备：旅客在进入航站楼前，由地面工作人员协助旅客做好航前准备，进入航站楼后协助旅客办理宠物及行李托运。

登机服务：旅客分批乘摆渡车至飞机下，并分批登机。

客舱服务：客舱内宠物坐在主人身边，共同享受旅程。

3. 监测改进

服务监测改进
定期评价服务流程，改进优化服务流程

JUNEYAO AIR 吉祥航空

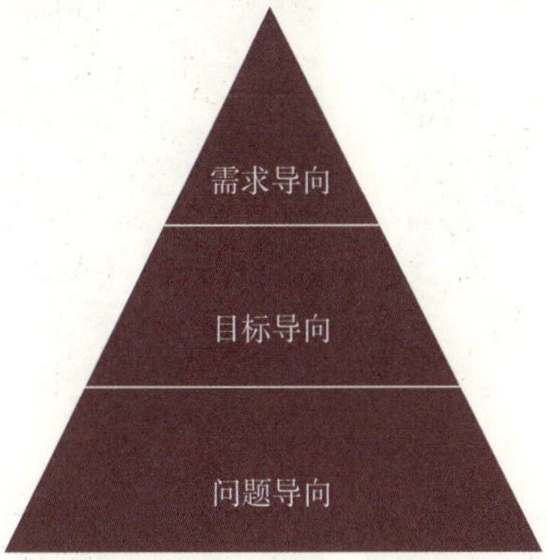

建立需求导向的服务反馈机制
➤ 每期宠物航班结束后，同包机商沟通旅客对服务的需求反馈，在下一期宠物航班前及时进行调整

建立目标导向的总结分析机制
➤ 每期宠物航班运行结束后，召集各部门开展总结分析例会，对照航前保障实施表监测全流程服务目标完成情况

建立问题导向的改进优化机制
➤ 在宠物航班运行过程中，客舱部、地服部、客户体验部及时收集上海机场、外站及旅客等各方问题反馈，并建立优化机制，及时进行优化改进

图源：2022CAPSE 创新奖决赛展演材料

（三）目标实现与展望

1. 目标性

（1）自 2021 年吉祥航空推出宠物包机航班以来，截至 2023 年初，共执行宠物包机航班 6 班，覆盖长白山、丽江、西双版纳、三亚等多个国内热门旅游城市，2023 年计划执行宠物包机覆盖西北、东北、华南等多个旅游城市，同时计划在 2023 年底开放国际宠物包机的运行。

（2）宠物包机航班一经推出即获多方关注，收到广泛宣传和好评，持续讨论 19 个月，新浪微博、微信、小红书、腾讯新闻、企鹅号、搜狐号等几大站点陆续报道，多次登上微博热搜榜，多家官方媒体自发传播，持续成为讨论热点。

（3）经过前期宠物包机的尝试，公司持续创新，于 2022 年 7 月发布宠物畅飞卡，一经上线即获全网关注。

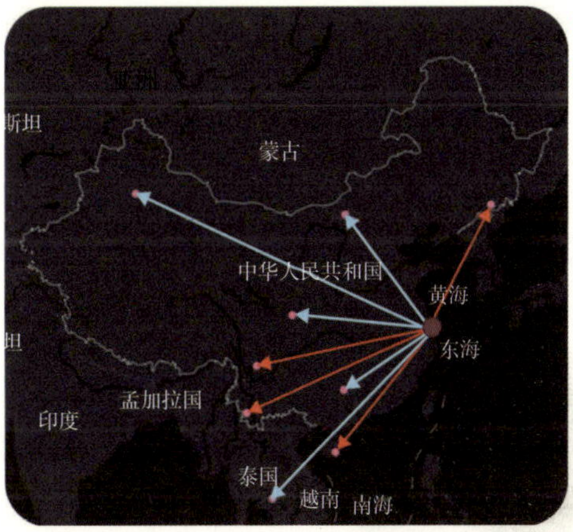

➤ 首创中国民航宠物进客舱的全宠物包机服务
➤ 首创中国民航“宠物畅飞卡”宠物次飞卡

➤ 自吉祥航空推出宠物友好航班以来，已经执行宠物友好航班 6 班，覆盖长白山、丽江、西双版纳、三亚等多个国内热门旅游城市，其中三亚、长白山各执行2班，总计承运旅客超600人次，承运宠物旅客约400只

➤ 2023年计划执行宠物包机10班，包含西北、西南、华南热门航线，2023年底将开启国际宠物包机的计划，覆盖东南亚航线

图源：2022CAPSE 创新奖决赛展演材料

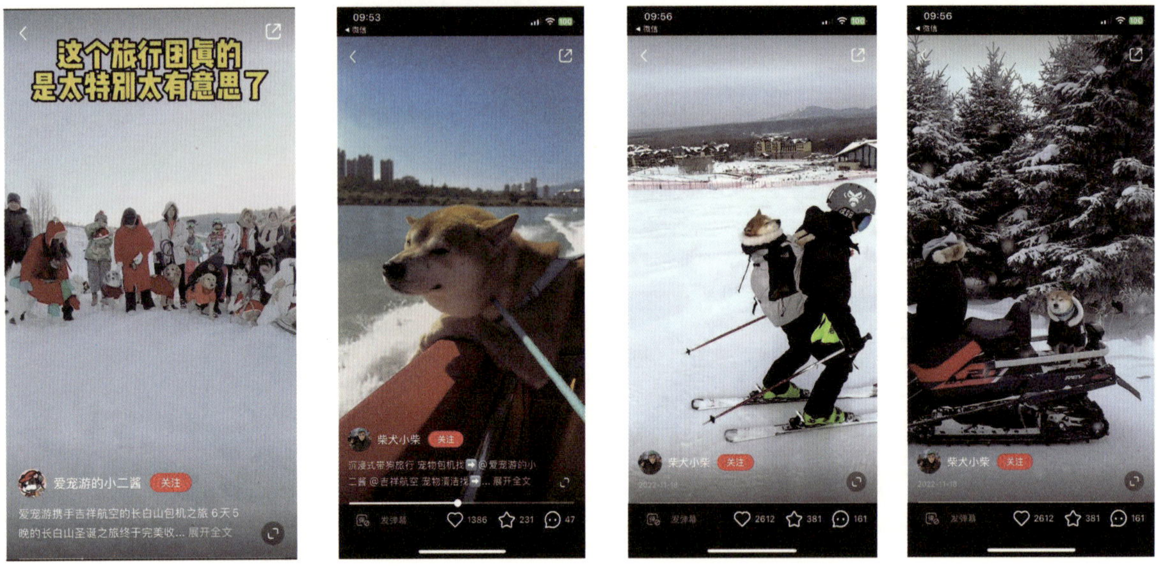

图源：2022CAPSE 创新奖决赛展演材料

2. 标准化

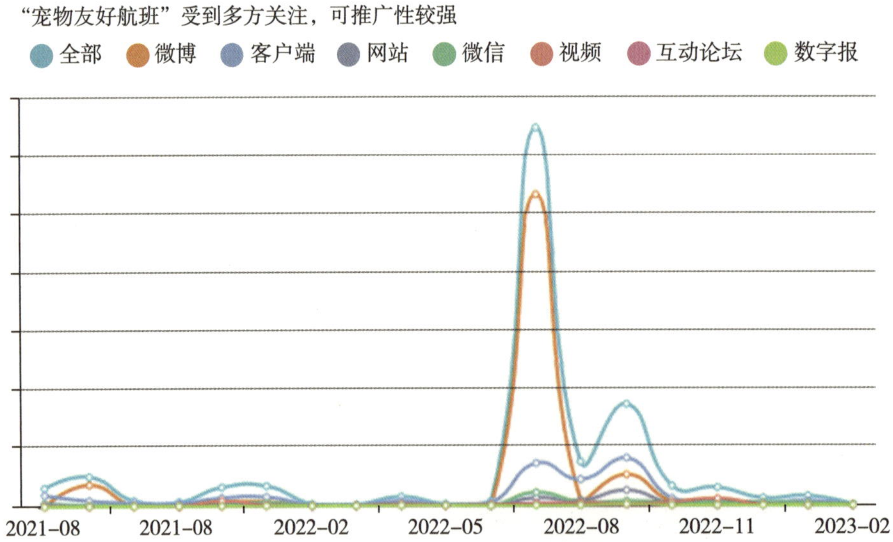

图源：2022CAPSE 创新奖决赛展演材料

二 案例综评

（一）综合点评

创新团队从人民对美好航空旅行生活需求的升级角度出发，聚焦“宠物经济”新赛道，围绕航空潜在市场进行了挖掘，在“优势资源 +”这个赛道进行了较好的新品类打造实践。创新团队在创新策划环节，能够从多方信息识别，对市场进行了更精细化的分类，通过细分找到了传统航空公司的潜在市场。在这基础上，对航空服务资源、成熟经验知识（包机、航空宠物运输保障流程）与细分市场需求、期望进行颠覆性的结合设计，完全突破原有宠物运输的基础产品体系打补丁的做法，形成了新的产品形态和品类。最难能可贵的是，该创新能够将民航成功的盈利模式——包机模式融入到产品设计中，从创新框架对“赚钱”这个创新的底线目标进行了支撑，大幅降低了为了创新而创新的风险。该创新为民航实体如何通过机会分析 + 成功盈利框架复用 + 核心资源重塑，实现增收增值，提供了很好的借鉴。

（二）技术建议

从服务产品的全生命周期看，该创新仍处于产品的导入阶段，创新团队基于产品未来成长定位在目标指标设定、产品评价维度全面性方面还有待提升。案例目前仅用询问旅客或机场、外站意见监测目标达成情况，缺少基于需求认知评估、标准设定评估、实施质量评估、目标完成评估等一系列感知评估体系搭建。这些不足，有可能会影响该产品的长期生命力。

三 现场展演视频回放

	微信扫码可观看 【上海吉祥航空股份有限公司】“宠物友好主题航班”展演视频

案例名称：【广州白云国际机场股份有限公司】选择“机场通” 出行更轻松——“机场通”助力白云机场服务提升案例

案例编号：IAS2022014

创新分类：服务创新

所属单位：广州白云国际机场股份有限公司

项目负责人：徐永刚

项目成员：刘永强、钱聪 、张鑫、林可婷、熊晶

创新“坐标”

在“民航强国战略”中的位置

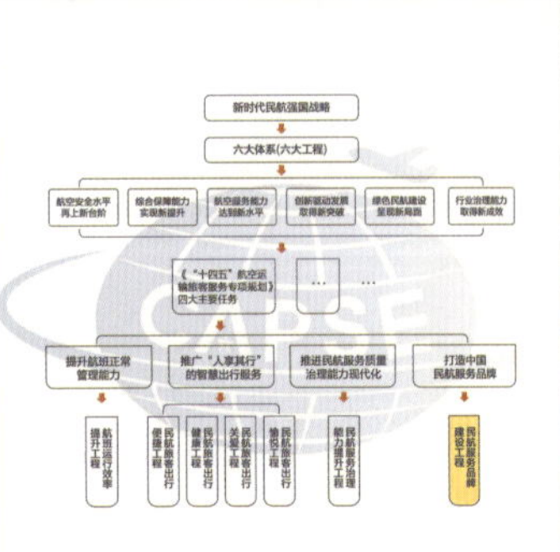

CAPSE 关于《“十四五”民用航空发展规划》解读图

在“服务管理体系”中的位置

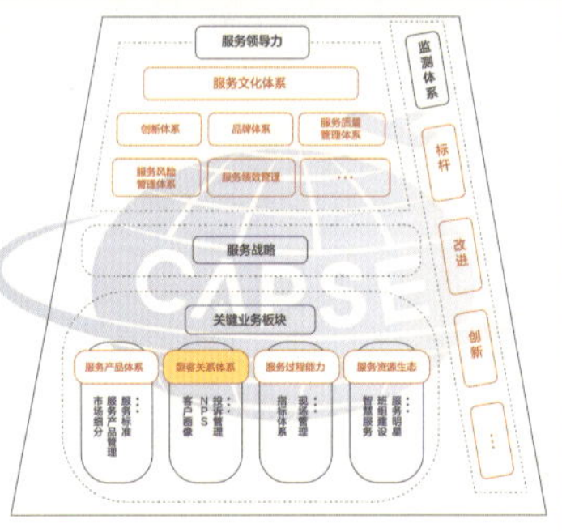

CAPSE 服务管理模型

在“服务品牌评价模型”中的位置

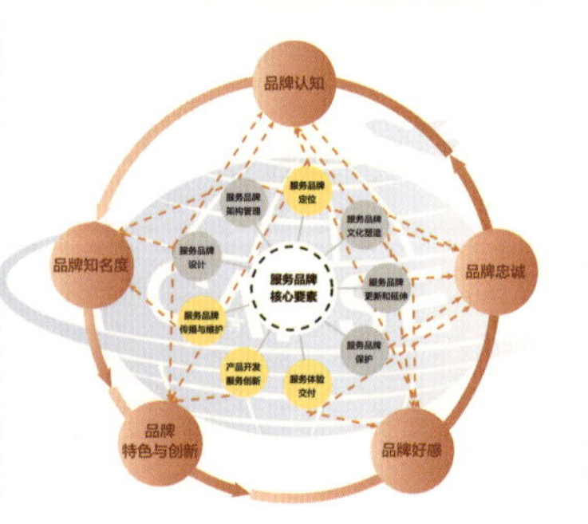

CAPSE 服务品牌评价模型

创新 KPI

指标名称	创新前	创新后	备注（行业现状）
建设会员体系	500 万人	1000 万人	“机场通”是白云机场创立的国内首个机场会员服务体系，通过完善机场内外场景服务，实现旅客的一站式便捷出行，此前业内并无先例
丰富服务内容	机场类平台预约功能较少	首家实现各种预约功能的机场平台	国内首家实现预约停车功能的机场平台；国内较早上线中转预约的机场平台

续表

指标名称	创新前	创新后	备注（行业现状）
优化服务流程	问询及行李服务智能化程度低	现场问询及行李服务智能化	双屏查询系统行业领先，行李电子签名提升服务水平
创新服务产品	特殊旅客及行李服务产品较少	上线优质产品，满足旅客需求	行李门到门、安心接送机产品提供优质服务

一 关键内容展示

（一）策划与设计

1. 需求识别

“机场通”作为以白云机场为起点的综合线上服务平台，一直致力于通过优质的线上服务功能与线下场景联动，为旅客提供便捷高效的优质出行体验。2022 年旅客对于航空出行的需求发生了较大的变化，旅客比以往更加注重出行的安全性与私密性，针对千万级的旅客出行需求，面对海量的标签与数据，“机场通”基于过去几年所积累的用户数据及旅客全流程服务经验，通过数据筛选、旅客调研、行为路径分析等大数据手段，高效整合出了平台用户出行的三大核心需求点：快捷、智能、安全。

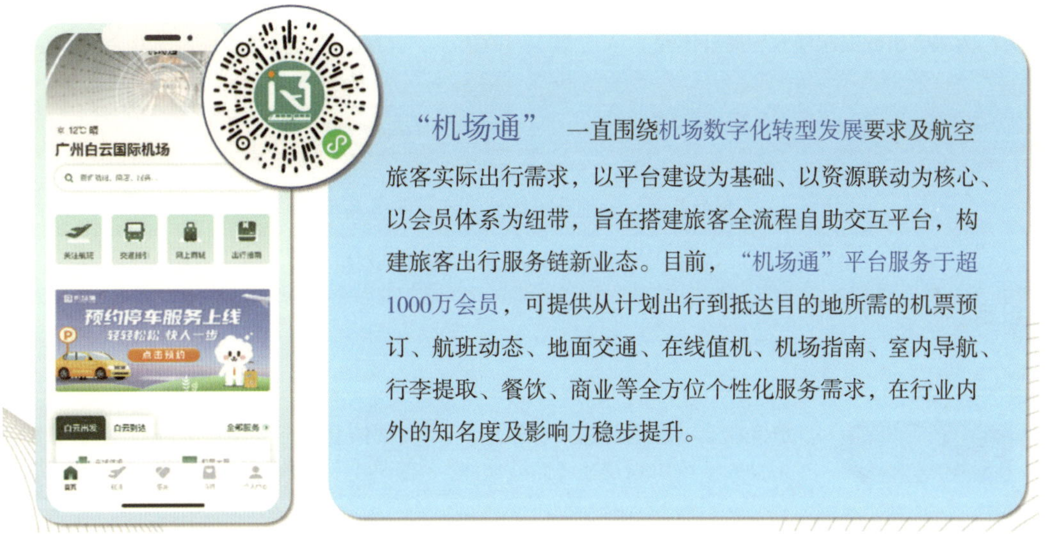

图源：2022CAPSE 创新奖决赛展演材料

2. 成型过程

基于旅客出行三大核心需求，“机场通”努力整合现有资源，通过服务优化与形式创新两个着力点同时发力，丰富服务内容、优化服务流程、创新服务产品。另外，“机场通”为更好地服务会员，让旅客享受更加优质便捷的功能与权益，不但开设了会员快速安检通道，优化了会员积分商城，还在会员体系建设方面进行了大量的调研工作，通过扩充会员权益，无论是服务功能的便捷程度方面还是权益覆盖范围方面，都进行了升级，力求为更多的旅客带来更优质的出行服务体验。

图源：2022CAPSE 创新奖决赛展演材料

3. 创新特点

两个首创——创造机场旅客出行服务新模式

图源：2022CAPSE 创新奖决赛展演材料

4. 目标设定

	创新前	创新后
完善平台功能	平台功能以静态信息展示为主，无服务预约功能及在线商城功能	实现信息动态查询、服务提前预约、商城线上选购等核心功能
发展会员体系	500万人 单一权益	1000万人 多维权益
提升品牌影响	累计曝光量3000万	累计曝光量8000万+

图源：2022CAPSE 创新奖决赛展演材料

（二）落地与实施

1. 流程设计

（1）“智”变带来质变——预约服务落地

“机场通”一方面结合白云机场客流分布情况分析，结合国内西南、海南及省内机场的旅客在白云机场中转的人数相对较多，且后续衔接航班过站时间较短，后续航班的衔接压力较大的情况，上线了中转预约功能，方便不熟悉白云机场中转流程的旅客在线上预约中转服务，大大降低了旅客的心理压力，提高了现场保障效率；同时“机场通”与 OTA 合作，基于对方客票大数据，提前介入售票环节，在 OTA 平台售票过程中通过邀请旅客注册的方式提前告知白云机场提供的相关中转预约功能，方便旅客使用“机场通”平台进行预约。

另一方面通过用户需求调研，项目组发现流量互联网时代，旅客出行目标从已有的实惠出行逐渐转向快捷出行，提前预约，现场使用的产品模式更符合旅客出行习惯，因此“机场通”上线了“预约停车”服务，通过接入第三方平台中的优质服务，以采购入驻与流程打通的形式，整合线上线下使用流程，使旅客在使用停车服务时优先选择优质停车位，在满足旅客快捷、智能出行的同时，为机场赢得口碑，带来额外收益。

（2）“全”面促成质变——信息推送升级

“机场通”优化服务路径，将已有的航班查询系统进行深度优化，通过精确的 UI 设计及交互流程重构，调用平台内航班数据，花费数周，上线了航班双屏查询系统，旅客可通过手机查询（“机场通”小程序完成一键授权后使用），更可以在线下场景通过智能查询机器亲身体验，解决了以往问询柜台无法直观展示旅客所需内容的痛点，现场服务效率大大提高。

此外，基于同类消息类服务需求，“机场通”优化站内服务，上线了破损行李理赔线上签名功能，将原来的人工操作变成了线上操作，在方便旅客使用的同时极大地提高了理赔效率，降低了工作人员的保障压力；同时平台将原有的失物招领功能深度开发，旅客与员工可通过“机场通”平台上传失物招领信息，缩短了“物归原主”的路径，提升效率的同时，也更加展现了白云机场以人为本的人文关怀属性。同时为了让旅客更加清楚机场新上线的服务功能，“机场通”通过信息整合手段，上线了查询服务类页面，如包含白云机场 10 大服务指引的机场服务指南、疫情防控专区、航站楼 3D 地图等。

（3）轻便点缀质变——场景产品服务

“机场通”上线了多种为旅客带来轻便化出行体验的服务产品，涵盖出行多个场景。同时旅客还能通过“机场通”实时了解行李运输“预约中、待取件、已入港、已出港、运输中、已送达”等各个节点的信息，行李运输进程清晰明了，体验轻松出行。

针对儿童及老年旅客，“机场通”协同白云机场商旅公司推出安心接送机产品，旅客线上预约，服务面向所有旅客及所有航空公司的国内航班。针对有餐饮需求的旅客，“机场通”还提供了楼内送餐服务。

（4）相连加快质变——会员服务

目前“机场通”会员分为普通会员、银卡会员、金卡会员及白金会员四个等级，2022 年，“机场通”完成了会员体系优化，会员除了可以享受如快速安检通道、计时休息室、24 小时停车等航站楼内的各种权益外，还可以通过完成各种任务累计积分在积分商城兑换专享的酒店、景区优惠折扣、文创产品，以及商户优惠、航司机票、影视会员卡等，实现了会员权益破圈出圈的新突破。此外，为了更好地完成会员服务闭环链接，广州白云机场还与云南机场集团推出了全国首个跨省份机场会员联盟。

举措1 以效率提升为中心，持续完善平台功能

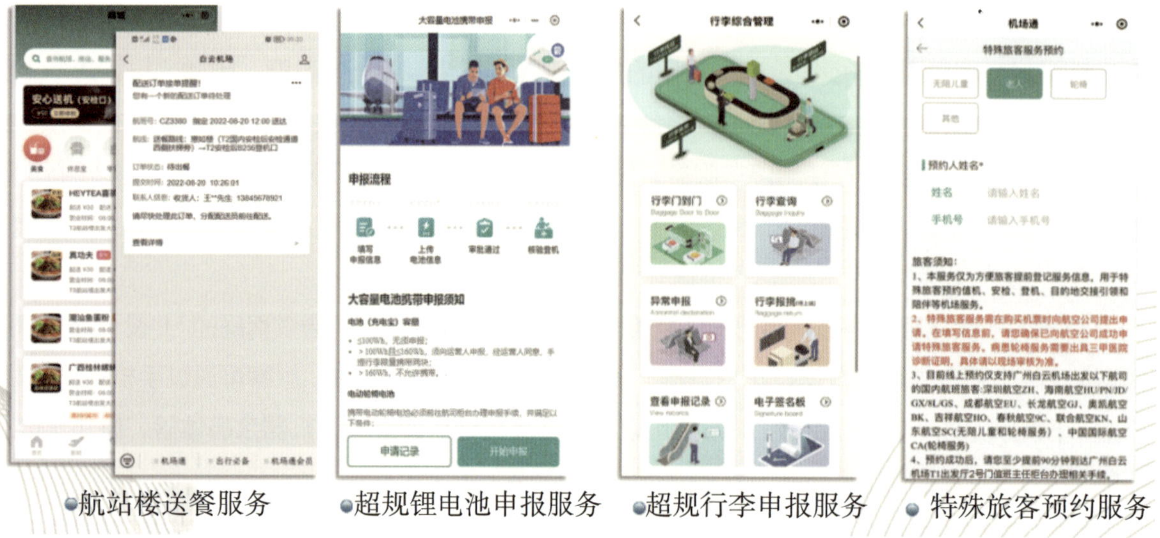

图源：2022CAPSE 创新奖决赛展演材料

同时“机场通”积极完善省内机场的平台共建、权益共享，先后与梅州、潮汕机场达成了合作意向，并积极将“机场通”的覆盖面扩展到湛江、韶关等兄弟机场，实现了省内机场依托“机场通”平台的旅客业务线上化。在注重自身发展的同时，“机场通”积极将触角延伸到各类平台，携手携程、同程、飞猪、国航、南航、光大、广发等不同业态多个品牌，打破场景限制，为会员提供机场内外多种生活权益。

举措2　以旅客需求为中心，升级迭代会员权益

V.1.0

机场通会员等级权益表				
权益类型	普通	银卡	金卡	白金卡
权益类型	—	1.2	1.2	2
"机场通"休息室服务	—	1	3次/年	无限次
全球休息室	—	—	—	9次/年
白云机场休息室代金券	—	2×50元	10×50元	—

V.2.0

机场通会员等级权益表				
权益类型	普通	银卡	金卡	白金卡
多倍积分	—	—	1.2	1.5
机场通休息室服务	—	—	6次/年	元限次
全球休息室	—	—	—	12次/年
白云机场休息室代金券	—	1×120元 2×50元	10×50元	20×50元
停车券	—	1×2小时/月	2×2小时/月	12天/年
快速安检	—	—	元限	无限次
预约停车	20元/次	20元/次	20元/次	免费 40次/年
机场铂尔曼酒店	—	95折	95折	95折
W酒店	85折	85折	85折	85折
岭南印象园门票	8折	8折	8折	8折
广州塔阿尔法乐园	—	9折	8折	7折
茅台冰淇淋旗舰店（广州）	9折	9折	9折	9折

图源：2022CAPSE 创新奖决赛展演材料

2. 资源保障

图源：2022CAPSE 创新奖决赛展演材料

3. 监测改进

图源：2022CAPSE 创新奖决赛展演材料

（三）目标实现与展望

1. 目标性

截至 2022 年 12 月 31 日，“机场通”平台会员总量达 1002.9 万人，成为国内机场第一个用户体量超过千万级别的机场综合服务平台。

（1）全面提升旅客出行体验

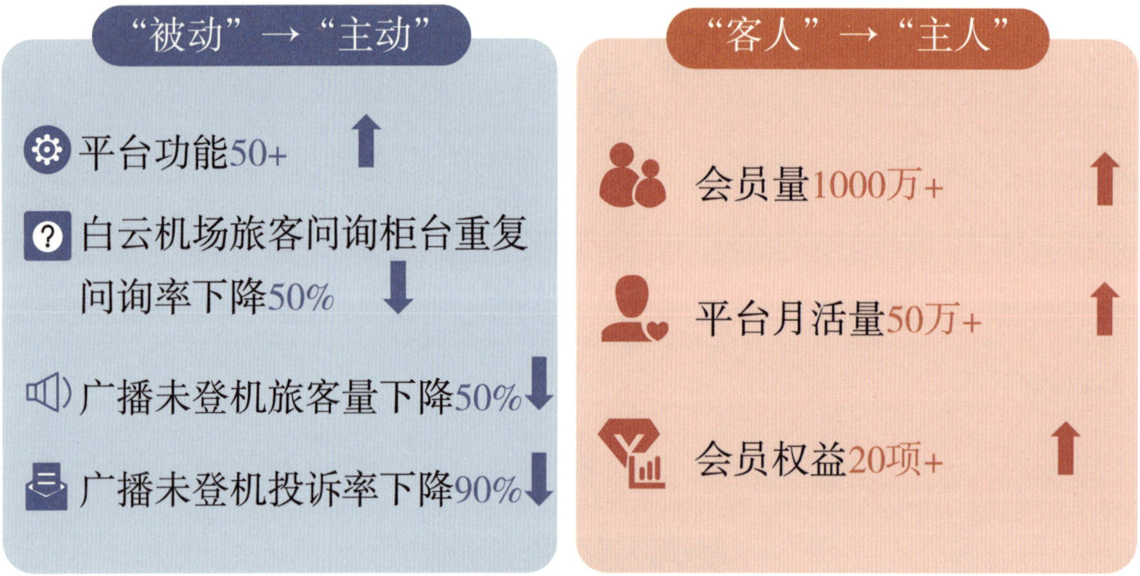

图源：2022CAPSE 创新奖决赛展演材料

（2）有效赋能生态业务发展

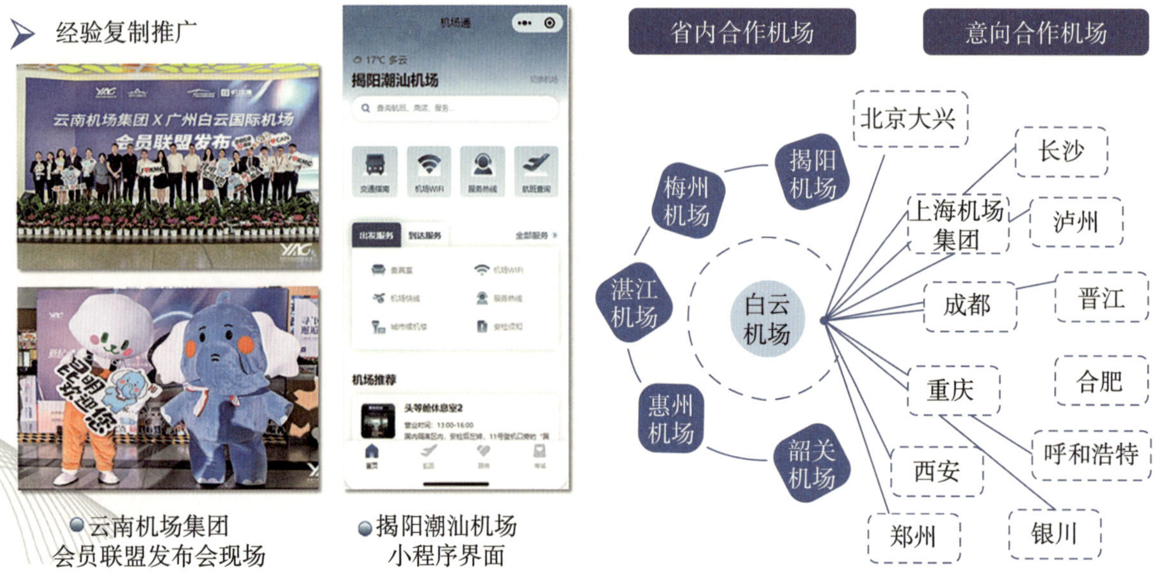

云南机场集团会员联盟发布会现场

揭阳潮汕机场小程序界面

图源：2022CAPSE 创新奖决赛展演材料

（3）大力推动品牌文化传播

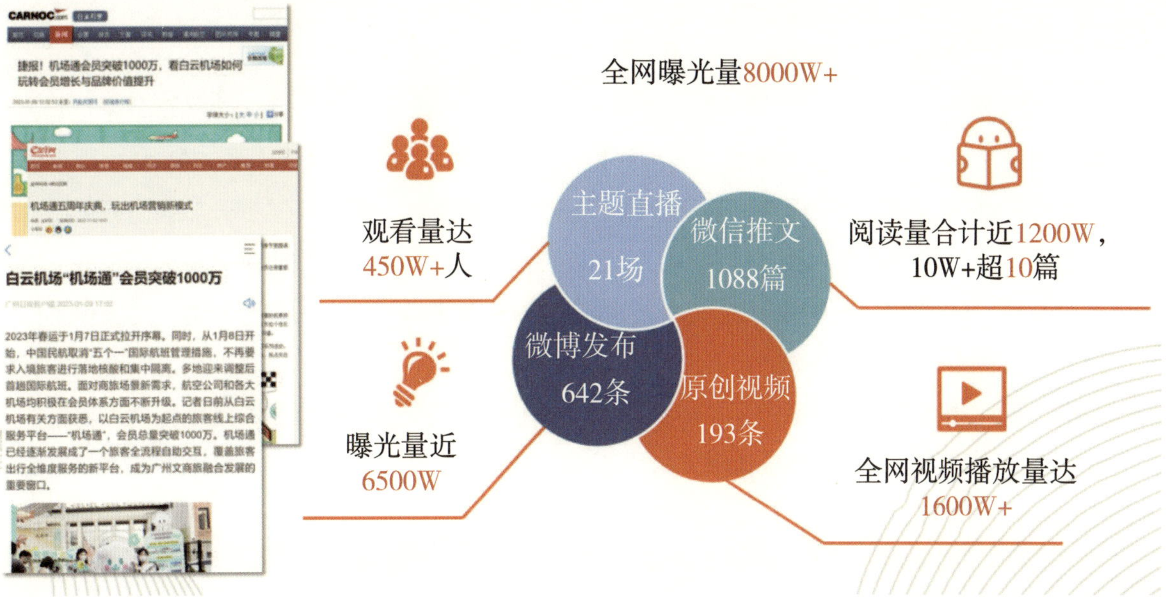

图源：2022CAPSE 创新奖决赛展演材料

2. 标准化

材料未呈现。

3. 展望

“机场通”将立足于广州白云机场，放眼全国乃至全球，秉承高质量发展理念，持续提升服务质量，协调各航空公司及 OTA 企业优化会员权益布局，以科技与大数据赋能的数字智慧，用智变为航空出行带来更深层次质变，通过打通快捷登机产品、停车系列产品、行李到家组合产品、专属网约车产品及机场联盟会员产品，为旅客带来更优质的服务。

二 案例综评

（一）综合点评

该创新案例团队围绕机场定位，借鉴行业外比较成熟的“卖场会员”模式，较好地解决了机场旅客画像不聚焦的问题，同时从提升旅客获得价值和机场运营增值维度进行更开放的创新实践。创新团队以传统“机场通”App/小程序转型为切入点，在行业率先尝试建立机场为主体的会员体系，并以“会员体系”为牵引，围绕会员需求分析，通过基于交互场景进行基础服务（原有信息功能）、商业价值变现等诉求分析，对机场的服务功能进行分层设计和运营，更加精准地聚焦“会员获得感”。在这个过程中，创新团队还从商业模式的角度，进行了跨省份机场会员联盟等实践。该案例不但为民航实体确定顾客画像主线提供了一个较好的做法样例，也为机场的产品服务更敏捷、高效地匹配旅客需求升级提供了较好的路径借鉴。

（二）技术建议

该创新案例作为一种模式创新，创新团队在模式定位、模式落地、模式过程复盘等方面还有进一步优化的空间。从创新整体来看，该创新是一个较为庞大的客户运营体系，App/小程序仅为该运营体系的载体，因此对于运营体系的整体定位需进一步清晰，如围绕“提升旅客出行体验、赋能业务提质增效”两个需求，从材料看，相应的核心目标和指标还不是很明确，目前呈现的一些数据更多偏数量、体量类的过程指标方面，对于质方面缺少清晰的定位，如单客利润、运营体系估值等。另外，案例中对于具体搭载的服务内容、上线的商业功能等，缺少从需求到功能设计端的转化设计过程，这对于比较庞大的客户运营体系来说，可能会影响服务产品全生命周期和用户全生命周期匹配的有效性。这些可能会造成该模式大而不强、纯资源驱动及成长结果与预期有较大偏差等情况的出现。

三 现场展演视频回放

微信扫码可观看

【广州白云国际机场股份有限公司】“选择机场通　出行更轻松——‘机场通’助力白云机场服务提升案例”展演视频

案 例 名 称：【广州白云国际机场股份有限公司】打造机坪管制“融合指挥”新模式，树立行业“数字化转型”新标杆

案 例 编 号： IAP2022001

创 新 分 类： 产品创新

所 属 单 位： 广州白云国际机场股份有限公司

项目负责人： 余洋

项 目 成 员： 李润、林长灏、黄杰、李嘉锐、陈淑真、张玉珍

创新“坐标”

在“民航强国战略”中的位置

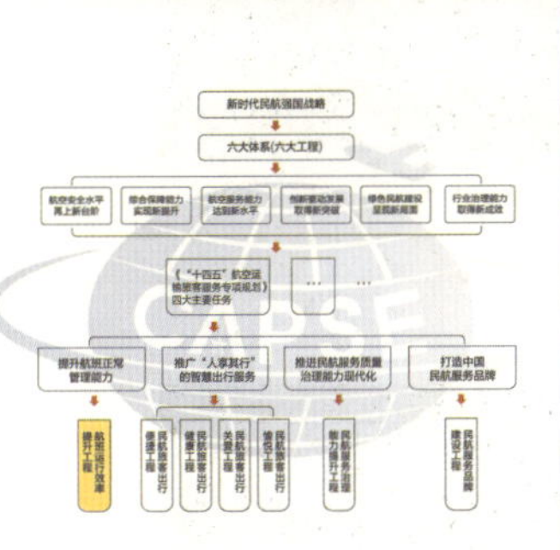

CAPSE 关于《“十四五”民用航空发展规划》解读图

在“服务管理体系”中的位置

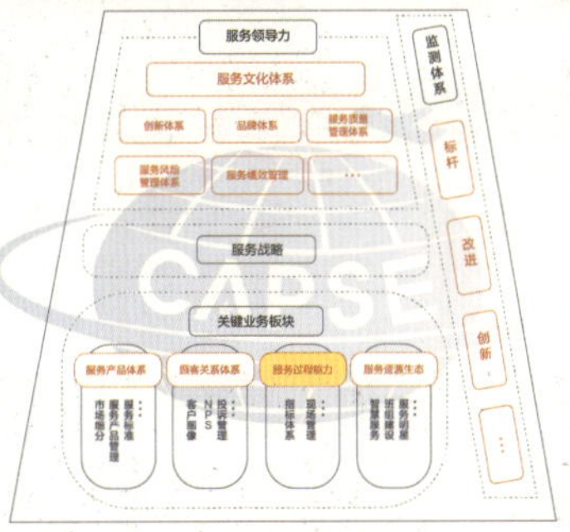

CAPSE 服务管理模型

在“时间效率”中的位置

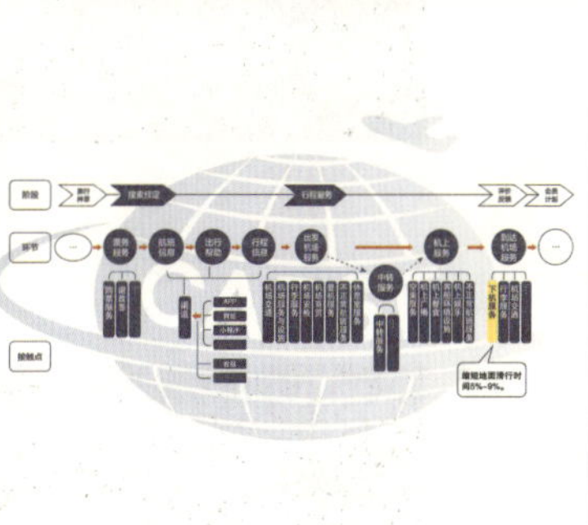

CAPSE 旅程地图

创新 KPI

指标名称	创新前	创新后	备注（行业现状）
地面小时指挥效率	72 架次 / 时	83 架次 / 时	—

一 关键内容展示

（一）策划与设计

1. 需求识别

为贯彻落实国务院国资委《关于加快推进国有企业数字化转型工作的通知》、民航局《四型机场建设行动纲要》等文件精神，结合广东省机场集团和白云机场“数字化转型”相关战略部署，同时也为解决当前远程机坪管制业务系统因系统异构、视觉体验不佳、数据壁垒、学习成本过大等因素而导致的业务效率和工作体验低下等痛点问题，开展相关新技术研究应用，该项目填补了市场空白，具有极高的示范推广和经济价值。

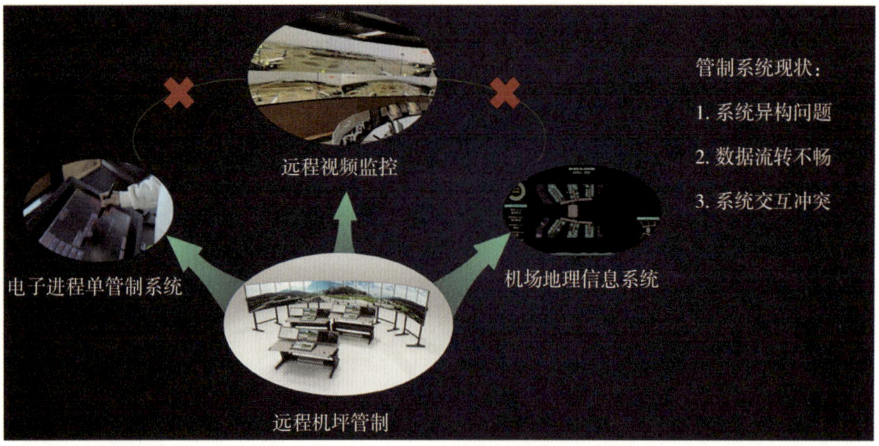

图源：2022CAPSE 创新奖决赛展演材料

2. 成型过程

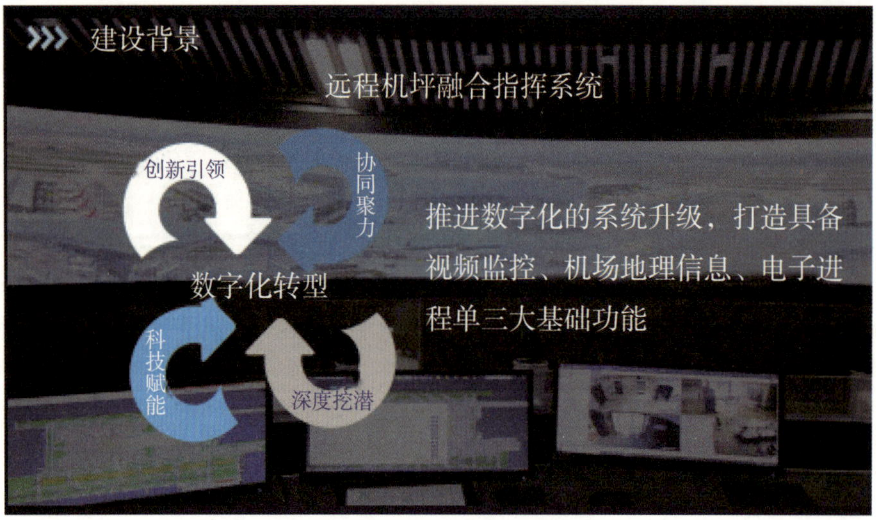

图源：2022CAPSE 创新奖决赛展演材料

项目通过对关键节点数据进行 CPK 分析，找出存在痛点，以机场电子地图数据库（AMDB）为基础的数字化界面，可视化的航空器雷达信息标牌，对航空器直接进行指令发布和操作。把视频监控系统、机场地理信息系统、电子进程单系统三大基础功能进行融合，并结合每个系统功能特点及关键业务内容，构建远程机坪融合指挥系统。

3. 创新特点

（1）图形化交互指挥；（2）基于 GIS 地图的实况监控；（3）机位实景视频监控。

4. 目标设定

（1）协作指挥顺利；（2）预防指挥出错；（3）预判事故发生；（4）保障实时同步；（5）确保历史翻查。

（二）落地与实施

1. 流程设计

（1）设计原则

远程机坪融合指挥系统是基于现有成熟的电子通信技术和网络技术上结合轻量化的 WebSocket 技术及跨平台框架搭建而成。针对庞大的业务运作情境，远程机坪融合指挥系统在基于业务保障的重要性目标和管制工作的态势感知需求，制定了“高兼容性”和“高拓展性”的技术方针，以绝对流畅的系统交互和强大的数据兼容拓展特性为目标，系统采用分层体系结构，运用消息队列中间件，实现功能模块化、松耦合，方便业务应用进行修改、重用和部署，满足系统未来弹性扩展的要求。

（2）架构设计

系统框架底座基于 Spring Boot 采用 RabbitMQ 采集数据，结合 Redis 进行缓存数据、发布订阅，使用 WebSocket 进行同步刷新，将数据从采集到发布订阅，最后统一进行数据推送刷新，实现了客户端数据的实时无感刷新。系统前端采用混合框架 Electron，结合 vue 搭建轻量级客户端。运用 Mapbox 客户端地理信息系统技术，结合机场电子地图数据库（AMDB）平台数据服务支持搭建图表一体化交互设计。系统中的告警功能与施工计划功能以及场监雷达数据和 TSAT（预计推出时间）集成的机坪运行管理系统。航班信息、航班计划、航班动态信息等数据集成自白云机场数据总线（IMF 系统），通过 AMDB 地理信息系统为系统提供地图展示支持。

（3）融合三大核心功能

① 基于 GIS 地图的应用。

系统研发迭代过程中已接通机场电子地图数据库（AMDB）和场内停机位监控资源，并通过前端技术开发出 2.5D 多角度可视化立体机场地图，实现多角度、高清、精准的可视化地图功能，并将场面航空器雷达信息通过图形化的方式模拟成像，将操作指令组件直接嵌入到航空器标牌中，管制人员可通过地图界面对航空器直接指挥，同时对航空器标牌的形态和配色进行分类进行设计，包括进出港航班、拖飞机、告警。用户可通过航空器标牌颜色辨别其性质，并对目标航班进行指挥和移交操作。

② 停机位实景视频监控应用。

通过对接机场视频监控资源数据，将视频监控点位嵌入机场地理信息系统，实现精准开启视频监控画面，用户可直接在可视化地图中找到目标机位中的监控摄像头，随时根据业务需要对目标航空器进行实时监控。

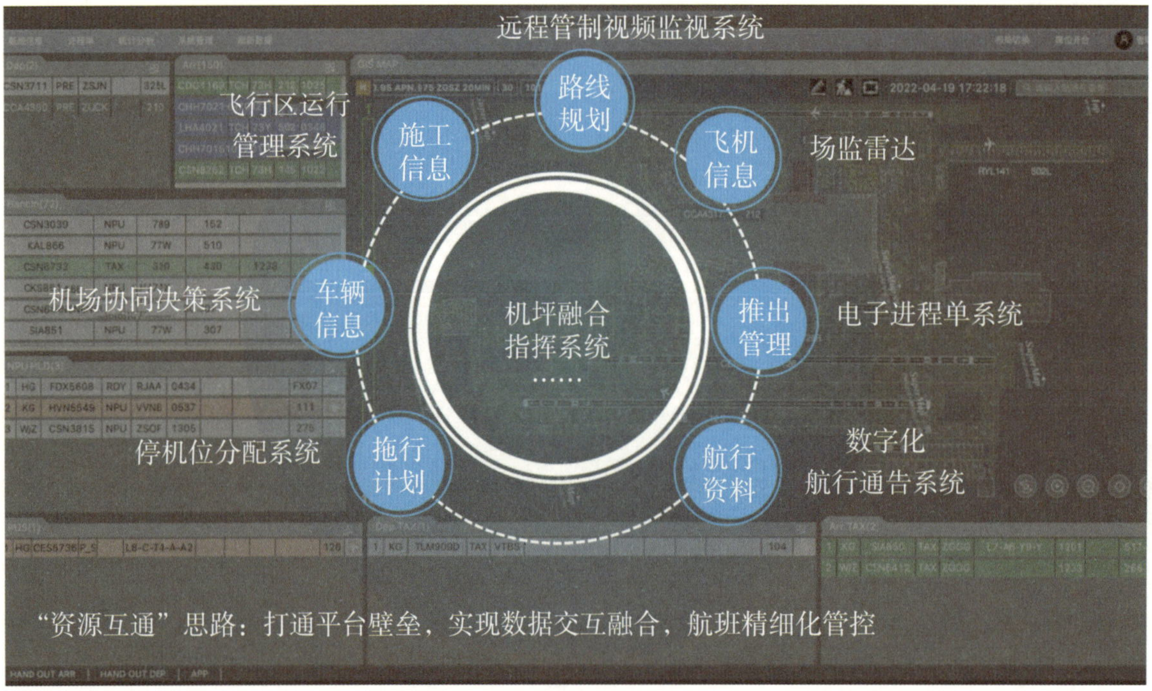

图源：2022CAPSE 创新奖决赛展演材料

③ 电子进程单与可视化联动应用。

相比传统的表单式电子进程单系统，本系统采用“图单联动”的设计，将电子表单和可视化图形相互联动起来，利用图形操作、联动表单同步运作的方式实现二者兼容并行，相较字符输入搭建机场滑行路线模板，本系统在路线编辑的交互思路上进一步优化为对地图直接编辑，用户在创建电子进程单、变更航班滑行路线、配置默认滑行道的工作中均可使用该组件，通过直观的场面全貌地图，按需对滑行路线进行点选编辑和方案配置。

2. 资源保障

（1）相关测试和培训

通过制订《远程机坪融合指挥系统测试计划 _V1.0.0》进行技术人员内测和用户现场实测，出具《远程机坪管制融合指挥系统 _ 测试用例 _V1.0.0》报告。通过多方人员测试，持续进行系统迭代和优化，从而尽快达到正式上线运行的水平。同时，编写《ACIS- 机坪融合指挥系统用户操作手册》并对一线使用人员进行了多轮次培训。

（2）多方数据、功能融合

系统开放了兼容其他系统数据的接口，譬如，对接机坪运行管理系统中的不停航施工单数据、拖飞机计划数据、航司数据和空管电子进程单数据，将会在本系统中由机坪管制员来受理工单，另外，项目组还综合了辅助工具（在工具栏里面），包括实时的测距工具、电子围栏绘制工具等。同时通过数据接收和回传，同步显示现场的情况到各个系统之中。

（3）良好的系统交互

通过对系统功能的优化，满足系统可用性及可视化特性。系统交互中，优化以往各功能特殊交互模式，采用高度统一、易于理解、多设备兼容的交互，有效地降低用户学习成本，使经验成熟的用户获取更优于传统管制指挥系统的交互体验，提高用户的业务处理效率，使经验较浅的新手用户能够快速上手并掌握系统使用方法。

（4）友好的视觉感官

远程机坪融合指挥系统严格按照人体工程学，结合业务现场照明系统、席位工作台，并参考GB 10000的成年人体尺寸标准及GB/T 12985对管制员的视觉水平线、视距和注视角度进行系统配色和界面布局设计，确保用户在高度集中精力工作的同时，不会造成过度的视觉疲劳，使用户保持舒适的工作状态。

3. 监测改进

（1）需求导向

远程机坪融合指挥系统已正式投入广州白云国际机场管制部进行测试运行，现场测试运行数据与现有的机场地理信息系统、电子进程单系统和实景监控系统运作已实现数据同步运行。现场值班人员在测试中遇到问题或修改意见，会记录并整理，定期向相关技术人员反馈意见，进行不断优化迭代。

（2）目标导向

通过“人因功效”和“人员疲劳程度”等指标监测，定期进行数据分析评估，对机坪融合指挥系统所产生的效果进行分析评价，使用创新的机坪融合指挥系统相比传统系统，有了较大的效率提升，管制员不需要分散太多注意力监控3~4套系统来指挥航班，只需要进行这一个融合指挥系统的操作和监控，大大提升了管制员的工作效率。

（3）问题导向

通过本系统与机坪管制现使用的生产系统进行实时对比，在业务工作中进行同步操作，进行多时段测算验证，观察信息的反馈情况并记录。同时在实时数据上进行系统各项功能的检测，结合管制员的工作习惯、业务需要进行多角度、多维度的更新与改进。

（三）目标实现与展望

1. 目标性

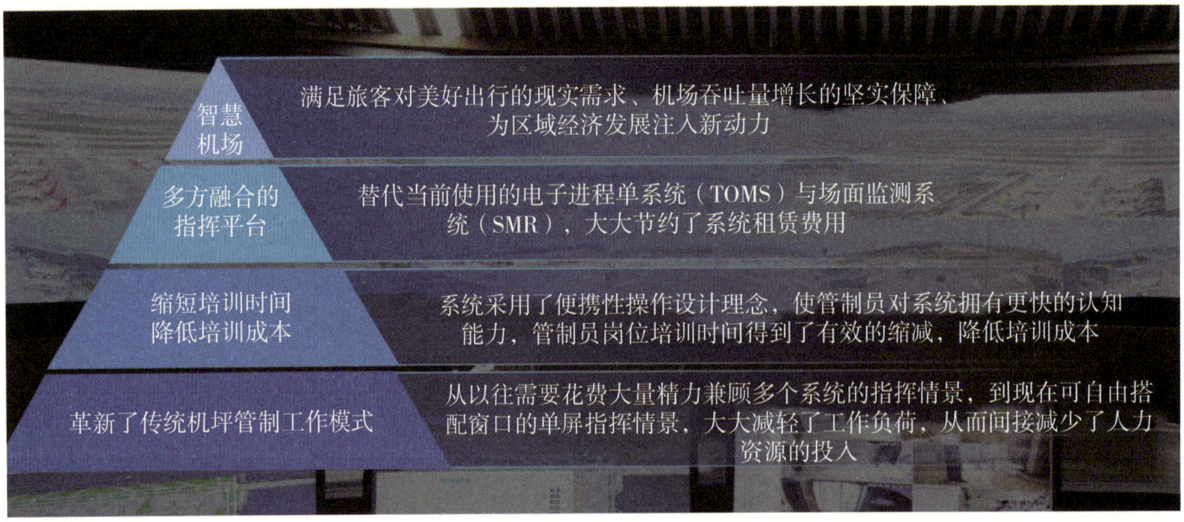

图源：2022CAPSE 创新奖决赛展演材料

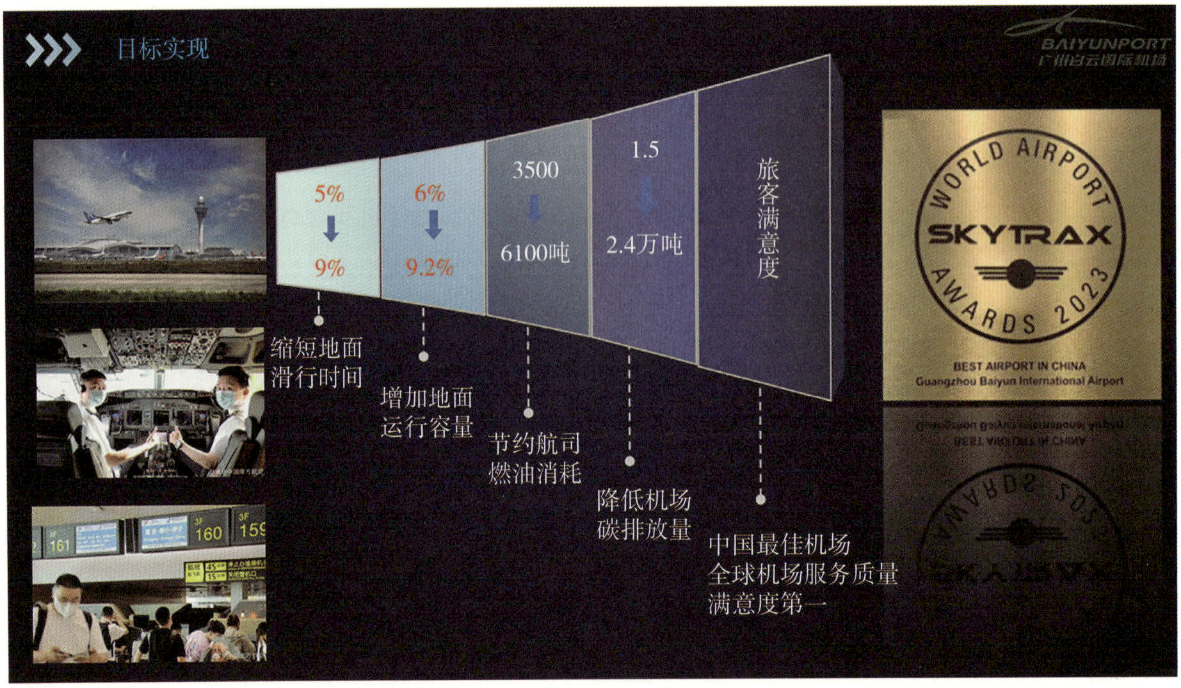

图源：2022CAPSE 创新奖决赛展演材料

2. 标准化

在远程机坪融合指挥系统一经推出，就得到业界的广泛关注，随着业界知名媒体的报道和推广，机坪管制新模式也得到了广泛的推广与讨论，在业界和学界对于机坪管制业务的研究也起到了示范引领作用。

从商业角度来看，远程机坪融合指挥系统有着非常广阔的市场前景，为业界各大型机场的机坪管制业务创新提供了可合作的渠道，为新时代系统开发积累的宝贵的经验，同时，对于相关涉及远程机坪管制的垂直拓展研究有着非常重要的标准参考价值。

二 案例综评

（一）综合点评

创新团队围绕白云机场“提升远程机坪管制业务效率”进行创新实践。案例通过远程机坪管制模式数字化升级为切入点进行创新，以“工作模式创新”作为数字化转型的前置，实现了节能减排、旅客满意度、航班滑行时间、飞机指挥效率等在数字化转型前的目标牵引设计整合（也形成了清晰的目标金字塔），较好地提升了数字化转型的务实性。在数字化支撑系统搭建过程中，创新团队能够以用户视角进行体验设计，并对 GIS 地图的实况监控、机位实景视频监控、电子进程单等现有采集器（节点）进行整合设计，较好地实现了设计端的资源整合。该案例为民航实体实施局部数字化转型提供了较好的路径借鉴，避免了为数字化而数字化和“拿来主义”的水土不服情况的发生。

（二）技术建议

作为数字化转型的一个先行实践，创新团队具体设计端的精细化和在转型后的运营层面的策划尚显不足。从该案例看，在具体的升级方案选择时，缺少清晰的对比对标分析，直接对如何做进行了展开，无法确保具体项目实施方案是否进行了最优考量。另外，升级后，工作平台对于系统平台的依赖和采集设备的可靠性要求会更高，该创新也将面临大部分数字化平台的通用问题——操作系统、运行系统、采集设备（硬件）系统的可靠性、安全性、稳定性等方面的日常管控，但是从该创新的整体监测过程来看，目前暂时缺少对运营过程数字化载体可靠性、设备效能等方面监测和关注。

三 现场展演视频回放

微信扫码可观看

【广州白云国际机场股份有限公司】“打造机坪管制‘融合指挥’新模式，树立行业‘数字化转型’新标杆”展演视频

案例名称：【内蒙古自治区民航机场集团有限责任公司乌兰浩特分公司】乌兰浩特机场标准化通程服务产品创新案例

案例编号：IAP2022002

创新分类：产品创新

所属单位：内蒙古自治区民航机场集团有限责任公司乌兰浩特分公司

项目负责人：李宁

项目成员：董学志、姜云译

创新“坐标”

在“民航强国战略”中的位置

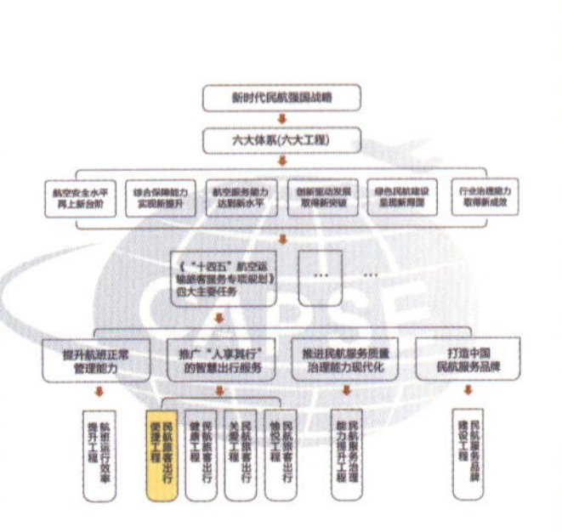

CAPSE 关于《“十四五”民用航空发展规划》解读图

在“服务管理体系”中的位置

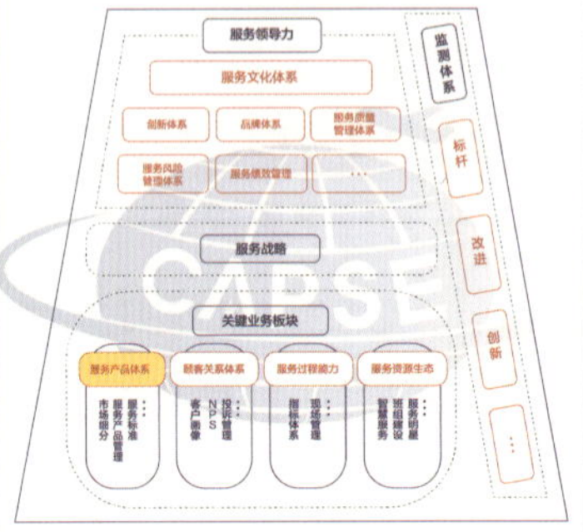

CAPSE 服务管理模型

在“时间效率”中的位置

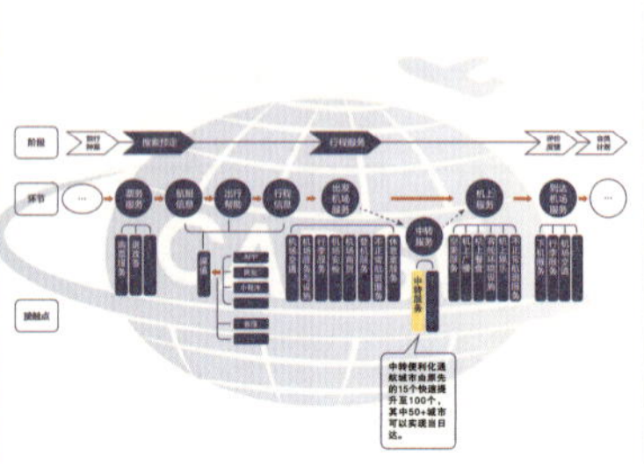

CAPSE 旅程地图

创新 KPI

指标名称	创新前	创新后	备注（行业现状）
中转便利化	通航城市 15 个	快速提升至 100+，其中 50+ 城市能够实现当日达	多数中小机场存在本地区因通航点较少、旅客个性化出行需求不断增加的痛点，地方百姓出行难、中转难、时间难的难点

一 关键内容展示

（一）策划与设计

1. 需求识别

乌兰浩特机场作为兴安盟及其周边地区对外连接的重要窗口，肩负着促进地区经济社会发展的重要职责，但限于地方经济发展状况，市场需求分散、开通后运行压力大等现实问题，导致本地区直达通航城市航线偏少，不断提升航空通达性成为旅客最大的需求。

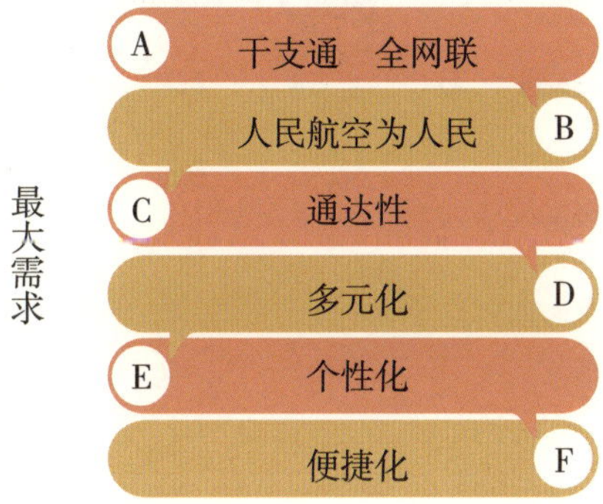

图源：2022CAPSE 创新奖决赛展演材料

2. 成型过程

（1）推进通程服务落地，推出“一四五”工作法，即一张清单、四个步骤、五项措施。具体为列明一张任务清单，明确责任人、时间表、倒排工期、挂图作战四个工作步骤，开展紧盯目标任务、细化路径措施、狠抓工作落实、完成问题整改、实施闭环管理五项措施，有效推动标准化通程服务产品成型。在通程航班试运行期间积极探索，多次联系中航信开发编制软件程序，优化登机牌、打印机等设备，将两个条形码替换成二维码，经过多次修改后，成功打印出一张登机牌，实现了“一票到底”。

（2）开发应用新技能，通过研发智能系统，打破传统意义的中转产品，实现系统自动识别跨航司中转旅客及行李，飞速提升转机效率，满足了旅客中转便利化的需求。2021 年 12 月 16 日，全国首家标准化通程服务机场运行启动仪式在乌兰浩特机场举行，标志着标准化通程服务创新产品走在了全国前列。

3. 创新特点

通程航班的出现，解决了旅客跨航司中转的繁琐办理流程，将中转零散的服务进行了整合，推出了更加优质的通程服务。乌兰浩特机场在此基础上，将“一次值机”升级为“一张登机牌”，旅客在乌兰浩特机场可以办理一张包含前后两段航班信息的“通程登机牌”，到达中转机场可直接登机，无须到中转柜台确认，这在全国属于首创。同时还研发了通程航显系统，通过在始发站、中转站设立该显示屏，便于旅客实时获取通程航班动态。在航线网络方面，在无新增区外航线和增加大额航线补贴的基础上，通过加密呼和航班频次，大大提升了乌兰浩特机场的航空通达性，以实际行动落地“干支通　全网联”战略。

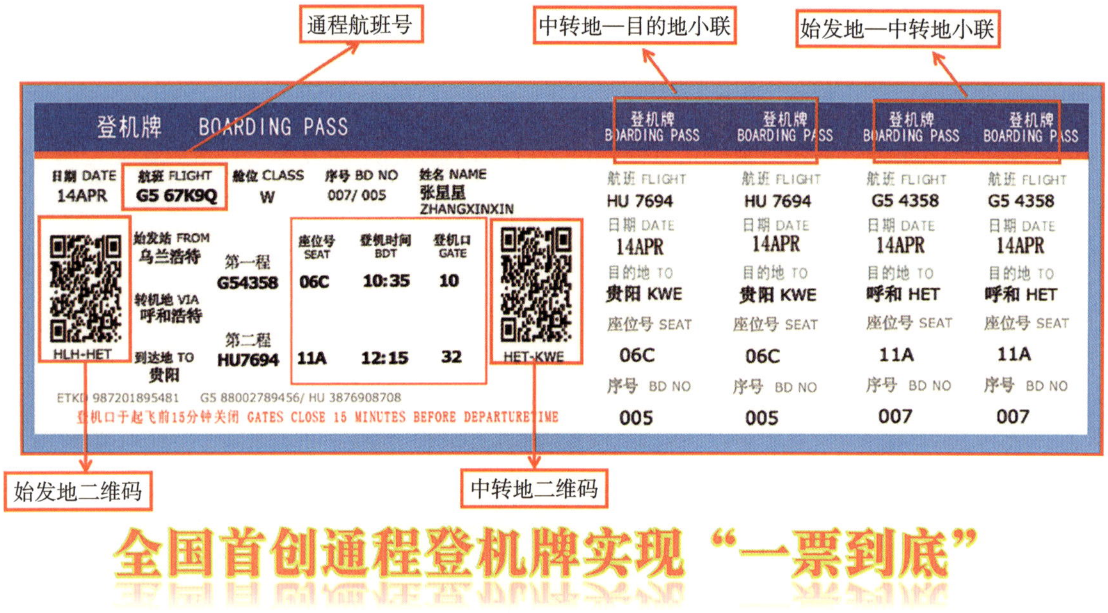

图源：2022CAPSE 创新奖决赛展演材料

4. 目标设定

借助呼和浩特机场发达的航线网络，联合华夏航空，推出标准化通程服务产品，解决地方百姓出行难、中转难、时间难的三大难点。

图源：2022CAPSE 创新奖决赛展演材料

（二）落地与实施

1. 流程设计

（1）优化服务效能，实现高效便捷有速度。在旅客航班衔接时间比较短的情况下，为通程旅客提供急转服务，在登机口关闭前 10 分钟为旅客提供舱门对舱门服务。

（2）丰富服务产品，彰显地域特色有温度。打造“通程驿站”专属服务区，在展现地域文化、城市魅力的同时，还作为通程旅客休息体验区，享受“贵宾级”服务。

（3）拓展服务外延，增值服务权益有力度。为通程旅客提供“五享、四优、三免”的 12 项专属服务权益。针对通程旅客，无论是否有免费行李额，都将提供直达目的地 20 千克免费托运服务。当遇航班不正常时，非旅客自身原因将提供免费退改签服务。

① 五享。

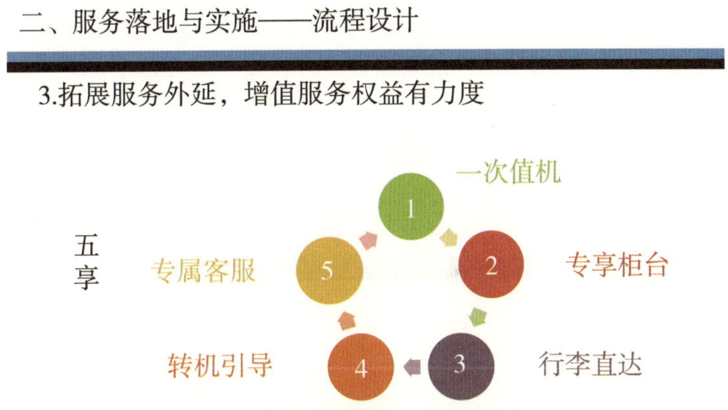

图源：2022CAPSE 创新奖决赛展演材料

专享柜台：通过设置通程值机专属柜台来实现通程旅客办理通程航班一张登机牌的专享服务。

一次值机：为通程旅客办理由始发站到目的站的一张登机牌，实现了通程旅客可以在始发站到目的站凭借一张登机牌走完全程，不再需要更换登机牌，真正实现了“一票到底”。

行李直达：为通程旅客托运行李栓挂直达目的地的行李条，并为通程行李加栓“通程行李”提示条，实现通程旅客中转不需提取行李的服务需求。

转机引导：设置专人在中转站接引通程旅客前往下一航班的登机口，如中转时间较长的，会引导通程旅客前往休息厅并告知旅客下一行程的登机位置及时间。

专属客服：华夏航空设置 24 小时呼叫专线，为通程旅客提供通程客票咨询、航班退改签保障及投诉处理服务。

② 四优。

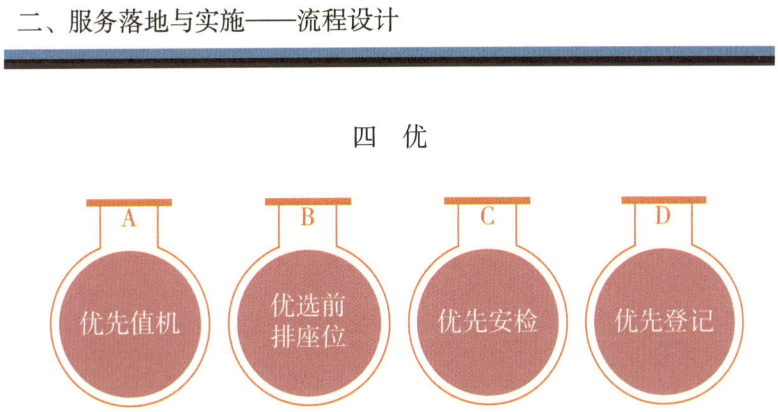

图源：2022CAPSE 创新奖决赛展演材料

优先值机：如遇客流高峰期，所有值机柜台均可为通程旅客提供优先值机服务。

优先前排座位：为通程旅客提供优先选择前排座位的服务，方便旅客到达呼和机场后快速下机中转。

优先安检：通程旅客持专属登机牌即可享受优先安检服务，且仅需在始发站进行一次安检，切实解决旅客在中转地重复安检的烦恼。

优先登机：所有登机口均为通程旅客提供优先登机服务，并通过登机广播提醒通程旅客享受优先登机权益。

③ 三免。

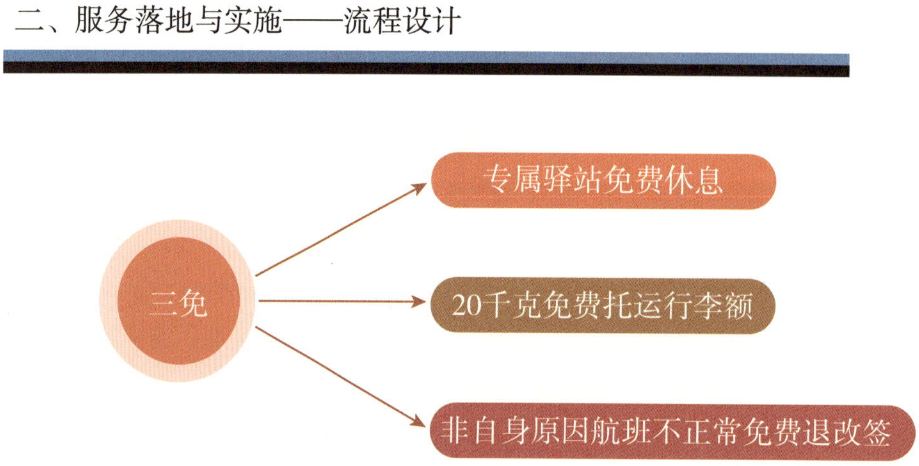

图源：2022CAPSE 创新奖决赛展演材料

专属驿站免费休息：无论是始发或中转的通程旅客，均为其提供免费休息、免费零食、饮品、登机提醒和引导服务。通程驿站休息厅承担着地域文化、城市魅力形象输出的展厅功能。通过城市风貌展示、航空航天科普、民俗文化展示、地域特产销售等多功能区域设计，这里成为乌兰浩特城市发展的缩影，成为旅客了解这座魅力之城的第一站。

20 千克免费托运行李额：考虑到通程旅客多为长途旅行，无论票价多低，通程旅客都享受 20 千克免费托运行李额。

非自身原因航班不正常免费退改签：如当日通程航班任意一段发生临时性变动时，会通过系统发送航变短信或现场工作人员引导旅客联系航空公司客服进行非自愿免费退改签操作。

2. 资源保障

（1）强化制度保证。多次邀请“专家团队”共同梳理通程服务流程、设计服务框架、细化服务措施，制定出乌兰浩特机场标准化通程服务各项规章制度。

（2）强化培训保证。派专人前往民航管理干部学院参加通程航班实践专题培训，同时内部开展多轮次通程制度、服务礼仪等系列培训。组建通程保障团队，充分发挥“传帮带”作用，进一步提升服务能力水平。

3. 监测改进

（1）建立反馈机制。内部通过月度自查，弥补缺失，加强改进。外部通过季度收集旅客反馈意见，坚持补短板、锻长板、优环境、强供给，充分发挥监督反馈机制作用。

（2）开展全流程监控。制作服务指标库，按月度、季度、年度进行绩效考核。同时不定期邀请神秘旅客对各项服务进行监督，实现全流程有效监控。

（3）采取问题回头看。针对收集到的问题、建议及投诉，建立了“即时、即办、即查、即改”的处理工作机制，同时形成了“转办、促办、回复、回访”的闭环式工作模式，积极推动服务管理从事后改进向事前预防转变。

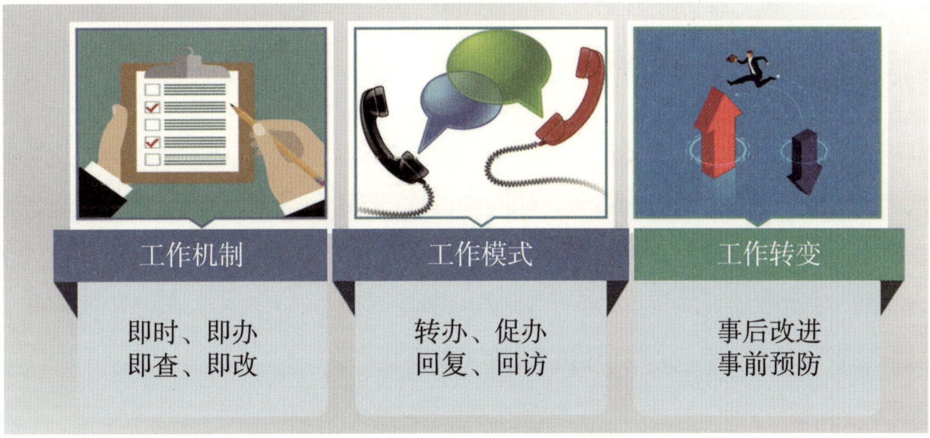

图源：2022CAPSE 创新奖决赛展演材料

（三）目标实现与展望

1. 目标性

标准化通程服务产品的探索和尝试，对中小机场特别是通达能力较弱的偏远地区机场，解决了当地旅客多元化需求、通达性不足的问题，完善了航线网络覆盖布局，深入挖掘地方经济发展潜力，带动城市人流、物流、信息流、资金流双向流动发挥着重要的促进作用，为经济欠发达地区创造了更优质的招商环境，具有可借鉴、可复制的重要意义。

2. 标准化

乌兰浩特机场将继续完善标准化通程服务产品相关制度修编工作，制定具有指导性的通程航班服务标准等文件。

3. 展望

乌兰浩特机场将继续践行以旅客需求为中心的服务理念，深入推进“旅客中转便利化”任务，全面落地民航“干支通、全网联”工作部署的重要举措，瞄准旅客出行的痛点、难点，注重发挥本场自身优势，着眼于服务“大流程”和“小细节”，持续完善通程航班服务保障各项措施。

二 案例综评

（一）综合评价

该创新团队围绕民航局“十四五”发展规划“干支通、全网联”整体部署，推进中小机场中转便利化服务进行创新。在满足《民航旅客中转便利化实施指南》通程航班五项服务标准基础上，还在全国首创了通程航班登机牌、急客 10 分钟中转舱门对舱门等服务创新；在方法应用中，能够很好地运用旅客旅程地图、通过峰终理论来为中转旅客提供贴心的中转服务，是一个非常值得肯定的服务创新项目，对中小机场推进中转便利化服务提供了可借鉴样本。

（二）技术建议

创新团队在围绕核心需求目标设定、创新需求达成衡量、服务监测、投入产出比等方面还有待提升。首先，案例缺少强相关指标的监测，如围绕该次创新的核心需求满足程度的衡量指标；其次对旅客服务满意的数据获取较为薄弱，建议扩大调查样本量及覆盖范围，为后续项目的进一步发展提供可参考价值；在资源投入与产出方面，建议进行综合评估，达到投入与产出的平衡，甚至寻求中转便利化提升的利益增长点，形成项目的可持续发展状态。

三 现场展演视频回放

微信扫码可观看

【内蒙古自治区民航机场集团有限责任公司乌兰浩特分公司】“乌兰浩特机场标准化通程服务产品创新案例”展演视频

案例名称：【厦门航空有限公司】厦航茶文化新服务体系——品茗时光服务产品

案例编号：IAP2022003

创新分类：产品创新

所属单位：厦门航空有限公司

项目负责人：杨敏

项目成员：苏新然、赵迪、张晓勇、孙迪威、王辰峰、孙健、孟子翔、吴兵、张钼屏、刘洋、杨璐、郑鑫、陈婷婷、张智钦

创新“坐标”

在“民航强国战略”中的位置

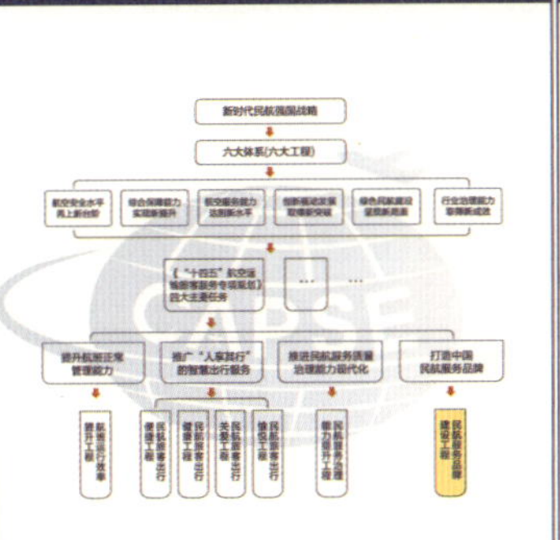

CAPSE 关于《“十四五”民用航空发展规划》解读图

在“服务管理体系”中的位置

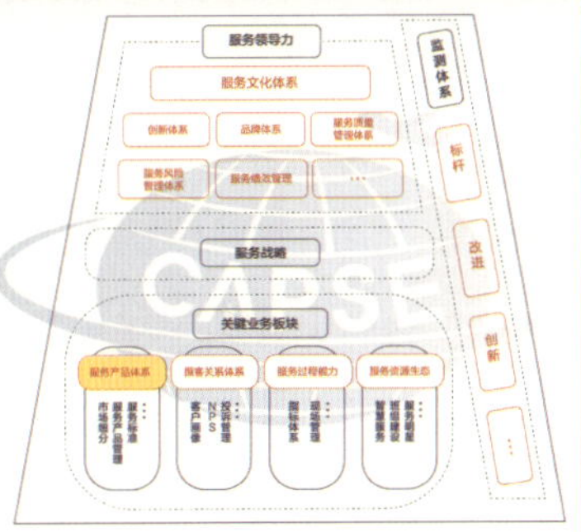

CAPSE 服务管理模型

在“旅客出行体验”中的位置

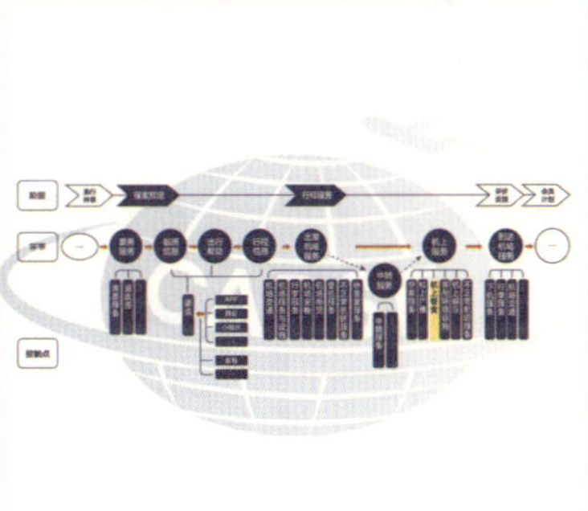

CAPSE 旅程地图

在“服务品牌评价模型”中的位置

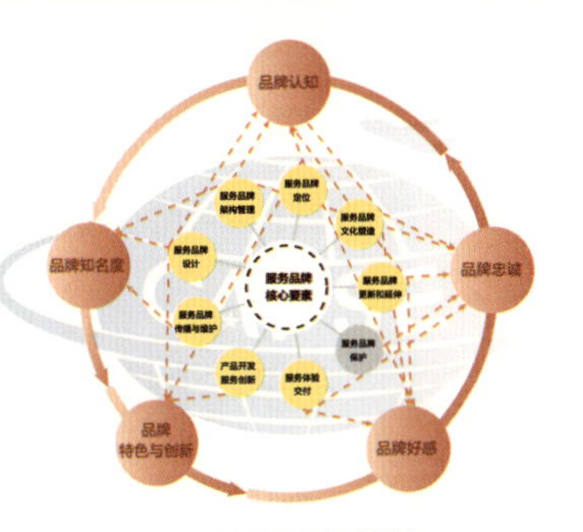

CAPSE 服务品牌评价模型

创新 KPI

指标名称	创新前	创新后	备注（行业现状）
收入利润 / 转化率	0	销售额 1500 元 / 产品营销数量约 25 件	全服务航司未有对应服务
人员培养	茶艺师	新增 200 名天际好物推荐官	—

一　关键内容展示

（一）策划与设计

1. 需求识别

（1）在业界茶饮服务普遍，但通常在一杯茶的品质或包装上做变化，缺乏整套专业且仪式感强的全套茶餐搭配服务，该项目通过两舱专业的四道式茶宴服务，填补客舱场景下点心航段的服务品质上限。

（2）厦航在推出“飞要好好吃”选餐产品后，让旅客有了更多的自主选择权，在此基础上进一步推出付费的差异化服务产品，抓住客舱场景下旅客的私域流量，实现营销辅收。

（3）通过项目的推出运行，赓续天际茶艺师的队伍培养成果，在天际茶艺师的基础上，升级推出“天际好物推荐官”“茶文化大使”等资格获取渠道，扩充人才队伍的晋升渠道。

2. 成型过程

（1）2022 年 5 月，由空中乘务部牵头，协同厦航传媒科技公司、厦航空厨、数字委员会、客运营销委、法务等部门，厦航成立茶道提升项目组，初步拟定相关项目目标、督办事项、完成时限及责任归属等问题。

（2）6 月“夏・萃然”主题产品初步成型，举办地面的茶文化展，邀请各界人士体验，根据相关反馈及模拟机上流程结果进行评估修正。

（3）7 月在厦门—沈阳、厦门—成都航线上线试运行经济舱部分，在重要保障航班试运行两舱部分。

（4）8 月、9 月厦门铺开航线，厦门—西安、厦门—昆明、厦门—大兴。

（5）10 月上线“秋・韵浓”主题，同步举办茶文化展。

（6）11 月和 12 月受疫情影响，全面取消餐食，未进行机上提供，项目组碰头研讨设计下一主题产品。

（7）1 月恢复厦门航线服务，上线“冬・藏暖”主题，同步新增福州、杭州两地始发航线运行；后续将逐步覆盖在厦航在营所有航线。

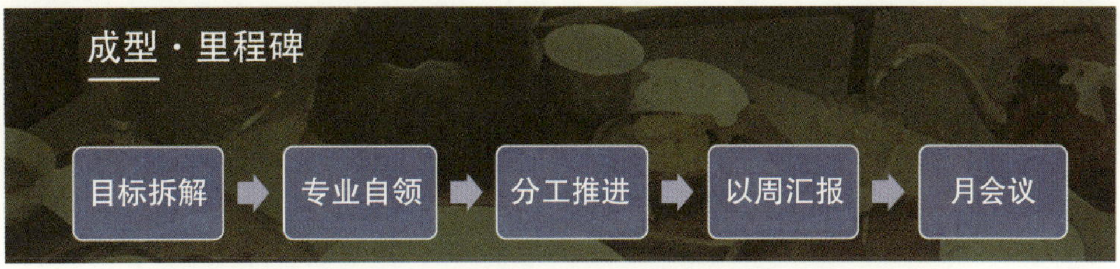

图源：2022CAPSE 创新奖决赛展演材料

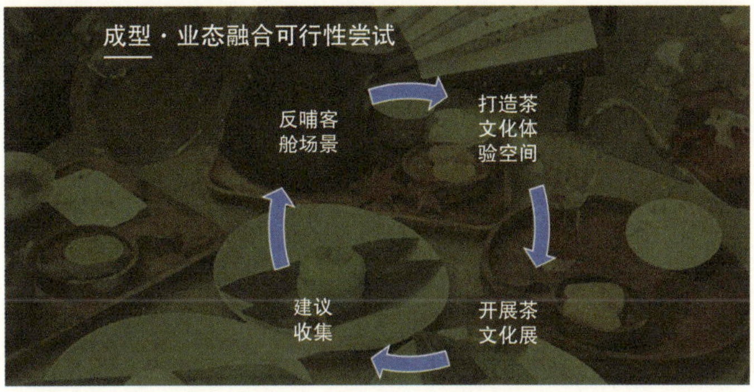

图源：2022CAPSE 创新奖决赛展演材料

3. 创新特点

（1）服务升级。两舱设计完整、富有仪式感的全套专属茶餐服务，区分行业内常态化“一杯茶”的简易服务，对标餐酒搭配服务，做专业高阶的茶餐搭配点心服务。

（2）文化融入。两舱茶宴采用黄檗文化的茶宴新形式转化，取四道式，分为“入席”“前席”“小馔席”“挥毫席”，增加旅客体验的仪式感；茶品选择建典型的地方名茶，如铁观音、肉桂、大红袍等，器皿选择德化白瓷、建盏等福建器皿，通过服务触达中乘务员的专业介绍，增加旅客对茶文化了解，提高福建茶文化、地缘文化在客舱内的传播率。

（3）美学融入。茶具及茶周边产品贴合主题“芽绿樱粉”的“春 · 叶归”；“青绿山水”的“夏 · 萃然”；“枫红暮色”的“秋 · 韵浓”；“古厝红妆”的“冬 · 藏暖”，由传媒科技公司进行统一包装设计。

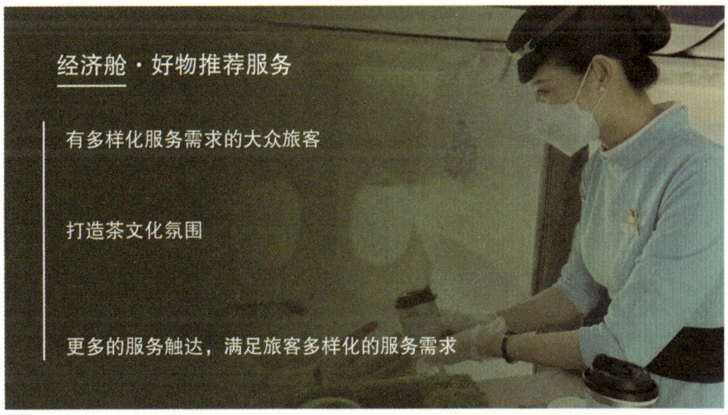

图源：2022CAPSE 创新奖决赛展演材料

4. 目标设定

（1）经济舱满意度 >85%。

（2）两舱满意度 >90%。

（3）毛利率均高于 10%。

（二）落地与实施

1. 流程设计

（1）形成流程设计项目组：人员涵盖茶道专家、服务专家、设计专家、营销专家、数字专家及链条节点主负责人等。

（2）物料选择：茶品选择福建典型的地方名茶，如铁观音、肉桂、大红袍等，器皿选择德化白瓷、建盏等福建器皿。茶具及茶周边产品贴合主题“芽绿樱粉”的“春 · 叶归”、“青绿山水”的“夏 · 萃然”、“枫红暮色”的“秋 · 韵浓”、“古厝红妆”的“冬 · 藏暖”，厦航传媒科技公司作为项目组成员，由其进行统一设计，大大降低产品设计费用。

（3）系统支持：选餐系统复用“飞要好好吃”系统，减少系统研发费用；机上收费系统联合支付宝，开放支付宝离线支付功能，实现无网无现金状态下的交易达成。

（4）服务流程：两舱茶宴采用黄檗文化的茶宴新形式转化，取四道式，分为“入席”“前席”“小馔席”“挥毫席”，增加旅客体验的仪式感；经济舱新增品茗时光服务，配合视频及机上座椅口袋内 DM 单、特色餐车布置进行服务营销。

（5）产品验证：设计产品后，组织线下展演，邀请各界行业代表体验，模拟机上提供场景，收集相关建议及数据。挑选典型航线，上线产品体验，从各部门调度、系统操作、人员实施、旅客反馈等方面收集数据。

2. 资源保障

（1）各部门均制作流程保障 / 服务作业指导书，明确各环节操作流程、操作规范。

（2）产品于 2022 年 7 月上线，2022 年 6 月，乘务部开展了为期 4 期的“天际好物推荐官”培训，对 200 余名乘务员进行统一培训，包括产品设计理念、文化背景、服务流程、价值内核等，并在培训后统一收集反馈点，扩充、优化培训内容，形成电子数据库。后续选拔出 60 名推荐官教员，铺开下设全员培训。

（3）建立标准的培训模板锚点，内容更新时框架不变，保证后续拓展更新接受程度平滑化。

3. 监测改进

（1）实行航班运行反馈机制，通过乘务日志及业务助理对航班运行中服务链条、旅客反馈等信息统一收集。以月度为周期召开解码会，对现有产品流程进行优化调整。

（2）数据分析专员每次对运行航线、产品相关情况进行监测。以 7 天为一个周期进行汇总营销数据汇总分析。并以一月为周期形成月度可视报告，在月度解码会上进行深度解析。

（3）项目组根据反馈数据、解析数据再次评估收益，升级产品 / 流程。

（三）目标实现与展望

1. 目标性

（1）目前已在厦门、福州、杭州等航线运行，旅客满意度均达到 96% 以上。

（2）国内、国际民航首创，令人惊叹的中国传统文化输出服务。

（3）人员成效：通过茶文化新服务体系这一项目，乘务团队培养出大量复合型人才——具备专业茶艺知识，深入了解福建茶文化及地缘文化，拥有良好的营销思维、活跃的创新思维。

（4）产品成效：两舱设计完整、富有仪式感的全套专属茶餐服务，区分行业内常态化“一杯茶”的简易服务，对标餐酒搭配服务，高于行业标准，做专业高阶的茶餐搭配点心服务。

（5）营销成效：茶文化新服务体系上线以来，运行航线营销数据良好。在后续五地全航线铺开后，将会获得更为可观的收入。

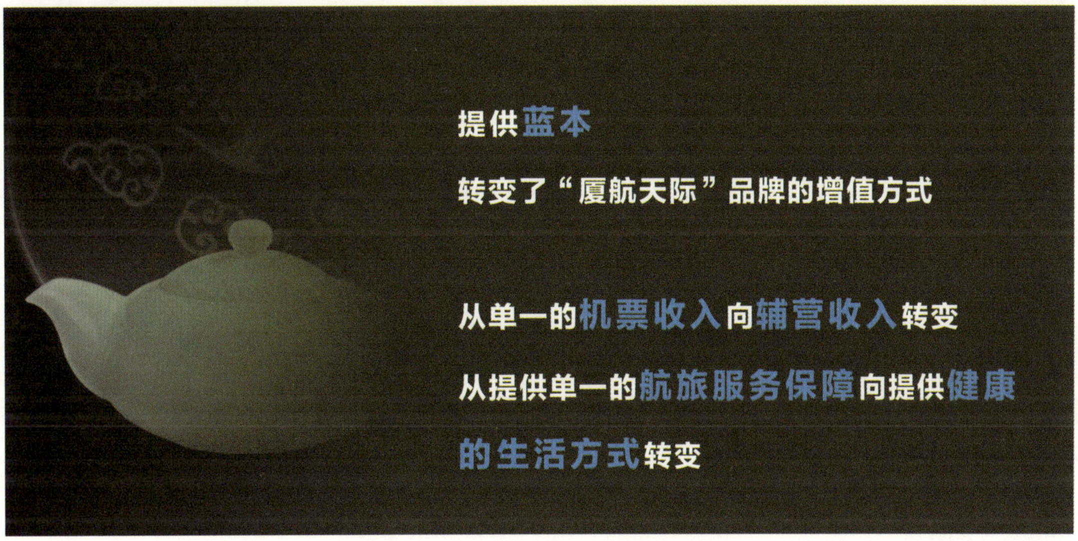

图源：2022CAPSE 创新奖决赛展演材料

2. 标准化

该项目已获《中国民航》杂志 2022 年度服务创新产品，并在世界级航司 APEX World Class 机上审计中，为审计员提供该产品，被审计员从美学、搭配、茶品、服务体验等多方面予以极高分数评价。

3. 展望

2022 年 7 月茶文化新服务体系上线以来，该项目产生了“天际好物推荐官”“茶文化大使”等新的职业发展通道，为整个乘务团队注入了新的活力。

在疫情等综合因素影响下，所运行航线的营销额依旧达到了可观的收益。根据专业机构测算，该项目在全厦航航线网络推出之后，营销最高阈值可达近一个亿。

在未来将实现机上 / 地面双轨道驱动。地面通过茶文化大使，以茶艺沙龙、亲子研学等形式，将现有运营模式从客舱场景延伸至飞鹭训练基地，打造多功能、重体验的线下业态融合空间。

茶文化新服务体系的成功推出，为实现天际系列其他产品深挖扩容提供了非常好的蓝本，横向拓宽了厦航天际服务品牌变现能力。

二 案例综评

（一）综合点评

该创新案例围绕客舱差异化餐饮服务开展创新，创新团队在创新过程中，将“亚朵体验式营销”模式融入产品设计，借助本地地域茶文化特色，将公司客舱文化与当地茶文化特色进行融合探索，打造出两舱茶宴服务、经济舱茶文化服务两项产品，通过在客舱茶服务沉浸式呈现，吸引旅客进行购买，实现了机上体验与销售的融合，提升顾客服务感受的同时也为公司带来了收益。该创新为民航实体在餐饮服务中，通过体验式营销实现服务、收益双提升提供了较好的借鉴。

（二）技术建议

创新团队在创新过程中，需求的识别、目标的设计方面还需进一步精细化，如应进一步提炼明确结合民航局、公司、顾客等相关方的核心需求，目标制定应结合核心需求和产品本身进行个性化、可量化的目标设计，使用顾客满意度这一宽泛的指标不能凸显创新的价值。另外，缺少对创新常态化的监控和改进成果的应用，这不利于该创新的结果达成及持续改进提升。

三 现场展演视频回放

微信扫码可观看

【厦门航空有限公司】“厦航茶文化新服务体系——品茗时光服务产品”展演视频

案例名称：【湖南机场股份有限公司长沙黄花国际机场分公司】研发“航显屏 IRC 智能运控设备”

案例编号： IAP2022004

创新分类： 产品创新

所属单位： 湖南机场股份有限公司长沙黄花国际机场分公司

项目负责人： 曾武、叶健

项目成员： 伏懿曛、刘晟盛、欧建成

创新“坐标”

在“民航强国战略”中的位置

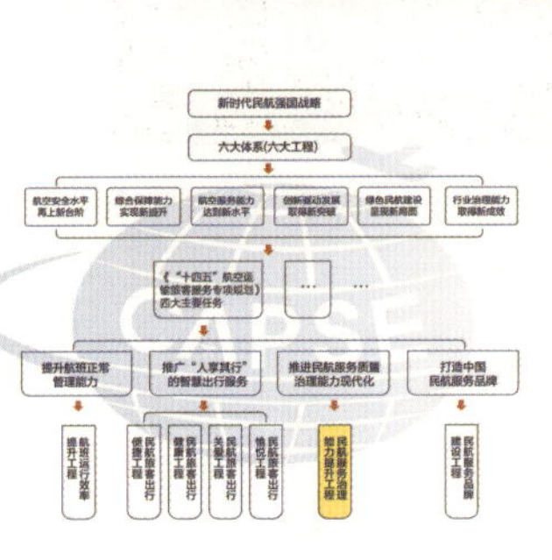

CAPSE 关于《“十四五”民用航空发展规划》解读图

在“服务管理体系”中的位置

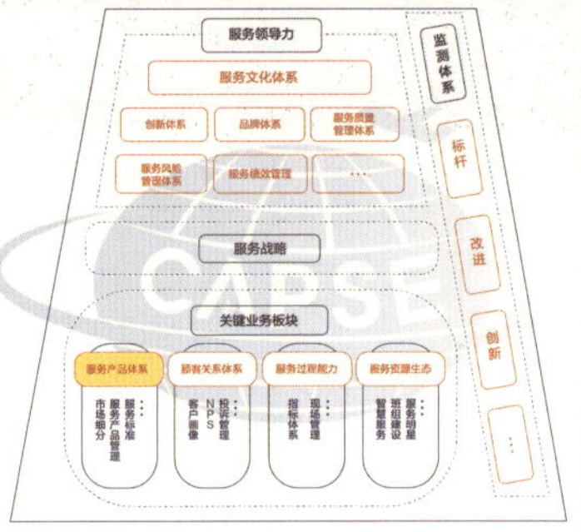

CAPSE 服务管理模型

在“旅客出行体验”中的位置

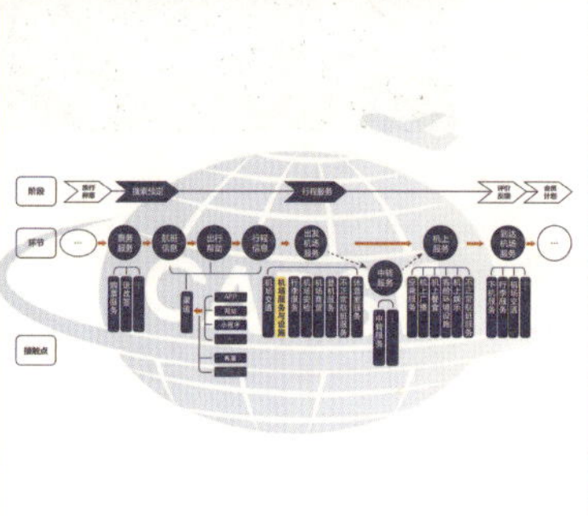

CAPSE 旅程地图

创新 KPI

指标名称	创新前	创新后	备注（行业现状）
航显屏无效显示时长	无效显示时长占比 46.90%	无效显示时长占比下降至“零”	无效显示时长占比 45% 左右
延长航显屏使用寿命	约 50000 小时	70000 小时	约 50000 小时
航显屏能耗	全功率能耗	节约用电 20 多万度	全功率能耗

一 关键内容展示

（一）策划与设计

1. 需求识别

LCD 显示航班信息属于高强度的场景应用，一般是全天候、全功率运行，通常情况下 LCD 正常使用寿命是 50000 小时左右，全年满负荷运行将加速 LCD 设备老化、画质衰减等，导致变暗、黑斑、色差、残影等显示异常。据统计，2022 年长沙机场更换了 30 多块 LCD，其中 95% 以上属于此类情况。

图源：2022CAPSE 创新奖决赛展演材料

2. 成型过程

“航显屏 IRC 智能运控设备”项目的研发任务由湖南省机场管理集团“老伏”工作室承担。“老伏”工作室是湖南省机场管理集团唯一挂牌成立的智慧机场建设创新团队。项目团队通过 IRC 技术实现航显屏智能运控管理，将无效显示时长缩短至“零”小时，从而延长航显屏的使用寿命，降低航显屏老化故障率，同时达到节能增效，构建“绿色机场”的目的。

“航显屏 IRC 智能运控设备”的研发对前沿交叉技术进行了大胆运用。在研发需求分析阶段，运用大数据分析，建立了数字模型。在实施阶段，运用电路模拟测试，确保设备的安全性和稳定性。在逻辑控制与算法方面，采用了时空判定（time-bound judgement）、最高优先级（highest priority algorithm）相结合的策略。在制作设备方面，运用 Triz 发明理论的“抽取法”“组合法”“套叠法”等，采用扫描逆向、CAD 设计、3D 打印等技术，确保设备的整体质量。

3. 创新特点

构建航显屏智能化控制数字通道。

4. 目标设定

构建航显屏智能化控制数字通道，长沙机场 27 号登机口航显屏月工作时长由 395 小时提升到 744 小时。

图源：2022CAPSE 创新奖决赛展演材料

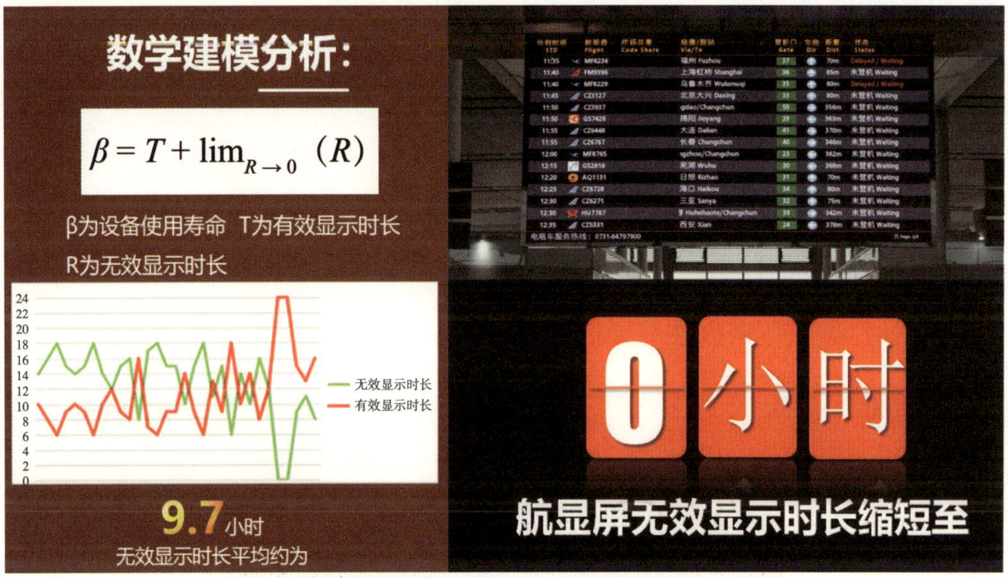

图源：2022CAPSE 创新奖决赛展演材料

（二）落地与实施

1. 流程设计

“航显屏 IRC 智能运控设备”研发团队根据 PDCA 方法制定项目计划推进表，项目周期计划分为四个阶段，时间为 2022 年 7 月—2023 年 1 月。

第一阶段：项目团队查找市场上成熟产品、检索专利技术等方式，在未查到适合解决方案的情况下，通过借鉴智能家居控制原理自主研发。

第二阶段：研发设备，实现对航显屏的智能运控。

第三阶段：实验测试，收集测试数据，分析效果。

第四阶段：优化设计，根据设备运行情况确定最终实施方案。

2. 资源保障

项目团队将该设备安装于长沙机场 A.B.C 登机岛，通过 1 个月的观察，确认设备安全稳定。通过第三方测试和后台航班数据的统计分析，航显屏无效显示时长为 0 小时，达到预期目标。部署前后对比，航显屏单日无效显示时长从平均 9.7 小时缩短至 0 小时。

3. 监测改进

项目团队采用头脑风暴法，集思广益，自主研发航显屏 IRC 智能运控设备，该设备独立于航显屏工控机框架体系之外，可单独适配使用。设备采用模块化设计，主要分为三个功能模块，数据接入模块、逻辑判断处理模块和输出控制模块，三个模块为“松耦合”结构。数据接入模块通过日志抓取、数据库、队列和数据接口多种方式获取外部数据，并将数据进行标准化整理。逻辑判断处理模块是系统的核心模块，通过对数据进行学习和分析，判断航显屏是否满足待机条件。输出控制模块为软、硬件接口模块，该模块实现数模转换、信号产生功能。

航显屏 IRC 智能运控设备选用体积小、易安装的 IRC 发送模块作为信号发送单元。选用能耗低、可编程的 XM-IR_RS23 单片机作为信号控制单元。选用可独立编码，适宜安装的 TCP/IP 协议控制模块作为数据传输单元。项目团队采用 JAVA 编写可移植数据处理单元，通过在 XM-IR_RS232 单片机上整合 TCP/IP 数据传输单元和 IRC 发送单元，实现设备智能运行控制一体化。

（三）目标实现与展望

1. 目标性

全年减少无效显示时长 3500 多小时，相当于延长使用寿命 40% 以上。按航显屏功率 105 瓦计算，单台航显屏一年可节电 400 多度，全年可整体节约电费 16 万多元。

图源：2022CAPSE 创新奖决赛展演材料

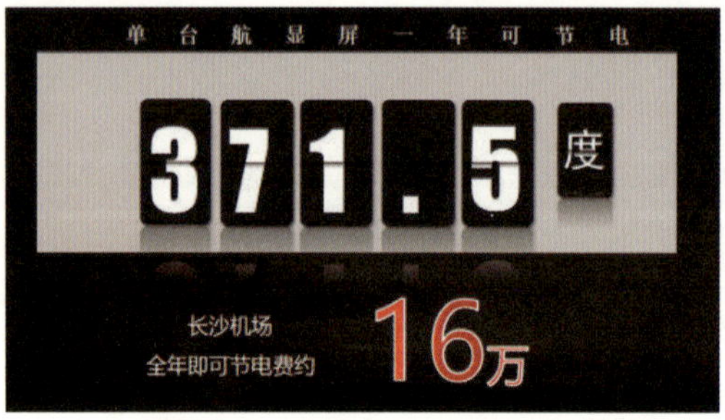

图源：2022CAPSE 创新奖决赛展演材料

2. 标准化

项目是对“平安、绿色、智慧、人文”四型机场发展理念的具体实践。通过在城市航站楼等地的推广适配，设备现已具备红外、蓝牙、紫蜂等多种控制模式，实现了“一对一”和“一对多”的设备控制方案，不仅能满足长沙机场航显屏的实际运行需求，也可适配多场景应用，为行业内乃至高铁、城市轨道交通、大型综合商超等其他综合领域解决类似问题提供有价值的可行方案。

3. 展望

该设备已经在湘西边城机场建设完成，将在 2023 年内随着机场开航同步投入使用。江西机场集团、海南三亚机场等单位在长沙机场考察学习期间，对本设备的独创性、实用性给与充分的肯定，目前正在积极协商成果“移植”工作，准备尽早在江西、海南的机场大范围推广。

二 案例综评

（一）综合点评

该案例是一个典型的技术创新性课题转化案例，创新团队借鉴成熟的 QC 创新型课题程序对日常业务实际进行创新转化，取得较好的成果。该案例创新过程中，将需求清晰定位登机口航显屏寿命提升，通过申报实用创新型专利完成了知识产权保护和企业无形资产的增值。这为民航实体在创新过程中如何高效利用屏显设备、无形资产增值等课题提供了良好的借鉴。

（二）技术建议

创新团队在对创新的资源保障、监测与持续改进等方面的管理还有待提升。该创新案例在资源保障、监测过程中，缺少确保创新举措正常实施而配置的资源保障，缺少对设定目标指标的常态监控机制。另外，对于系统的可靠性、安全性、易用性等维度未进行相应性能类的关注，这都不利于该创新的持续改进提升。

三 现场展演视频回放

微信扫码可观看

【湖南机场股份有限公司长沙黄花国际机场分公司】“研发‘航显屏 IRC 智能运控设备’”展演视频

案 例 名 称：【四川省机场集团有限公司成都天府国际机场分公司】成都天府国际机场登机桥全自动接机

案 例 编 号：IAP2022005

创 新 分 类：产品创新

所 属 单 位：四川省机场集团有限公司成都天府国际机场分公司

项目负责人：蒋靖、孟强、米运良

项 目 成 员：杨宇、成华轩、陈峰、周毅、张垚、王博、李岚锦、赵嘉智、刘璟滔、江锐

创新“坐标”

在“民航强国战略”中的位置

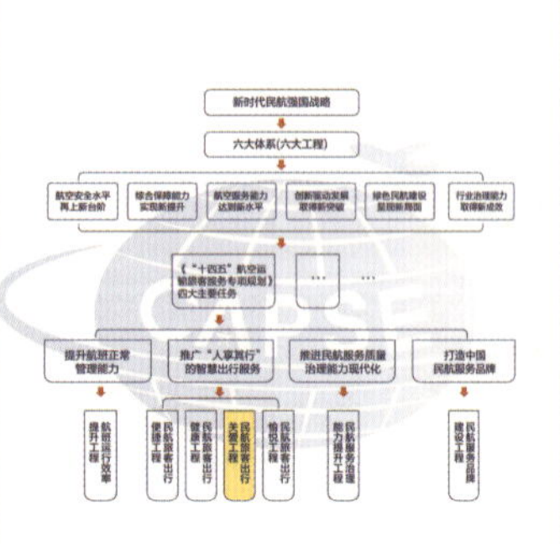

CAPSE 关于《“十四五”民用航空发展规划》解读图

在“服务管理体系”中的位置

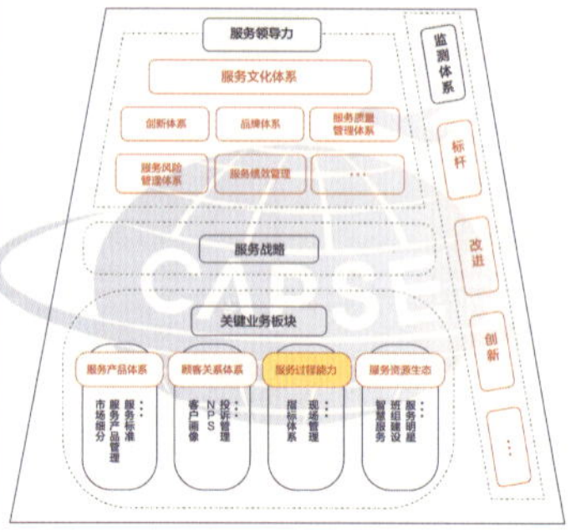

CAPSE 服务管理模型

在“旅客出行体验”中的位置

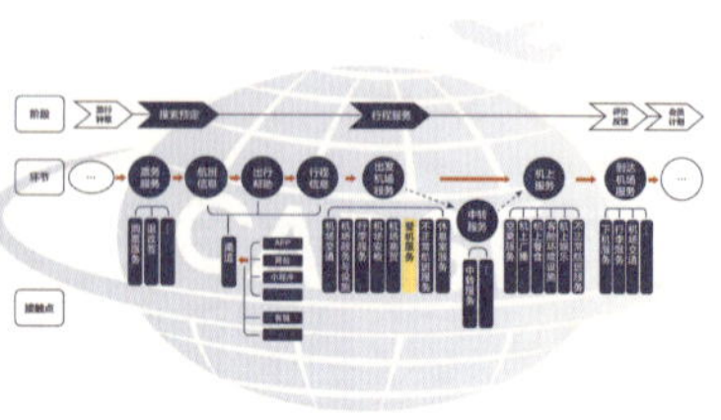

CAPSE 旅程地图

在“时间效率”中的位置

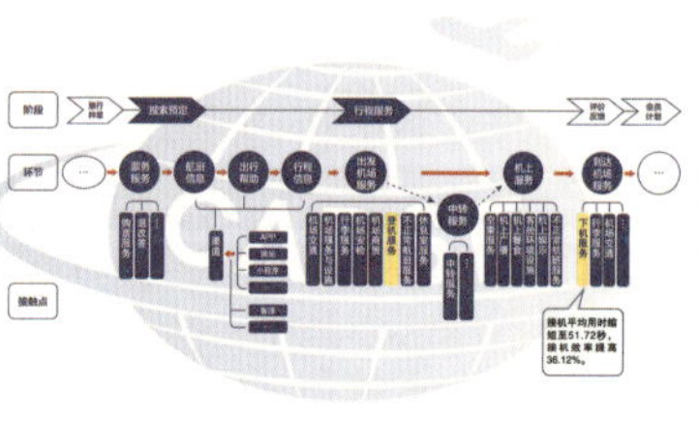

CAPSE 旅程地图

创新 KPI

指标名称	创新前	创新后	备注（行业现状）
登机桥接机效率	接机平均用时 81 秒	接机平均用时缩短至 51.72 秒，接机效率提高 36.12%	国内中大型机场接机平均用时 87.85 秒
登机桥对接准确率	91.33%	99.09%	国内中大型机场接机准确率为 91.15%
全自动接机功能可靠性	无	99.43%	全国首创

一 关键内容展示

（一）策划与设计

1. 需求识别

（1）响应建设民航强国的号召，推进智慧机场建设。

（2）天府国际机场“十四五”发展规划以来致力于打造“四型机场”，在智慧机场建设当中实现登机桥智能化。

（3）在服务航司及旅客过程中，为了满足人民群众对民航运输的美好需求，需要不断提升登机桥接机的效率、准确率及接机安全性。

2. 成型过程

（1）国内机场登机桥接机数据调查

目前国内机场每万架次接机平均用时 87.85 秒，接机准确率为 91.15%，存在接机用时较长、接机准确率不足的弊端。

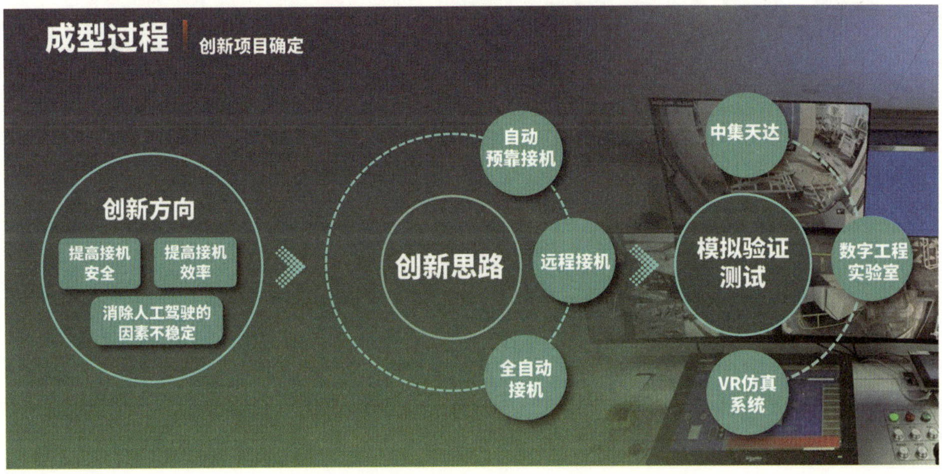

图源：2022CAPSE 创新奖决赛展演材料

（2）创新项目确定

创新小组考虑以消除人工驾驶的不稳定因素、提高接机安全和效率为创新方向，提出三种创新思路，自动预靠接机、远程接机及全自动接机，并联合中集天达智能机场装备工程技术研究院数字工程实验室，进行模拟验证测试。

综合上述试验，小组紧扣登机桥接机向智能化的新方式转变，决定研发接机用时更短，一次接机成功率更高的“登机桥全自动接机”。

3. 创新特点

（1）实现登机桥全自动驾驶。

（2）实现登机桥 AI 舱门目标识别达到业界最高精准度。

（3）建立登机桥自动驾驶的安全架构体系。

图源：2022CAPSE 创新奖决赛展演材料

4. 目标设定

（1）提高接机效率：30%；计算方式 =（81 秒 – 目前接机用时）/81 秒；81 秒为人工接机平均时间。

（2）接机准确率：98%；计算方式 = 标准接机的次数 / 总接机次数；接机标准为接机口前缘上的舱门对准线与航空器舱门左侧门缝左右水平距离 ±50 毫米，接机口前缘上表面与航空器门槛垂直距离范围（150±20）毫米，接机口前缘与航空器机身前后水平距离 0~40 毫米。

（3）全自动接机功能可靠性：99%；计算方式 =（总接机次数 – 全自动接机功能失效次数）/ 总接机次数；全自动接机功能失效指全自动接机过程中断或功能丧失。

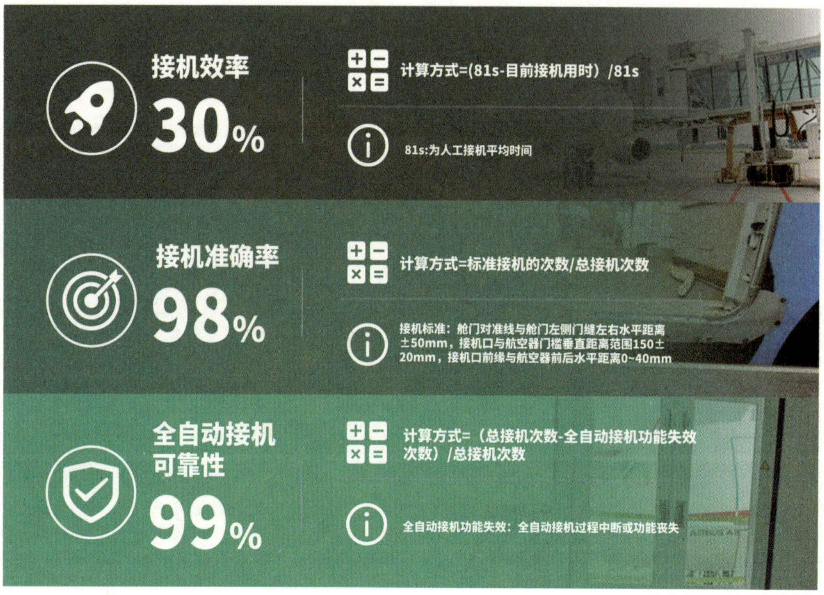

图源：2022CAPSE 创新奖决赛展演材料

（二）落地与实施

1. 流程设计

根据上述创新特点和目标设定，经过初步的梳理，项目组确定了运动控制、舱门目标定位、防撞保护三个关键实施对象，并对其进行方案论证。

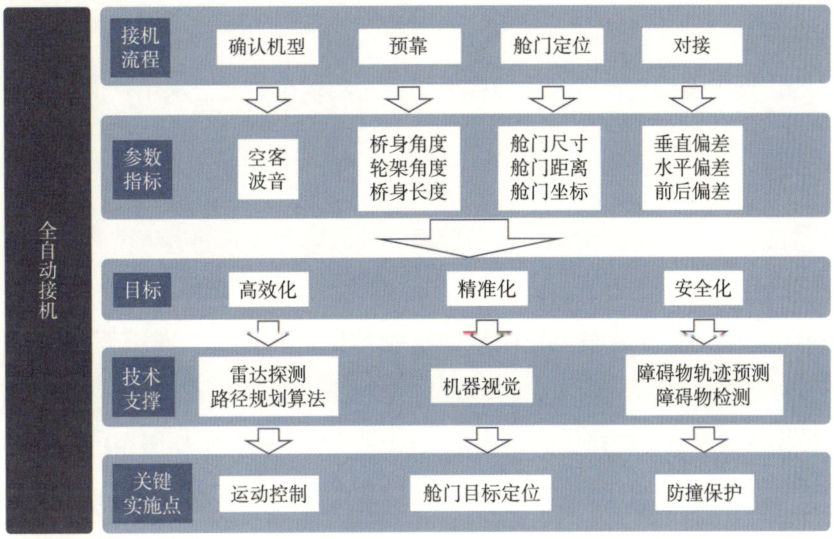

图源：2022CAPSE 创新奖决赛展演材料

（1）运动控制方案论证

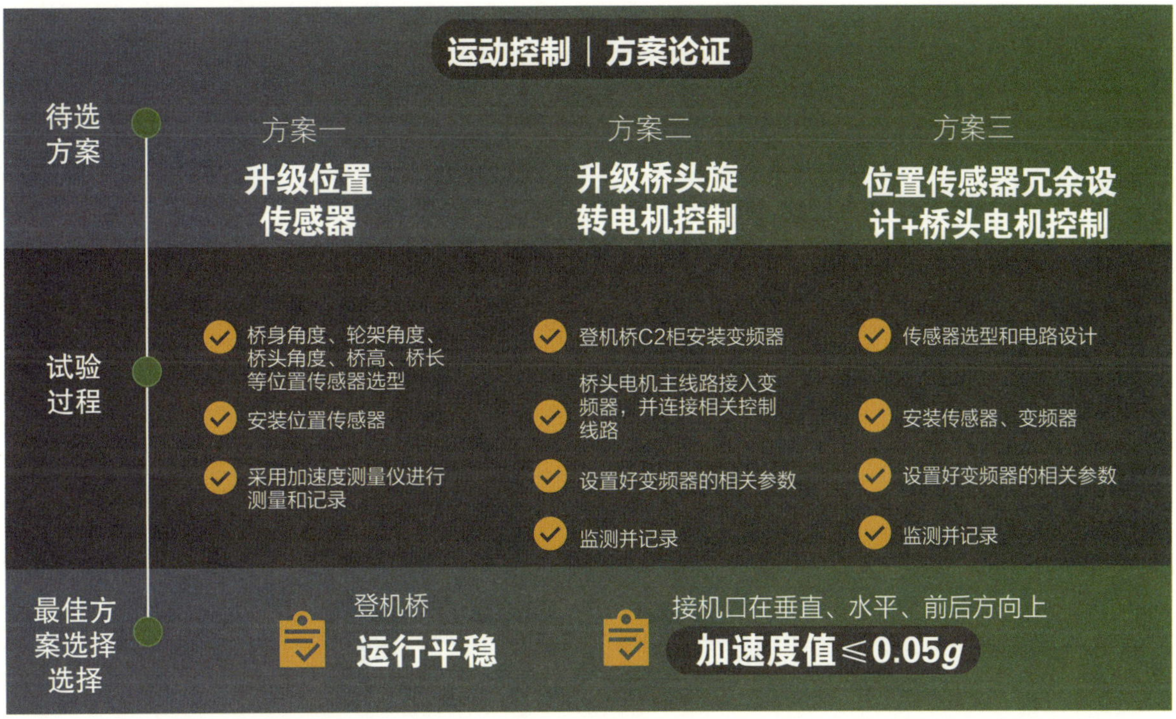

图源：2022CAPSE 创新奖决赛展演材料

升级位置传感器不能兼顾接机口旋转平稳，所以通过位置传感器在检测和控制上采取冗余设计、增加桥头电机精准平稳控制的方案最合适于登机桥的运动控制设计。

（2）舱门目标定位方案论证

单目系统不满足舱门的三个维度检测需求，而激光雷达工作时易受天气和大气影响，故拥有立体视觉测量方法的双目视觉系统是最佳方案。

（3）防撞保护方案论证

卫星定位系统防撞更多用于汽车，而登机桥防撞距离较小更适合采用软件算法 + 传感器监测防撞的方案。

2. 资源保障

为确保创新达成，在软硬件、培训、运行保障、经验学习等方面进行资源确保。

（1）硬件改造

为了达到安全高效的接机效果，我们从接机口水平测距改造、防撞系统、目视系统几方面入手。

① 接机口水平测距改造：在接机口下方加装两个红外激光测距与原有的超声波减速装置同时工作，相互比较数据并实时调整桥头角，在检测和控制上采用的冗余互判的方式，使得接机口与机身保持平行，增加了测量准确性。

② 防撞系统：登机桥在升降立柱旁加装了超声波减速装置和毫米波雷达，并且在接机口下方增设了雷达，在进入停止区域被触发的过程中，登机桥防撞系统动态规划软件防撞区域会实施主动防撞，使得登机桥立即停止运动。

③ 目视系统：全自动接机的关键在于舱门识别，目视系统能在运动中快速准确识别舱门，其立体视觉测量方法高效精准、系统稳定可靠。

（2）软件算法

软件算法主要是在目视系统中运用，从登机桥识别到舱门之后，通过目视系统的摄像机组等设备进行过程数据采集，基于机器视觉技术，分析并识别舱门轮廓，运用人工智能算法，有效过滤系统噪声，通过 AI 图像智能分析平台，精确测算登机桥与飞机的相对位置，并通过 PLC 进行运动控制，使登机桥快速平稳地靠近飞机。

（3）培训

全自动登机桥接退桥流程纳入员工培训，完成了 113 名登机桥操作人员和维修人员就全自动接机使用的培训，培训全员合格。

（4）运行保障

为有效保证全自动登机桥使用流程规范和运行品质，项目分别在 3—5 月完成航空模拟器测试，6—7 月完成真机空载测试，8—12 月进入真机试运行阶段，同时分阶段与民航川监局、各大航司及相关职能部门召开联合会议进行推进总结汇报。期间制定了《全自动登机桥接退桥流程》

《登机桥全自动接机模拟器测试报告》《智能登机桥试运行保障方案》《智能登机桥试运行安全管理要求》并发布。

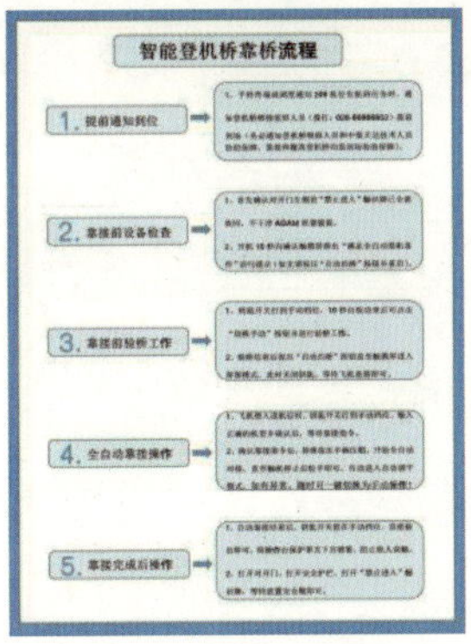

《全自动登机桥接退桥流程》

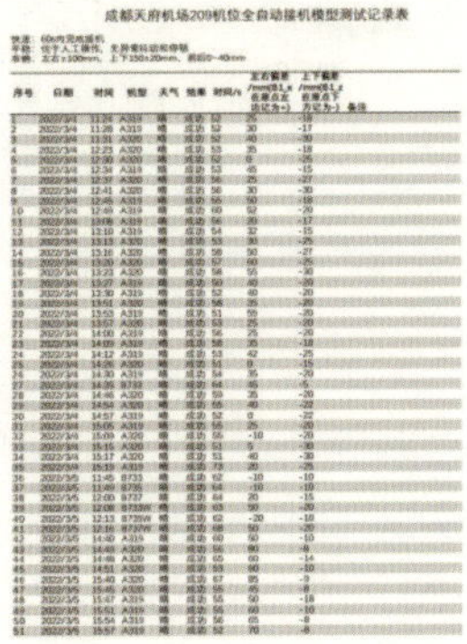
成都天府机场209机位全自动接机模型测试记录表

《登机桥全自动接机模拟器测试报告》

成都天府国际机场

全自动登机桥试运行保障方案

Supporting Instruction

(试行)

文件 编号：Q/CTIA-SI-JD-309

版本/修改：1.0

批 准：

2021-6-25 发布 2021-6-25 实施

成 都 天 府 国 际 机 场

Tianfu International Airport company

《智能登机桥试运行保障方案》

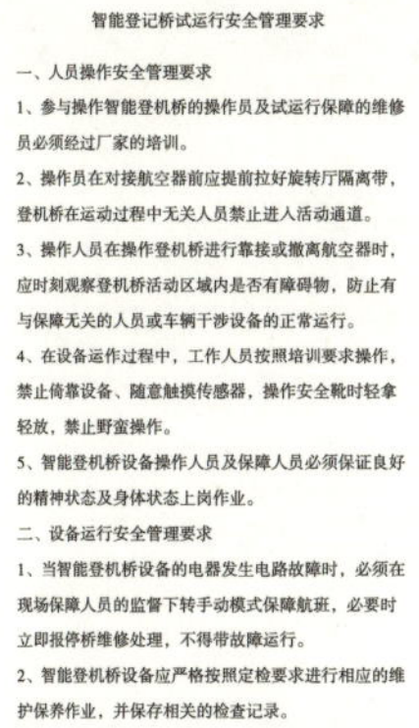
智能登记桥试运行安全管理要求

一、人员操作安全管理要求

1、参与操作智能登机桥的操作员及试运行保障的维修员必须经过厂家的培训。

2、操作员在对接航空器前应提前拉好旋转厅隔离带，登机桥在运动过程中无关人员禁止进入活动通道。

3、操作人员在操作登机桥进行靠接或撤离航空器时，应时刻观察登机桥活动区域内是否有障碍物，防止有与保障无关的人员或车辆干涉设备的正常运行。

4、在设备运作过程中，工作人员按照培训要求操作，禁止倚靠设备、随意触摸传感器，操作安全靴时轻拿轻放，禁止野蛮操作。

5、智能登机桥设备操作人员及保障人员必须保证良好的精神状态及身体状态上岗作业。

二、设备运行安全管理要求

1、当智能登机桥设备的电器发生电路故障时，必须在现场保障人员的监督下转手动模式保障航班，必要时立即报停桥维修处理，不得带故障运行。

2、智能登机桥设备应严格按照定检要求进行相应的维护保养作业，并保存相关的检查记录。

《智能登机桥试运行安全管理要求》

图源：2022CAPSE 创新奖决赛展演材料

（5）经验学习和机制建立

① 根据制定的《全自动登机桥使用说明书》，建立每月定期对登机桥进行功能检查的保养机制。

② 创新小组整理收集登机桥接机失败的问题汇总形成案例库，建立每月案例分析的学习机制。

3. 监测改进

（1）需求导向

创新小组通过向航司和旅客开展问卷调查的方法征询对全自动接机的意见和建议。

累计收到近 1500 份的问卷调查反馈，其中有 3.73% 份调查反馈对全自动接机的安全性持谨慎态度。在设备安全运行上，全自动登机桥采用了多种冗余传感器保护和多重软硬件防撞保护，来保证全自动接机的可靠性和安全性。同时也提出接机速度可以更快捷的意见，创新小组将持续在提高接机效率上不断努力。

（2）目标导向

2022 年 3 月创新小组制订了“209 全自动登机桥接机效率和准确率、可靠性的监控”计划，针对不同天气（晴天、雨天、阴天）、不同阶段（模拟测试，真机空载测试、航班试运行）来进行监测，按计划 3—12 月进行监测和统计。

（3）问题导向

小组成员根据机场航班计划，对全自动接机时间、全自动失效次数、接机的高度偏差、接机缝隙宽度和左右偏差统计。在每月召开的创新小组会议上对监控指标进行分析，归纳总结出 6 类问题并制订解决方案。

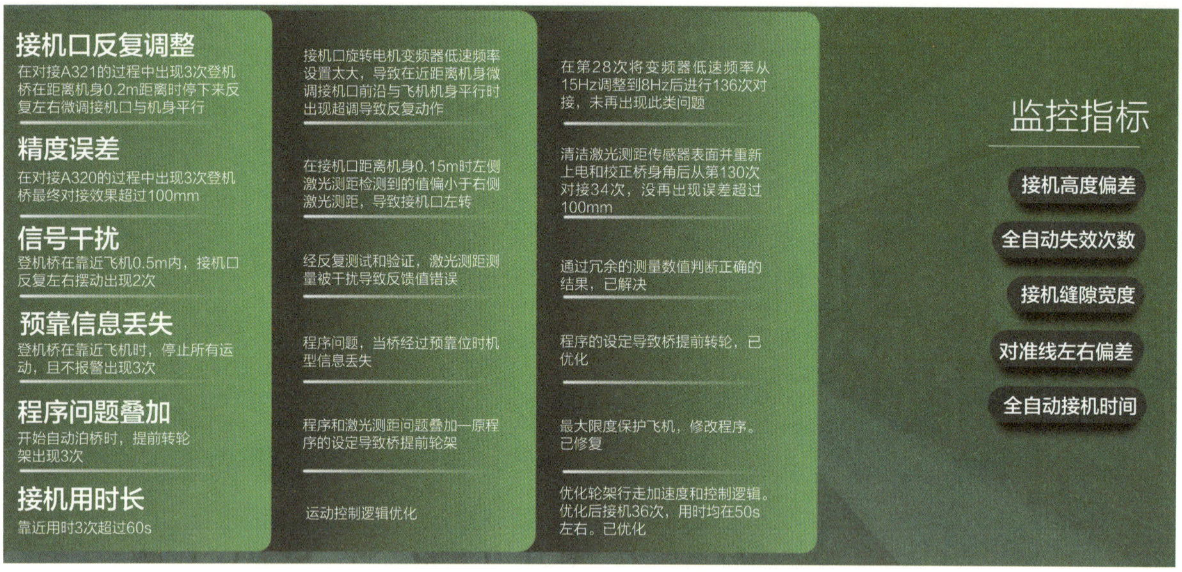

图源：2022CAPSE 创新奖决赛展演材料

通过监测改进，试运行阶段的接机效率较前两个阶段的 32.19% 提高至 36.12%，接机准确率由 98.83% 提高至 99.09%，全自动接机功能可靠性由 98.58% 提高至 99.43%，验证了登机桥全自动接机具备保障正常航班的能力。

（三）目标实现与展望

1. 目标性

在 3—12 月登机桥全自动接机的指标监控中，全自动接机靠接 6576 次。

（1）8—12 月全自动接机平均用时 51.72 秒，最终接机效率提高了 36.12%，超过 30% 的预期目标。

（2）8—12 月全自动接机准确率最终为 99.09%，超过 98% 的预期目标。

（3）8—12 月全自动接机可靠性最终为 99.43%，超过 99% 的预期目标。

2. 标准化

（1）制定了登机桥《全自动接机使用说明书》，并组织培训和实施。

（2）登机桥全自动技术相关标准已纳入《民用机场无人驾驶设备技术要求》和《民航机场无人驾驶设备检测规范》的征求意见稿，公开征求意见。于 2023 年 1 月 10 日由民航局行业主管部门和有关单位专家完成终审稿评审。

（3）将《全自动接机使用说明书》《全自动接机模拟器测试报告》《维护手册》《智能登机桥试运行保障方案》《智能登机桥试运行安全管理要求》等进行了存档。

二 案例综评

（一）综合点评

该创新案例围绕机场登机桥运行效率提升主题进行创新，创新团队聚焦登机桥接机的效率和准确率及接机安全性，通过研发登机桥接机口的舱门视觉定位系统，打破了需要工作人员手动操作的局限，实现了提升登机桥接机效率、准确率及可靠性的目标。本案例在创新目标设定、策划与实施、资源保障保障方面，体现了较好的成熟性。比如，在需求考量方面，团队对局方、旅客、航司及机场等各方需求进行了综合考量，设置了可量化的核心指标，并对指标的可行性进行了分析研究。在策划与落地实施时，通过不同方案多维度的对比，对最优方案的先进性进行了评价。该案例为民航实体实施创新过程中，注意逻辑严密性和分析严谨性提供了很好的示范。

（二）技术建议

创新团队在不同环节的细节方面还可以进一步加强。第一，对于创新目标方面缺少对旅客需求层面的设置及监测，这不利于创新需求的全面扫描。第二，从材料的呈现来看，该创新案例缺少产投比相关的数据，对创新成本与创新成果性价比、核心成果与成本均摊方面的考量呈现不足。

三 现场展演视频回放

微信扫码可观看

【四川省机场集团有限公司成都天府国际机场分公司】“成都天府国际机场登机桥全自动接机”展演视频

案例名称：【海口美兰国际机场有限责任公司】晚到管家

案例编号：IAP2022006

创新分类：产品创新

所属单位：海口美兰国际机场有限责任公司

项目负责人：邢颖钰

项目成员：董书红、黄兰芳、李越、王琳、钱海峰、陈淑香、刘韩彬

创新“坐标”

在“民航强国战略”中的位置

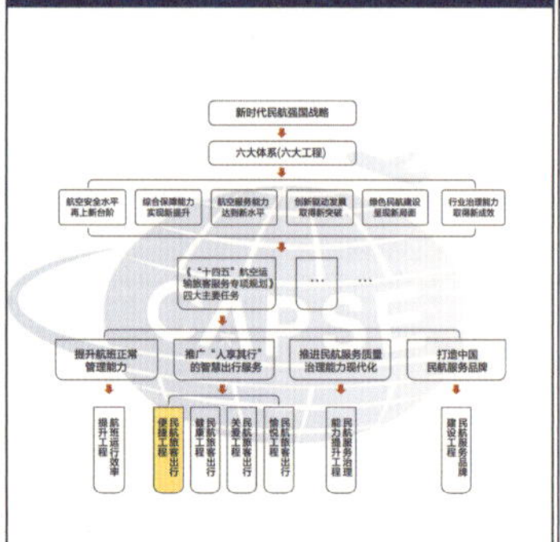

CAPSE 关于《“十四五”民用航空发展规划》解读图

在“服务管理体系”中的位置

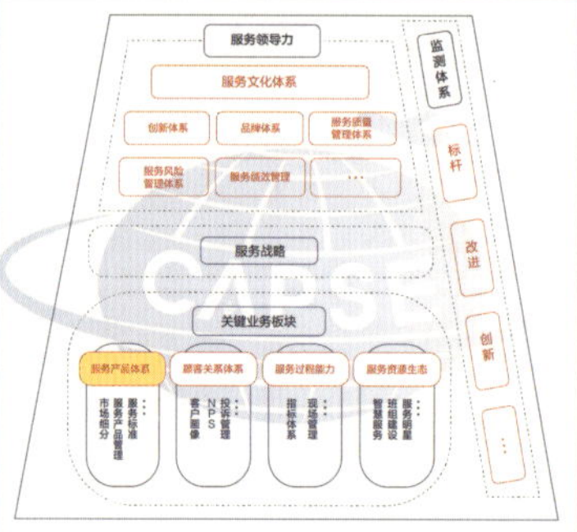

CAPSE 服务管理模型

在“旅客出行体验”中的位置

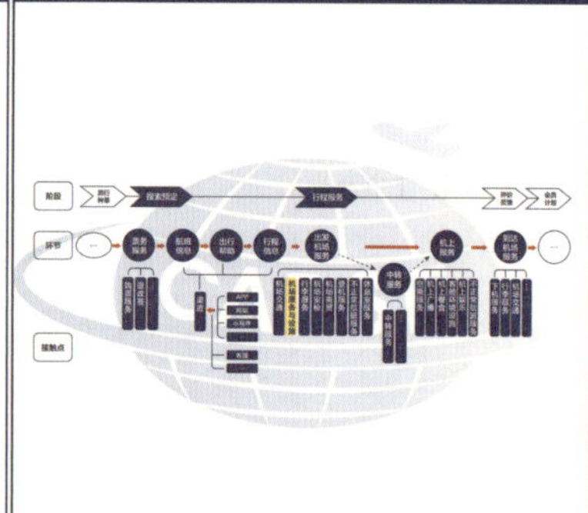

CAPSE 旅程地图

在“时间效率”中的位置

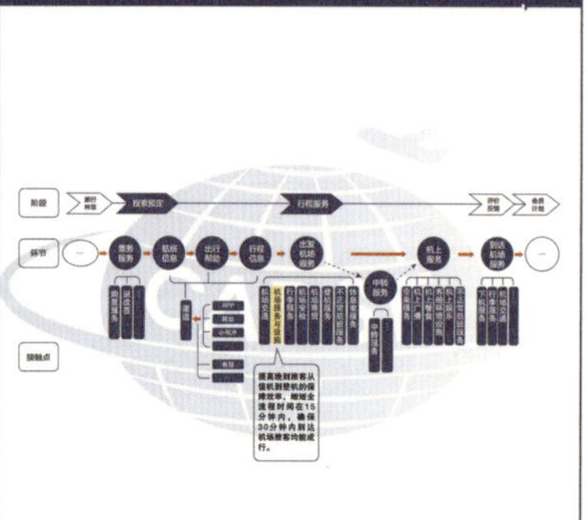

CAPSE 旅程地图

创新 KPI

指标名称	创新前	创新后	备注（行业现状）
旅客不了解航班截载时间，到达柜台时间紧张	旅客办理乘机手续后，自行寻找安检口过检登机	增设专岗在值机区域循环查找晚到旅客，协助快速办理乘机手续，并由专人引导、全程跟踪旅客登机情况	部分机场推出晚到旅客服务，但是无法做到全链条衔接保障
航班截载后，旅客无法办理乘机手续	每日约 30 名旅客因航班截载后晚到被航司拒载	积极沟通航司授权，每日约助力 30 余名晚到旅客顺利出行	各机场均设置航班截载时间，存在旅客时间意识不强无法顺利出行的情况
临时接到活体器官运输等急需保障的任务，但旅客无法提前到达机场	旅客办理乘机手续后，自行寻找安检口过检登机	特情晚到旅客自到达机场直至登机，均有服务人员全程陪同护送	部分机场无法实现特情晚到旅客的全程陪同护送服务

一　关键内容展示

（一）策划与设计

1. 需求识别

2022 年，海口美兰国际机场以民航服务规划实施年中的要点工作之一“优化晚到旅客服务”为出发点，鉴于晚到保障问题愈发凸显、保障流程亟需改进的背景，以旅客需求为中心，对晚到旅客群体进行细分，针对不同的特点，制定对应的保障流程，开发出“晚到管家”全链条式服务产品。

2. 成型过程

为充分挖掘晚到旅客服务难点和痛点，海口美兰机场通过 5W1H 分析法、旅客行为画像分析法、现场问卷调研等方法，全方位分析晚到旅客服务类型及特点，梳理出美兰机场晚到旅客出行三大群体及服务需求。

图源：2022CAPSE 创新奖决赛展演材料

3. 创新特点

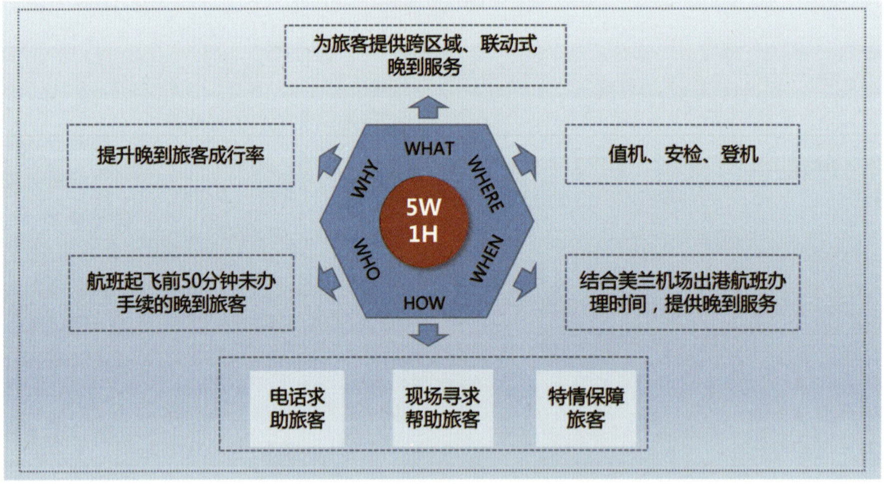

图源：2022CAPSE 创新奖决赛展演材料

4. 目标设定

材料未呈现。

（二）落地与实施

1. 流程设计

（1）电话“求助式”晚到旅客服务保障

美兰机场“服务一号通”（0898-966114）以“一个号码、一线通达、一次解决”为服务理念，通过线上功能完善及线下流程优化，逐步打通旅客出行全流程服务链条。提供“人未到、预办理”服务。

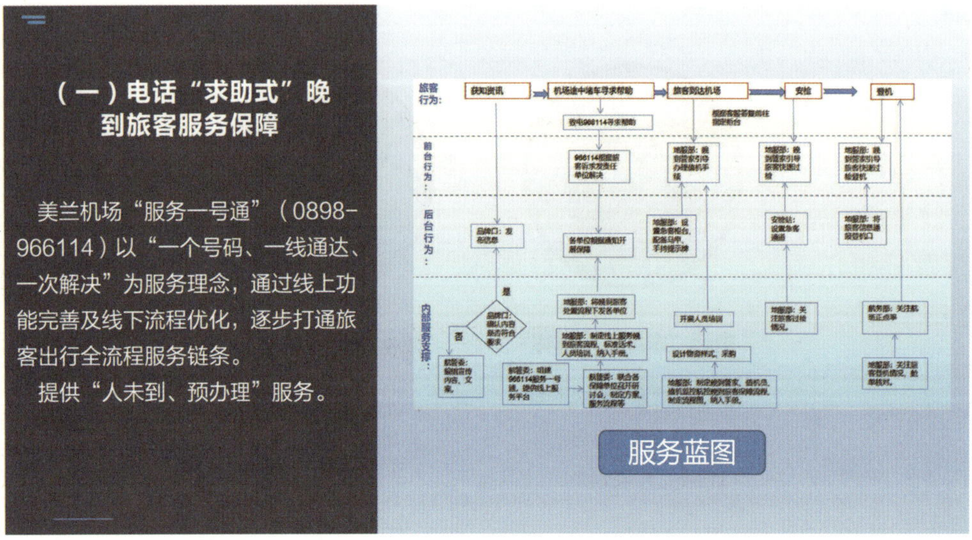

图源：2022CAPSE 创新奖决赛展演材料

（2）现场“急客”服务保障

① 增设专属服务岗。开通“晚到服务”，晚到管家着晚到马甲，在队伍中手持“航班起飞前50分钟的旅客，请跟我来”的引导提示牌，在值机区域提示即将截载的航班旅客，为旅客争取“黄金5分钟”；引领旅客前往“急客”专柜办理，值机员向航司报备接收后快速办理值机，登机牌上书写旅客联系方式，并拍照发送在保障交流群里提醒登机口、后台监控人员关注航班及旅客登机情况，同时晚到管家引领旅客快速过检并指引登机口方向，确保旅客顺利乘机。

② 双航站楼引导，提供跨区域服务。美兰机场T2航站楼正式启用后，为做好双楼运转下晚到旅客联动保障，联合驻地航司成立旅客服务先锋队并建立微信群，现场保障中遇到旅客走错航站楼，将旅客信息发送群内，值班经理提前告知值机柜台并打印登机牌，同时晚到管家引导旅客乘坐穿梭摆渡车，尽全力缩短旅客乘机等待时间。截至2023年3月已为4000余名走错航站楼晚到旅客顺利办理乘机手续。

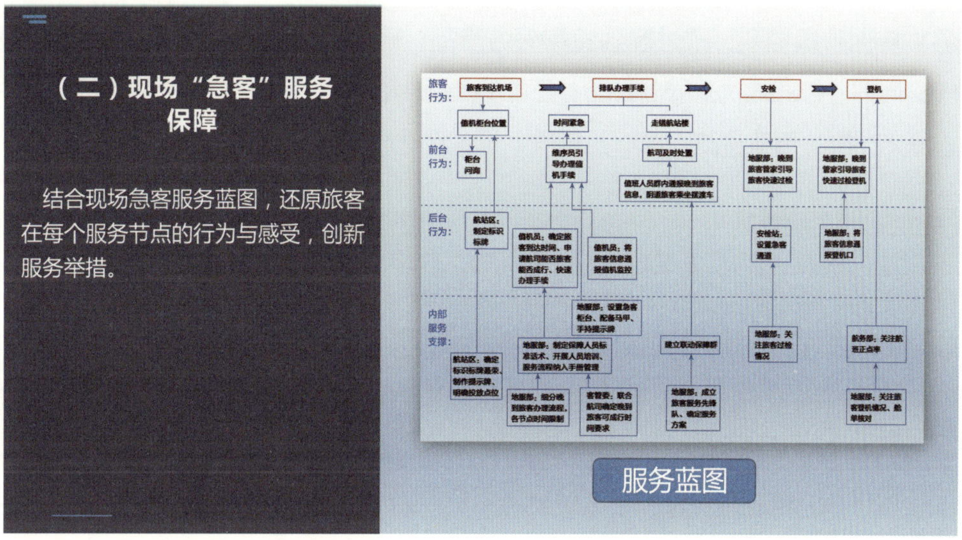

图源：2022CAPSE创新奖决赛展演材料

（3）优化特情晚到旅客服务保障

全程管家式服务，打通服务壁垒，建立联动保障。延伸服务环节，值班主管接到该类保障后，第一时间联系旅客了解乘机信息及到达机场时间，启动晚到管家保障机制；联系安检主管、登机口主管做好联动保障准备；值班经理柜台提前打印登机牌。晚到管家在候机楼外、值机柜台、安检口、登机口、舱门口五个节点全程引导晚到旅客快速登机。2022年累计保障该类晚到旅客96人次。

2. 资源保障

成立了项目小组，明确职责分工，开展现场旅客问卷调查、收集意见，并学习借鉴行业内服务数据，创新晚到旅客服务流程；对保障流程进行研讨，确保服务流程可实行、过程最优化、效益最大化。建立了规范的服务流程、服务标准及服务话术，并纳入手册固化执行；组织开展了人员培训及复训；将服务案例情景化，汇编常见服务情景成册，为内部学习提供标准化参考教材。

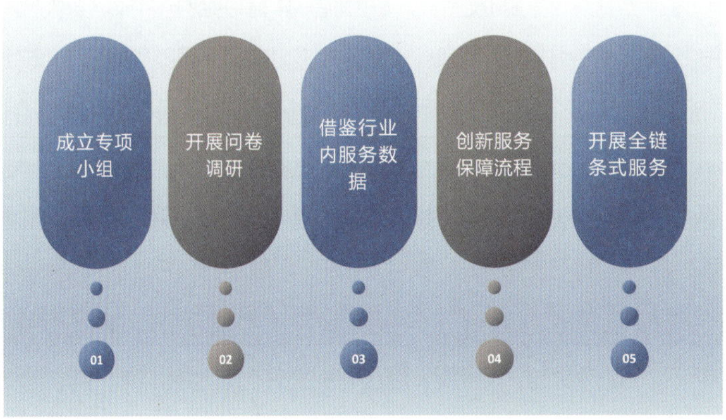

图源：2022CAPSE 创新奖决赛展演材料

3. 监测改进

在产品实施上积极监测、改进晚到管家服务产品，确保达成目标。召开了季度服务形势分析会，学习借鉴局方、行业内优秀服务经验，不断完善服务品牌；召开了服务投诉整顿提升会，还原事情经过，深入分析、落实整改、监察验证等，形成闭环管控。

（三）目标实现与展望

1. 目标性

自 2022 年开始，晚到管家服务产品实施后，得到了广大旅客的高度评价。晚到旅客从值机到登机的保障效率，缩短了 15 分钟，确保 30 分钟内到达机场旅客均能成行。2022 年，晚到旅客成行率提高至 85%；晚到旅客投诉率，从 2021 年的 4.7%，下降至 2022 年的 1.5%；晚到管家服务产品达成初设目标。自 2022 年晚到管家服务创新产品落地实施以来，共保障了 1.7 万余名晚到旅客顺利成行，且未发生有效投诉，实施效果显著。

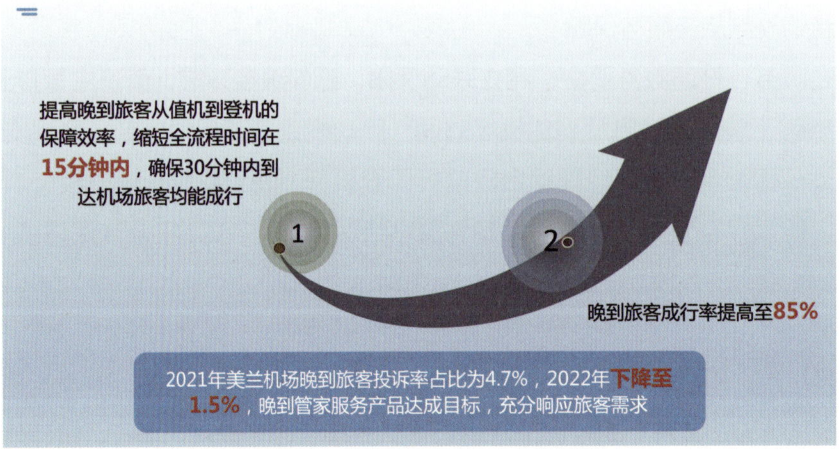

图源：2022CAPSE 创新奖决赛展演材料

2. 标准化

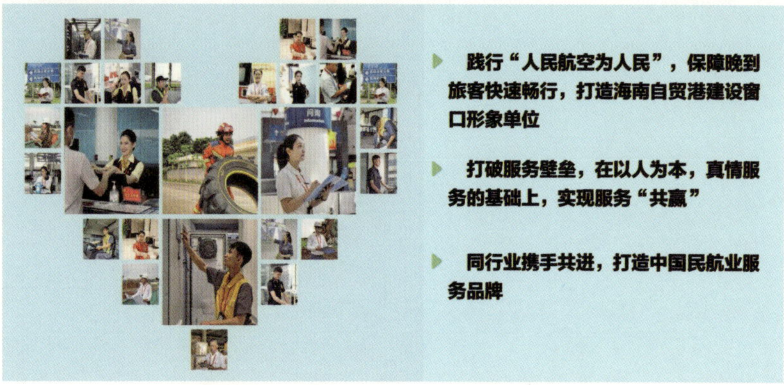

图源：2022CAPSE 创新奖决赛展演材料

二 案例综评

（一）综合点评

创新团队围绕晚到旅客服务保障进行了积极的探索和实践。创新团队在创新过程中注重顶层设计方法论的应用，如在晚到旅客服务策划过程中使用 5W1H 进行场景化设计，在流程设计中应用服务蓝图进行服务整合。在整体服务设计过程，采用“端到端”的模式进行全链条打通，在旅客分层基础上进行差异化的保障，通过“服务一号通”、晚到管家等服务设计，有效提升了响应效率和资源利用效率。该创新案例为民航实体单位进行标准服务外的应急响应服务设计，提供了较好的借鉴。

（二）技术建议

创新团队在服务响应设计方面还需要进一步加强。从目前的创新过程看，创新团队在对整体产品的流程设计过程中，缺少需求到标准、标准到监测的逻辑拉通，这不利于对服务整体过程预期进行监控和改进。另外，由于该服务属于应急响应类服务，该类服务的终极目标是减少直至消除服务启动的次数，在创新过程中，团队缺少对触发原因消除的改进驱动。

三 现场展演视频回放

	微信扫码可观看 【海口美兰国际机场有限责任公司】“晚到管家”展演视频

案例名称：【深圳航空有限责任公司】深航全机队舒适经济舱项目

案例编号：IAP2022007

创新分类：产品创新

所属单位：深圳航空有限责任公司

项目负责人：马波、卢和青、张剑

项目成员：王娜、董裴君、齐扬、许重阳、梁薇薇、陈增才、李聪超、王玉朋、林森、卢净石、胡琳、孙佳慧、孟巧菊

创新“坐标”

在“民航强国战略”中的位置

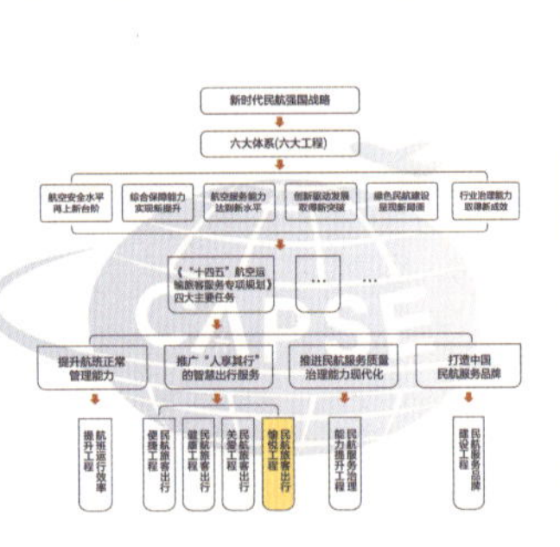

CAPSE 关于《“十四五”民用航空发展规划》解读图

在“服务管理体系”中的位置

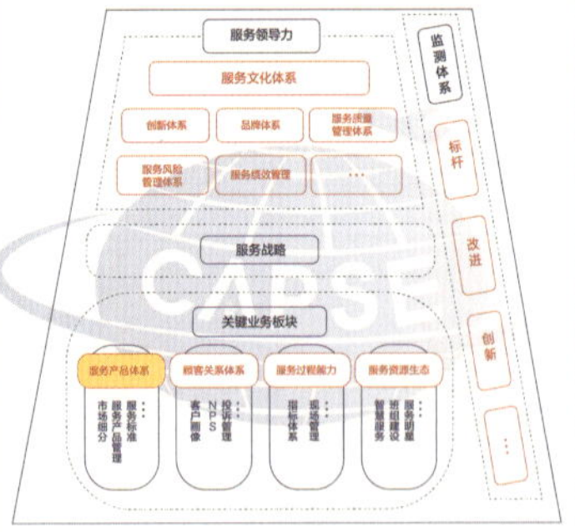

CAPSE 服务管理模型

在“旅客出行体验”中的位置

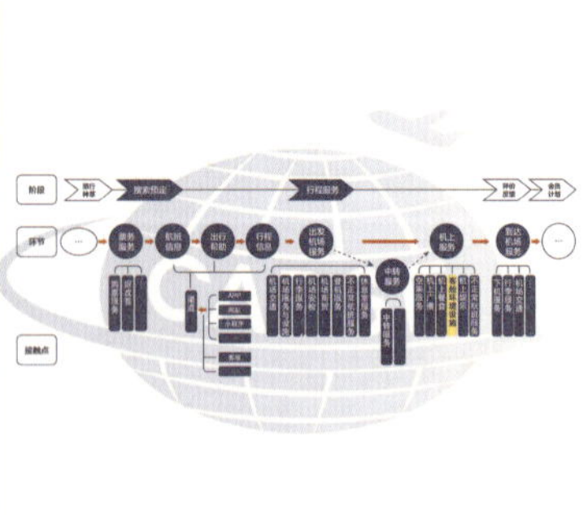

CAPSE 旅程地图

创新 KPI

指标名称	创新前	创新后	备注（行业现状）
旅客满意度	旅客满意度 73%	旅客满意度提升至 95%	无
旅客服务权益	与经济舱服务标准一致	丰富旅客服务权益，提供优先值机、优先登记、机上“五个一”特色专属服务、额外里程，同时可加享接送机服务、特色尊鹏阁服务等	行业以地面及机上服务为主，因机队覆盖不全，服务不统一。无额外里程奖励及加享的接送机、尊鹏阁服务等

续表

指标名称	创新前	创新后	备注（行业现状）
机队规模	机队覆盖率 28%	机队覆盖率 96%	—

一 关键内容展示

（一）策划与设计

1. 需求识别

（1）政策有引导。为积极落实民航局关于《“十四五”航空运输旅客服务专项规划》的相关要求，满足人民群众对全流程、个性化和高品质的航空运输服务需求，结合民航局关于开展“服务规划实施年”主题活动，深航全面开展全机队舒适经济舱服务产品建设，打造舒适、便捷、温暖、贴心的个性化出行体验。

（2）旅客有需求。当前，我国经济社会步入高质量发展阶段，消费结构升级的趋势变化明显，根据《深圳航空 2020—2021 年旅客出行全流程服务调研报告》显示，旅客抱怨问题主要集中在对客舱座椅舒适度、空中服务、地面出行便捷度、增值服务等方面，影响其出行整体体验，旅客对产品多样性、服务升级呼声较高。

（3）消费有痛点。单一的公务舱、经济舱舱位布局可能存在价格过高或服务相对单一等情况，无法完全满足旅客个性化出行需求，需根据客户需求建立区别于公务舱、经济舱的第三舱位产品。

2. 成型过程

深航利用疫情期间飞机停场率较高的时间窗口，克服经营压力，投入重要资源进行舒适经济舱全机队改造和服务升级。通过组织内部各相关单位成立专项课题组，按照“倾听客户声音、做调研→了解需求；制订推进计划，做评估→方案优化；产品权益、运行保障→资源协同；客舱布局调整→硬件升级；产品推广→服务提升”，运用产品设计思维及 MECE 分析法，抽丝剥茧找到核心诉求，全面优化舒适经济舱软硬件服务体系，重点提升旅客出行的便捷性及舒适性，实现舒适经济舱旅客运输量和服务品质的提升。

图源：2022CAPSE 创新奖决赛展演材料

3. 创新特点

产品覆盖规模：深航舒适经济舱是行业内唯一实现全机队覆盖，机队覆盖率 96%。

差异化服务：区别于行业高端经济舱仅座位宽敞无其他特殊服务的产品形式，深航舒适经济舱一方面通过加大座椅前后间距（平均间距提升近 50%），加装隔帘并更换座椅颜色，形成舒适经济舱独立于经济舱的空间；另一方面提供正价接送机、正价进休息室、优先值机、优先登机及机上“五个一”特色服务，为旅客提供额外增值服务。

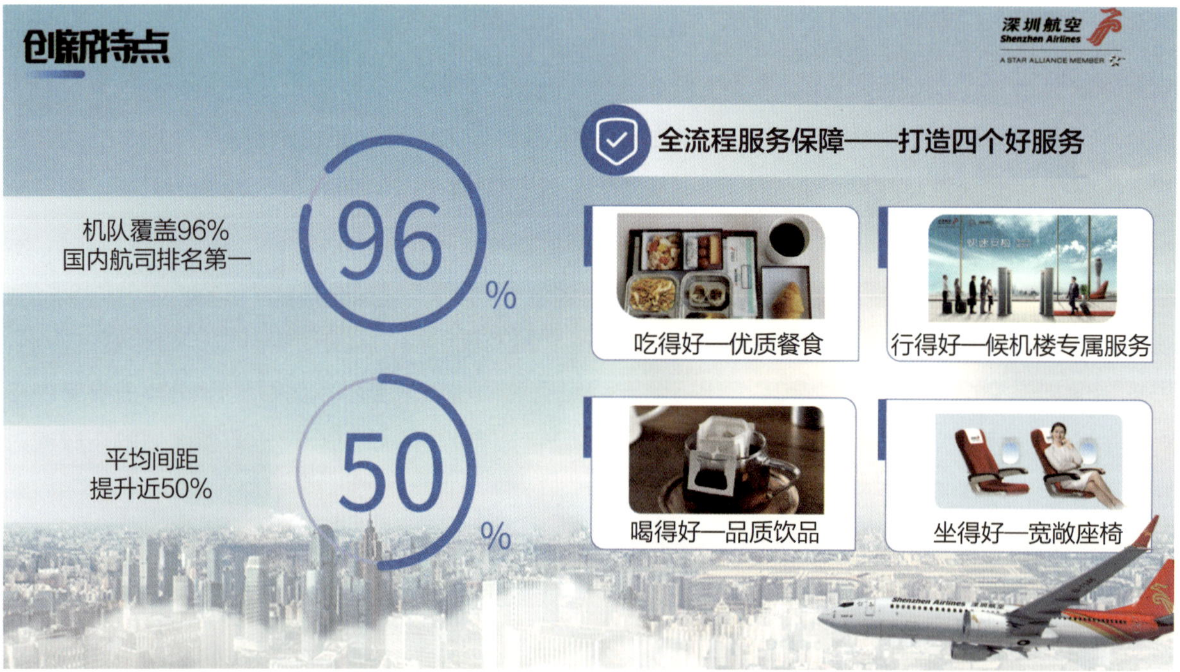

图源：2022CAPSE 创新奖决赛展演材料

4. 目标设定

以全机队改造为基础，以提升服务品质、增加产品权益为依托，实现舒适经济舱旅客运输量翻倍，实现客户舒适经济舱满意度提升至 93% 以上。

（二）落地与实施

1. 流程设计

根据全机队改造方向，主要围绕机队改造、服务提升及产品宣传推进措施落地。学习国际先进航司座椅舒适度经验，舒适经济舱座椅腿部空间平均加宽近 48%。通过客户调研，掌握客户倾向的服务及权益，不断丰富舒适经济舱服务内容。

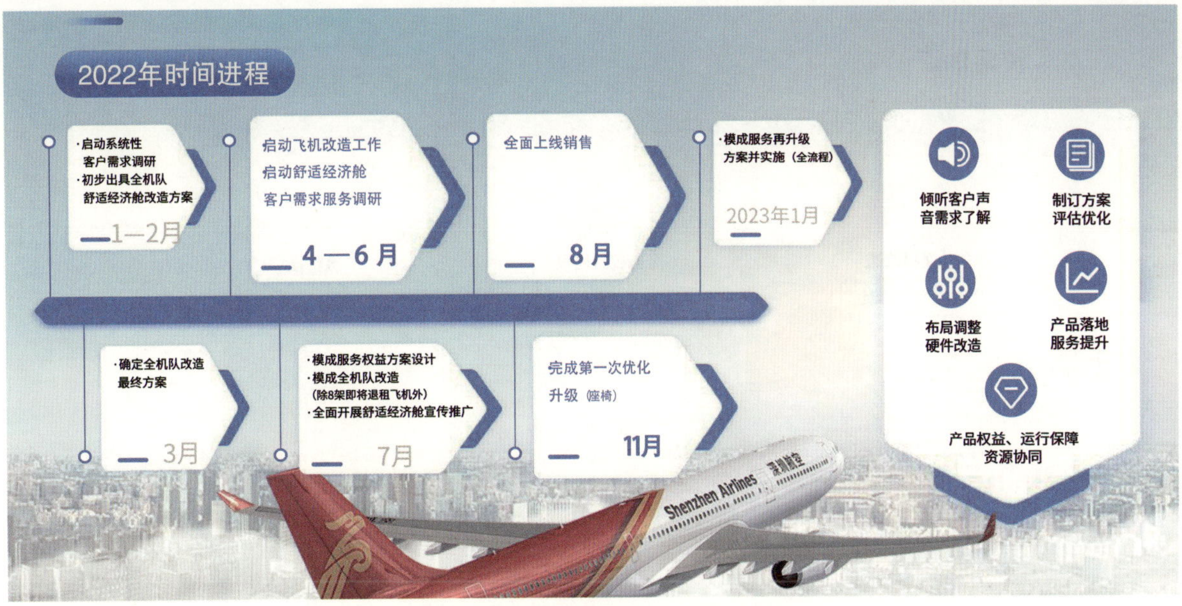

图源：2022CAPSE 创新奖决赛展演材料

2. 资源保障

（1）飞机改造

从开始时间、结束时间、人员资质、风险点等方案做好详细方案。首先是工程创新，自主设计，方案设计阶段共计提出 6 套方案，为了节省改装成本，改装项目团队设计 4 个方案对细节进行把控。其次是通过多方协同、异地试装、异地改造的形式加快推进项目进展，制定 SOP 等方式共享改装经验，综合考究各分公司基地改装能力，高效推进改装进程。为了抢占暑运的销售机会，在相关单位的大力配合下，缩短工期提前 1 个月完成了舒适经济舱项目的筹备工作。

（2）服务权益建设

① 地面服务：设立专属值机柜台、优先登机通道。

② 机上特色服务：提供“五个一”专属服务（专属行李架、专属静谧空间、专属瓶装水、专属拖鞋、专属头片）。优先餐食、优先下机等服务。

③ 提供额外增值服务：提供免收变更手续费、额外里程累计、专车接送、休息室等额外服务。

根据旅客出行全流程服务触点，重点打通销售、地面、客舱、配餐等环节服务链条，制定《深圳航空舒适经济舱产品服务标准手册》，确保舒适经济舱服务标准落地实施。

（3）宣传推广

采用立体化、矩阵式全方位传播策略，联动各大新闻媒体及内外宣传资源开展宣传推广活动。超过 17 家央级媒体、本地和行业媒体发布重点报道，包括新华网、《人民日报》客户端、《环球时报》、深圳特区报等，取得了较好的宣传推广效果。

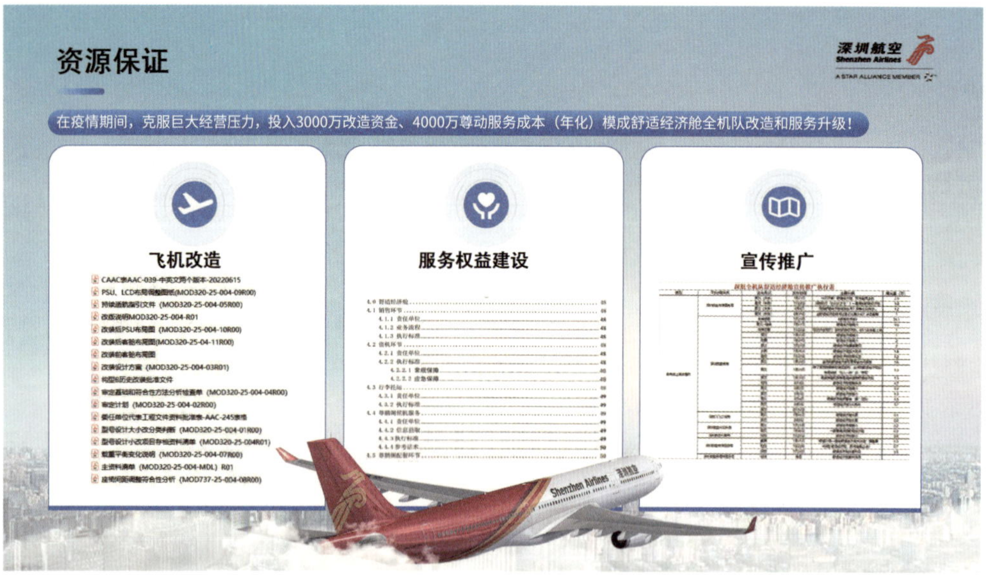

图源：2022CAPSE 创新奖决赛展演材料

3. 监测改进

（1）持续监控：建立每月舒适经济舱旅客满意度调研机制，搜集旅客反馈建议、倾听旅客声音。

（2）及时响应：定期监察、每周讲评、每月总结，重点对旅客满意度、旅客运输量、投诉率、“五个一”服务的执行情况进行监测，坚持“五个一”抓服务，“一把手”亲自盯，同时对舒适经济舱服务全流程开展现场监察，召开专项讲评会，注重服务过程和主动改进，确保治理成效，持续完善产品服务迭代优化。

图源：2022CAPSE 创新奖决赛展演材料

（三）目标实现与展望

1. 目标性

（1）标杆性：深航舒适经济舱全机队改造后，成为民航业内唯一全机队覆盖的航司（除即将退租的 8 架飞机外，机队覆盖率超 96%），引领行业经营新模式。

（2）运输量提升：2022 年通过全机队舒适经济舱旅客运输量相较于 2021 年同期旅客运输量大幅提升，并实现多样化、个性化，满足旅客出行需求。

（3）旅客满意度：自全机队舒适经济舱上线后，公司每月对购买舒适经济舱的客户开展客户知晓率及满意度调研，综合近 6 个月数据旅客满意度为 95%，收获部分旅客表扬。

图源：2022CAPSE 创新奖决赛展演材料

2. 标准化

研究完成《全机队舒适经济舱客舱布局改造方案》，确保全机队座椅改造高效率、高标准完成；制定并发布《深圳航空舒适经济舱服务标准手册》，确保舒适经济舱各项服务完整落地。同时，成立舒适经济舱运营专项工作组，上下联动快速响应，提升舒适经济舱的服务保障水平。通过建立全机队舒适经济舱改造项目档案库，工作效益得到提升，积累大量工作经验。

二 案例综评

（一）综合点评

创新团队围绕民航大分层产品线——高级别（档次）经济舱品类进行创新实践。创新团队从战略层面对该级别产品进行公司级统筹定位，团队在产品可研阶段与国家层面“人民对美好生活的需求”，民航局层面“满足人民群众对全流程、个性化和高品质的航空运输服务需求”，以及自身主运营市场感知到的旅客需求进行了顶端对接，通过需求拆解明确了“区别于公务舱、经济舱的第三舱位产品”的定位。在产品设计全过程中，与国际一流服务型航司一体化设计做法对标，始终使用“定位”对品类进行全流程触点设计，用需求系统性对硬件（如前后距离）、流程、服务标准（如权益）等要素进行匹配牵引，突破与传统客舱硬件牵引软性服务的做法。该创新案例为民航实体在以某类旅客需求为导向打造大品类实践中，落实对标世界一流要求，提供了一个较好的借鉴。

（二）技术建议

作为一个战略级产品，团队在产品全生命周期规划和管理方面尚有改进空间。从团队的监测体系来看，团队尚未围绕产品不同阶段进行监测和发展规划布局，比如，监测改进阶段应用更多的是满意度、运输量等指标，缺少成本、利润、品牌等相关目标在不同时期的策划，也缺少对产品从导入阶段到成熟、迭代阶段的整体规划。

三 现场展演视频回放

微信扫码可观看

【深圳航空有限责任公司】“深航全机队舒适经济舱项目”展演视频

案 例 名 称：【上海虹桥国际机场有限责任公司】AI 判图技术在安检中的应用

案 例 编 号： IAP2022008

创 新 分 类： 产品创新

所 属 单 位： 上海虹桥国际机场有限责任公司

项目负责人： 张涵

项 目 成 员： 邱伟斌、潘晨

创新"坐标"

在"民航强国战略"中的位置

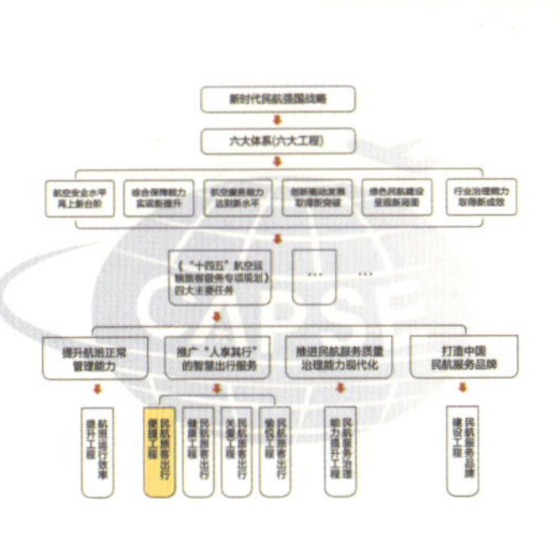

CAPSE 关于《"十四五"民用航空发展规划》解读图

在"服务管理体系"中的位置

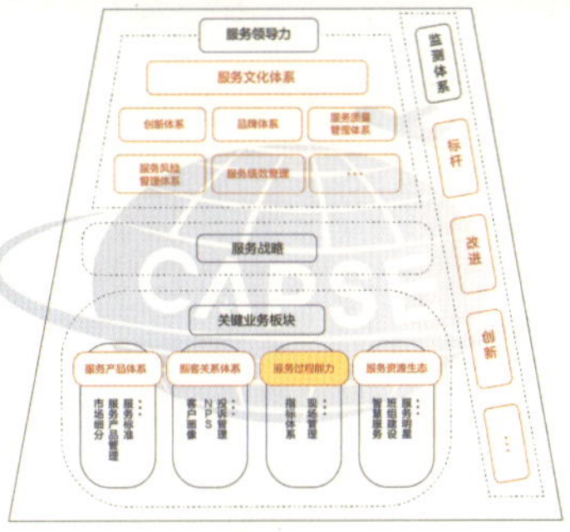

CAPSE 服务管理模型

在"旅客出行体验"中的位置

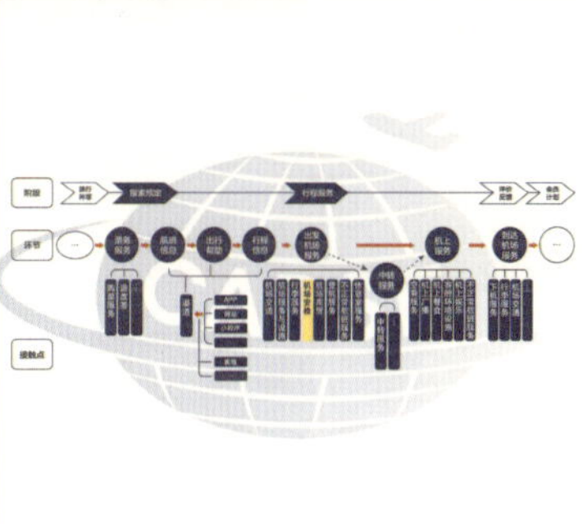

CAPSE 旅程地图

创新 KPI

指标名称	创新前	创新后	备注（行业现状）
AI 判图报警正确率	0	90%	无

一 关键内容展示

（一）策划与设计

1. 需求识别

目前机场旅客行李安检模式都是由安检员通过对旅客包裹 X 光机图像进行仔细审查，寻找包裹中隐藏的违禁品。这种搜检违禁品的方式受各类因素的影响往往并不稳定。例如，开机员身体状态不佳、安检区域的异常情况，都会导致开机员的注意力被分散，从而导致违禁品的漏检。

对于这种情况的预防方法，目前主要措施是复查。在安检各分队、各科、运管中心，都会尽可能地复查一线安检图像，这同时也增加了不少工作量。多重因素影响下，这种复查方式时效性较差，往往只能起到工作质量审核、事后发现问题的作用，而对复查中发现的可疑物品，很难实现追回处理，成为潜在的事故隐患，这也是安检工作不可回避的痛点。

图源：2022CAPSE 创新奖决赛展演材料

2. 成型过程

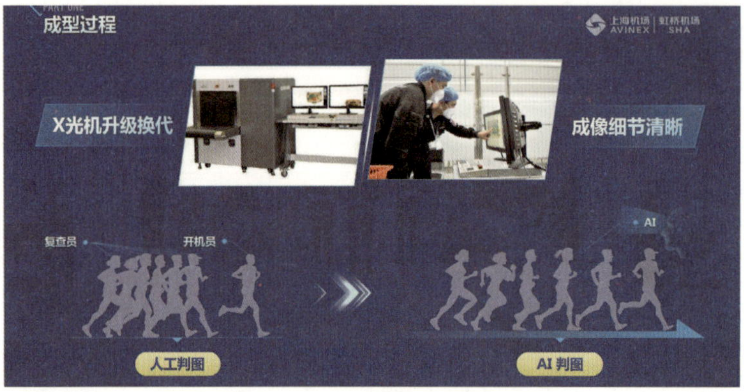

图源：2022CAPSE 创新奖决赛展演材料

3. 创新特点

“人工智能”走进虹桥机场，对 X 光图像进行自我识别和分析，虹桥机场成为全国首家 AI 智能判图系统。

4. 目标设定

在虹桥机场安检通道推广部署安检图像 AI 判图技术，并通过数据积累、系统持续迭代，提高违禁品识别的准确率及系统的稳定性。在当前无法完全替代人工判图的前提下，尽可能地降低人工判图的漏检率。

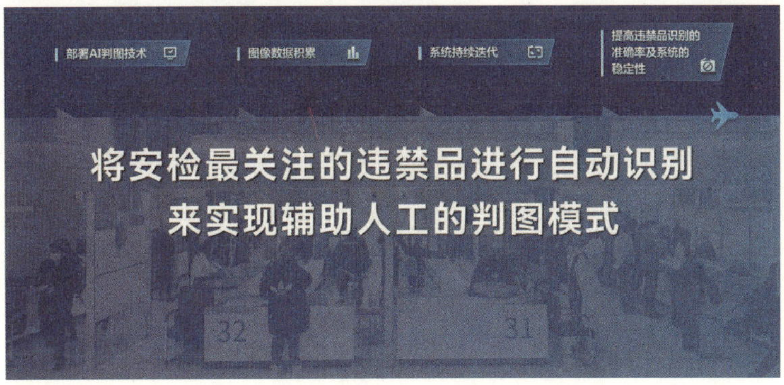

图源：2022CAPSE 创新奖决赛展演材料

（二）落地与实施

1. 流程设计

AI 判图技术的实现是建立在硬件设备之上的，硬件的性能越强，图像的计算解析能力越强，系统运行越稳定。这种计算平台大致有两种模式可供选择。一种是“单机版”，即每台安检机都配备一个计算平台，与安检机直连；另一种是“局域网版”，即配置高性能服务器为所有工作中的安检通道同时提供图像的计算解析服务，服务器与各安检通道的通信基于局域网。

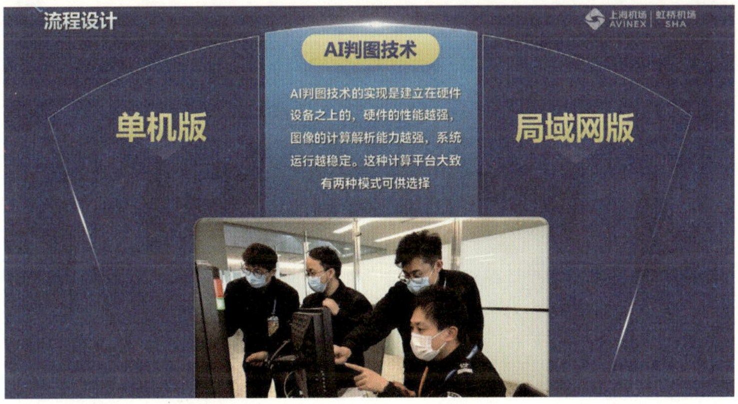

图源：2022CAPSE 创新奖决赛展演材料

2. 资源保障

虹桥机场具备部署局域网版 AI 判图技术的硬件基础。考虑到现有生产资源的稳定性及安全性，同时兼顾系统扩展的便捷性。项目组选择基于局域网架设系统，并单独架构网络与现有生产网络分隔，且仅在一台终端上试用系统功能。完成课题研究的同时确保安检生产的平稳运行。

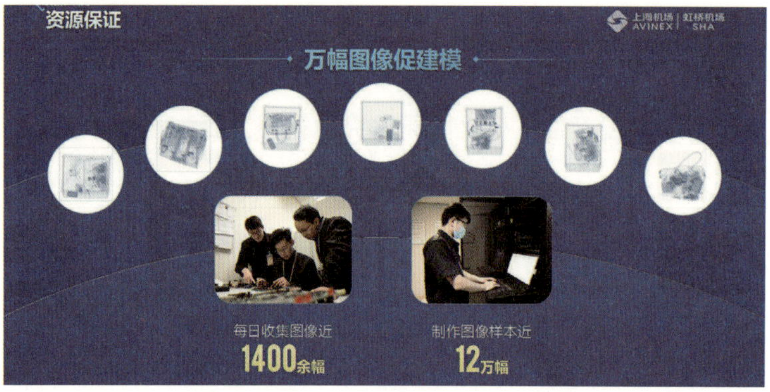

图源：2022CAPSE 创新奖决赛展演材料

3. 监测改进

AI 判图技术主要由算法服务器、安检机及其图像处理软件和远程监控工作站组成。三者均需接入安检现场现有的局域网，形成互联，且不访问局域网中的其他信息系统，仅形成自身之间的互访。其中算法服务器是功能实现的核心节点；各台接入本系统的安检机利用图像处理软件，对安检机产生的图像进行处理，生成图像识别所需的图像格式，并实施对算法服务器的访问、调用，最终实现对图像的自动识别；功能设计中远程监控工作站可以灵活选择对接某一通道的安检机，实现对该通道的开机员开检及图像识别报警情况的实时监控。

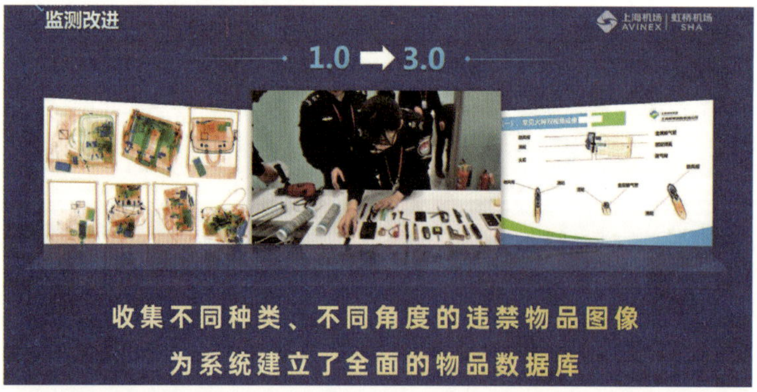

图源：2022CAPSE 创新奖决赛展演材料

图源：2022CAPSE 创新奖决赛展演材料

（三）目标实现与展望

1. 目标性

（1）经过多次软件功能迭代，AI 判图技术识别率和识别正确率在逐步上升。通过 AI 判图技术的应用，预期可以一定程度降低开机员工作压力和工作强度，缓解在岗高压状态；能够辅助、提示开机员的漏判情况，有助切实提高开机图像识别的安全边际。

（2）实时提醒。机场 AI 判图技术自投用以来，系统整体运行稳定，通过近一年半的研究探索，AI 判图技术已取得了预期效果，该功能在识别率和识别正确率方面已达到较高水平，判图迅速（单幅图像判图时间 < 200 毫秒），能够实时地对 X 光机的行李图像进行探测并画框报警。

（3）正确率高。通过多轮行李包裹迭代训练，AI 判图技术对重点违禁品探测均已达到比较理想的探测性能，尤其对刀刃 6 厘米以上刀具、枪支、充电宝和打火机的探测率和报警正确率均已经超过最初目标，达到 90% 以上的精确度，整体误判率能稳定控制在 3% 以内。运行过程中，系统交互界面具有良好的辅助作用，相关通道的图像复查漏检率有比较可观的下降，具备进一步推广应用的良好基础。

2. 标准化

材料未呈现。

3. 展望

AI 判图技术应用至今，已取得较好的实际效果。后续项目组将通过日常收集、融合和统计，进一步促进人机、人技的有效结合，为提升现场安全管控能力奠定坚实的基础，为实现安检智慧化运作提供强有力支持。同时通过不断累积不同种类、不同角度的违禁品图像，可形成安检行李图像大数据，进一步优化提升 AI 判图技术在违禁品分析、大数据分析等方面的实际效果。

为进一步提升 AI 判图技术的探测精度，虹桥机场安检将继续收集各类常见违禁品，并进行多角度的图像采集，不断对 AI 智能判图功能的迭代训练，使其达到更好的探测效果。鉴于 AI 判图技术良好的应用效能，计划将该功能推广至虹桥机场其他安检场所，以提升虹桥安检的整体安全裕度。

二 案例综评

（一）综合点评

该创新案例围绕民航旅客安检这一场景，通过将 AI 新技术引入到传统业务流程进行创新应用。创新团队将 AI 技术可应用潜力与各相关方需求进行结合，找出业务认知差距和目标设定差距，围绕旅客、机场等相关方需求进行了创新性满足。该案例为民航实体基于现有技术与感知质量差距结合进行再评估、再应用提供了较好的实践。

（二）技术建议

创新团队在创新需求管理和需求满足程度评估方面还有待改进。目前创新团队的创新逻辑以技术资源驱动为主线，而非需求驱动为主线，现有需求识别以零散的罗列为主，缺少结构化、可量化的评估，以及需求分发和技术路径应用的评估。另外，缺少对设定目标指标的常态监控机制，对于系统的可靠性、安全性、易用性等维度未进行相应性能类的关注，这都不利于创新需求的全面扫描和可达到创新高度的整体评估。

三 现场展演视频回放

	微信扫码可观看 【上海虹桥国际机场有限责任公司】“AI 判图技术在安检中的应用”展演视频

案例名称：【青岛国际机场集团有限公司】行李全程追踪系统的深度优化及配套硬件设施的自主研发创新

案例编号：IAP2022009

创新分类：产品创新

所属单位：青岛国际机场集团有限公司

项目负责人：王玉倩

项目成员：王伟、周学亮、徐淼、吴旭德、张强、杨庆贞、马冲

创新“坐标”

在“民航强国战略”中的位置

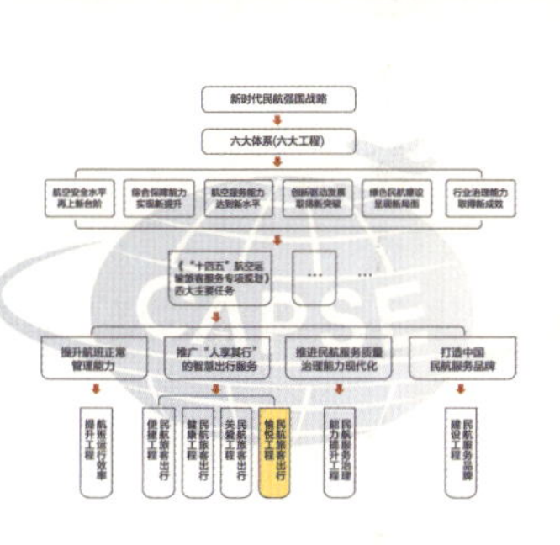

CAPSE 关于《“十四五”民用航空发展规划》解读图

在“服务管理体系”中的位置

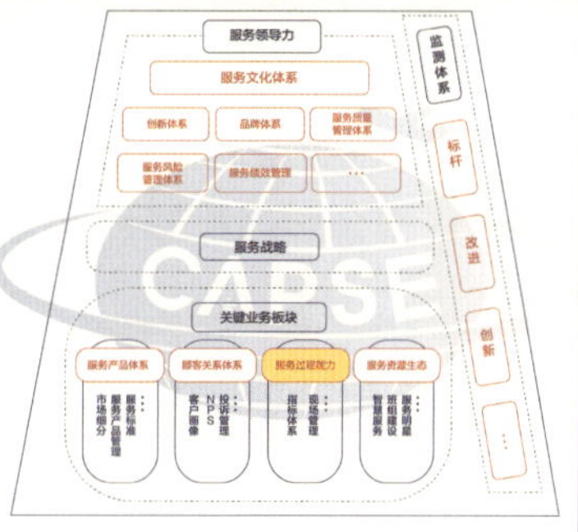

CAPSE 服务管理模型

在“旅客出行体验”中的位置

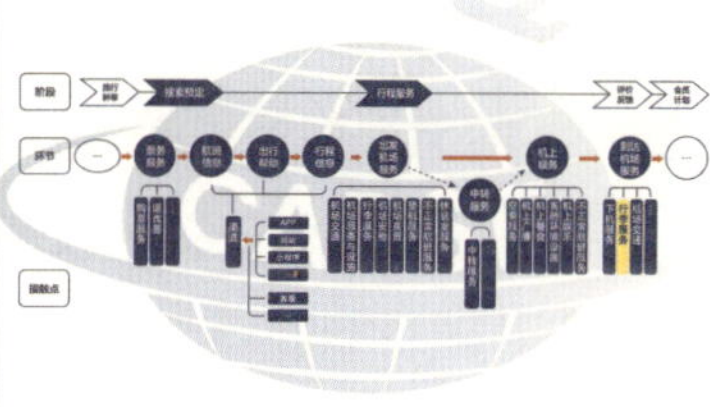

CAPSE 旅程地图

在“时间效率”中的位置

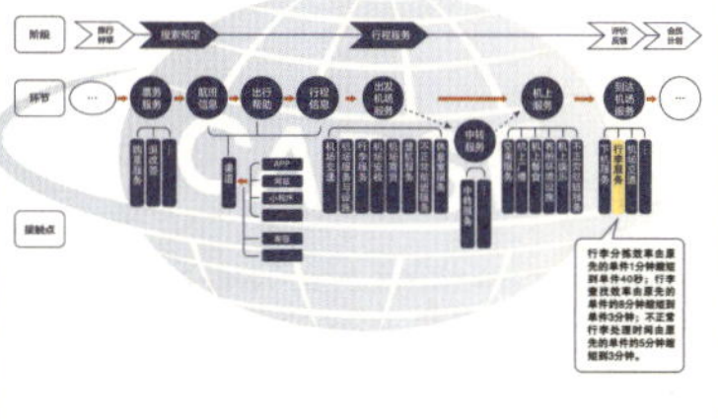

CAPSE 旅程地图

创新 KPI

指标名称	创新前	创新后	备注（行业现状）
航科院旅客满意度测评到港行李服务项目	2021 年第二季度同量级机场排名第七	2022 年第三季度、第四季度同量级机场排名第一	—
行李分拣效率	分拣单件行李约 1 分钟	分拣单件行李约 40 秒	暂无行业标准
行李查找效率	查找单件行李约 8 分钟	查找单件行李约 3 分钟	暂无行业标准
行李错误分拣率	错误分拣行李约 9 件 / 年	无错误分拣行李	见《CCAATB0007—2020 民用机场旅客服务质量》标准，行李差错率应不高于万分之五
行李查询不正常行李处理时间	约 5 分钟	约 3 分钟	见《CCAATB0007—2020 民用机场旅客服务质量》标准，确认不正常行李后 20 分钟内应办理完相关手续

一 关键内容展示

（一）策划与设计

1. 需求识别

为积极响应民航局“十四五”规划中对行李追踪系统推广应用战略规划要求，为旅客提供“快乐舒心”的出行服务，提高青岛机场行李分拣精度及处理效率，便捷员工操作，提升行李运输服务水平，青岛机场在转场胶东机场的筹备阶段及转场运营初期，调研 30 家机场及 5 家航空公司，发现基础功能的行李跟踪系统无法匹配行李服务提升的需求，需要进行系统的深度优化升级。

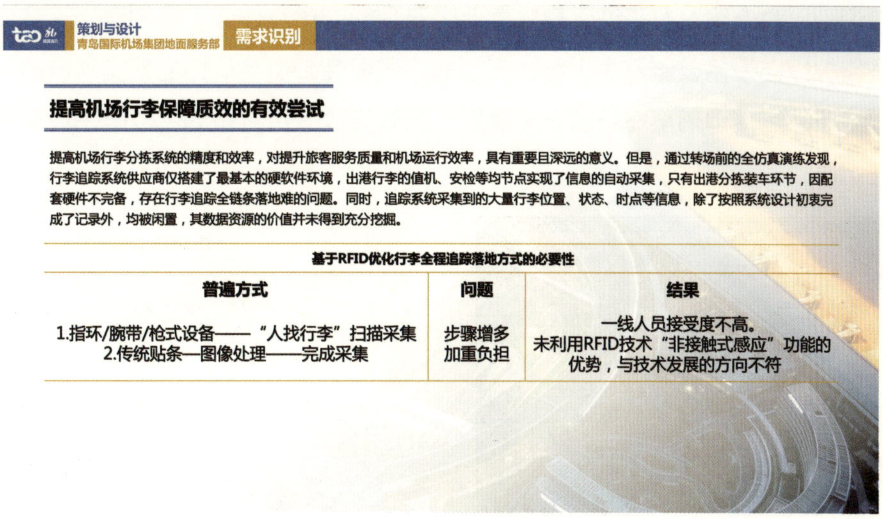

图源：2022CAPSE 创新奖决赛展演材料

2. 成型过程

青岛机场地面服务部部门长亲自挂帅的劳模创新工作室成立专项攻坚小组，运用 PDCA 动态循环的管理模式，并与技术单位进行百余次对接沟通后，创新研发了行李追踪系统的一系列升级功能并自主研发了终端扫描设备整流及固定器，是青岛机场“智慧”机场建设一大重要成果。

图源：2022CAPSE 创新奖决赛展演材料

3. 创新特点

（1）软件方面，为有效解决值机差错行李识别、精准快速查找旅客已托运行李、提高航班保障效率、提高旅客行李服务体验等问题，青岛机场行李追踪系统对原有的基础功能进行了创新升级。升级后的系统可实现值机差错行李报警纠错、出港托运行李“照片 + 声音定位”快速查找、自动扫描装车、自动扫描装机、微信小程序等其他多项功能。

（2）硬件方面，为打通自旅客交运行李到装机的全流程追踪，在行李从滑槽 / 转盘分拣到行李托盘车 / 集装器，最后到进入货舱的最后“一公里”环节，需要保障人员手动使用终端扫描设备对行李进行扫描识别，对保障人员来说，意味着保障流程的变化及作业工序的增加。青岛机场地面服务部自主研发终端扫描设备整流及固定器，无须分拣员或装卸员手动扫描就实现自动装车和装机记录，同时可杜绝手持终端遗落至飞机的安全隐患，高效完成分拣并自动生成电子行李清单，有效延长手持终端使用寿命。

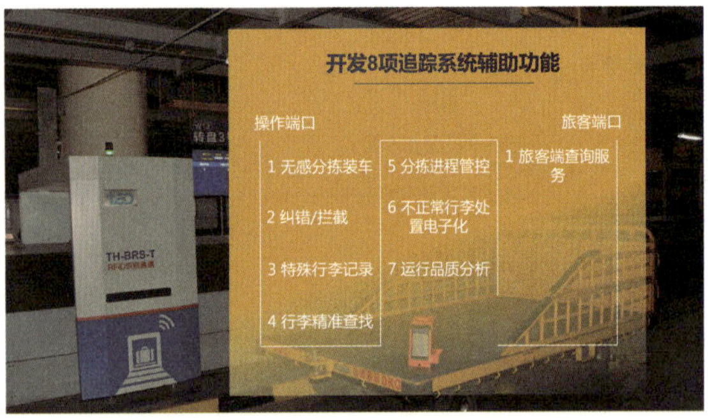

图源：2022CAPSE 创新奖决赛展演材料

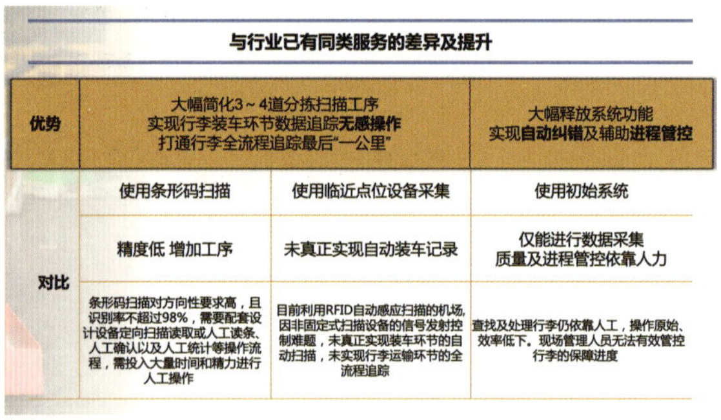

与行业已有同类服务的差异及提升

优势	大幅简化3～4道分拣扫描工序 实现行李装车环节数据追踪**无感操作** 打通行李全流程追踪最后"一公里"		大幅释放系统功能 实现**自动纠错**及辅助**进程管控**
对比	使用条形码扫描	使用临近点位设备采集	使用初始系统
	精度低 增加工序	未真正实现自动装车记录	仅能进行数据采集 质量及进程管控依靠人力
	条形码扫描对方向性要求高，且识别率不超过98%，需要配套设计设备定向扫描读取或人工读条、人工确认以及人工统计等操作流程，需投入大量时间和精力进行人工操作	目前利用RFID自动感应扫描的机场，因非固定式扫描设备的信号发射控制难题，未真正实现装车环节的自动扫描，未实现行李运输环节的全流程追踪	查找及处理行李仍依靠人工，操作原始、效率低下。现场管理人员无法有效管控行李的保障进度

图源：2022CAPSE 创新奖决赛展演材料

4. 目标设定

提高行李分拣精准度、分拣和装机工作效率，实现出港行李快速查找，提高旅客服务体验，安全、高效实现胶东机场行李追踪系统建设成果落地应用和成果有效转化。

图源：2022CAPSE 创新奖决赛展演材料

（二）落地与实施

1. 流程设计

项目团队在深入调研深圳机场等多地机场后，对其他机场在用的行李全程追踪系统和"人员手动扫描"追踪模式的隐患问题运用 5W1H、服务蓝图等工具进行了识别分析并制定实施表，决定从深度挖掘利用“RFID”技术的“非接触式”感应功能上下功夫，通过自主创新设计定制化的终端扫描设备整流及固定器，实现了出港行李分拣装车的“无感操作”，同时积极对接硬件及系统研发厂家，对追踪系统进行了深度优化，在终端扫描设备上集成了“照片 + 声音定位”快速翻找、“错分行李声光报警”等多项辅助功能。

（1）深入保障现场，广泛调研需求。项目团队对分拣保障人员的现场操作动作进行了研究讨论。经调研发现，分拣保障人员在扫描的操作过程中，需要从滑槽或转盘上搬拿行李，然后再手持终端扫描设备完成对每一件行李的扫描后，再进行行李装车或装入集装箱。上述行李分拣动作在手持着终端扫描设备的前提下难以进行单手操作，分拣员只能进行动作分解，完成扫描后、放下终端扫描设备、搬运行李，再重复上述动作进行下一件行李保障，造成效率下降，并且大大增加了设备摔损及遗落等安全问题发生的概率，同时，流亭机场保障时存在的错分、迟交等隐患问题，在转场胶东后虽然使用了行李追踪系统，但因系统缺少对现场操作人员的辅助支持，上述隐患问题仍只能靠规范人的操作去降低发生概率。

（2）提出设计要求，形成初步构想。攻坚小组完成保障需求汇总分析后，决定从设备及软件优化上为现场保障人员提供更安全的作业环境，从根本上提升保障效率、降低安全隐患及业务差错发生概率。小组经与研发厂商对接，提出利用手持终端扫描设备的 RFID“非接触式”感应功能进行装车环节扫描、设计托盘车及集装箱用的两款手持终端扫描设备整流及固定器的构想，其他机场在装车环节大多是采取读取条形码的原始形式，利用 RFID 技术的目前尚属全国首家。

利用 RFID 技术，可通过将手持终端扫描设备放置在固定装置内，同时在对设备扫描射线进行整流屏蔽基础上，达到“非接触式”精准扫描的需求。另外，攻坚小组同时提出，要求在手持终端扫描设备增加对行李“照片 + 声音定位”以便对行李进行快速翻找、“错分行李声光报警”避免行李错分等辅助功能。

（3）完成软件升级，降低差错隐患。经专班小组与研发厂商对接后，主要对手持终端扫描设备搭载的追踪系统进行了如下几项重要优化：一是加快行李查找速度。分拣保障人员可通过手持终端扫描设备调取某件行李的照片，较原始的通过行李号码辨别行李大大提高了待查找行李的识别效率；在分拣保障人员翻找待查找行李过程中，手持终端扫描设备会发出蜂鸣提示音，越接近待查找行李，蜂鸣提示音越响，以便提醒保障人员与待查找行李间的距离。二是增加错分行李提醒功能。当分拣保障人员对装车行李进行扫描时，设备会辨别是否为该航班行李，并触发不同颜色的报警灯，保障人员通过颜色示警即可快速判断行李是否错分。

2. 资源保障

（1）成立专业团队，配备专职专责人员。为全力支持行李全程追踪系统深度优化升级，青岛机场地服部劳模创新工作室成立专项攻坚小组，与研发厂商技术人员形成有效的沟通对接，一次次地与技术人员交流，一遍遍地进行现场调研，逐步了解和掌握了行李追踪系统的硬件设备原理与系统逻辑，根据保障需求向技术人员提出合理有效的设计构想。

（2）提供外出培训、学习交流机会。为开拓视野，激发创新思路，攻坚小组前往深圳、郑州等机场实地考察，与同行交流学习，仔细推敲每一个保障难点，精心打磨每一个保障环节，寻找在创新过程中困难瓶颈的突破口。

（3）建立流程化、标准化的作业指导书。为确保员工严格执行要求，规范员工岗位操作，稳定运行机制，加快建设成果实施落地和有效转化，攻坚小组建立了一套完整的岗位操作规程并建立长效良性循环培训机制，有效指导和规范员工岗位操作，实现业务流程精细化、标准化管理。

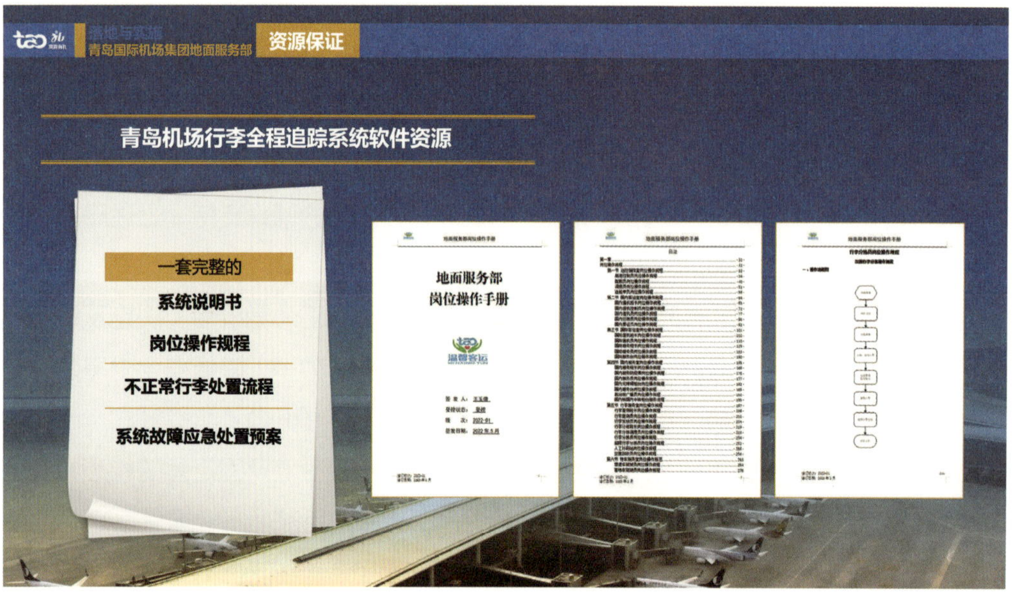

图源：2022CAPSE 创新奖决赛展演材料

3. 监测改进

多次模拟测试，突破技术难题。专班小组与研发厂商在试验中发现，将终端扫描设备固定放置进行“非接触式”扫描，因终端扫描设备扫描灵敏度高，存在对周边区域内的所有行李进行“无差别”扫描的误识别问题。为找准、找对终端扫描设备的扫描范围、扫描方向、扫描距离，专班小组与研发厂商多次进行现场模拟测试，先后出具 15 份《行李追踪 RFID 移动终端集装器测试报告》，最终对射线范围、设备高度、把手、可伸缩支架等设计细节进行了确认，确保设计构想契合保障需求。转场以来，地面服务部行李保障科室仍在持续通过的保障实践，监测和验证终端扫描设备整流固定器的有效性和系统软件的适用性，不断根据现场操作人员的反馈，调整和优化软硬件。

（三）目标实现与展望

1. 目标性

创新升级后的行李全程追踪系统全面投产使用后，青岛机场行李分拣效率提升 33.3%，行李查找效率提升 62.5%，实现行李零错分，行李服务项目的航科院旅客满意度达到行业最高分水平，高效实现胶东机场行李追踪系统建设成果落地应用和成果有效转化。

图源：2022CAPSE 创新奖决赛展演材料

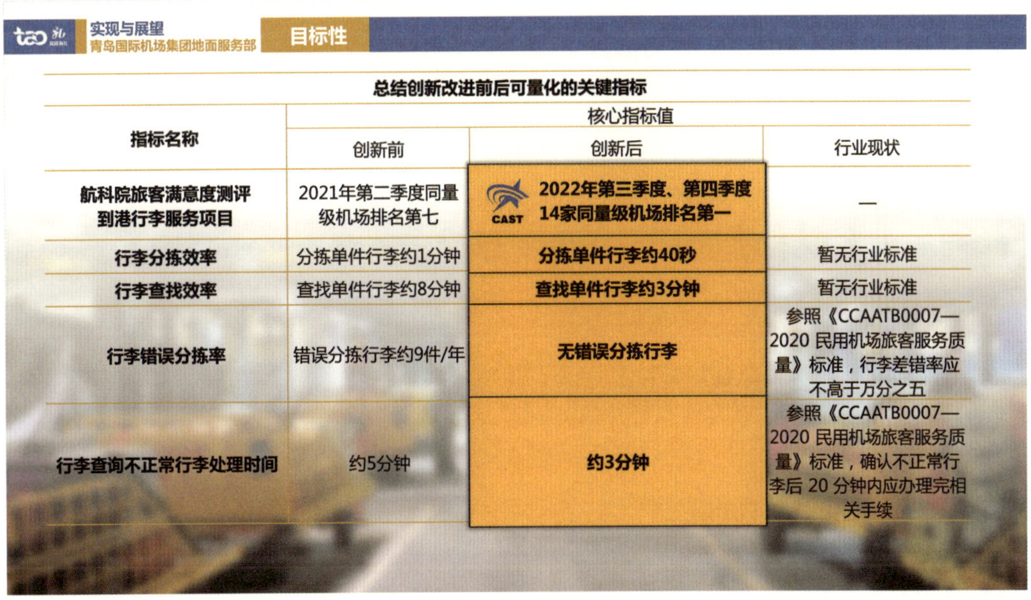

总结创新改进前后可量化的关键指标

指标名称	核心指标值		
	创新前	创新后	行业现状
航科院旅客满意度测评到港行李服务项目	2021年第二季度同量级机场排名第七	CAST 2022年第三季度、第四季度14家同量级机场排名第一	—
行李分拣效率	分拣单件行李约1分钟	分拣单件行李约40秒	暂无行业标准
行李查找效率	查找单件行李约8分钟	查找单件行李约3分钟	暂无行业标准
行李错误分拣率	错误分拣行李约9件/年	无错误分拣行李	参照《CCAATB0007—2020 民用机场旅客服务质量》标准，行李差错率应不高于万分之五
行李查询不正常行李处理时间	约5分钟	约3分钟	参照《CCAATB0007—2020 民用机场旅客服务质量》标准，确认不正常行李后 20 分钟内应办理完相关手续

图源：2022CAPSE 创新奖决赛展演材料

2. 标准化

（1）建立通用标准，该项创新在民航及其他行业内具有一定的通用性。目前，青岛机场正在推进创新项目专利申请，已与相关机构进行了深度对接。

（2）服务更多机场，未来，青岛机场作为先试先行的范本，希望在同行的共同努力下，进一步推广和深化 RFID 技术的深度应用，让智慧机场建设的成果串点成网，促使全国各机场行李服务水平再上新台阶。

（3）激发一线力量，同时，青岛机场通过多年的实践，也发现基层创新是一股不可小觑的力量，希望能够在一线岗位间形成带头效应，让更多的员工投身到推动民航发展的浪潮中来。

3. 展望

青岛机场在整个行业和局方力推 RFID 全流程追踪系统的趋势下，在转场胶东的特殊时期开展行李追踪系统的硬件和软件建设工作，不仅顺应形势和潮流，更将利用新行李追踪系统，携手各代理航司、通航机场和基地航司，统一服务标准，为共同提升民航行李运输服务质量努力前行！

二 案例综评

（一）综合点评

该创新案例围绕民航旅客行李运输这一场景进行了创新，首先，创新团队聚焦 RFID 技术“非接触式”感应功能，通过自主研发设计辅助设备和功能，实现了旅客行李提取更快、更准、更便捷。其次，创新团队在目标设定比较清晰、务实，以提高行李分拣、查找效率，降低错分拣率为主要结果导向指标，并在结果部分对有效性进行了一致性关注，确保了管理创新的实效。这为民航数字化、智慧化建设提供了较好的实践案例。

（二）技术建议

创新团队在对创新的监测和持续改进方面的管理还有待提升。该创新案例聚焦行李运输系统创新，在监测过程中，缺少对设定目标指标的常态监控机制；另外，对于系统的可靠性、安全性、易用性等维度未进行相应性能类的关注，这都不利于该创新的持续改进提升。

三 现场展演视频回放

微信扫码可观看

【青岛国际机场集团有限公司】“行李全程追踪系统的深度优化及配套硬件设施的自主研发创新”展演视频

案例名称：【深圳市机场股份有限公司】行李牵引车轴承黄油加注器

案例编号： IAP2022010

创新分类： 产品创新

所属单位： 深圳市机场股份有限公司

项目负责人： 吴兆双

项目成员： 韩剑华、黄延、谢建华

创新“坐标”

在“民航强国战略”中的位置

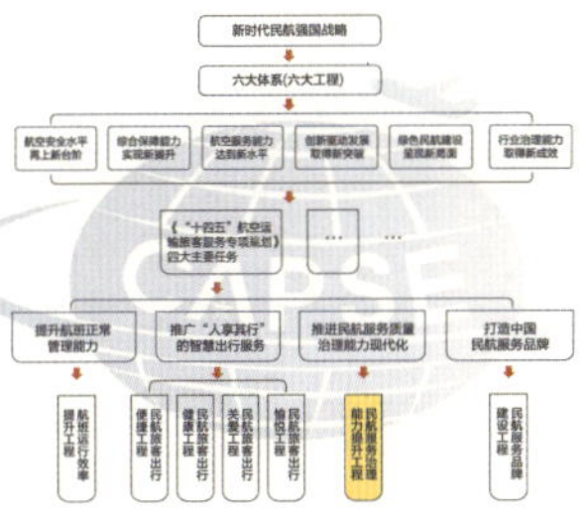

CAPSE 关于《“十四五”民用航空发展规划》解读图

在“服务管理体系”中的位置

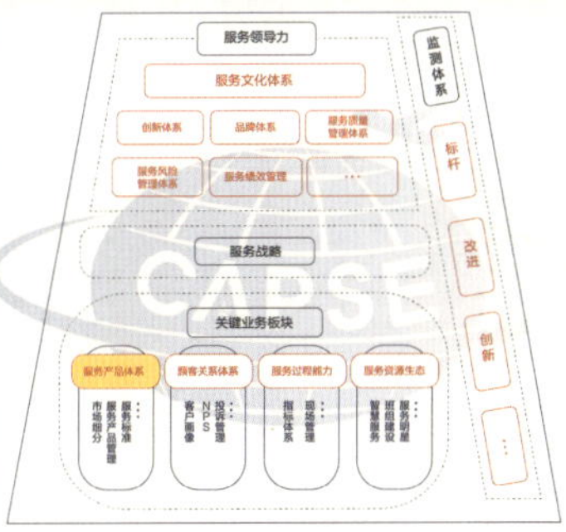

CAPSE 服务管理模型

在“旅客出行体验”中的位置

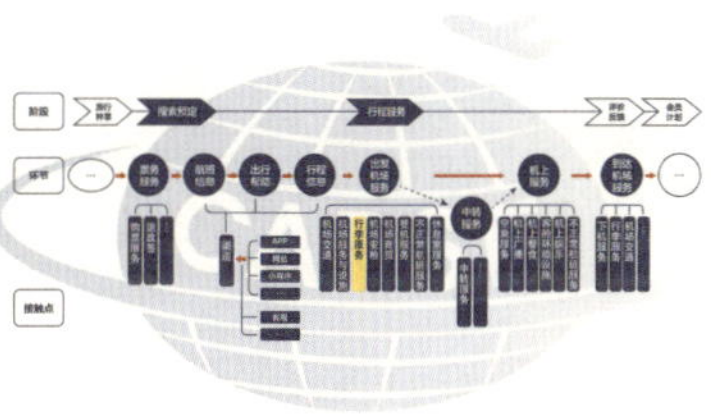

CAPSE 旅程地图

在“时间效率”中的位置

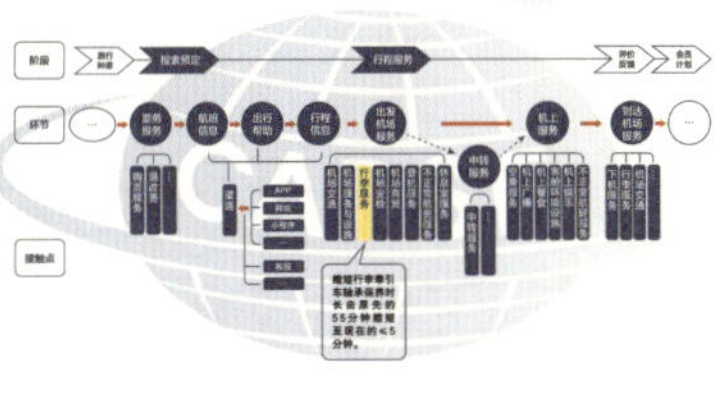

CAPSE 旅程地图

创新 KPI

指标名称	创新前	创新后	备注（行业现状）
缩短行李牵引车轴承保养时长	55 分钟	≤ 5 分钟	≥ 25 分钟

一　关键内容展示

（一）策划与设计

1. 需求识别

现深圳机场特种设备（机动）保有量 2254 台，其中行李牵引车 479 台，占比 21%。据统计，平均每月维保行李牵引车 577 台次。行李牵引车数量多、故障率高、保养时间长，占用大量的维修场地资源，与此对应，深圳机场特种设备维修保障资源严重不足，据了解，场地资源不足同量级机场维修厂的三分之一。因此，“如何提升行李牵引车的保养效率”成为本次创新的主要目的。

平均每月正常保养占平均每月正常维保总数的 61.56%，且保养作业每台花费 3 小时甚至更多时间，因此该项维修作业是导致车辆维修效率低、场地占用率大的症结所在。

2. 成型过程

为找出维修保养耗时长、工作效率低下的主要原因，机场维修公司成立专项小组，制订了要因确定计划表，用现场调查、数据统计等方式，对车辆保养的 5 个主要项目（发动机保养、四轮保养、底盘保养、电器检查、空调保养）进行了逐一确认。

根据要因确认表及要因确认可得出，在车辆总保养时间中，四轮保养里的轴承黄油加注项目和底盘保养里的悬挂系统、传动系统检查及黄油加注作业是维修保养耗时长、工作效率低下的两个主要原因。

3. 创新特点

亮点 1：可同时均匀加注 8 个不同型号轴承。

亮点 2：采用 12 伏安全电压的动力源。

亮点 3：设计编程，精准控制注油量。

4. 目标设定

小组以行李牵引车的 12 个轴承作为调查基础，通过手工加注，测试收集到了该方式加注时间为 55 分钟 / 台的数据，同时也调查了市场上已有的仅能一次完成一个轴承黄油加注的气控型轴承黄油加注器，此类型设备能将加注时间缩短至 30 分钟 / 台。因此小组以此数据为依托，将新设备的目标计划制定为 5 分钟 / 台。

（二）落地与实施

1. 流程设计

项目小组根据预定计划表，通过制定流程图和制定时间进度表完成创新项目的整体设计和测试。

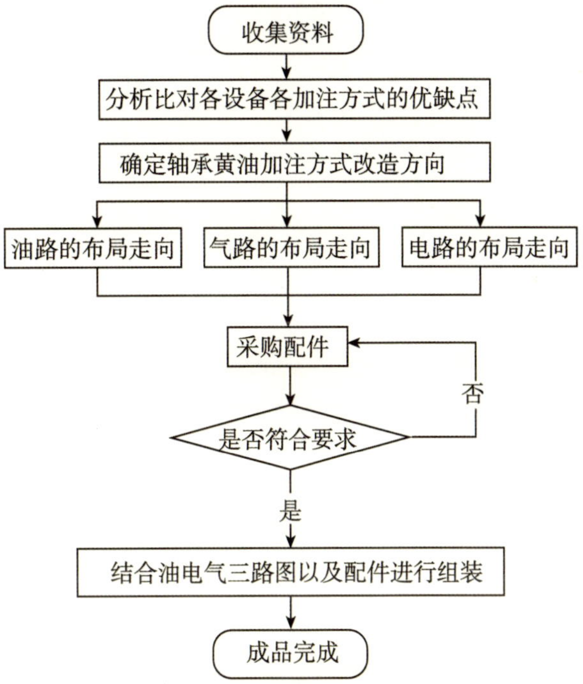

轴承黄油加注器升级改造程序流程图

图源：2022CAPSE 创新奖决赛展演材料

轴承黄油加注器的具体改造措施及时间图

2021 11.30—12.04	2021 12.05—12.12	2021 12.12—12.15	2021 12.15—12.22	2021 12.22—12.31
收集有关现有轴承黄油加注方式设备的资料。分析对比优缺点后，确定设备升级改造的大体方向。	大体方向确定后，再细化大体方向，结果为：电气自动化为一体的轴承黄油加注器。确定油路，电路和气路的布局和走向。	完成相应配件的采购。	以油、电、气三路设计图为基础，开展定制核心部件的组装工作，同时对外观进行设计。	成品组装完成和测试完成。结果相对于气动黄油朝承加注器的加注效果和效率有明显的改善和提升。

图源：2022CAPSE 创新奖决赛展演材料

2. 资源保障

（1）项目费用

创新项目执行费用表

项目	金额 / 元	备注
人员人工	9450	研发设备人工成本
直接投入	51383.17	研发设备的配件成本
设备使用费	20000	设备资料学习、培训和办公使用费用
合计	80833.17	

（2）经费支持

公司专门制定了创新项目的绿色通道，为创新项目经费提供了强有力的支持。

3. 监测改进

项目小组后续对 9 种不同车型使用两种轴承黄油加注方式的时间，进行了数据的收集统计，根据结果显示：以行李传送带车的 8 个轴承原加注黄油时间为例，现加注时间为 3 分钟 / 台，超出了原设定的目标值 5 分钟 / 台的预期，说明项目小组的措施是有效的。通过 9 种车型的轴承黄油原加注时间与现加注时间的对比，节省的时间都是很多的，节省下来的时间可以更多地用于其他作业，所以该措施是具有通用性的。

不同车型轴承黄油加注时间对比表

序号	车型	轴承数量	原加注时间	现加注时间	节省时间	合计
1	行李传送带车	8 个	32 分钟	3 分钟	29 分钟	平均节省时间 32 分钟
2	客梯车	8 个	37 分钟	3 分钟	34 分钟	
3	叉车	8 个	35 分钟	3 分钟	32 分钟	
4	中巴车	8 个	35 分钟	3 分钟	32 分钟	
5	人货车	8 个	37 分钟	3 分钟	34 分钟	
6	的士头	4 个	15 分钟	2 分钟	13 分钟	
7	面包车	4 个	15 分钟	2 分钟	13 分钟	
8	商务客车	8 个	32 分钟	3 分钟	29 分钟	
9	大货车	8 个	45 分钟	3 分钟	42 分钟	

图源：2022CAPSE 创新奖决赛展演材料

（三）目标实现与展望

1. 目标性

（1）创新效益：该创新项目为我公司自主设计研发，并在后续继续进行升级改造，该项目基础机型的“一拖八轴承滚子轴承黄油加注器”已取得国家发明专利授权。

（2）经济效益：若按每月平均 197 台保养车辆计算，设备使用前，每台车轴承黄油加注时间为 55 分钟，可以得出平均每月轴承黄油加注所需时间为 10835 分钟；设备使用后，每台车轴承黄油加注时间为 5 分钟，可以得出平均每月轴承黄油加注所需时间为 985 分钟。比设备使用前，每月能够节省 9850 分钟（约 164 小时）。该项目已转化为实际成果，实现产品化并已销售 2 台。

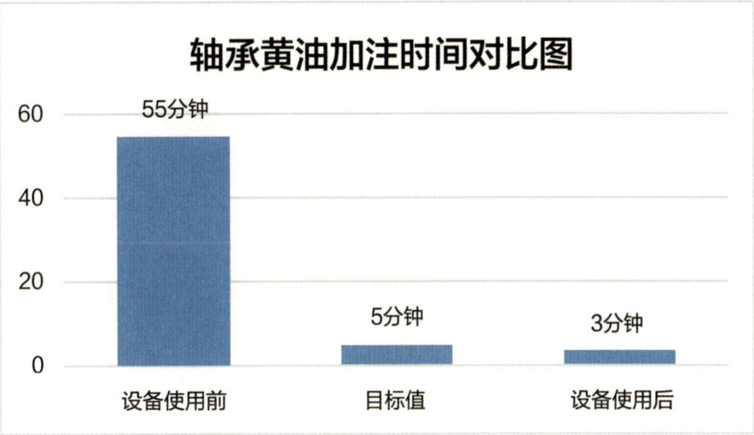

图源：2022CAPSE 创新奖决赛展演材料

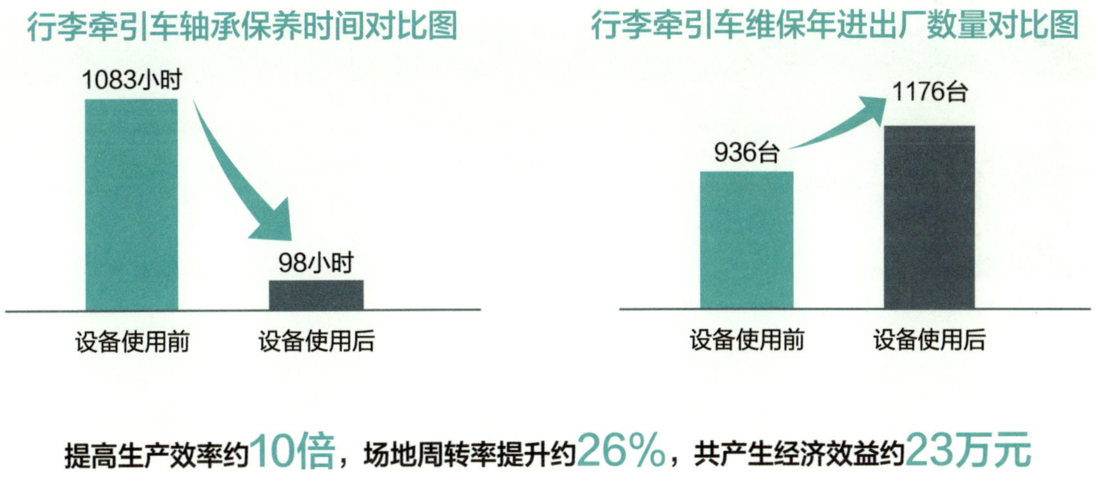

图源：2022CAPSE 创新奖决赛展演材料

2. 标准化

“行李牵引车轴承黄油加注器”创新项目不仅为行李牵引车障提供了方便、干净和快捷的作业设备，大大地提升了作业人员的工作效率，更大的意义在于保障机场车辆或设备的正常运行，从而为整个机场的运营提供了最基本的保障。创新驱动发展进步，下一步，维修公司将继续加大创新人力和资金的投入，加快“远机位移动廊桥”“轴承黄油清洗机”等创新成果的智能化功能升级、工业设计和代工制造，推进产业化与商业化应用进程，输出具有特色的深圳机场服务产品与解决方案，更好助力深圳机场加快推进“双枢纽”建设工作。

二 案例综评

（一）综合点评

该创新案例围绕机场特种车辆维修保障效率提升进行了课题创新，创新团队从“小”“实”的角度出发，通过自主创新改造轴承黄油加注器，实现维保效率提升，取得较好的结果。该案例创新过程中，充分应用 QC 创新型课题程序对日常业务实际进行创新转化，将需求清晰定位行李牵引车轴承保养效率提升，创新成果取得了国家发明专利授权，并实现产品化销售。“小创新、大效用”，这为民航实体在创新过程中如何考虑性价比、无形资产增值等方面提供了良好的借鉴。

（二）技术建议

创新团队在创新过程中，对于方案论证、比对层面还有待提升。作为设备创新为主线的成型过程中，缺少对借鉴原理、设计方案的多维度可行性分析和决策，特别缺少对于设计方案相关性能的论证，这无法确保该设计是最优设计，不利于创新的可靠性保证。

三 现场展演视频回放

微信扫码可观看

【深圳市机场股份有限公司】“行李牵引车轴承黄油加注器”展演视频

案 例 名 称：【广州白云国际机场股份有限公司】智慧测量，称心如意——白云机场行李智能测量机

案 例 编 号：IAP2022011

创 新 分 类：产品创新

所 属 单 位：广州白云国际机场股份有限公司

项目负责人：张东超

项 目 成 员：涂鸿堆、刘峻、朱文杰

创新“坐标”

在“民航强国战略”中的位置

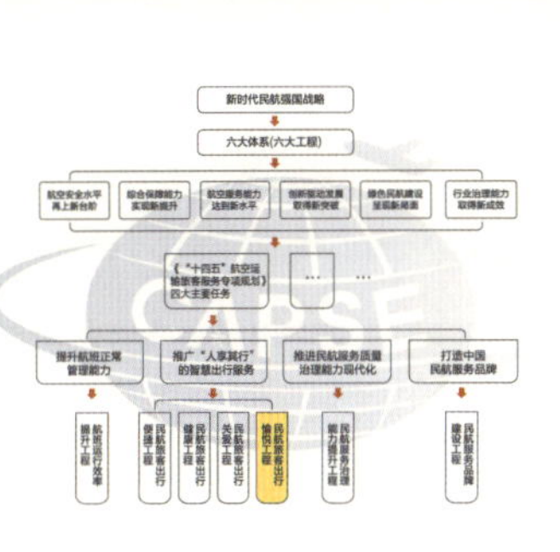

CAPSE 关于《“十四五”民用航空发展规划》解读图

在“服务管理体系”中的位置

CAPSE 服务管理模型

在“旅客出行体验”中的位置

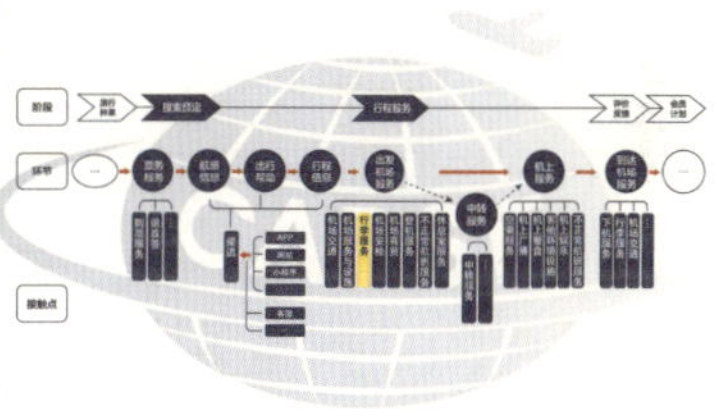

CAPSE 旅程地图

在“时间效率”中的位置

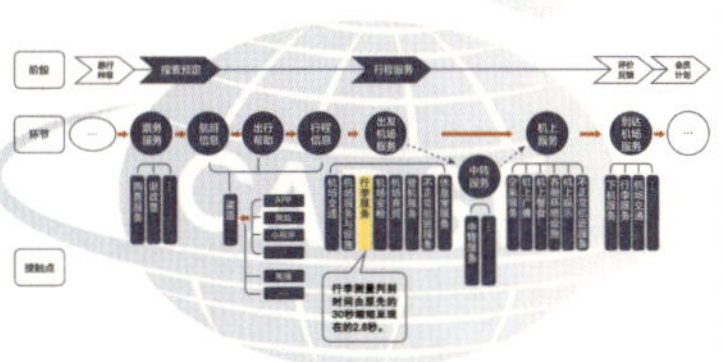

CAPSE 旅程地图

创新 KPI

指标名称	创新前	创新后	备注（行业现状）
行李测量方式	手工测量	自动测量	工作人员在登机口拦截旅客的随身携带超限行李，手工测量行李的尺寸和重量，费时费力，误差较大，旅客对测量结果不完全信任，引发不满
行李测量判别时间	30 秒	2.8 秒	手工测量行李规格后需查阅各航司随身携带行李限额标准判别是否符合要求，效率较低
行李规格测量覆盖程度	10%	100%	不同航空公司不同舱位的随身携带行李限额标准各异，航司目前使用的固定尺寸限制框架无法满足多种规格随身携带行李限制要求

一 关键内容展示

（一）策划与设计

1. 需求识别

（1）减少登机口溢出行李：在每月机场与航空公司沟通会上，航空公司反映登机口溢出行李的意见较多，为此项目组统计了 2022 年 1—2 月登机口溢出行李情况，登机口溢出行李占出港行李比率达到 1.09‰，无疑增大了航空公司的工作量，同时给旅客带来不便。

（2）提升旅客出行体验：目前旅客测量行李尺寸和重量可使用值机区域的固定尺寸限制框，也有相应的行李限额提示牌告知旅客航空公司超限行李相关规定。但固定尺寸的限制框无法覆盖不同航空公司、不同舱位的随身携带行李限额要求，还需要工作人员手工测量，旅客排队等待时间长，并且会质疑测量结果，出行体验不佳。

图源：2022CAPSE 创新奖决赛展演材料

2. 成型过程

（1）制订方案

行李测量主要包括尺寸和重量两个方面，同时要根据不同航空公司的随身携带行李限额标准做出是否需要托运的判断，因此行李智能测量装置主要由尺寸测量、重量测量和人机交互三个模块构成。根据行李测量的使用需求，制定了行李智能测量机的开发系统图。

（2）设计选型

针对行李智能测量机各模块功能需求，小组通过比选技术参数符合性、元器件使用可靠性、操作便捷性、使用环境适应性、材料成本等方面，确定了尺寸测量、重量测量、查询机、工控机、告警提示等硬件设备的选型，以及数据处理、人机交互等方面的算法、软件的具体选择。

（3）编程开发

PCL（the point cloud library）是一个用于 2D/3D 图像和点阵云处理的大型开源项目，行李的点阵云数据应用了其中滤波、特征估计等先进算法，通过测试大量不同尺寸及材质的行李箱，不断优化测量精度，选用 Electron 框架和 Visual Studio 开发工具实现人机交互功能，包括前端界面展示及后台数据运行。

（4）测试优化

实现尺寸、重量测量和人机交互三个功能模块后，通过工业设计使设备成型，并根据实际使用情况反复进行性能测试，保证准确可靠。

3. 创新特点

行李智能测量机能够自动精准测量行李的尺寸及重量，智能匹配白云机场运营航空公司的行李限额标准，结合测量结果可快速判别旅客行李是否超限，智能化告知旅客行李限额标准及测量结果，可根据航空公司的行李限额政策实时增、删、改、查行李限额标准，保证标准的实时性和准确性。

图源：2022CAPSE 创新奖决赛展演材料

4. 目标设定

（1）自动测量行李规格，行李尺寸精度误差小于 3 厘米，重量精度误差小于 2 克。

（2）3 秒内实现对行李规格的判别。

（3）100% 覆盖在机场运营的各航空公司随身携带行李限额标准。

（4）登机口溢出行李减少 50%。

（二）落地与实施

1. 流程设计

（1）自动采集行李尺寸及重量

选用激光雷达测量行李尺寸，电子秤测量重量，激光雷达扫描行李箱得到包含行李外观尺寸的点阵云图。针对不同种类的行李箱分别进行了 1000 次尺寸和重量测量试验，不断优化算法，提高测量精度，保证测量结果尺寸精度误差小于 3 厘米，重量精度误差小于 2 克。

（2）判别行李规格

收集汇总目前在白云机场 T1 航站楼运营的 21 家国内航空公司的随身携带行李限额标准，同时为保证航司随身携带行李限额标准的实时性与准确性，开发航司随身携带行李限额标准的增、删、改、查功能。

（3）人机交互页面的设计开发

首先把尺寸和重量数据直观地显示出来，为了方便旅客能快速找到对应航司，把航司的 logo 和名称做成了简洁的图标按钮，舱位选择也是按钮形式，最后向旅客展示对应的限额标准和测量结果。

（4）加强安检前超限手提行李提前卡控

自 2022 年 9 月 10 日起，在东、西边安检通道前先后设置了 3 台行李智能测量机，每天 04：00—22：00 安排 11 人次强化卡控，统计了设备使用前后登机口溢出行李数量，数据显示使用行李智能测量机强化卡控后，登机口溢出行李月平均数降幅达 60%。

2. 资源保障

（1）软件保证：航空公司随身携带行李限额标准可根据航空公司要求自主修改，实现在不同机场环境的灵活使用。

（2）硬件保证：行李智能测量机配置了稳定高效的激光雷达设备、电子秤、工控机等硬件设备，每天进行定时自检和自复位，确保设备的安全稳定运行。

（3）人力保证：在安检通道前安排行李拦截专员，安排维保人员定期巡查设备，排除线路松动、秤盘位置位移过大等使用问题。根据项目要求成立服务提升小组，制定项目负责人、开发人员和产品经理等角色，提供充足的使用咨询服务。小组成员定期开展产品优化迭代研讨会，积极主动地为客户开发更丰富易用的功能，并针对项目成员开展运维技能培训，针对用户开展操作使用培训。

（4）制度手册保证：编制《行李智能测量机用户操作手册》《行李智能测量机技术文档》《行李智能测量机应急预案》《产品功能介绍视频》等标准化材料供用户使用，并根据监测改进情况不断完善并及时更新。

图源：2022CAPSE 创新奖决赛展演材料

3. 监测改进

（1）需求导向：通过实地使用、线上互动、用户试体验、客户走访和定期交流会等线上线下相结合的方式，以客户意见、评价、建议、咨询为一体，全面收集客户的需求反馈。开发成员对反馈意见进行分类分级管理，做到专人负责指定类型的反馈，实施过程管控。

（2）目标导向：系统内置简易数据库，可收集每天的指标使用数据，并按日度、月度、年度汇总，为工作人员和开发人员提供数据统计依据。采用敏捷开发模式和“1121”快速响应模式，实现“1 天整理问题，1 天制订方案，2 天完成优化，1 天完成验证”，在一周内完成一次版本的优化升级。

（3）问题导向：① 监测工控机软件主程序的运行情况，设置守护程序，若主程序发生错误崩溃后，守护程序可以自动重启主程序；② 通过系统运维模块，系统主程序会自动记录日志，记录包括每天开机运行的时间节点、发生的特殊错误异常等关键消息，以便于根因分析和故障定位；③ 定期进行版本更新迭代，为用户提供更稳定的服务。

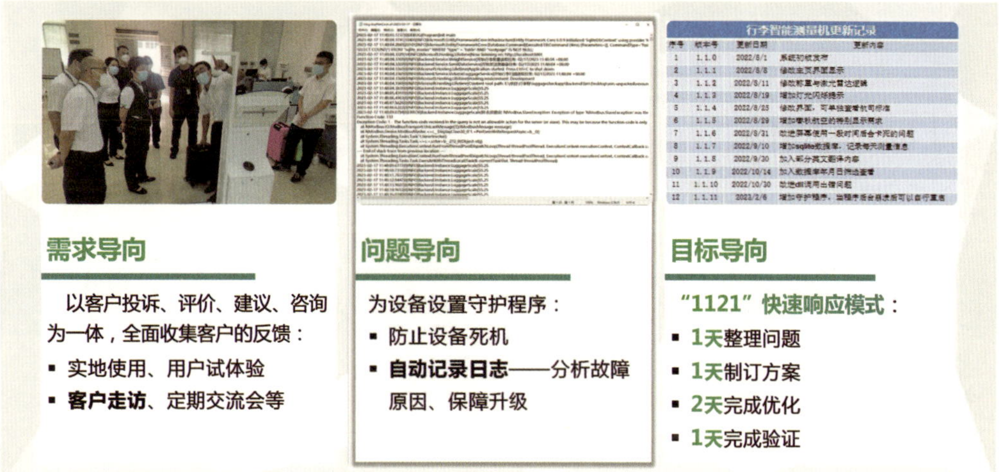

图源：2022CAPSE 创新奖决赛展演材料

（三）目标实现与展望

1. 目标性

（1）自动测量行李规格，行李尺寸精度误差小于 3 厘米，重量精度误差小于 2 克。

（2）3 秒内实现对行李规格的判别。

（3）100% 覆盖机场运营航司随身携带行李限额标准。

（4）登机口溢出行李减少 50%。

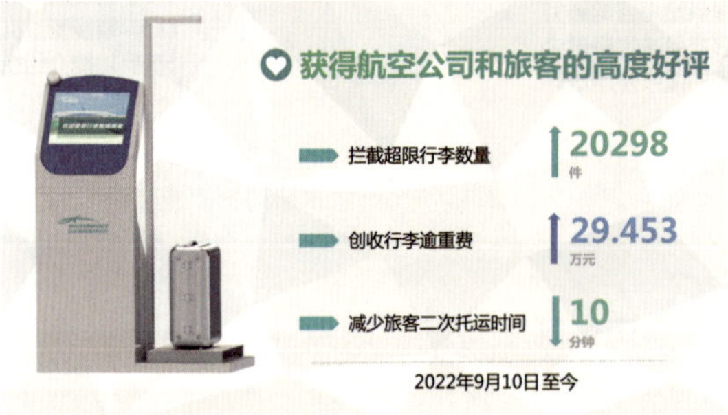

图源：2022CAPSE 创新奖决赛展演材料

2. 标准化

（1）项目已获得实用新型专利产权保护。

（2）白云机场 T1 航站楼值机区域新增设了 4 个卡控点位，便于旅客自行使用。

（3）小组成员编写了《行李智能测量机用户手册》《行李智能测量机技术文档》《行李智能测量机应急预案》等标准化文档，并将相关资料进行备份存档。

（4）行李智能测量机目前在中国民航局官网、中国民航报和广州日报等多个平台宣传报道，已编制了产品说明书，制订了产品迭代升级方案，并选拔产品经理向国内各机场推广，现有北京大兴、武汉天河等 6 家业内单位咨询了产品详情。

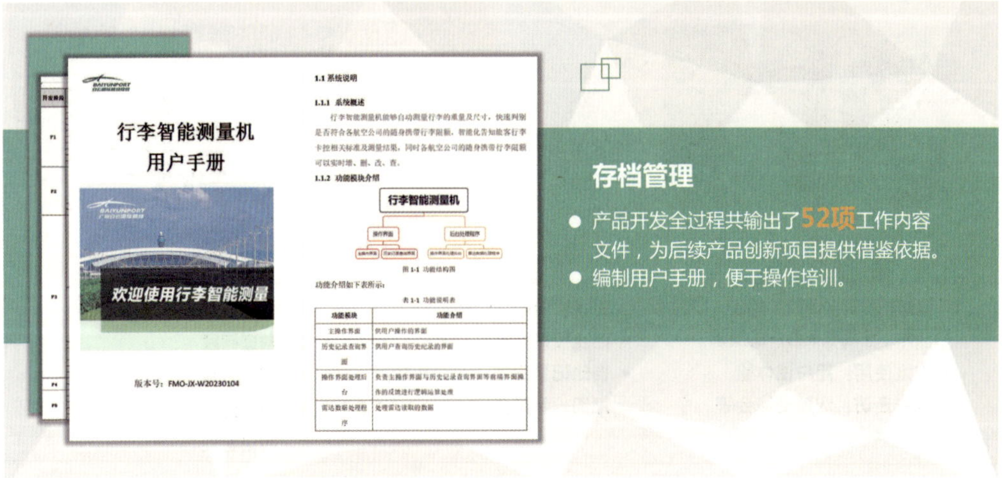

图源：2022CAPSE 创新奖决赛展演材料

3. 展望

白云机场将继续大力推进人文机场建设，以客户需求为导向，以便捷旅客出行为核心，以技术创新为抓手，不断升级旅客行李的智能化服务水平，向旅客提供有温度的春风服务，为白云机场实现“世界一流航空枢纽”建设目标迈出新步伐。

二 案例综评

（一）综合点评

随着航空公司行李差异化服务不断深化，旅客出行行李卡控服务风险逐步提升，该创新案例通过设计智慧化测量设备产品，实现精准测量行李尺寸参数，旅客只需“5 秒”便可了解自己的随身携带行李是否能够带上飞机，避免因超出航空公司随身行李规定而在登机口被拦下无法同航班带走的窘境；通过技术手段改变旅客体验的创新目的，确保了智慧化有实效。创新团队在标准化管理方面，制定了《行李智能测量机用户手册》《行李智能测量机技术文档》《行李智能测量机应急预案》等标准化文档，支持匹配不同航空公司行李运输规定，做到精准判断旅客行李是否超限，根据“新客规”将行李运输标准“放权”承运人的政策导向，该案例具有一定的市场推广价值。

（二）技术建议

该案例在创新目标及结果达成方面的逻辑还需进一步提升。该案例聚焦了航司、顾客两个方面需求，目标及结果的衡量也应该是相关方对需求满足程度的衡量，如在创新后期需求衡量应来自航司、顾客感知质量的变化类指标的明显提升，在案例中设置的指标是为了达成目标而制定的过程关键指标，无法有效支撑和衡量相关方需求是否得到满足。

三 现场展演视频回放

微信扫码可观看

【广州白云国际机场股份有限公司】“智慧测量，称心如意——白云机场行李智能测量机”展演视频案例名称：【内蒙古自治区民航机场集团有限责任公司呼和浩特分公司】呼和浩特机场老式登机桥靠接 ARJ21 机型升级服务创新案例

案例编号：IAP2022012

创新分类：产品创新

所属单位：内蒙古自治区民航机场集团有限责任公司呼和浩特分公司

项目负责人：武永杰、苗利军、伍泉勇

项目成员：牛泽蕃、刘伟、焦孔飞、张源、梁建新、李纬天、张汉柱、龚磊、王利平、舒子豪、王志军、白玉玺

创新“坐标”

在“民航强国战略”中的位置

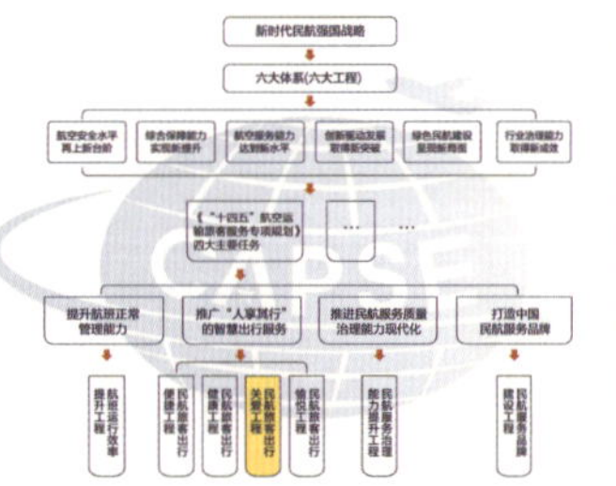

CAPSE 关于《“十四五”民用航空发展规划》解读图

在“服务管理体系”中的位置

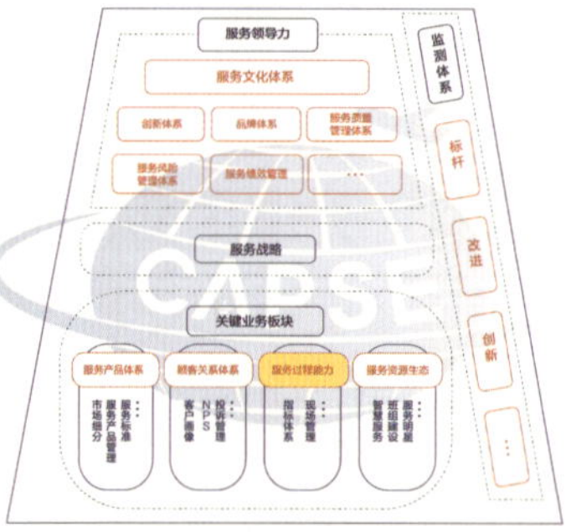

CAPSE 服务管理模型

在“旅客出行体验”中的位置

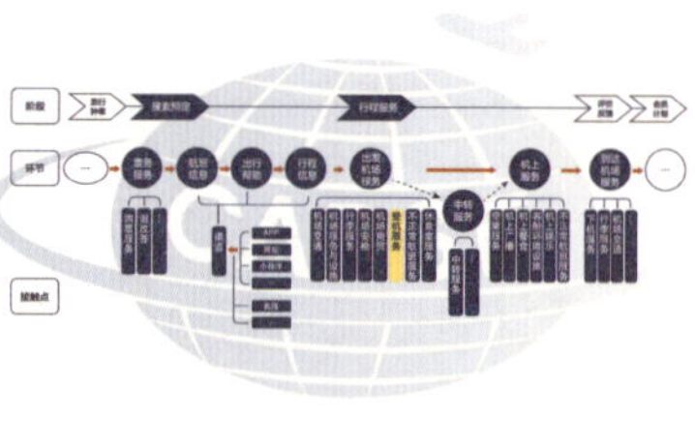

CAPSE 旅程地图

在“时间效率”中的位置

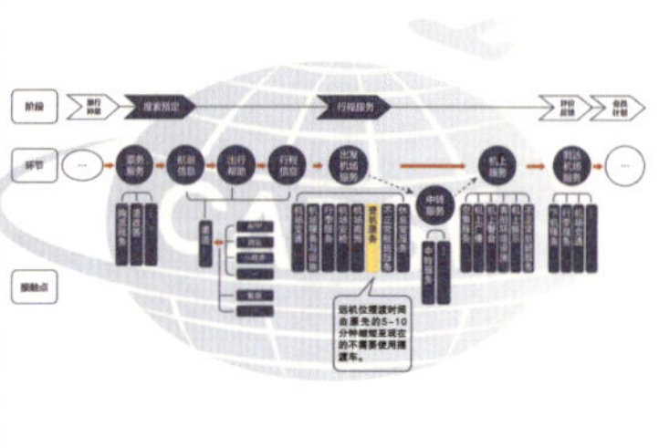

CAPSE 旅程地图

创新 KPI

指标名称	创新前	创新后	备注（行业现状）
登机桥地板与舱门门槛高度差	26~23 厘米	12~15 厘米	26~23 厘米
摆渡时间	远机位摆渡时间 5~10 分钟	摆渡时间 0 分钟（不需要使用摆渡车）	远机位摆渡时间 5~10 分钟

一 关键内容展示

（一）策划与设计

1. 需求识别

近年 ARJ21 机型已占呼和浩特机场公司航班总数的 10% 左右，通过深挖旅客服务需求，发现老式登机桥不具备靠接 ARJ21 的功能，该机型多数在远机位保障，旅客登机时需要乘坐 5~10 分钟摆渡车，尤其在春季大风、夏季高温、冬季严寒的气候条件下，旅客的舒适感较低。只有让老式登机桥具备靠接 ARJ21 机型的功能，才是解决此项服务需求的关键，才能让旅客更加舒适，真正体验到“坐得好飞机”。

2. 成型过程

鉴于目前没有将相同型号的登机桥增加靠接 ARJ21 机型功能的先例，呼和浩特机场公司依据站坪图、登机桥参数、ARJ21 机型参数，做了登机桥升级的可行性研究，制订了详细的技术方案，经过紧锣密鼓的改造、测试、评估、试运行，最终将新技术应用到老式登机桥上，增加了靠接 ARJ21 机型的功能。

3. 创新特点

（1）改造后机场 86% 登机桥具备保障 ARJ21 的功能，省去旅客乘坐该机型的摆渡时间，提升了乘机舒适度，提高了航班靠桥率。

（2）为相同类型登机桥保障 ARJ21 机型提出了新的解决思路，推广性强。

4. 目标设定

（1）老式登机桥增加靠接 ARJ21 机型功能，不影响其他机型靠接。

（2）旅客乘坐该机型时可节省 5~10 分钟的摆渡时间，恶劣气候条件下登机舒适感更高。

（3）靠接 ARJ21 机型时登机桥地板与舱门门槛高度差 12~15 厘米（安全范围内），保证旅客登机的安全性。

（二）落地与实施

1. 流程设计

（1）花小钱办大事，用技术解难题

创新前期呼和浩特机场公司组织技术骨干进行现场勘察，确定两种方案：方案一是对登机桥接机口整体结构进行改造，方案成本大，改造技术难度低；方案二是对机门保护装置（安全靴）进行升级，即通过对老式登机桥控制程序及相关线路进行匹配性升级后，实现新技术在老式登机桥上的应用，方案成本小，改造技术难度大；为了降本增效，呼和浩特机场确定了"花小钱、办大事"的方向。

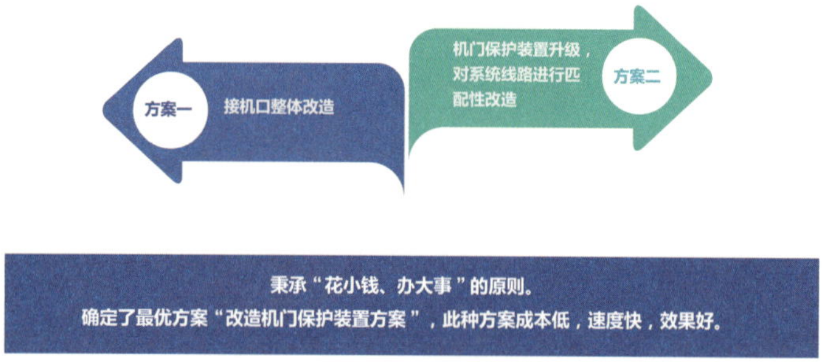

图源：2022CAPSE 创新奖决赛展演材料

通过研究登机桥地板结构与调平机构伸缩范围确认了登机桥仅需要升级机门保护装置（安全靴），不需要进行对地板结构及调平机构进行改造，并研究了老式登机桥控制系统及信号反馈线路，确认了控制系统及信号反馈线路改造的可行性，制订了成本较小的"改造机门保护装置方案"，成功地将新式的机门保护装置应用到了投运 15 年之久的老式登机桥上。

（2）制订周密方案，快速完成升级

为保证服务创新效果及安全性，呼和浩特机场公司 2022 年 5 月复核登机桥可升降高度、伸缩距离，以及影响靠接的部件的结构，PLC 控制程序及线路改造的可行性，并抽调登机桥维保、登机桥操作、运行指挥、机坪场务、机务等专业技术人员协同设备制造商开展此项工作，制定了改造升级、阶段测试、运行评估、监测试运行、总结再完善等相关程序。运用价值分析的方法，确保升级工作不影响机场正常运行，制订最优实施方案，将升级工作分解不影响登机桥运行的工作提前开展，每条登机桥只停用半天的时间，每完成 1 条登机桥的升级改造工作，改造小组当日便协调航空公司、机务公司、各相关部门进行测试验证工作，确保靠接各项数据正常后，及时恢复登机桥运行，6 天内完成 10 部登机桥的升级测试工作。

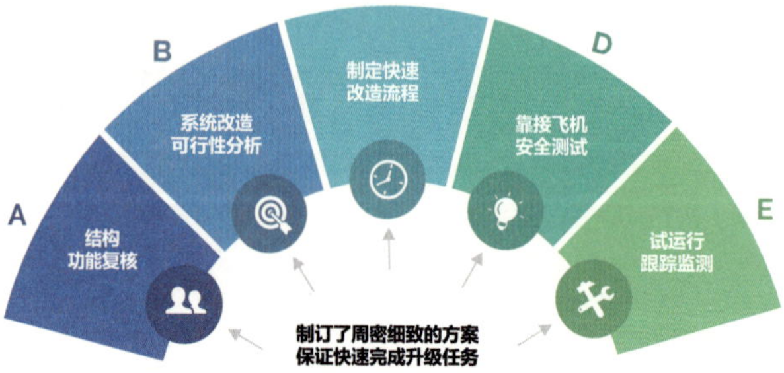

图源：2022CAPSE 创新奖决赛展演材料

2. 资源保障

2022 年 6 月 1 日，完成 10 条登机桥的升级任务后，由设备制造商根据测试数据出具了登机桥靠接 ARJ 机型的可行性报告与登机桥操作维护的补充说明书。可行性报告数据显示登机桥升级后不影响其他机型靠接。补充说明书主要强调本次升级不影响登机桥操作流程，并说明了登机桥操作员使用升级后安全靴的注意事项。呼和浩特机场公司也针对安全靴的维保制度与作业指导书进行了相应修订工作，修改了安全靴的检查项目与合格标准，开展了登机桥升级后操作注意事项的培训工作。

3. 监测改进

呼和浩特机场公司及时组织了升级后的运行风险评估工作，主要针对人员、设施设备、环境、管理 4 个方面进行了危险源识别，识别出 8 个风险点，制定了 15 条风险管控措施，并予以实施管控。

完成评估之后，为做好监测运行工作，制订了试运行保障方案，在保障 ARJ21 机型时对登机桥相对于水平面的坡度、登机桥地板与舱门门槛高度差进行测量，两个月试运行未出现设备异常，靠接数据正常，满足安全靠接 ARJ21 机型的条件，2022 年 8 月 18 日，呼和浩特机场公司组织运行指挥中心、动力能源保障部、应急保障部、安全质量部对试运行阶段登机桥运行保障情况进行了总结，并由运行指挥中心在极寒天气、强风天气（17 米 / 秒风速）下安排上述登机桥靠接 ARJ21 机型，动力能源保障部、应急保障部做好特殊天气下的试运行和现场保障工作。截至 2022 年 12 月，极寒天气下设备正常运行，强风天气下可以安全靠接。

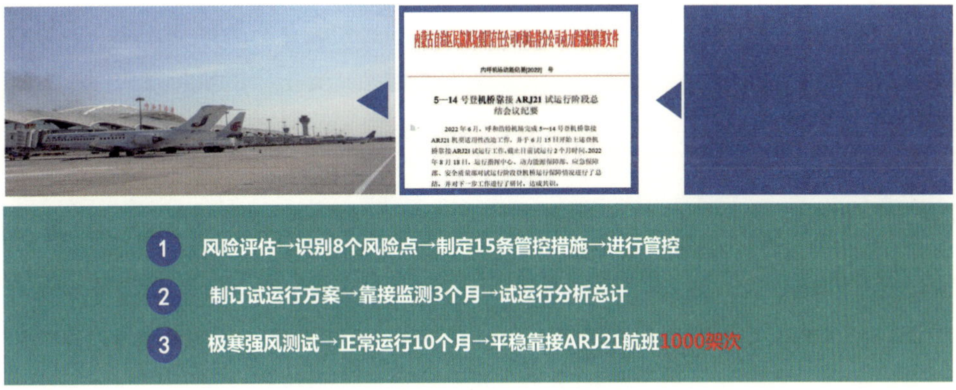

图源：2022CAPSE 创新奖决赛展演材料

（三）目标实现与展望

1. 目标性

本次服务创新实现了 10 部老式登机桥靠接 ARJ21 机型后相对于水平面的坡度 < 10%，登机桥地板与舱门门槛高度差 12~15 厘米，至此，呼和浩特机场 86% 登机桥具备了靠接 ARJ21 的功能，正常情况下，ARJ21 机型均可由登机桥进行保障。

服务创新改变了之前呼和浩特机场仅能在远机位和新建指廊停靠 ARJ21 机型的保障流程，节省了旅客摆渡时间，据统计节约 5~10 分钟的登机时间，同时乘坐该机型的旅客通过登机桥上下飞机，免受机坪冬季、夏季、春季恶劣天气的影响，提升了旅客出行体验感，提高了机场服务品质与运行效率。

2. 标准化

此次服务创新，为相同类型登机桥如何保障 ARJ21 机型提出了新的解决方案。未来，内蒙古民航机场集团公司呼和浩特机场将以服务创新为驱动，推动服务工作再提升，再升级，努力提供更加便捷、优质、贴心的服务，吸引越来越多的旅客选择航空出行，让旅客舒适出行、畅享草原。

同时此次服务创新以系统思维贯穿整个升级过程，事前开展需求分析与技术论证，事中开展严格的数据测试和监测，事后进行安全评估、可行性分析、试运行、总结等工作，确保了整个过程的安全可控，最终达到最优效果，并将此项目所有过程管理、安全评估、总结材料存档，为下一步推广打下坚实的技术基础。

二 案例综评

（一）综合点评

该创新案例围绕机场登机桥运行效率提升主题进行创新，创新团队通过对老式登机桥进行技术创新改造，满足 ARJ21 机型航班靠桥，进一步提升机场靠桥率的目标。本案例在需求识别方面，能够分别从民航局、机场及旅客等不同相关方进行了识别，多层次分析创新需求，并进行了需求的融合，有利于对需求及目标的全面性评估。该案例为使用老式登机桥的机场提供了很好的设备改造创新样本。

（二）技术建议

创新团队在创新过程中，对于目标指标的横向对比不够清晰，创新项目对于呼和浩特机场靠桥率的提升是否有直接促进作用阐述不够清晰，作为设备创新主线的一个创新项目，在成型过程中缺少对借鉴原理、设计方案的多维度分析和决策，对改造后的设备维护保养管控方面没有进行持续性的监测与改进，不利于创新的可靠性保证。

三 现场展演视频回放

微信扫码可观看

【内蒙古自治区民航机场集团有限责任公司呼和浩特分公司】“呼和浩特机场老式登机桥靠接 ARJ21 机型升级服务创新案例”展演视频

案 例 名 称：【北京首都国际机场股份有限公司】无忧中转　触“首”可及——首都机场“经首都连联飞”中转产品工作实践

案 例 编 号：IAP2022013

创 新 分 类：产品创新

所 属 单 位：北京首都国际机场股份有限公司

项目负责人：石萌萌

项 目 成 员：无

创新“坐标”

在“民航强国战略”中的位置

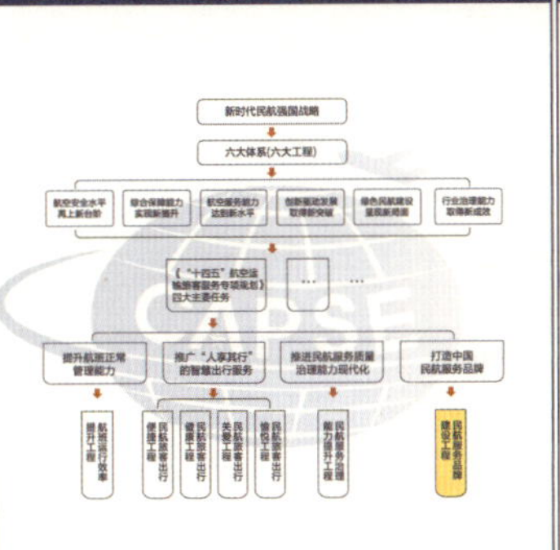

CAPSE 关于《“十四五”民用航空发展规划》解读图

在“服务管理体系”中的位置

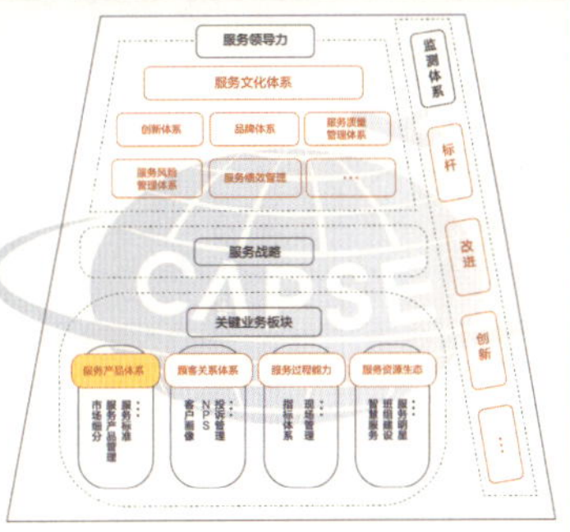

CAPSE 服务管理模型

在“旅客出行体验”中的位置

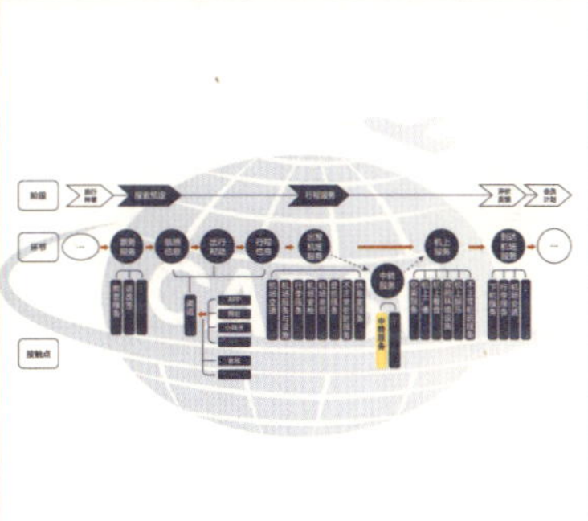

CAPSE 旅程地图

在“服务品牌评价模型”中的位置

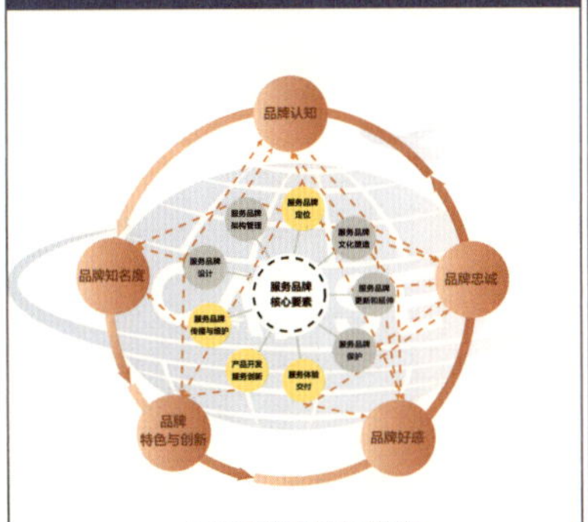

CAPSE 服务品牌评价模型

在“时间效率”中的位置

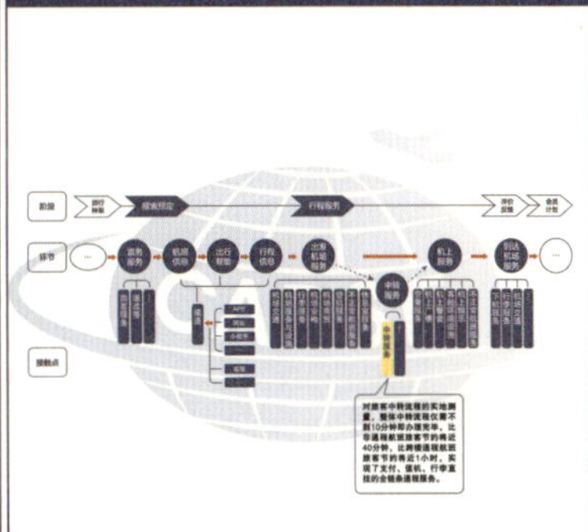

CAPSE 旅程地图

创新 KPI

指标名称	创新前	创新后	备注（行业现状）
国内跨航司一次值机	无此服务	产品范围内可实现	机场出资
国内跨航司行李直挂	无此服务	产品范围内可实现	机场出资
国内跨航司全程无忧	无此服务	产品范围内可实现	机场出资

一 关键内容展示

（一）策划与设计

1. 需求识别

在民航局大力推行中转便利化的大背景之下，新冠疫情暴发促使国内中转需求持续增大，2020—2021 年间，首都机场国内转国内已经成为当下最大的中转市场。

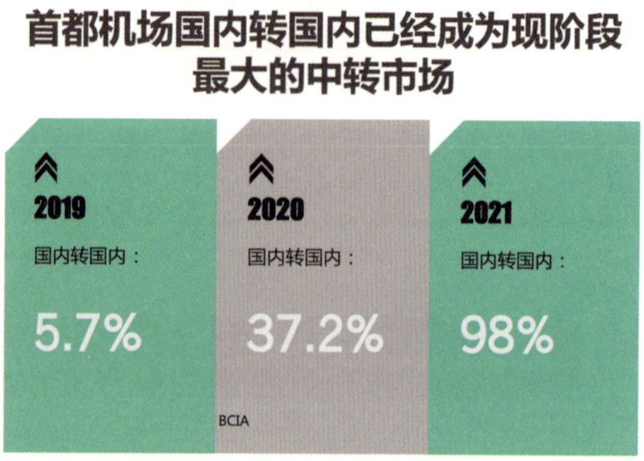

图源：2022CAPSE 创新奖决赛展演材料

2. 成型过程

在积极融入国内大循环为主体的格局过程中，首都机场航空业务部团队认真学习民航局下发的《民航旅客中转便利化实施指南》内容及国内典型机场案例，派员参与民航干部管理学院组织的关于“干支通 全网联”主题培训，并与参训单位交流国内中转产品经验，与航科院专家及航司、地服公司等单位开展专题研讨，逐步梳理清晰国内通程航班业务思路。

项目团队以《民航旅客中转便利化实施指南》为指导，以实现一次支付、一次值机、一次安检、行李直挂和全程无忧为目标，按照由点及面、由易到难，先试点后铺开的实施步骤，形成“经首都 连联飞”国内跨航司通程航班业务方案。第一步是找准合作伙伴，确立合作关系；第二步是形成业务方案，获得上级支持；第三步是完善业务流程和业务细节，难点问题逐一销项；第四步是试点推出产品，探索优化途径；第五步是巩固优化产品，不断提质升级。

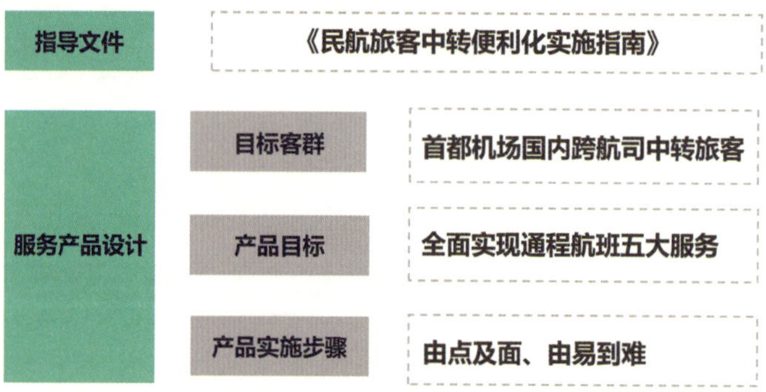

图源：2022CAPSE 创新奖决赛展演材料

3. 创新特点

构建了具有大型枢纽机场特色的“双核四驱动”通程航班新模式。即以机场和航空公司为“双核心”，机场、航空公司、地服公司及 OTA 为“四驱动”。

4. 目标设定

以实现一次支付、一次值机、一次安检、行李直挂和全程无忧为目标，按照由点及面、由易到难，先试点后铺开的实施步骤，形成“经首都 连联飞”国内跨航司通程航班业务方案。

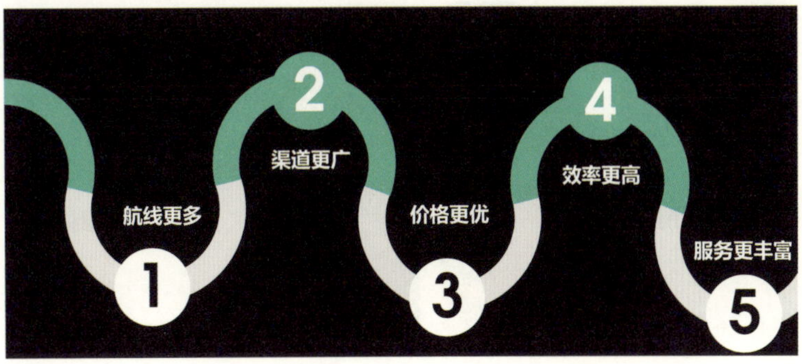

图源：2022CAPSE 创新奖决赛展演材料

（二）落地与实施

1. 流程设计

图源：2022CAPSE 创新奖决赛展演材料

场景一：采取何种模式划分多主体权、责、利？——双核四驱动

从我国通程航班实践情况来看，主要有两种模式：一种是以航司为核心的通程航班；另一种以机场为核心的通程航班。

团队在与驻场航司不断沟通的过程中，充分结合首都机场业务发展重心及地服保障等实际情况，最终构建了具有大型枢纽机场特色的“双核四驱动”通程航班新模式。即以机场和航空公司为“双核心”，机场、航空公司、地服公司及 OTA 为“四驱动”。在该模式下，机场不需要投入过多人力和物力，主要作为业务的发起者，同时肩负搭建平台的重要使命；航空公司之间通过互售协议建立互动关系，将跨航司两段航程的订单锁定在同一票号上，是实现一次支付、一次值机、行李直挂及全程无忧的关键所在；地服公司和 OTA 主要在销售、值机和行李转运过程中起到至关重要的作用。四方相互协作联动，打造跨航司通程航班中转服务链，形成航旅融合新生态体系，加快提升首都机场枢纽竞争力。

图源：2022CAPSE 创新奖决赛展演材料

场景二：如何具体落地？——五大服务逐一落实

通程航班需要同时满足一次支付、一次值机、一次安检、行李直挂和全程无忧五大服务。如何将这五大服务落地就成为重要挑战。首都机场国内中转航班均不需要二次安检，因此团队重点攻克其他四大服务中涉及的难点问题。

（1）一次支付

鉴于不同航司之间销售系统存在较大差异，“经首都 连联飞”产品无法在航司自有渠道进行销售。如何突破跨航司壁垒实现一次支付便成为摆在团队面前的一道难题。经与两家航司商讨，并与市场占有率较大的 OTA 进行对接，团队了解到 OTA 平台可以解决跨航司销售问题。OTA 技术团队针对“经首都 连联飞”产品在航线组合、运价竞价、服务展示等方面突破了原有系统限制，将“经首都 连联飞”的航班进行固定组合，对产品报价进行干预，提升胜出概率，并将产品的服务内容和产品标签进行展示，突出产品特殊的服务属性。但在产品上线前夕，OTA 平台发现产品价格过高，是其他中转产品的 3 倍之多，无法在平台上显示。产品上线迫在眉睫，最终去哪儿网技术团队突破了中转只展示最低价的限制，综合考虑中转产品衔接时长、配套服务等特点，将通程航班产品进行展示。去哪儿网成为率先上线“经首都 连联飞”产品的 OTA 平台。

（2）一次值机

① 协议创新。在实现一次值机的过程中，团队面临的最大问题是两家航司之间仅有最基础的互售协议，协议内容有待创新完善。为了产品按时上线，海航和川航业务团队逐条完善协议，补充签订跨航司中转联运协议，扩大合作舱位和航线范围，明确灵活调整销售政策和运价模式的合作机制，形成新的国内联运协议标准。基于两家航司之间的协议，两段航程订单可以锁定在同一票号之上，同时协调中航信在航司合作航线上开放值机授权，为旅客提供在始发机场一次性办理两段行程的值机手续，无须在首都机场中转时再次值机。

② 旅客流程。团队面临的另外一大难题便是旅客远机位流程无人承担测温职责。受疫情影响，首都机场国内中转远机位流程临时关闭，如开启该流程，需要机场增加防疫测温岗位，每年大概需要增加上百万预算。经过机场内部商讨，评估产品上线初期人数相对较少，增加岗位并不是最佳选项，团队为此一度进入瓶颈。为解决此问题，团队对远机位流程进行反复实地踏勘，了解到航司会在航班旅客到达远机位时设置岗位管理门禁。经与两家航司商讨，最终明确产品上线初期由航司管理门禁的岗位承担起防疫测温职责。

（3）行李直挂

① 行李流程。首都机场作为大型国际枢纽机场，不论在地面服务保障模式上，还是旅客和行李流程上均较为复杂，尤其是两家航司在首都机场分属不同地服公司代理，且两家地服公司在跨航司行李流程中工作交叉较多，这使得实现跨航司行李交接尤为困难。团队组织两家地服公司召开多次业务研讨会，并进行实地流程踏勘，制定出跨地服行李交接流程，明确各方职责及行李交接地点，并协调各方明确不正常行李由目的地站统一处理，在中转机场交接时不做责任划分。

② 逾重行李费。2021 年 9 月正式实施的《公共航空运输旅客服务管理规定》中不再对行李尺寸和重量、免费行李额、逾重行李费等进行统一规定，而是要求承运人根据企业经营特点自行制定相关标准并对外公布。这对实现跨航司中转业务来讲无疑又增加了难度。如何可以使旅客在始发站一次性解决逾重行李收费问题似乎成了一道难以跨越的鸿沟。根据以往经验，两家航司可以增加协议条款明确由始发航站一次性收取，再与另一家航司进行费用分摊。出乎团队意料的是，两家航司充分展示了“国门胸怀”，均同意逾重行李费由第一段承运人全权收取，不再与下一程承运人分摊，在行业内首创了分摊标准，得到行业主管部门的高度认可。

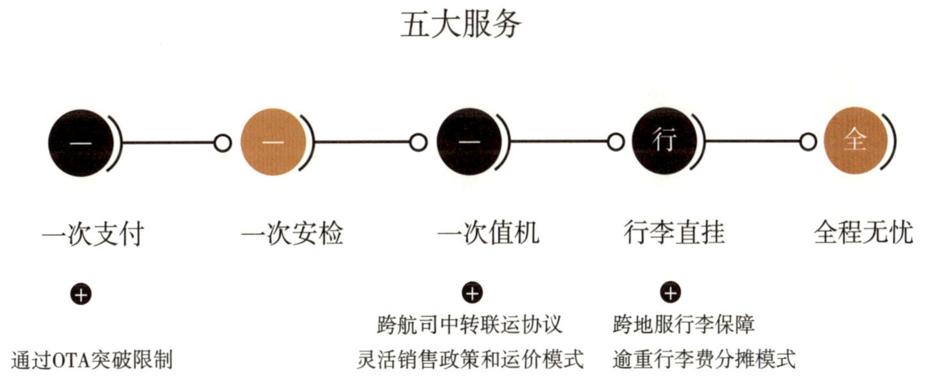

图源：2022CAPSE 创新奖决赛展演材料

场景三：如何提质升级？——从旅客痛难点出发

（1）旅客声音

为使产品更受旅客认可，提升产品竞争力和影响力，团队通过不同渠道收集旅客声音。通过收集旅客在首都机场宣传渠道留言、对乘坐本产品航班的旅客进行深度采访，项目团队发现旅客最关心的几个问题集中在中转机票票价、更多的航班组合和适合的中转时间。据此，项目团队着手研究对产品进行提质升级。

（2）提质升级

项目团队根据收集的旅客声音，组织合作伙伴召开多次研讨会，研究如何将产品提质升级凸显优势。根据研讨结果，项目团队总结可以从以下几方面对产品进行优化：一是扩大航线范围，使更多旅客体验到首都机场通程航班服务；二是丰富产品销售渠道，使旅客通过更多平台购买到产品机票；三是提高产品价格竞争力，航司通过内部争取政策，给产品匹配特价舱位，使产品价格具备优势；四是扩大中转衔接时长范围，将中转时长上限拓展至地服公司可以保障的范围内，给旅客提供更丰富的航班组合；五是提高行李保障效率，项目团队组织两家地服公司成立专项保障小组，不断优化沟通机制，给中转行李拴挂特殊标识，并优先保障中转行李分拣。根据研究结果，产品分别于 2021 年 12 月和 2022 年 3 月进行了两次提质升级，实现了“航线更多”“渠道更广”“价格更优”和“效率更高”。

（3）服务权益升级

产品在航线、平台、价格、时长及保障效率上升级之后，项目团队开发了“经首都 连联飞”调研问卷并在现场中转柜台发放。根据问卷填写情况，得知中转休息室是旅客最关心的权益。结合航空业务部年度营销计划，项目团队分别与海航及川航进行休息室服务权益升级沟通及价格谈判，最终与两家航司分别达成一致意见。

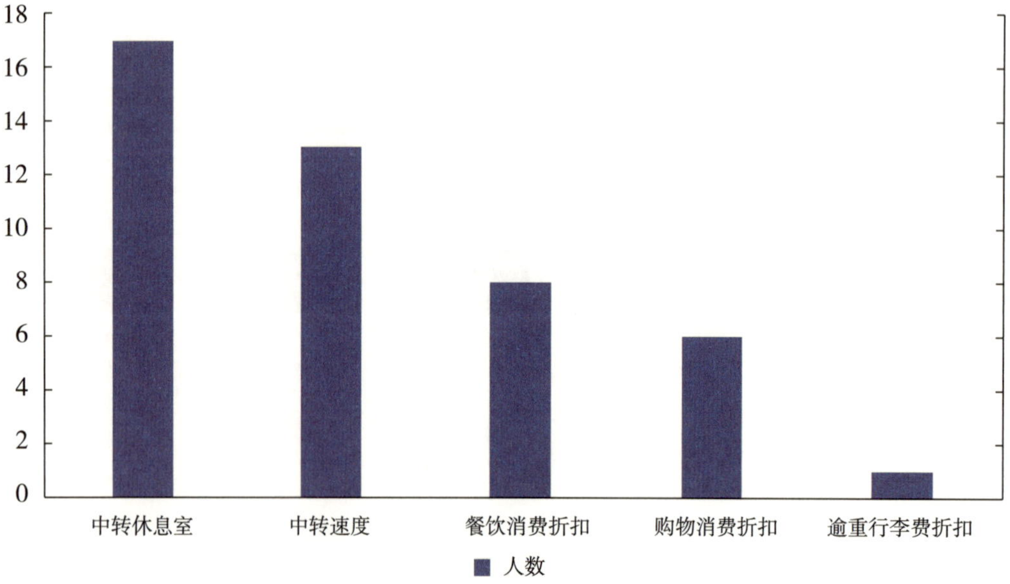

中转旅客关心的服务权益排名（收回有效问卷23份）

图源：2022CAPSE 创新奖决赛展演材料

2. 资源保障

组织合作伙伴召开多次研讨会，研究如何将产品提质升级凸显优势。根据研讨结果，项目团队总结可以从以下几方面对产品进行优化：一是扩大航线范围，使更多旅客体验到首都机场通程航班服务；二是丰富产品销售渠道，使旅客通过更多平台购买到产品机票；三是提高产品价格竞争力，航司通过内部争取政策，给产品匹配特价舱位，使产品价格具备优势；四是扩大中转衔接时长范围，将中转时长上限拓展至地服公司可以保障的范围内，给旅客提供更丰富的航班组合；五是提高行李保障效率，项目团队组织两家地服公司成立专项保障小组，不断优化沟通机制，给中转行李拴挂特殊标识，并优先保障中转行李分拣。

3. 监测改进

（1）聚焦“通”，构建“干支互通航空网”

一方面将持续巩固现有通程航班成果，对服务保障流程、运价机制进行监测和评估；另一方面，将与航空公司开展对接，在首都机场东区推行国内通程航班业务，壮大“经首都 连联飞”中转品牌。

（2）重视“畅”，打造便捷高效中转体验

首都机场将与航司、地服单位优化产品中转衔接时长，研究中转过夜航班及急转流程，不断提高中转效率，满足更多中转旅客需求。同时通过对中转旅客开展调研，增加产品商业权益，从而不断对现有产品进行优化升级。

（3）关注“广”，增强“民航 + 旅游”营销力度

首都机场不断固化四方合作机制，联合合作伙伴对最受旅客欢迎的中转航线和渠道进行深度挖掘，加强在佳木斯等热门航线的营销宣传力度，在创新中转产品上发挥更大价值，增强营销宣传影响力和传播度。

（三）目标实现与展望

1. 目标性

（1）提高旅客国内中转效率。根据对旅客中转流程的实地测量，整体中转流程仅需不到 10 分钟即办理完毕，比非通程航班旅客节约将近 40 分钟，比跨楼通程航班旅客节约将近 1 小时，实现了支付、值机、行李直挂的全链条通程服务，得到了旅客的高度认可。

（2）带动首都机场国内中转旅客量提升。随着产品市场竞争力逐步提高，产品销售量呈逐步上升趋势，截至 2022 年底，“经首都　连联飞”产品共售出近 400 张客票。随着营销工作的深入开展，旅客逐渐接受并体验到了该产品的优势，且随着航空市场的逐步复苏，国内中转业务未来大有可为。

2. 标准化

（1）首都机场“经首都　连联飞”产品的推出，既符合民航局推行中转便利化和“干支通 全网联”的政策要求，也符合公司建设枢纽机场的战略发展要求。

（2）跨航司通程航班案例已纳入《民航旅客中转便利化实施指南（第 2 版）》，为行业其他机

场提供借鉴和参考，在业内形成良好的示范带动效应。与此同时，“经首都 连联飞”在跨航司国内联运协议文本、逾重行李收费、不正常行李处理流程上形成了相关业务标准，为行业提供了参考。

二 案例综评

（一）综合点评

创新团队紧密围绕“中转便利化”，以满足旅客高效、便捷中转出行，在实现“一次支付、一次值机、一次安检、行李直挂和全程无忧”的过程中，为行业内分享了该业态的模式上的创新实践，定位清晰、可行性强，具备引领性和示范性较强思维创新参考效应。创新团队在多方案选择上体现了较高的成熟度，如在一次支付、一次值机、行李直挂路径选择上，均综合考虑了航司、OTA 平台、机场等各方资源和力量，选取了最优方案，非常利于对创新路径的先进性进行确认。

（二）技术建议

创新团队目标指标制定和监视测量上还需要进一步提升。创新成果衡量指标方面多为定性描述，缺少直接指标的跟踪，如围绕该次创新的核心需求满足程度的衡量指标。另外缺少对目标指标的常态化监控机制，不利于创新持续改进提升。

三 现场展演视频回放

微信扫码可观看

【北京首都国际机场股份有限公司】“无忧中转 触‘首’可及——首都机场‘经首都连联飞’中转产品工作实践”展演视频

案 例 名 称：【乌鲁木齐地窝堡国际机场】广域全景周界扫描系统

案 例 编 号：IAP2022014

创 新 分 类：产品创新

所 属 单 位：乌鲁木齐地窝堡国际机场

项目负责人：王吉峰

项 目 成 员：无

创新“坐标”

在“民航强国战略”中的位置

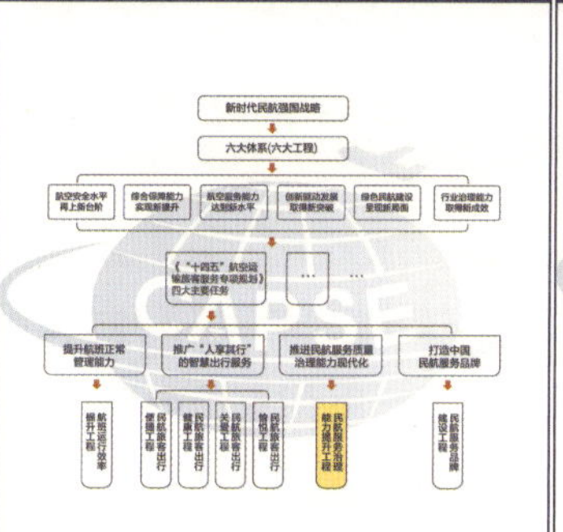

CAPSE 关于《“十四五”民用航空发展规划》解读图

在“服务管理体系”中的位置

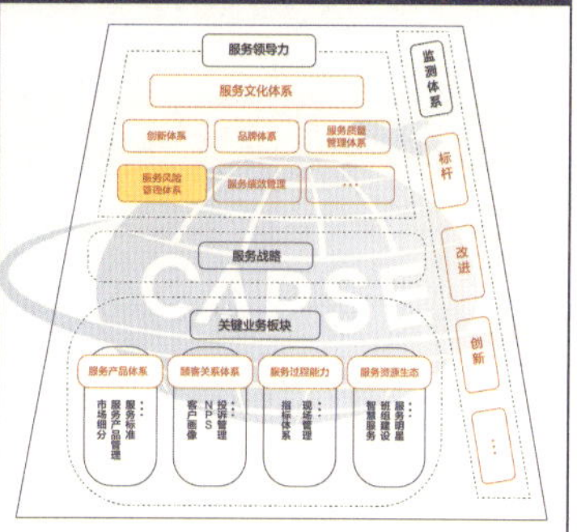

CAPSE 服务管理模型

创新 KPI

指标名称	创新前	创新后	备注（行业现状）
信息误报率	5000 余条 / 日	100 条以内 / 日	—
出警频次	日均 10 次	日均 0.29 次	—
人工成本	约 450 万（40 人）/ 年	约 132 万（12 人）/ 年	—

一 关键内容展示

（一）策划与设计

1. 需求识别

乌鲁木齐机场早期飞行区围界安防体系可以归纳为“老三防”，即采用物理围界阻隔（如单/双层金属围栏或砖墙并附加圈刺滚笼等）、远程闭路监控（无预警和报警功能，仅靠人工远程判读）、人员出警巡逻的传统模式。随着计算机技术的发展普及，又产生了红外对射、振动电缆、脉冲电子线圈、报警电缆等相关的围界防入侵技防手段，但相关报警信息只是作为一个信号点，不能直观体现报警原因，仍需投入大量人力进行警情的处置；传感节点和监控点位需投入庞大的硬件数量，日常维护管理人工强度大；设备一旦部署完成，安防策略则完全固定，如需调整必须重新进行资金投入，且不具备入侵预警功能等。

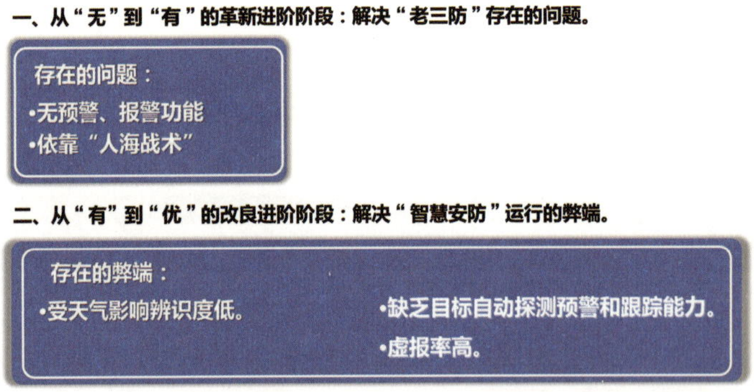

图源：2022CAPSE 创新奖决赛展演材料

随着我国信息技术与装备水平迅速发展，采用最新技术体制实现新理念，开发新系统成为必然趋势。党中央和民航局等相关单位对民航技术创新提出了一系列指示精神和指导意见。不断要求加速推进新技术在机场的应用，新系统在升级保障机场业务安全运行的同时，充分赋能、扩展应用领域，不断提高机场建设管理能力和安全管理水平。因此，新形势下的围界防入侵报警系统建设目标应当用新思维重新定义。

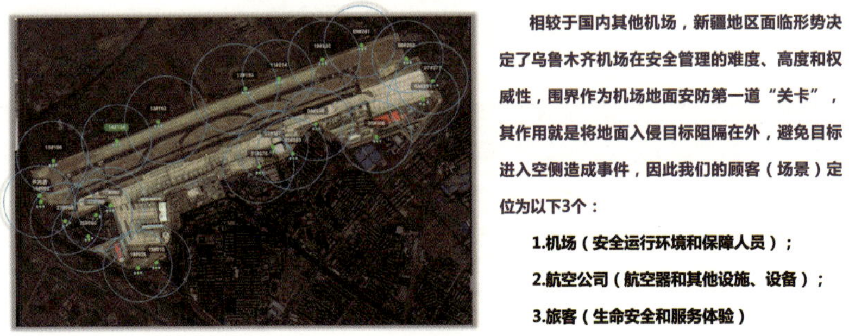

图源：2022CAPSE 创新奖决赛展演材料

2. 成型过程

乌鲁木齐机场与国内具有军民融合背景的优秀高新技术企业合作，建设完成了全新技术体制的广域全景周界安防系统和增强识别系统，构建了新型防入侵智能安防管理系统。通过国内企业完全自主知识产权的全景侦测光电雷达和基于流媒体的多源视频目标检测算法，将远距离大范围的全景侦测与传统视频监视在技术底层深度融合，系统通过“看得清”“分得准”“管得住”三个逻辑层级构，建了一个有生命力和可进化的新型智能安防管理系统。

3. 创新特点

（1）报警系统应实现两个关键观念的转变：一是报警区域由线型覆盖转向面型覆盖；二是安全策略由被动防御转向主动规划防御。防御空间上具备更大的纵深，可以实现预警、报警和紧急处置等多层级的警情级别划分，自主制定安全策略实现智能化报警信息推送，最终实现：为事前处置争取时间，为事中处理提供直观可视化的敏捷应急指挥，为事后闭环取证提供全景可视化追溯的目标。

（2）报警系统重新赋能，“一机多能”提高投资效能，实现两个升级：一是由单纯的围界安防升级为覆盖飞行区全域的安全生产管理，避免重复投资；二是由独立系统升级为融合系统，实现一个平台综合管控，视频监视和入侵报警融合复用，增强安全管理健壮性，降低风险，减少安全控制中心座席数量，安防系统运行更加高效。

（3）报警系统的设计应更加柔性和智慧化，实现“敌变我变，敌不变我求变”。

图源：2022CAPSE 创新奖决赛展演材料

4. 目标设定

可以满足机场不同阶段、不同场景和不同安防目标的安防策略需要，能够支撑各种条件下不同使用者的“安全想法”并在线实现安防系统“与时俱进”。

①实现两个观念转变

报警区域由线型覆盖转向面型覆盖；安全策略由被动防御转向主动策划防御升级。

②一机多能、高效赋能

由单纯的围界安防升级为覆盖飞行区全域的安全生产管理；由独立的入侵报警系统升级为融合现有视频监视的统一安防综合管控平台。

③“敌变我变，敌不变我求变”的进化目标

满足不同阶段、不同场景和不同目标的安防策略需要。

安全感知全景化　探测识别智能化　侦测反制实时化

目标数据集成化　应急指挥可视化

图源：2022CAPSE 创新奖决赛展演材料

（二）落地与实施

1. 流程设计

（1）看得清——目标定义的维度越多，机器算法的智慧化学习能力就越强，系统对目标的科学表述就越准确。传统的入侵事件定义通常只有“时间、地点、人物”三要素。而广域全景周界安防系统通过六个维度描述入侵事件，除了通常的三要素，事件时间（时间）、目标空间定位（地点）、目标切片（人物）以外，还包括以下内容。

① 目标与全景关系的直观可见。报警信息出现的第一时间，监控人员不仅可以看到目标，还能够确定目标与环境关系状态，减少误判。

② 目标运动轨迹。分析目标入侵行为，建立威胁等级。

③ 自动跟踪目标的可见光视频和识别。全面、细节性取证威胁目标。

（2）分得准——系统在海量的信息流中有效提取和管理信息，形成价值排序，减少人为因素，提高安全处理精准度和效率。

① 分级管理的预警、报警机制。乌鲁木齐机场的防入侵系统可以在监测范围任意规划防区，同时可以根据环境和管理目标，对防区进行预警或者报警等级设置，让安保人员对入侵行为可以形成观察、关注、处置的分层处理机制。

② 目标威胁优先级排序。乌鲁木齐机场的防入侵系统可以利用目标航迹关联，分级预、报警机制，对目标威胁程度优先级排序。目标出现在不同等级的防区内，系统可以按照分析结果对出现在防区内所有的入侵目标，按照威胁等级进行报警信息排序，提供给监控人员处理。

③ 人工干预的系统目标精准学习。当监控人员发现发生的报警为虚警后，按照虚警类别（植物影响、天气影响等）提交给系统。系统通过学习，提高目标识别能力，当该位置再次发生同类虚警情况时，系统自识别后不再报警。经过一定周期的积累，系统的虚警率（误报率）大大降低。

（3）管得住——有“看得准”“分得清”为支撑，乌鲁木齐机场的防入侵系统技术可以支撑机场围界管理者建立有特色的、人机结合的安防业务流程，实现动态安防策略。

① 防区、任务级别和处置流程进行动态调整，打破传统僵化的安全机制，使系统更高效、更智慧。

② 基于目标行为分析的人工智能学习。目标行为分析分两个层面。

a. 第一个层面是对目标本身的行为进行识别分类。系统对入侵目标类别进行识别，同时分析入侵目标轨迹，系统可以分析出目标是在进入后远离围界，还是在不断接近围界，或者是在左右徘徊还是一直在正常移动。这样，系统可以对目标的威胁严重程度做一次初步判断，对入侵事件进行优先级排序。

b. 第二层面是对防区内出现过的目标行为进行统计分析。系统整理出防区内常规入侵行为与突发型入侵行为，指导监控人员配置安全策略。

广域全景周界安防系统用六个维度定义入侵事件，系统对入侵事件提供更丰富、立体的特征信息，使得系统更加智慧，从而实现更全面的功能，让技防与人防完美结合，建立起一个高效率、能力强大的防入侵体系。

根据中国民航局和新疆维吾尔自治区人民政府对民用航空安全工作、民用机场运行安全、民用机场围界和净空保护区安全管理的有关规定、要求，结合新疆维吾尔自治区和乌鲁木齐机场实际情况，2017 年，新疆机场集团决定启动建设乌鲁木齐机场周界广域全景监控报警系统，以实现机场周界全时全天候的广域全景监控、人员车辆等目标入侵自动检测与预警报警及周界入侵安全事件分析与安全态势评估。具体包括周界前端 19 套广域全景光电雷达系统，实现对围界的全面覆盖，监控中心 1 套全景侦测防入侵软件管理平台。

2. 资源保障

同时，我们通过多形式提升对人员的技能培训，确保人、机、技高度匹配。

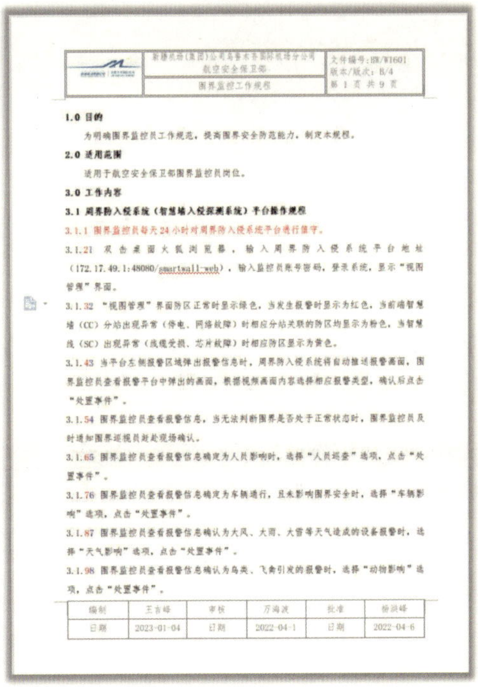

	新疆机场（集团）公司乌鲁木齐国际机场分公司 航空安全保卫部	文件编号：HR/W1601 版本/版次：B/4 第 1 页 共 9 页
	围界监控工作规程	

1.0 目的

为明确围界监控员工作规范，提高围界安全防范能力，制定本规程。

2.0 适用范围

适用于航空安全保卫部围界监控员岗位。

3.0 工作内容

3.1 周界防入侵系统（智慧墙入侵探测系统）平台操作规程

3.1.1 围界监控员每天 24 小时对周界防入侵系统平台进行值守。

3.1.21 双击桌面火狐浏览器，输入周界防入侵系统平台地址（172.17.49.1:48080/smartwall-web），输入监控员账号密码，登录系统，显示“视图管理”界面。

3.1.32 “视图管理”界面防区正常时显示绿色，当发生报警时显示为红色，当前端智慧墙（CC）分站出现异常（停电、网络故障）时相应分站关联的防区均显示为粉色，当智慧线（SC）出现异常（线缆受损、芯片故障）时相应防区显示为黄色。

3.1.43 当平台左侧报警区域弹出报警信息时，周界防入侵系统将自动推送报警画面，围界监控员查看报警平台中弹出的画面，根据视频画面内容选择相应报警类型，确认后点击“处置事件”。

3.1.54 围界监控员查看报警信息，当无法判断围界是否处于正常状态时，围界监控员及时通知围界巡视员前赴现场确认。

3.1.65 围界监控员查看报警信息确定为人员影响时，选择“人员巡查”选项，点击“处置事件”。

3.1.76 围界监控员查看报警信息确定为车辆通行，且未影响围界安全时，选择“车辆影响”选项，点击“处置事件”。

3.1.87 围界监控员查看报警信息确认为大风、大雨、大雪等天气造成的设备报警时，选择“天气影响”选项，点击“处置事件”。

3.1.98 围界监控员查看报警信息确认为鸟类、飞禽引发的报警时，选择“动物影响”选项，点击“处置事件”。

编制	王吉峰	审核	万海波	批准	杨洪峰
日期	2023-01-04	日期	2022-04-1	日期	2022-04-6

图源：2022CAPSE 创新奖决赛展演材料

3. 检测改进

2020 年，因乌鲁木齐机场停机坪改造扩建，新增 3 套广域全景光电雷达，与前期 19 套设备统一接入广域全景周界安防系统管理平台。

2021 年 11 月，对广域全景周界安防系统实施赋能，在两道围界间新增 207 路摄像机，利用视频监控增强识别算法，使视频监控系统具备入侵报警功能，同时将报警信息集成至广域全景周界安防系统，实现了双复核机制的机场围界全景可视化智能防入侵管理。

图源：2022CAPSE 创新奖决赛展演材料

机场停机坪改建期间，广域全景周界安防系统发挥出优越的赋能效果，在运行机坪和施工区域之间建立了有效的技防手段。如下图所示，利用系统灵活的防区定义功能，设立防区三作为施工区与运行中机坪的电子围栏区域，施工人员、车辆误闯机坪时，会立刻产生报警信息，并同步推送到安全控制中心座席进行处置。

图源：2022CAPSE 创新奖决赛展演材料

（三）目标实现与展望

1. 目标性

该系统全面使用近 4 年以来，共防范小动物入侵 253 次，准确发现大型 FOD1658 次，围界周边施工监管 86 次，顺利通过上级安保测试 12 次，发现地下管道违规作业 1 次；围界巡视人员由 40 人缩减至 12 人，降低了用工成本。

本产品的效益主要有三个方面：

1.经济效益

（1）人员合理配置，人工成本减少。

项目	前	后
人员数量	40人	12人
人工成本	约450万（40人）/年	约132万（12人）/年

（2）精准识别目标，误报数量下降。

项目	前	后
车辆油耗	约400升（1辆）/月	约230升（1辆）/月
油耗费用	约3万/年	约2万/年

图源：2022CAPSE 创新奖决赛展演材料

2.安全效益（管理效能）

（1）预警响应

项目	前	后
预留处置时间	2~3分钟	4~6分钟

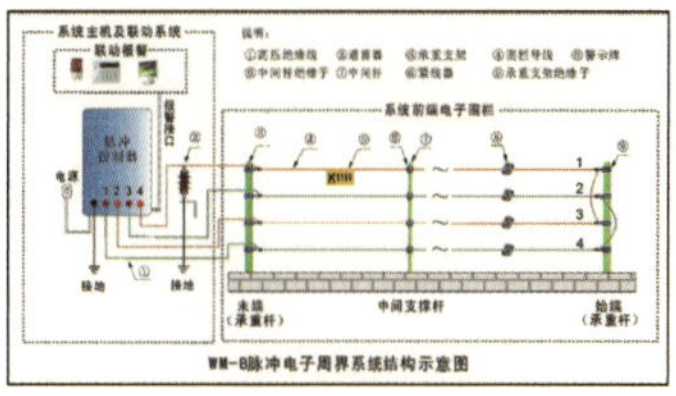

（2）空防安全底线

由围界安防突破造成入侵事件 0

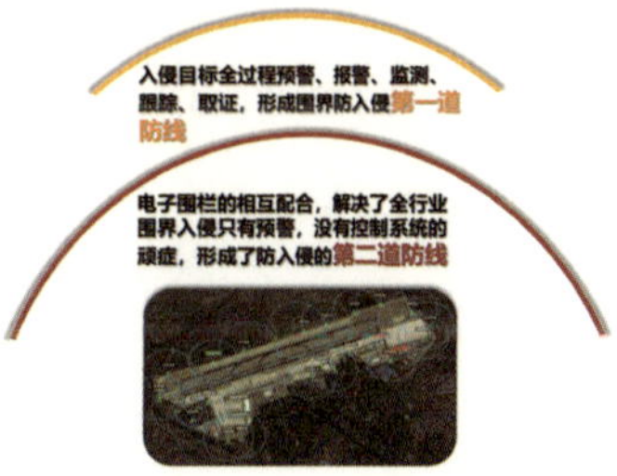

3.社会效益（节能环保）

因采用的是视频图像智能识别的无源技术体制，适合于机场对有源信号管理的环境要求，符合“绿色机场”建设方向。

图源：2022CAPSE 创新奖决赛展演材料

从近 4 年的实际使用效果来看，项目达到预期目标。首先，实现了由被动防御到主动探测，从线型探测到面型覆盖的方向性转变，因采用的是视频图像智能识别的无源技术体制，对环境无任何电磁等有源信号污染，适合于机场对有源信号必须严格管理的环境要求，符合“绿色机场”建设方向。其次，实现 360 度全景化目标自动探测识别，可以灵活设置预警、报警、紧急报警处置三级报警体制，探测距离远，实现对安全威胁目标无死角、全过程在线监控。防入侵系统自动定义入侵性质，真正实现系统深度学习识别威胁目标，过滤非威胁目标，智能化定义安全等级并自动推送报警信息。

2. 标准化

改扩建完成后乌鲁木齐国际机场飞行区等级将达到 4F（为最高等级，可起降空客 A380 飞机），可满足年旅客吞吐量 6300 万人次，货邮吞吐量 75 万吨，航站区可满足年旅客吞吐量 4800 万人次，货邮吞吐量 55 万吨。

（1）提高围界安防精准度，进一步降低误报信息数量。

（2）加大物联网技术应用，考虑引入类似“围界机器人”等设备，解放人力。

（3）全面总结经验为 T4 开启做保障。

二 案例综评

（一）综合点评

该创新案例围绕机场围界入侵的安全防范能力提升主题进行了创新，创新团队在策划设计、落地与实施方面，通过多次选型及升级，形成了的“广域全景周界安防侦测系统”，实现机场围界内的无死角、全覆盖，提升了围界整体安全裕度，提高了安全管理水平，筑牢了机场空防安全的“防线”。为边防机场应用新技术手段提升空防安全保障能力提供了良好的借鉴。

（二）技术建议

创新团队在创新过程中，对于需求识别到满足、落地的整个过程中，需求分层量化和管理还有不足，如从需求衡量指标的横向广度上来看，对于旅客需求的量化指标缺少相应的针对性指标；对创新的监测和持续改进方面的管理还有待提升，在监测过程中，缺少对设定目标指标的常态监控机制，这都不利于该创新的持续改进提升。

三 现场展演视频回放

微信扫码可观看

【乌鲁木齐地窝堡国际机场】“广域全景周界扫描系统”展演视频

案例名称：【元翔（厦门）国际航空港股份有限公司】“一路畅行”——厦门机场助力旅客缩短出行时间

案例编号：IAF2022001

创新分类：流程创新

所属单位：元翔（厦门）国际航空港股份有限公司

项目负责人：温尔雅

项目成员：庄雅茜、姚伊晟

创新“坐标”

在“民航强国战略”中的位置

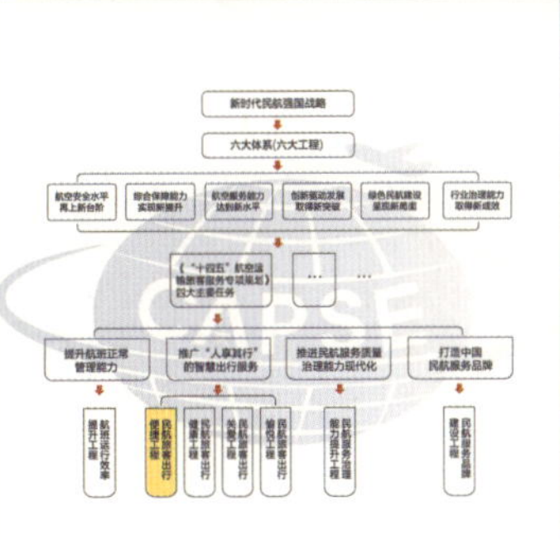

CAPSE 关于《“十四五”民用航空发展规划》解读图

在“服务管理体系”中的位置

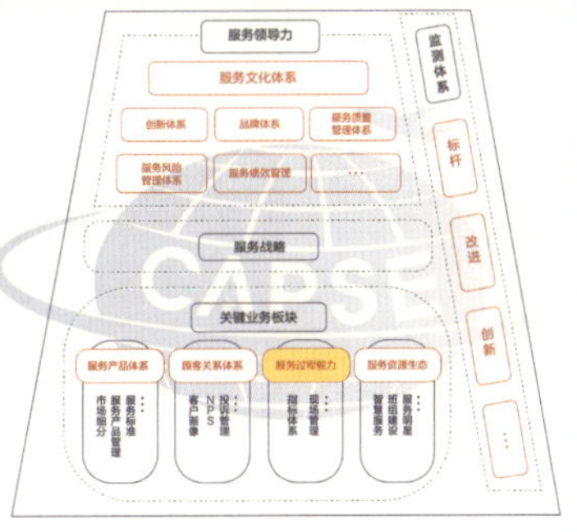

CAPSE 服务管理模型

在“旅客出行体验”中的位置

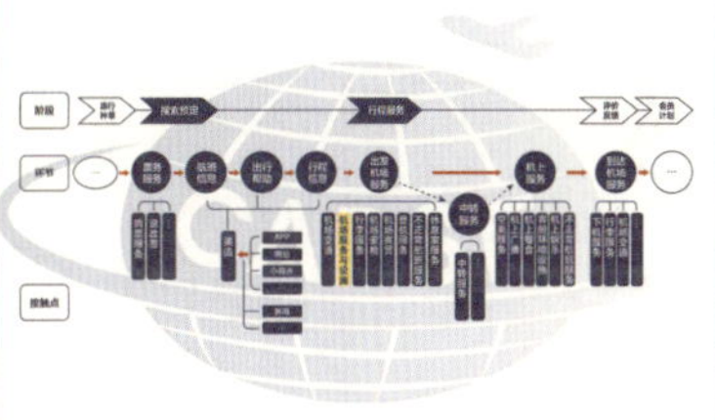

CAPSE 旅程地图

在“时间效率”中的位置

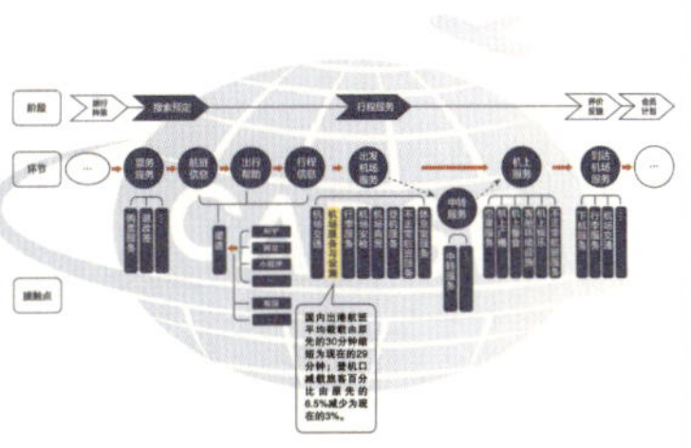

CAPSE 旅程地图

创新 KPI

指标名称	创新前	创新后	备注（行业现状）
国内出港航班平均截载时间	30 分钟	29 分钟	41 家千万级以上机场（以 2019 年为基准）航班实际截载时间平均值分别为 37.0 分钟和 37.3 分钟
因旅客晚到，登机口减载旅客百分比	6.5%	3%	暂无

一 关键内容展示

（一）策划与设计

1. 需求识别

“出行时间缩短工作”是《“十四五”民用航空发展规划》中的重要内容，也是民航局 2022 年“我为群众办实事”的重要任务项目。《元翔厦门空港 2022 年“民航服务规划实施年”总领纲要》同步将“提升旅客出行效率”作为千万级以上机场的重点任务指标。在此战略背景下，厦门空港始终坚持贯彻民航局总体方针思想，紧握“旅客服务质量提升的”抓手，全面推进落实提效，重点抓好“缩短航班截载时间”工作。

结合旅客需求，对三个要素项目进行分析，发现存在几个痛点。

（1）旅客在机场耗时较长，因有停止办理时间的限制和值机排队等候等因素，因此相较于火车高铁等交通工具，耗时较长。

（2）晚到旅客想尽量延迟截止办理时间，使其能成功出行，但存在旅客办理值机后无法顺利乘机。

（3）存在因 30 分钟截载时间带来的后续保障时间压缩的压力，该痛点是舱门晚关的直接原因。

结合旅客反馈情况，为进一步提升旅客服务满意度，更精准挖掘旅客潜在服务需求，实现旅客乘机过程“一路畅行”，厦门空港组建旅客出行服务提升专项小组，围绕构建“一路畅行”服务产品进行项目优化活动开展。

2. 成型过程

厦门机场基于“人文机场建设”的战略目标，深入贯彻“真情服务”的主体思想精神，践行“发展为了人民”的人文理念，着力聚焦“缩短截载时间影响航班准点放行率”“晚到旅客出行”等保障痛点，构想设计一项服务产品方案。

3. 创新特点

该项产品方案围绕“旅客出行高质量”“业务保障运行高效率”为核心要素指标，使用

“四三二一”模式，其中“四”模式为顺畅：值机预警，“三”模式为协同：畅优出行，“二”模式为“预”：预减载机制，“一”模式为准确：十分钟关舱精准把关。优化客运流、货运流、行李流各环节的工作流程、完善服务设施设备配备、联动执行运控模块、机坪模块、客运模块三大模块，扎实推进安全运行、信息顺畅、组织优化、协同高效。

4. 目标设定

达成提升航班准点率、减少旅客误机率，实现旅客“一路畅行”的最终目标。

> “
> 核心目标：
> 一、晚到旅客成行率提升20%
> 二、降低因晚到旅客导致晚关舱次数17次至5次
> ”

图源：2022CAPSE 创新奖决赛展演材料

（二）落地与实施

1. 流程设计

策划小组会同所代理航空公司，协同对未成行旅客开展服务需求调研，为期两个月。

小组通过四分图法对旅客感知需求调研结果进一步进行分析研讨，探究机场不同服务项目于旅客而言其满意度如何、其重要度如何，以“旅客满意度”“感知重要度”作为两个测评维度，精准挖掘大众旅客潜在需求。

以“重要度”作为纵坐标，“满意度”作为横坐标，由“四分图法”定义可知，两个维度的调研项目的结果数值平均值为满意度 3，重要性感知度 3，遂将各项目“重要度”“满意度”的平均得分值体现在图表之上。

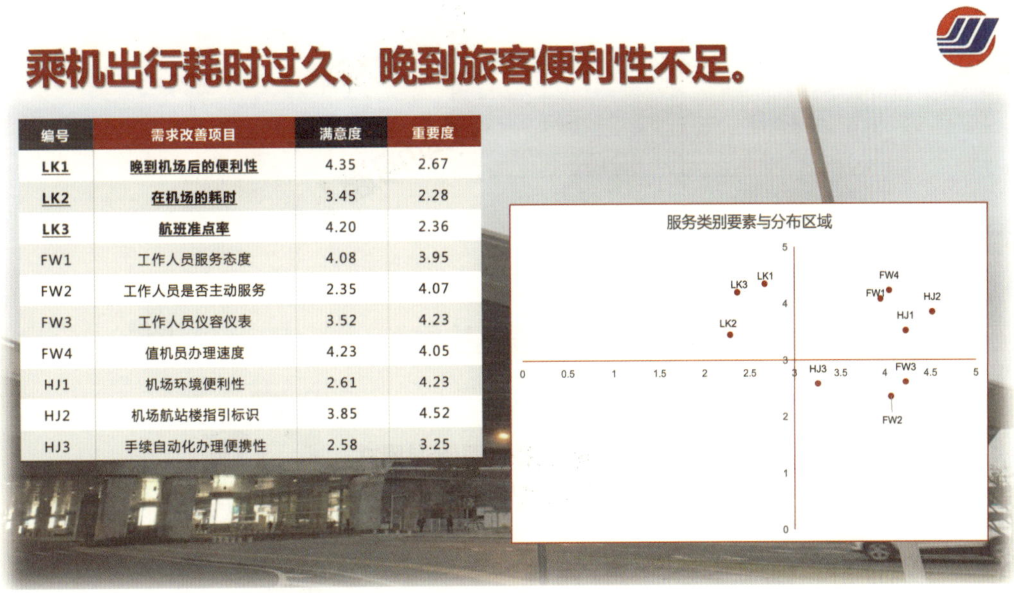

编号	需求改善项目	满意度	重要度
LK1	晚到机场后的便利性	4.35	2.67
LK2	在机场的耗时	3.45	2.28
LK3	航班准点率	4.20	2.36
FW1	工作人员服务态度	4.08	3.95
FW2	工作人员是否主动服务	2.35	4.07
FW3	工作人员仪容仪表	3.52	4.23
FW4	值机员办理速度	4.23	4.05
HJ1	机场环境便利性	2.61	4.23
HJ2	机场航站楼指引标识	3.85	4.52
HJ3	手续自动化办理便携性	2.58	3.25

图源：2022CAPSE 创新奖决赛展演材料

针对两个核心目标，制定解决方法。

方案一：围绕“旅客成行率提升 20%”该目标，厦门空港深入探究“四三二一”航班保障新模式，助推旅客乘机旅途“一路畅行”。

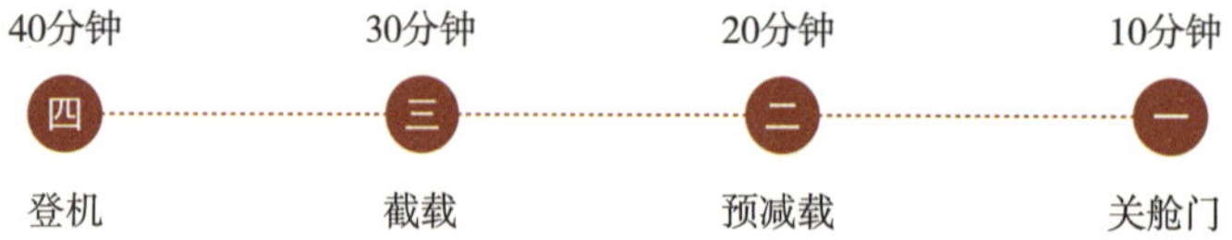

图源：2022CAPSE 创新奖决赛展演材料

“四”模式为顺畅：值机预警，“三”模式为协同：畅优出行，“二”模式为“预”：预减载机制，“一”模式为准确：10 分钟关舱精准把关。“四三二一模式”解释为厦门空港旅客出行保障的四个关键时间节点，实现 40 分钟提前登机，30 分钟航班截载，20 分钟预减载，10 分钟舱门关闭。

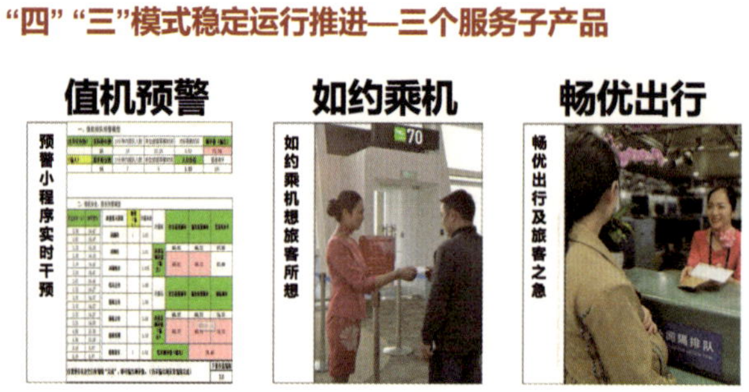

图源：2022CAPSE 创新奖决赛展演材料

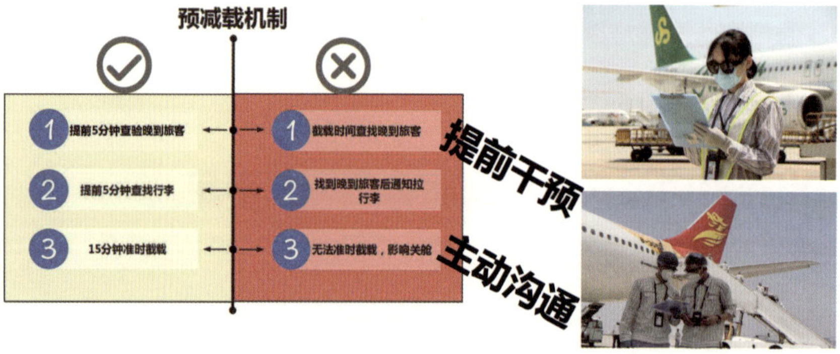

图源：2022CAPSE 创新奖决赛展演材料

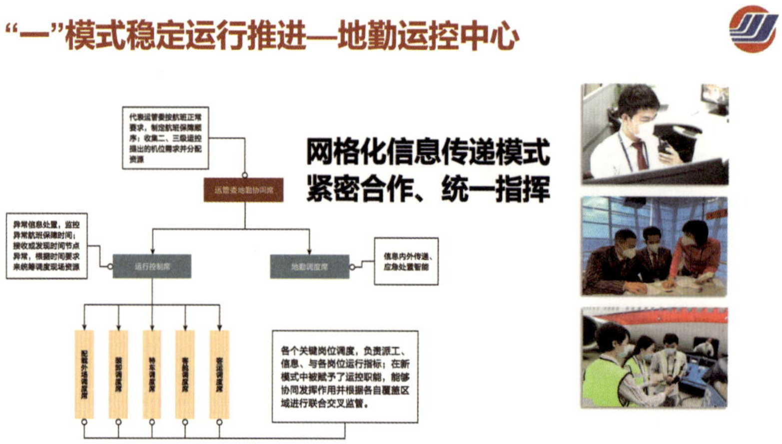

图源：2022CAPSE 创新奖决赛展演材料

措施一：值机环节设计模块化预警机制应用，改善值机现场排队现状。

措施二：开展离港座位控制精细化管理项目，提升自助、网值办理率。

措施三：旅客值机、安检环节衍生“晚到旅客－畅优行”服务子产品，设立急客保障旅客通道。

措施四：旅客登机环节衍生“如约乘机”子服务产品，有效查找旅客，缩短航班保障进程，提升准点关舱率。

措施五：技防能力升级，设计出截关减载小程序，通过开发小程序，有效提升减载正确率，解决推迟截关时间衍生出的最终截载数据差错易发问题。

方案二：围绕“降低因晚到旅客导致晚关舱次数由 17 次 / 万架次至 5 次 / 万架次”，小组拟用要因分析图归纳总结影响放行正常率的痛点因素，合计 9 项，并制定“五同两优两预”模式。

措施一：网状化信息传输中心、运行协调中枢——地勤运控中心。

措施二：“五同两优两预”促机坪运行保障高效化。

（1）五“同”

① 一协同：航班登机协同机制。

② 二协同：登机人数精准控制，登机口与大摆渡共同协同。

③ 三协同：登机口与小摆渡班组建立晚到协同机制。

④ 四协同：行李拖车与分拣协同派工机制。

⑤ 五协同：大小摆渡与客梯车协同机制。

（2）两“优”

① 一优化：优化摆渡车路线，缩短远机位登机总耗时。

② 二优化：合理分布高峰低谷近远机位调配，实现资源配置优化。

（3）两“预”

① 登机口晚到旅客预减载机制。

② 行李装载预到位。

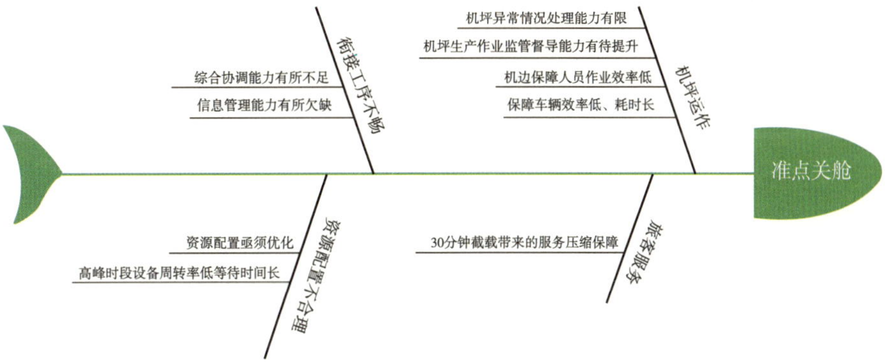

图源：2022CAPSE 创新奖决赛展演材料

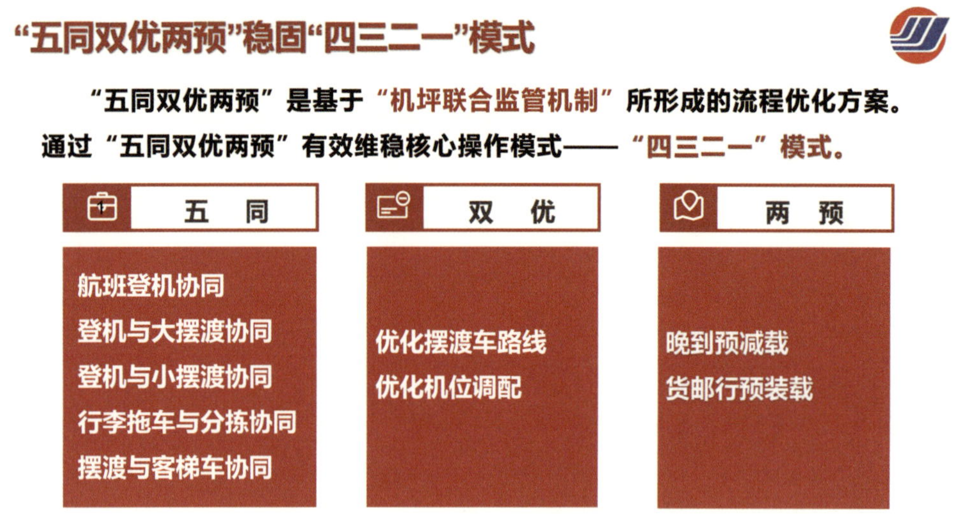

图源：2022CAPSE 创新奖决赛展演材料

2. 资源保障

小组开发相关服务手册，产出不限于《晚到旅客 · 畅优行服务手册》《登机口 · 如约乘机服务手册》《首乘旅客 · 放心飞服务手册》等多个服务衍生产品，丰富了全流程服务的应用。

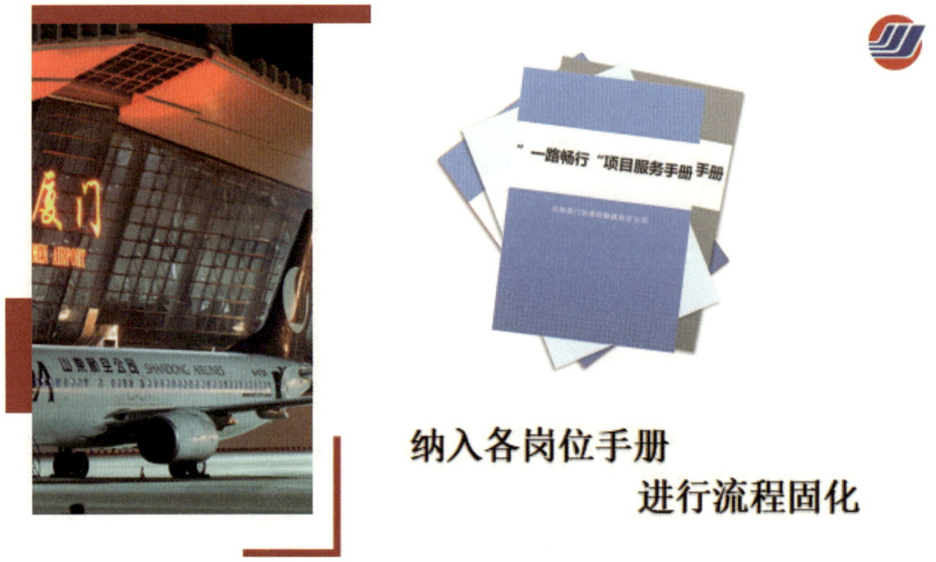

图源：2022CAPSE 创新奖决赛展演材料

3. 监测改进

每月定期与航空公司、相关保障单位沟通，填写用户沟通信息记录，了解航班保障中存在的问题，供航空公司评价当月航班保障中涉及准点率和服务保障存在的问题，不断完善改进相应措施。

根据机坪保障运行时间"急、赶"的不安全因素下，衍生出"机坪联合监管机制"。联合小组收集纠偏自查问题，按问题类别、问题性质划分，以周为周期进行差错数据复盘，重点聚焦"差错常发时间”“差错频发当事人”“差错高发环节”三个因素进行数据汇总统计分析，围绕三个薄弱因素拟定主题强化，明确重点人员，强化薄弱环节监管，并制订下周期检查计划。依托公司质控组织和项目小组进行抽查暗访，确保末端执行落实到位。

通过汇总日检查问题分析，对工作组所提出的方案进行完善，制订了部分具有针对性的计划，从而有了其他的衍生项目：① 值机现场满意度测评；② 值机人员办理效率统计小程序；③ 链条式协调会模式；④ 机坪联合监管模式；⑤《突发事件情况处置手册》电子快速检索功能落地。

（三）目标实现与展望

1. 目标性

经过流程优化活动的有序开展，各项改进措施得到了彻底的实施。小组对所实施的措施及优化结果进行检验评估。

根据民航局《关于航班截载时间相关情况的通报》，在二千万至四千万级机场中，厦门机场的航班实际截载时间最短，2022 年下半年为 28.64 分钟，稳居第一名。

晚到旅客保障所导致晚关舱的次数由原有 17 次 / 万架次降低至 3 次 / 万架次，优化幅度 82.35%, 超额既定指标 20% 完成目标。

数据层面—目标一实现：实现晚到旅客成行率提升59.94%。

晚到平均成行旅客自2022年7月、8月的45.16人/万人增加至2023年1月的71.21人/万人，增长约59.94%，超越既定指标20%完成目标。

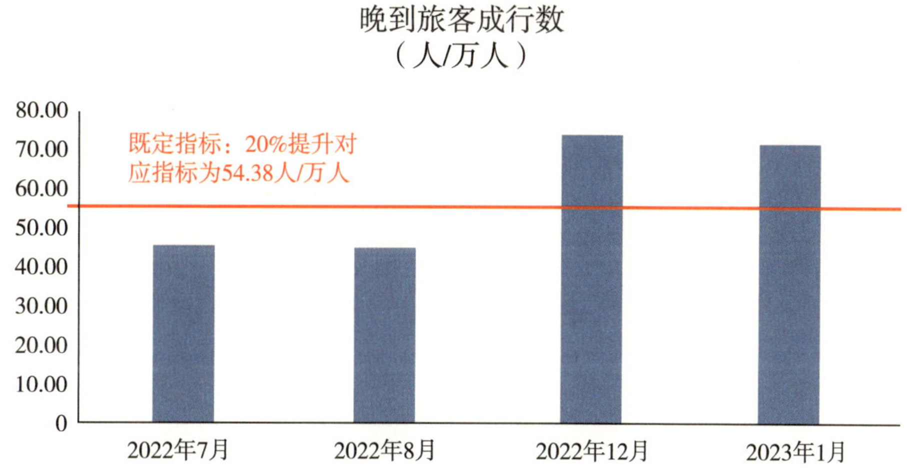

图源：2022CAPSE 创新奖决赛展演材料

数据层面—目标一实现：实现晚到旅客成行率提升59.94%。

2022年下半年实际截载时间仅28.64分钟；
在两千万至四千万级机场中截载时间最短，稳居第一！

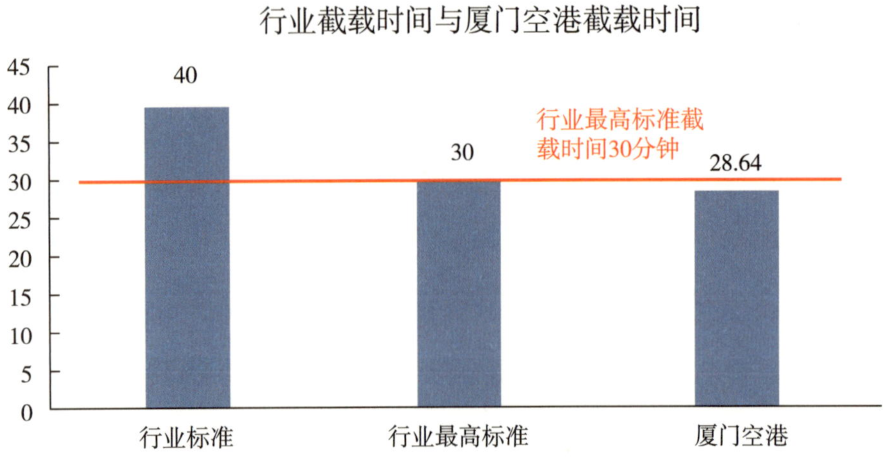

图源：2022CAPSE 创新奖决赛展演材料

数据层面—目标二实现：降低因晚到旅客导致晚关舱次数至3次

因晚到旅客保障所导致晚关舱的次数由原有17次/万架次降低至3次/万架次，优化幅度82.35%，超额既定指标完成目标。

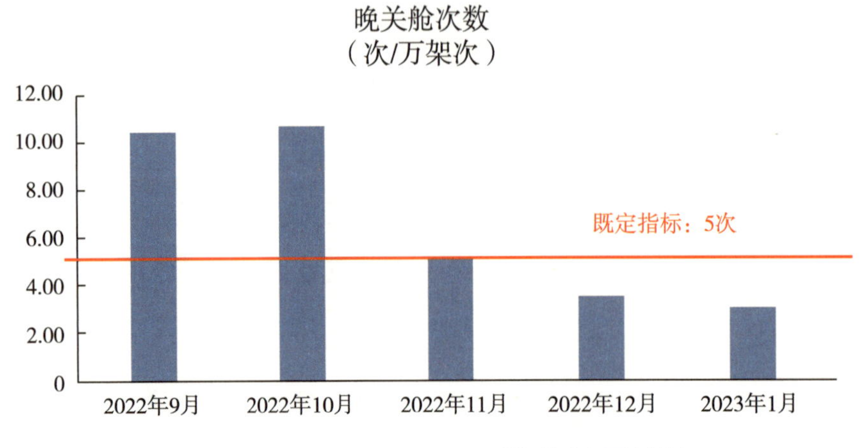

图源：2022CAPSE 创新奖决赛展演材料

2. 标准化

经优化后流程及先进做法被纳入《国内客服部值机全开柜台岗位手册》《国内客服部登机口主办岗位手册》《配载中心控制室航班协调岗位手册》《配载中心控制室商务调度岗位手册》等 16 本岗位手册，持续进行体系文件不断修订与完善优化。

二 案例综评

（一）综合点评

创新团队围绕“临界旅客”管理，从运行侧进行了整体的创新探索。创新团队将预防管理融入流程优化过程中，并围绕流程关键节点探索出了“四三二一”模式和“五同两优两预”工作机制；在设计过程中，采用了流程节点到服务规范和服务操作标准的一体化设计，实现了流程到需求、需求到标准、标准到小程序设计的一体化转化。该案例为民航实体应用流程梳理工具、打通保障端到服务端提供了较好的借鉴。

（二）技术建议

创新团队在创新中要实现的流程目标逻辑不清晰，比如，创新总体监控指标是平均截载时间、登机口减载百分比，目标设定环节又设定为晚到旅客成行率、因晚到旅客导致的晚关舱次数等，指标结构逻辑不清晰会导致流程层级和流程结构的不清晰，最终会影响整体“端到端”流程优化点的确认和相应关键优化措施的有效性。另外，创新是围绕旅客感知产品“一路畅行”进行优化，但是在整体的流程改进的效果评价中缺少旅客感知层面的指标。

三 现场展演视频回放

微信扫码可观看

【元翔（厦门）国际航空港股份有限公司】“‘一路畅行’——厦门机场助力旅客缩短出行时间”展演视频

案 例 名 称：【深圳市机场股份有限公司】“抱”轮随技而升 “举”机轻而易举

案 例 编 号：IAF2022002

创 新 分 类：流程创新

所 属 单 位：深圳市机场股份有限公司

项目负责人：潘镜军

项 目 成 员：陈振忠、张小俞、王毅

创新“坐标”

在“民航强国战略”中的位置

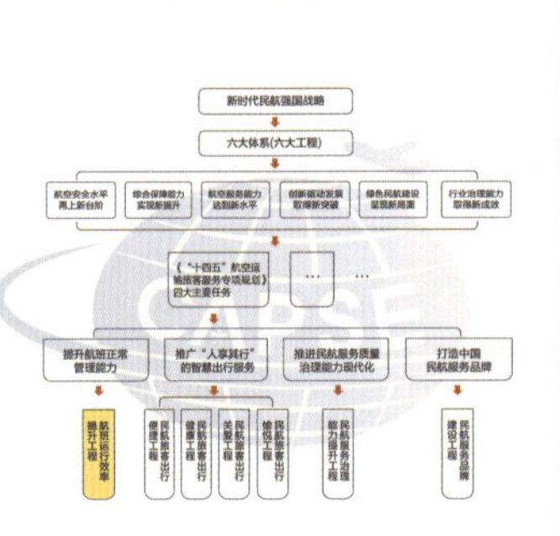

CAPSE 关于《“十四五”民用航空发展规划》解读图

在“服务管理体系”中的位置

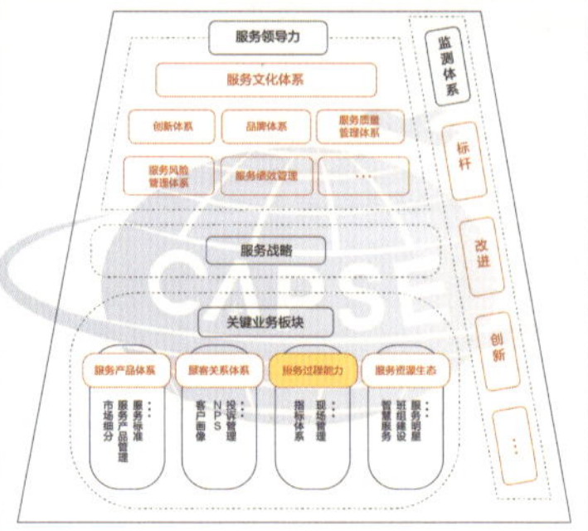

CAPSE 服务管理模型

创新 KPI

指标名称	创新前	创新后	备注（行业现状）
提高抱轮牵引车靠接航空器对中准确率	90%	99.9%	—

一 关键内容展示

（一）策划与设计

1. 需求识别

深圳机场项目团队通过统计 2022 年第一季度的抱轮牵引车航班保障总量架次，计算日常保障过程一次对中准确率只达到了 90%，第一次未对中的均需进行二次对接，但二次对接航空器将会直接影响航班出港率，且在二次对中不准确情况下继续执行抱夹飞机轮胎在一定程度上可能发生刮碰航空器的不安全事件。近年来国内已发生多起类似事件，为保证旅客安全出行，项目团队必须提高抱轮牵引车对接飞机的准确率，进一步提升航班出港效率，并杜绝出现剐蹭航空器的不安全事件。

2. 成型过程

（1）深圳机场成立创新项目团队，积极研究探索，深挖根源。结合 BEM 数据模型分析对中偏差率原因，对作业环境、人员技能及作业心理活动进行分析，结合车辆的复杂结构特性，重新梳理作业流程，通过制定“现场作业流程画布模型”，针对每个工作场景进行深入解剖，并对存在的隐患综合开展可控性分析。

（2）项目团队结合工作画布将影响偏差的 4 个流程环节（车辆机下等待 / 激光引导对中前起落架 / 关闭抱夹闸门 / 机下等待），通过 BEM 模型编码器对环境因素（①数据要求和反馈；②资源流程和工具；③后果奖励和激励）和个体因素（①知识技能；②天赋潜能；③态度动机）进行逐层分析，锁定了 4 个造成偏差的原因，即项目症结。

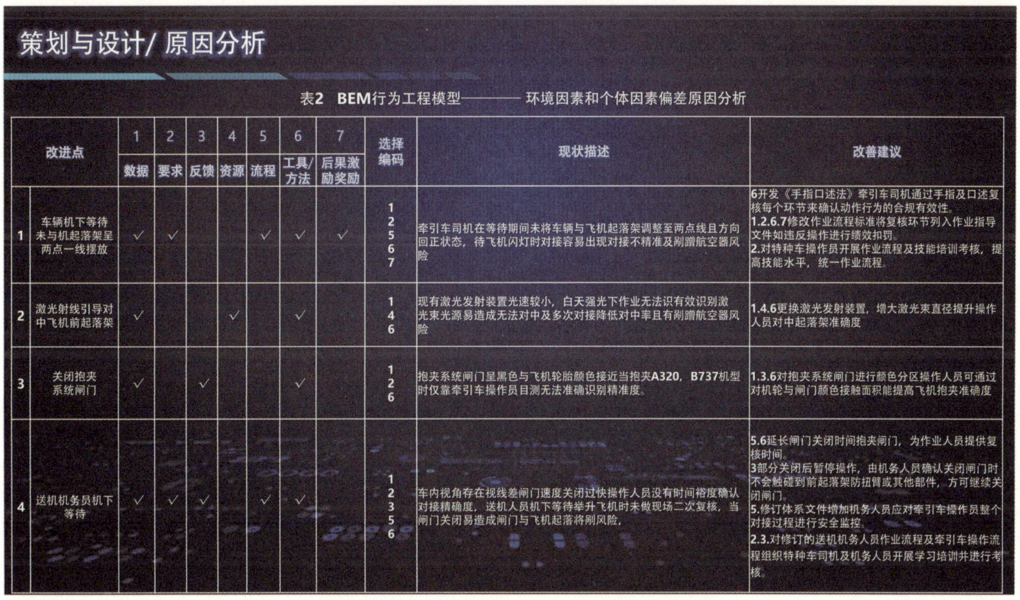

表2 BEM行为工程模型——— 环境因素和个体因素偏差原因分析

	改进点	1 数据	2 要求	3 反馈	4 资源	5 流程	6 工具/方法	7 后果激励奖励	选择编码	现状描述	改善建议
1	车辆机下等待未与机起落架呈两点一线摆放	√	√			√	√	√	1 2 5 6 7	牵引车司机在等待期间未将车辆与飞机起落架调整至两点线且方向回正状态，待飞机闪灯时对接容易出现对接不精准及剐蹭航空器风险	6开发《手指口述法》牵引车司机通过手指及口述复核每个环节来确认动作行为的合规有效性。 1.2.6.7修改作业流程标准将复核环节列入作业指导文件如违反操作进行绩效扣罚。 2.对特种车操作员开展作业流程及技能培训考核，提高技能水平，统一作业流程。
2	激光射线引导对中飞机前起落架	√			√		√		1 4 6	现有激光发射装置光速较小，白天强光下作业无法识有效识别激光束光源易造成无法对中及多次对接降低对中率且有剐蹭航空器风险	1.4.6更换激光发射装置，增大激光束直径提升操作人员对中起落架准确度
3	关闭抱夹系统闸门	√		√			√		1 2 6	抱夹系统闸门呈黑色与飞机轮胎颜色接近当抱夹A320，B737机型时仅靠牵引车操作员目测无法准确识别精准度。	1.3.6对抱夹系统闸门进行颜色分区操作人员可通过对机轮与闸门颜色接触面积能提高飞机抱夹准确度
4	送机机务员机下等待	√	√	√		√	√		1 2 3 5 6	车内视角存在视线差闸门速度关闭过快操作人员没有时间裕度确认对接精确度，送机人员机下等待举升飞机时未做现场二次复核，当闸门关闭易造成闸门与飞机起落将剐风险，	5.6延长闸门关闭时间抱夹闸门，为作业人员提供复核时间。 3部分关闭后暂停操作，由机务人员确认关闭闸门时不会触碰到前起落架防扭臂或其他部件，方可继续关闭闸门。 5.修订体系文件增加机务人员应对牵引车操作员整个对接过程进行安全监控。 2.3.对修订的送机机务人员作业流程及牵引车操作流程组织特种车司机及机务人员开展学习培训并进行考核。

图源：2022CAPSE 创新奖决赛展演材料

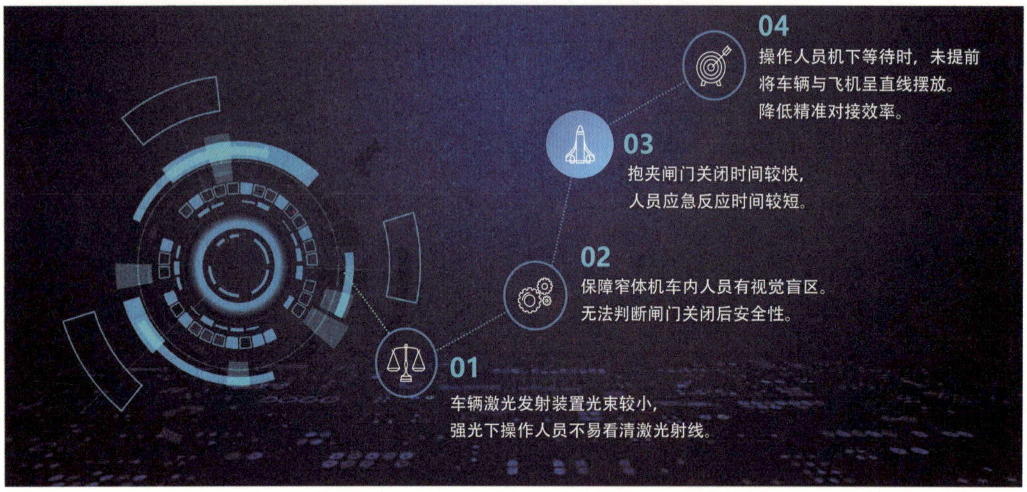

图源：2022CAPSE 创新奖决赛展演材料

3. 创新特点

（1）无懈可“激”改良射线——“激”即中：改良激光引导射线，提高辨识度，确保精准对接飞机。

（2）独具慧“颜”——闸门三色分区 识风险：抱夹系统以红、黄、黑三色分区，提高辨识度，牵引车司机可通过颜色识别出靠接偏差。

（3）“延”防“时”守——消隐患 保安全：降低抱夹系统闸门关闭速度，增加人员未对中操作反应时间及加入送机人员复核；修改作业流程，抱轮车司机与送机人员运用《手指口述法》双向复核确认抱夹环节。

4. 目标设定

项目团队为杜绝现场发生剐蹭航空器等不安全事件，结合数据统计，剔除现场不可抗力因素，将抱轮牵引车靠接航空器对中准确率目标设定为由 90% 提升至 99.9%。

（二）落地与实施

1. 流程设计

（1）对策分析。项目团队前期通过工作流程画布确定了偏差的 4 个流程环节，并结合 BEM 模型根据每个流程环境量身定制了针对性的改善建议。结合开发《手指口述法》，要求牵引车司机通过手指法及口述复核每个环节来确认动作的合规有效性；修改作业流程标准，将现场复核环节列入作业指导文件；开展技能培训考核，进一步提升现场人员技能水平；更换激光发射装置，通过增大激光直径来提升操作人员对中起落架的准确度、对抱夹系统进行颜色区分等创新对策，全面系统提升抱轮牵引车对接航空器的准确率。项目团队在制定完相应的改善对策后，针对主要因素制定了对策方案评估标准，从简单、高效、经济、可测 4 个方面开展了综合评价，制定了实施措施计划表和落地实施表，并安排专人对措施落地进行监督。

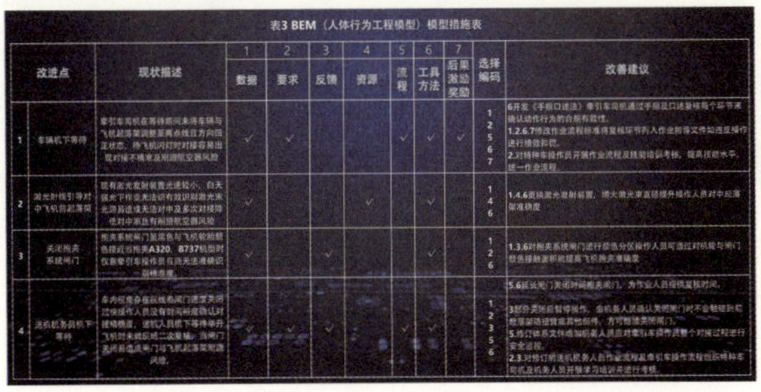

表3 BEM（人体行为工程模型）模型措施表

改进点		现状描述	1 数据	2 要求	3 反馈	4 资源	5 流程	6 工具方法	7 后果激励奖励	选择编码	改善建议
1	车辆机下等待	牵引车司机在等待期间未将车辆与飞机起落架调整至两点线且方向回正状态，待飞机闪灯时对接容易出现对接不精准及刮擦航空器风险	✓	✓			✓	✓	✓	1 2 5 6 7	6开发《手指口述法》牵引车司机通过手指及口述复核每个环节来确认动作行为的合规有效性。1.2.6.7修改作业流程标准将复核环节列入作业指导文件如违反操作进行绩效扣罚。2.对特种车操作员开展作业流程及技能培训考核，提高技能水平，统一作业流程。
2	激光射线引导对中飞机前起落架	现有激光发射装置光速较小，白天强光下作业无法识有效识别激光束光源易造成无法对中及多次对接降低对中率及有刮擦航空器风险	✓			✓		✓		1 4 6	1.4.6更换激光发射装置，增大激光束直径提升操作人员对中起落架准确度
3	关闭抱夹系统闸门	抱夹系统闸门是黑色与飞机轮胎颜色接近当抱夹A320、B737机型时仅靠牵引车操作员目测无法准确识别精准度	✓		✓			✓		1 2 6	1.3.6对抱夹系统闸门进行颜色分区操作人员可通过对机轮与闸门颜色接触面积提高飞机抱夹准确度
4	送机机务员机下等待	[illegible]	✓	✓	✓		✓	✓		1 2 3 5 6	5.6延长闸门关闭时间抱夹闸门，为作业人员提供复核时间。3部分关闭后暂停操作，由机务人员确认关闭闸门时不会触碰到起落架部件或其他部件，方可继续关闭闸门。5.修订体系文件增加机务人员应对牵引车操作员整个对接过程进行安全监控。2.3.对修订的送机机务人员作业流程及牵引车操作流程组织特种车司机及机务人员开展学习培训并进行考核。

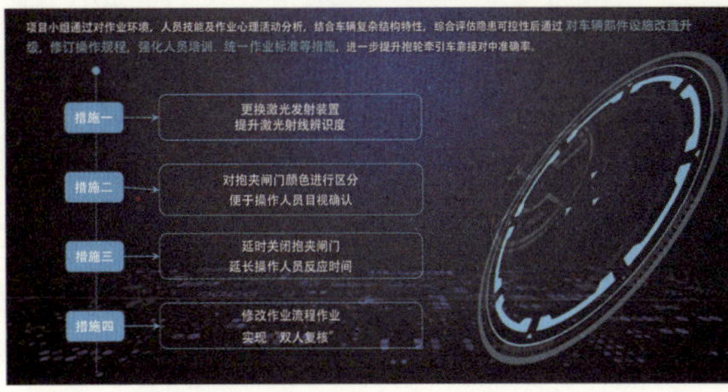

图源：2022CAPSE 创新奖决赛展演材料

（2）对策实施。在实施对策前，一是原激光射线在白天的太阳强光下不明显，牵引车司机较难识别到激光光束，不能精准辅助引导车对接车辆。项目团队通过进一步改良设备激光发射装置，以强光辅助现场牵引车司机对接操作，使抱轮牵引车对接准确率更高效、更精准、更安全。二是为进一步帮助牵引车司机识别车辆是否精准靠接航空器，项目团队通过在抱夹系统进行“红、黄、黑”三色分区。三是实施对策前，抱夹闸门关闭用时为 6 秒，人员反应时间裕度小。项目团队通过将系统闸门关闭时间延长设置至 8 秒，进一步增加现场操作人员的反应时间，从而有效避免航空不安全事件的发生。四是通过制定《手指口述法》，进一步实现抱轮牵引车司机与送机人员双向同标准复核，提升对接准确率。实施对策前，抱轮牵引车司机与送机人员无法进行同标准复核。为此，项目团队在设备改良后采用《手指口述复核工作法》，由抱轮牵引车司机与送机人员实行双向同标准复核，进一步提升精准靠接率，助力民航安全高质量发展。

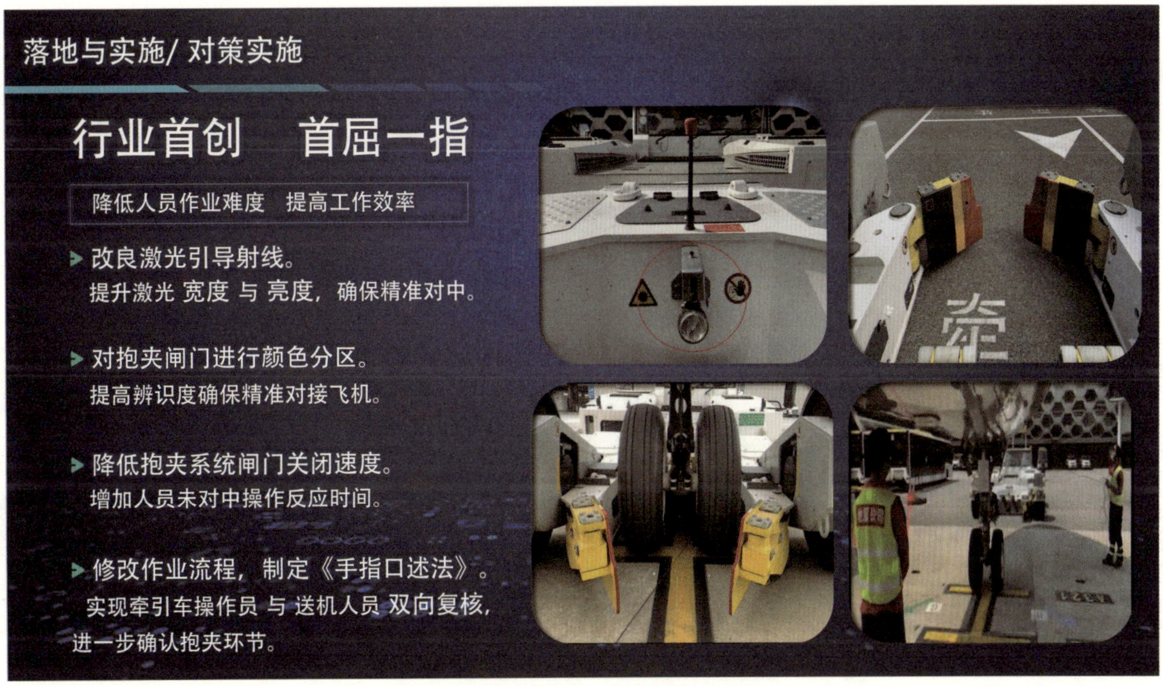

图源：2022CAPSE 创新奖决赛展演材料

2. 资源保障

（1）固化操作流程。案例目标达成后，项目团队将案例创新过程中的有效措施纳入进了体系文件，修订《TLD 抱轮式飞机牵引车操作规程》等 4 份体系文件，明确抱轮牵引车抱夹飞机前轮时，送机机务人员应进行辅助安全监控的要求，实行双人员复核作业标准，进一步固化了服务操作流程。同时，项目团队根据现场作业流程的变动，及时对文件做出修订和调整，以此保留和传承创新经验与知识，推动工作向制度化、常态化、效能化开展。

（2）输出作业指导书。为便于后续新员工培训及老员工复训，传承和保留现场宝贵的作业经验，项目团队成员编写了《民用航空器牵引和滑行作业指导书》《机务维修科航空器一般勤务作业指导书》，并安排经理级以上人员专人负责日常更新手册，确保作业指导书始终与现场操作流程保持一致。

（3）制作作业教学视频。项目团队专门制作了《抱轮式牵引车安全作业示范教学视频》，定期组织抱轮牵引车司机开展线下作业流程学习培训及考核，通过全员覆盖学、多种形式学、联系实际学，切实做到学深悟透，融会贯通。截至 2023 年 3 月，各抱轮牵引车司机培训考核通过率均为 100%。

3. 监测改进

（1）设置专人负责。项目团队持续监测各项创新举措的执行情况，通过现场人员巡视和后台数据显示，动态调整对策，不断提升抱轮牵引车精准靠接航空器的概率和基层安全治理水平。

（2）视频监测。项目团队通过视频后台监测，主要对牵引车司机日常操作规范及“手指法”复核确认情况进行监测，如发现各保障人员未按操作规范执行的情况，项目团队会针对相关人员进行绩效扣罚及通报整改。

（3）建立及时上报机制。为及时解决现场异常情况，第一时间采取应急措施补救现场突发问题，项目团队通过建立应急上报机制，要求各保障人员进一步提升“举手意识”，如遇突发状况或异常事件，保障人员应及时上报至值班管理干部处，确保异常情况第一时间解决，及时对现场的不规范操作进行纠偏。

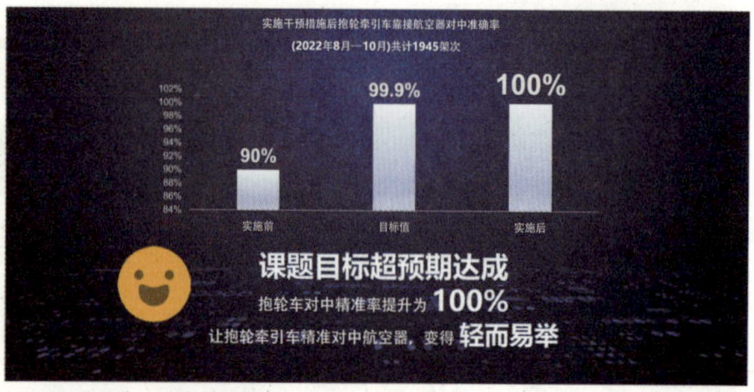

图源：2022CAPSE 创新奖决赛展演材料

（三）目标实现与展望

1. 目标性

（1）2021 年 9 月至今，抱轮牵引车对中偏差率已经由 4.52% 降至 0.01%，对中精准率已由 90% 提升至 100%，不仅提升了航班出港效率，也降低了对接偏差造成的剐蹭航空器的不安全事件发生率。

（2）深圳机场项目团队小组经过有效的创新流程改造后，不仅降低了作业人员难度，提高了工作效率，还能有效杜绝对中偏差造成剐蹭航空器事件带来的巨大经济损失。

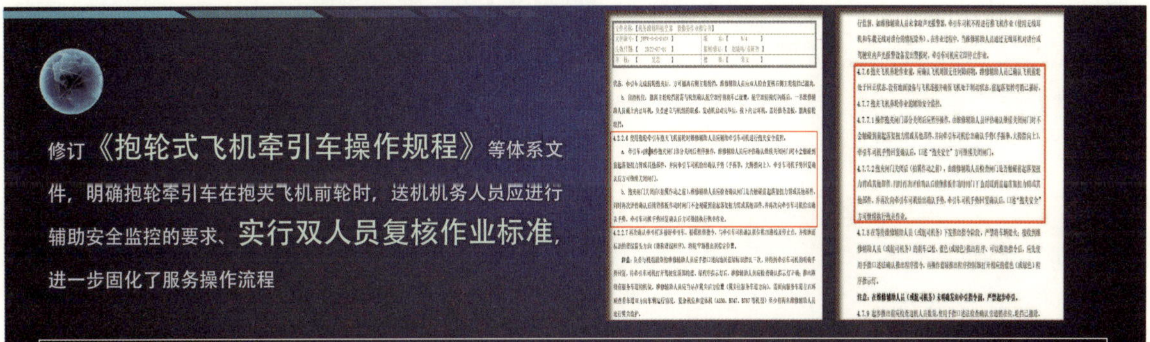

表6 巩固措施一览表

序号	项目	标准类型	标准编号	版本号
1	《民用航空器牵引和滑行作业指导书》	管理标准	JWFW-A-P-02	A/4
2	《机务维修科航空器一般勤务作业指导书》	管理标准	JWFW-G-G-0101	B/4
3	《TLD抱轮式飞机牵引车操作规程》	管理标准	JWFW-J-G-0007	A/4

图源：2022CAPSE 创新奖决赛展演材料

2. 标准化

（1）该项目不仅进一步提升了抱轮牵引车靠接航空器的精准率，其中“改良激光引导射线”“抱夹闸门颜色分区”“抱轮车司机与送机人员运用《手指口述法》双向复核确认抱夹环节”等创新举措均为其他机场和航空公司等兄弟单位提供了宝贵的操作经验。同时，项目团队针对该项目在创新过程中的相关经验和资料进行了整理，形成了《抱轮式飞机牵引车操作规程》等体系作业标准、作业指导书等文件，可推广性和可落地性强，在社会效益和行业成效实现双赢，进一步向各行各业传递了深圳机场的高度专业及民航匠心精神。

（2）2022 年，该创新项目荣获 2022 年第五届全国企业技控大赛金奖。

3. 展望

此次深圳机场项目团队小组通过研究“抱轮牵引车精准靠接航空器”创新项目，通过对作业环境、人员技能及作业心理活动进行分析，结合车辆复杂结构特性，深入剖析每个环节，综合评估隐患可控性分析后，对车辆硬件设施进行改造升级，同时修订操作规程、统一作业标准、强化人员培训。此次创新项目案例在提升航班出港效率的同时，也进一步有效防止了航空作业安全风险，实现发展战略与业务深度融合，让旅客出行畅享无忧，高效提升了深圳机场的综合竞争力。

二 案例综评

（一）综合点评

创新团队在需求识别阶段通过对抱轮牵引车航班一次性对中航空器架次准备率统计分析，将安全运行和服务保障紧密结合，切入提高抱轮牵引车对接飞机正确率的需求，以进一步提升航班出港效率和旅客安全出行体验。成型过程中充分运用 BEM 数据模型精准分析对中偏差率原因及症结，有针对性对症施策 4 举措，使用了较科学、合理的工具，并对实施成本、效率及效益等进行了合理考量，从简单、高效、经济、可测 4 个方面开展了综合监测，显著降低人员作业难度、提高工作效率。属于将安全、运行与服务紧密结合，将服务航司与旅客紧密结合，投入小、见效快、推广性强的积极创新案例。

（二）技术建议

创新团队在核心需求目标指标衡量上还有待进一步细化和提升，如围绕“提高抱轮牵引车靠接航空器对中准确率”指标，仅有创新前和创新后的统一指标，对于体现持续监测的过程，不利于通过对目标的监测，检验措施的持续有效性及阶段性目标的达成性，不利于创新的逐步推进和落实。

三 现场展演视频回放

	微信扫码可观看 【深圳市机场股份有限公司】“‘抱’轮随技而升‘举’机轻而易举”展演视频

案例名称：【武汉天河机场有限责任公司】武汉天河机场“经汉飞，乐易转”精品航线服务案例

案例编号：IAF2022003

创新分类：流程创新

所属单位：武汉天河机场有限责任公司

项目负责人：陈月

项目成员：陈超然、王静、苏嘉玮、周田源

创新“坐标”

在“民航强国战略”中的位置

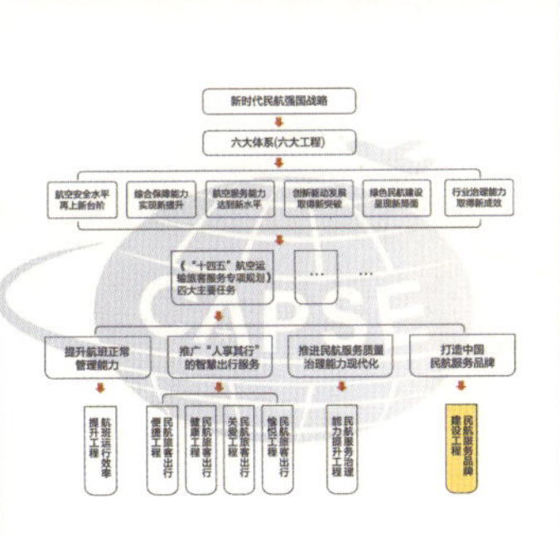

CAPSE 关于《“十四五”民用航空发展规划》解读图

在“服务管理体系”中的位置

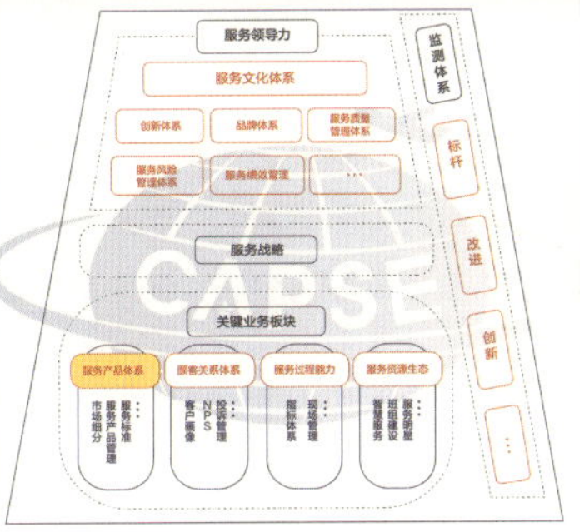

CAPSE 服务管理模型

在“旅客出行体验”中的位置

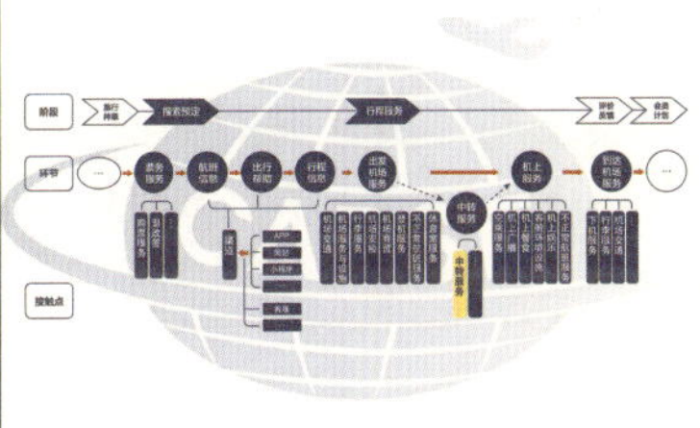

CAPSE 旅程地图

在“服务品牌评价模型”中的位置

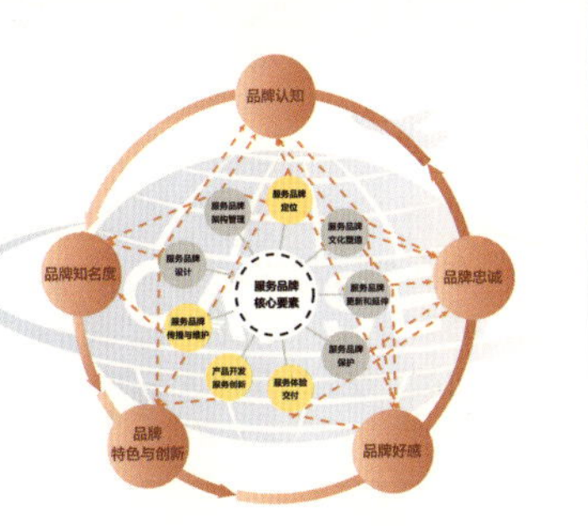

CAPSE服务品牌评价模型

在“时间效率”中的位置

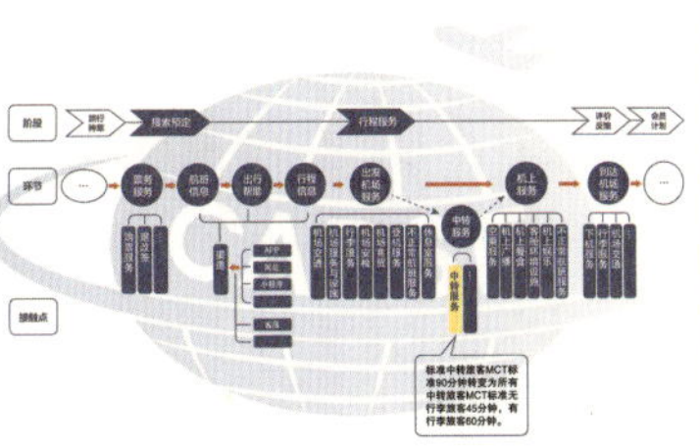

CAPSE 旅程地图

创新 KPI

指标名称	创新前	创新后	备注（行业现状）
服务品质	标准中转旅客根据机场中转流程完成中转手续	精品航线中转旅客全程享受中转贵宾旅客待遇，畅行中转	所有中转旅客享受统一中转，无精品化中转服务流程
中转效率	标准中转旅客 MCT 标准 90 分钟	精品航线中转旅客 MCT 标准优化为无行李旅客 45 分钟，有行李旅客 60 分钟，为全面优化 MCT 标准奠定基础	中转旅客 MCT 标准根据各机场发布统一执行
增值服务	标准中转旅客享受“三免”增值产品服务	精品航线中转旅客优享“五免七优”11 款增值产品服务	开发的中转产品统一面向所有中转旅客，无个性化、定制化产品
中转票价	标准中转旅客根据航司票价购买	由武汉机场与航司达成合作协议，精品航线中转旅客额外享受购票优惠	所有中转旅客根据航司定价购票，无额外优惠

一 关键内容展示

（一）策划与设计

1. 需求识别

2021 年以来，中国民用航空局为贯彻落实《“十四五”民用航空发展规划》，相继发布《民航旅客中转便利化实施指南》及《民航局创新“干支通、全网联”服务模式意见》，推动了中转航班服务的标准化、规范化。目前行业内规范化中转服务已逐步完善，打造行业内中转旅客精品服务及优质中转服务品牌，提升机场在中转领域的核心竞争力，满足中转旅客多样化、个性化需求，已是国内机场中转服务发展的趋势。

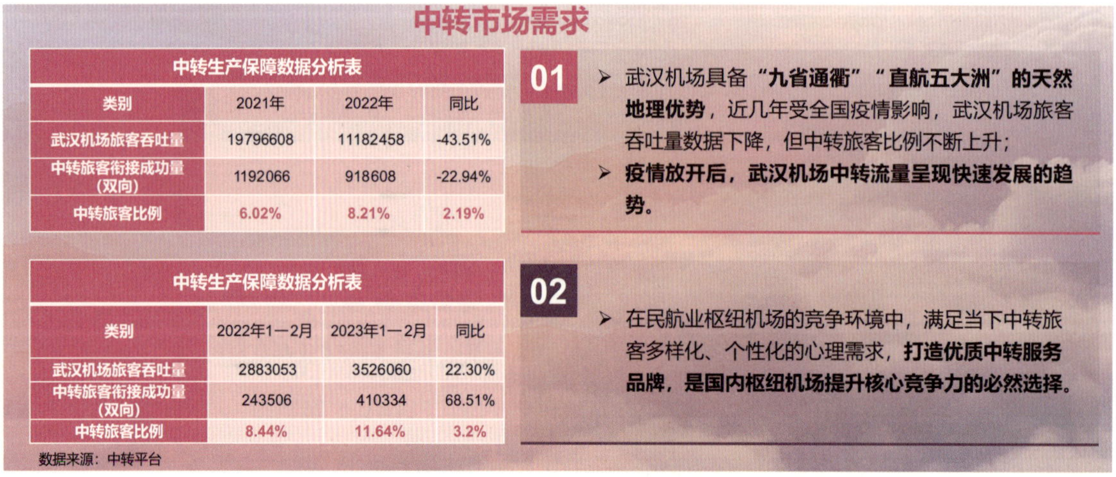
中转市场需求

中转生产保障数据分析表

类别	2021年	2022年	同比
武汉机场旅客吞吐量	19796608	11182458	-43.51%
中转旅客衔接成功量（双向）	1192066	918608	-22.94%
中转旅客比例	6.02%	8.21%	2.19%

01
➢ 武汉机场具备**“九省通衢”“直航五大洲”的天然地理优势**，近几年受全国疫情影响，武汉机场旅客吞吐量数据下降，但中转旅客比例不断上升；
➢ **疫情放开后，武汉机场中转流量呈现快速发展的趋势。**

中转生产保障数据分析表

类别	2022年1—2月	2023年1—2月	同比
武汉机场旅客吞吐量	2883053	3526060	22.30%
中转旅客衔接成功量（双向）	243506	410334	68.51%
中转旅客比例	8.44%	11.64%	3.2%

数据来源：中转平台

02
➢ 在民航业枢纽机场的竞争环境中，满足当下中转旅客多样化、个性化的心理需求，**打造优质中转服务品牌，是国内枢纽机场提升核心竞争力的必然选择。**

图源：2022CAPSE 创新奖决赛展演材料

2. 成型过程

在此环境背景下，武汉机场自 2021 年起与恩施机场合作开展试点，创新推出“精品服务优先”“中转时效优化”“增值服务优享”“中转票价优惠”精品航线服务，努力实现打造中国中转服务领先品牌“经汉飞 · 乐易转”。

（1）定试点：为进一步发挥支线机场在武汉机场中转市场培育的作用，同时充分利用湖北省内航线网络资源，积极开展一体化协同运行，推进干支航线的互联互通，拓展和完善中转航线网络体系，武汉机场确定以恩施机场为试点，开展“经汉飞 · 乐易转”精品中转服务合作。

（2）定方案：成立以董事长为顾问的中转业务专项工作领导小组，并于 2021 年 7 月底出台《“恩施—武汉”精品中转航线工作方案》，制定清晰的工作实施表，明确各阶段工作任务及职责分工。

（3）定标准：2021 年 9 月 1 日恩施—武汉精品中转航线试运行，经恩施机场始发经武汉机场中转的旅客，可享受“精品服务优先”“中转时效优化”“增值服务优享”“中转票价优惠”四优精品服务。

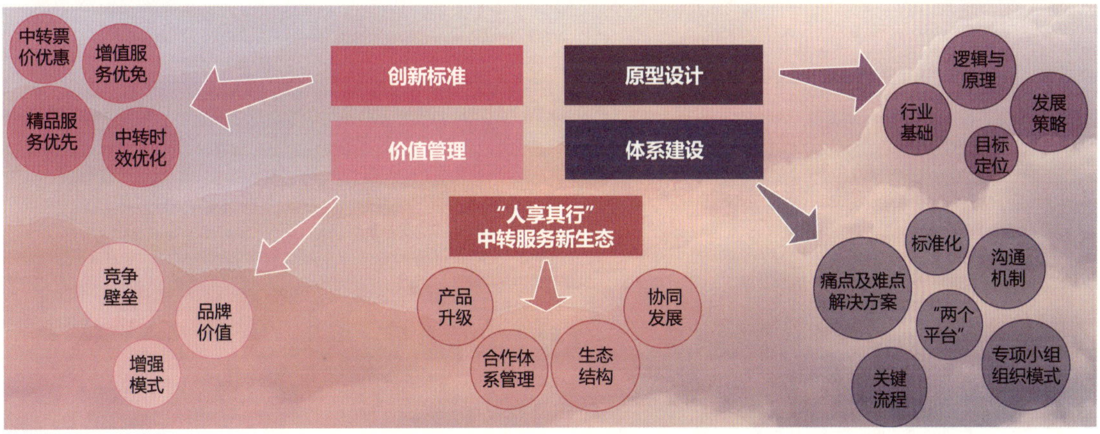

图源：2022CAPSE 创新奖决赛展演材料

3. 创新特点

（1）精品航线中转旅客全程享受中转贵宾旅客待遇，畅行中转全流程。

（2）精品航线中转旅客 MCT 标准优化为无行李旅客 45 分钟、有行李旅客 60 分钟。

（3）精品航线中转旅客优享“五免七优”11 款增值产品服务。

（4）由武汉机场与航司达成合作协议，精品航线中转旅客额外享受购票优惠。

4. 目标设定

（1）提升流量，合作机场中转旅客流量数据持续上升。

（2）提升品质，精品服务旅客满意度达 95% 以上。

（3）提升范围，以恩施—武汉为精品服务试点，将“四优”标准由省内辐射至省外，由干支升级为干干。

（二）落地与实施

1. 流程设计

2021—2022 年，武汉机场以“精品服务优先”“中转时效优化”“增值服务优享”“中转票价优惠”四优标准为精品服务核心关键点，开始探索及实施精品中转服务，共分为两个阶段，即“规划阶段”“试点阶段”。

（1）第一阶段：精品航线服务规划阶段（2021 年 7—9 月）

定试点、定方案、定标准。

（2）第二阶段：恩施—武汉精品中转航线试运行阶段（2021 年 9—12 月）

在探索实施精品中转服务“四优”标准的过程中，武汉机场发现了三大痛点及难点。

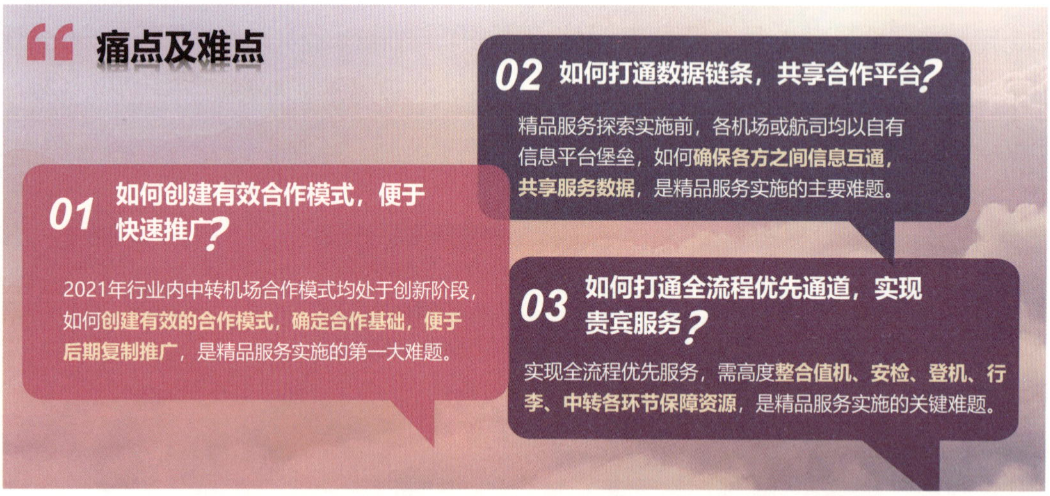

图源：2022CAPSE 创新奖决赛展演材料

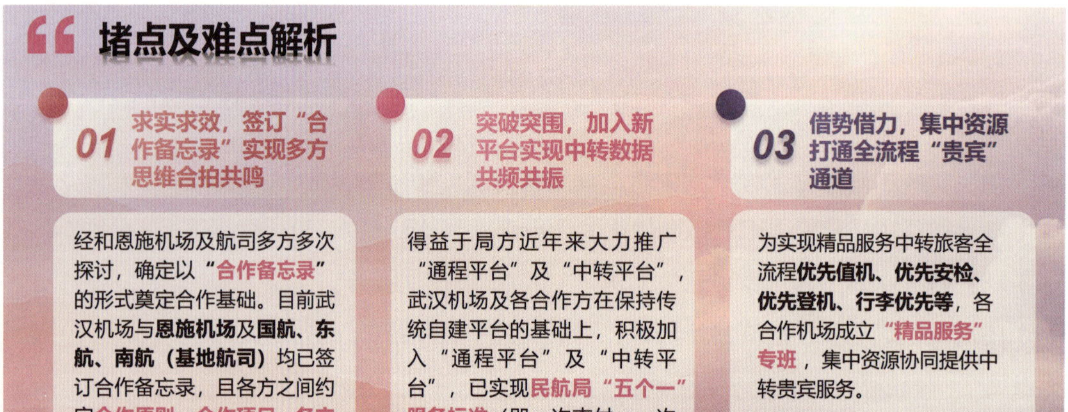

图源：2022CAPSE 创新奖决赛展演材料

2. 资源保障

（1）资源的协调与整合

为确保精品中转航线旅客时效更优，实现有行李旅客 MCT 标准 60 分钟、无行李中转旅客 MCT 标准 45 分钟。武汉机场整合机位资源，优先将精品中转航线停机位分配至 T3 航站楼中心机位，固定至 328 机位、336 机位附近。并且根据过往急转旅客，快速中转旅客服务经验，为实现旅客“登机口到登机口”衔接流程高效化，协调机场内摆渡车资源，并出动柜台服务人员在精品航线到达登机口处提前等待。

（2）制定相关人员标准化培训流程

为优化武汉天河机场对精品航线服务流程与体系，武汉天河机场结合服务流程中所涉及的中转各个部门，对中转服务运行指挥员、柜台值机人员、行李管理员、登机口保障人员拟定相关服务流程实施细则，并制定《武汉机场精品中转航线标准化操作手册》，旨在进一步增强中转服务部门各员工对精品中转航线旅客需求的捕捉，严格把关每一步服务流程的质量。

3. 监测改进

（1）线上 + 线下相结合，动态获取旅客满意度信息。为确保旅客满意度，动态获取旅客意见及建议，武汉机场开展线上 + 线下旅客问卷调研，2020—2022 年共计收到有效问卷样本 5996 份。

（2）以点带面，扩大精品航线服务范围。通过恩施—武汉精品航线的试运行经验，2022 年 1 月 1 日，将湖北省内神农架机场、十堰武当山机场纳入精品航线范围。并在此基础上，扩大全国范围内合作机场数量，为精品航线拓展巩固基础。

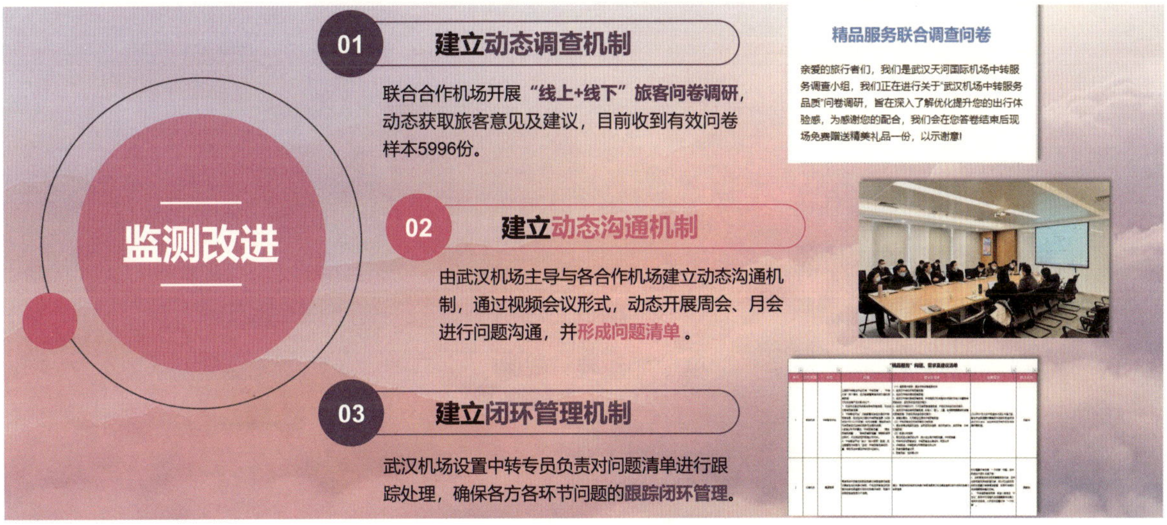

图源：2022CAPSE 创新奖决赛展演材料

（三）目标实现与展望

1. 目标性

（1）实现中转旅客满意度由 68.59% 上升至 95% 以上，2020—2022 年，精品航线中转旅客满意度由 68.59% 上升至 98.79%，呈大幅度上升。

（2）全面实现武汉机场所有中转旅客 MCT 标准无行李旅客 45 分钟、有行李旅客 60 分钟。

（3）实现武汉机场中转旅客比例上升至 12% 以上。

2. 标准化

（1）完善中转服务产品体系。

（2）完善中转精品航线管理体系。

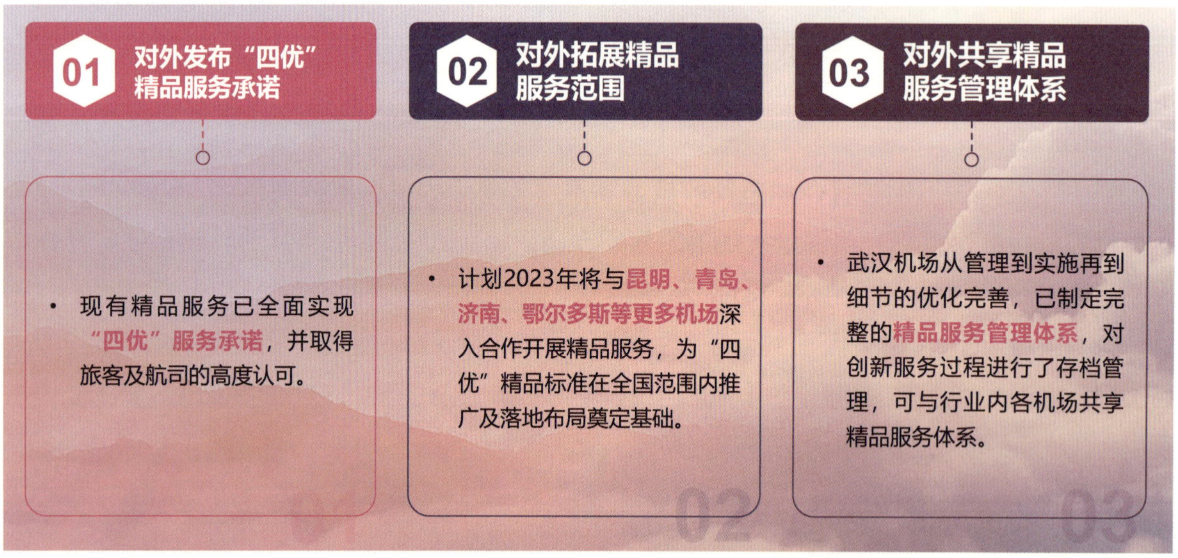

图源：2022CAPSE 创新奖决赛展演材料

3. 展望

武汉机场精品航线服务质量的探索创建，为“经汉飞 · 乐易转”中转服务优质品牌提供坚实的基础，在未来具备以下推广价值。

（1）创新“干支通、全网联”服务模式，助推“通程平台”“中转平台”发展

未来武汉天河机场可依托精品航线及精品服务，创新“干支通、全网联”服务模式，进一步推动行业内中转服务品质的提升。同时，精品航线及服务品质的提升，有利于加强武汉机场干支、干干航线的拓展，加强机场与机场、机场与航司之间的合作互联，助力“通程平台”“中转平台”在国内的发展及推广。

（2）提升中转品牌知名度，形成品牌收益

随着精品航线服务质量的逐渐成熟，武汉天河机场已初步制定完整的精品服务体系，未来将着力于“经汉飞 · 乐易转”品牌的推广，提升品牌知名度，逐步使品牌形成商誉并产生品牌价值。品

牌价值的实现有利于航空公司、OTA 平台等相关方扩大市场影响力，加强各方之间的市场协作。

二　案例综评

（一）综合点评

该创新案例聚焦民航大产品线——中转产品进行创新。创新团队通过推出“精品服务优先”“中转时效优化”“增值服务优享”“中转票价优惠”等体系服务举措，对中转服务进行了创新探索。在创新过程中，团队能够聚焦局方、公司级旅客等相关方的需求，并转化为满意度、缩短 MCT 时间及提升客源量等可衡量的量化指标，为案例创新服务落地实施和成果的监测与达成，奠定了良好的基础，也为民航实体在中转服务提升方面提供了很好的借鉴。

（二）技术点评

创新团队在创新过程中，对于方案论证、比对层面还有待提升。作为服务创新为主线的成型过程中，缺少对设计方案的多维度可行性分析和决策，无法确保该设计是最优设计，不利于创新的可靠性保证。另外，在服务监测和改进方面，未体现创新项目根据监测结果进行持续提升改进，这不利于创新项目的可持续发展。

三　现场展演视频回放

微信扫码可观看

【武汉天河机场有限责任公司】“武汉天河机场‘经汉飞，乐易转’精品航线服务案例”展演视频

案 例 名 称：【广州白云国际机场股份有限公司】智慧平台　高效中转

案 例 编 号：IAF2022004

创 新 分 类：流程创新

所 属 单 位：广州白云国际机场股份有限公司

项目负责人：利艳东

项 目 成 员：张容宁、龙卫新、范平川、吕琴、徐艳、车晶、张华丽、阎梅云、梁志钊、陈锴鑫、谢艳齐、陈录艳、刘莉、张苗苗、李凯俏、陈智烨

创新“坐标”

在“民航强国战略”中的位置

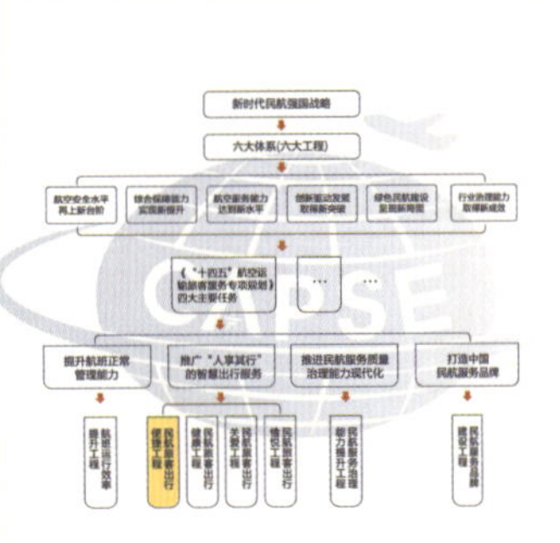

CAPSE 关于《“十四五”民用航空发展规划》解读图

在“服务管理体系”中的位置

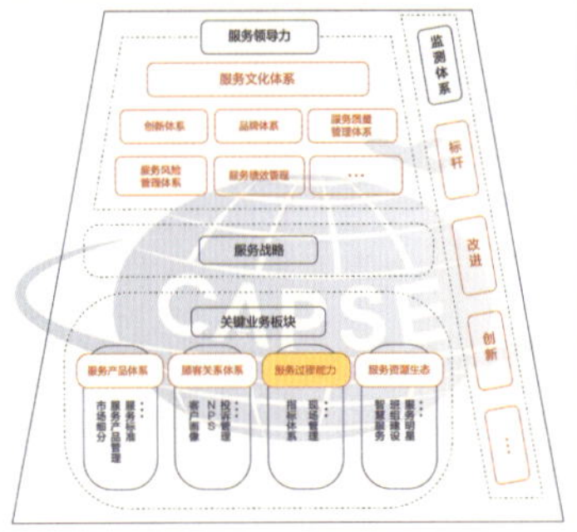

CAPSE 服务管理模型

在“旅客出行体验”中的位置

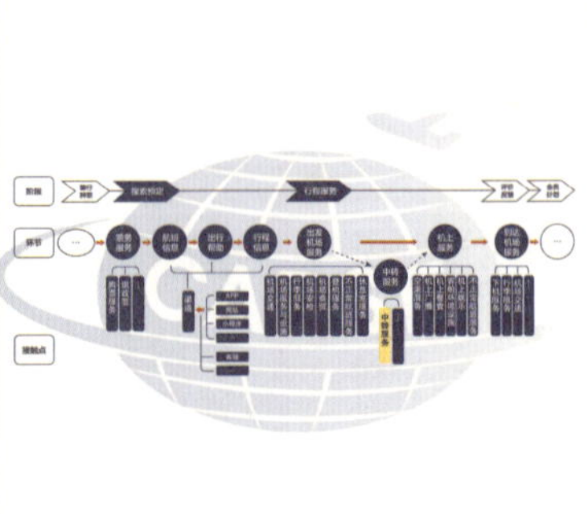

CAPSE 旅程地图

创新 KPI

指标名称	创新前	创新后	备注（行业现状）
智慧中转服务	中转旅客下机后需要前往中转柜台办转机手续，步行距离长，消耗时间久	推行“机场通”线上申请中转服务，旅客可自由拼接经广飞航班，通过白云机场“机场通”小程序预约中转服务，线上完成机场中转电子申报流程	中转航班受航空公司间合作协议制约的限制，旅客无法享受到高效、便捷、个性化的中转服务

续表

指标名称	创新前	创新后	备注（行业现状）
搭建中转平台	中转数据获取单一，中转值机员需通过离港系统逐个查询进港航班获取转机旅客信息，耗费大量的人力和时间	以中转平台数据为基础、“机场通”技术平台为支撑，打破航空公司间合作协议制约，实现中转信息数据的互通互联，让中转数据多跑路，转机旅客少跑动	中转数据不能共享，中转旅客出行环节繁琐
智慧中转服务	中转旅客下机后需要前往中转柜台办转机手续，步行距离长，消耗时间久	推行“机场通”线上申请中转服务，旅客可自由拼接经广飞航班，通过白云机场“机场通”小程序预约中转服务，线上完成机场中转电子申报流程	中转航班受航空公司间合作协议制约的限制，旅客无法享受到高效、便捷、个性化的中转服务

一　关键内容展示

（一）策划与设计

1. 需求识别

“十四五”时期是我国全面建设社会主义现代化强国新征程的重要开端，是我国第二个百年奋斗目标的重要时期、实施创新强国阶段的开局时期。按照局方《民航旅客中转便利化实施指南》的要求，致力于中转便利化服务的研究，积极推行开展国内航班“一票到底、行李直挂”中转服务。在白云机场打造世界一流级枢纽机场的背景下，以白云机场战略相结合、以需求为导向、以难点痛点为切入点进行策划、设计。

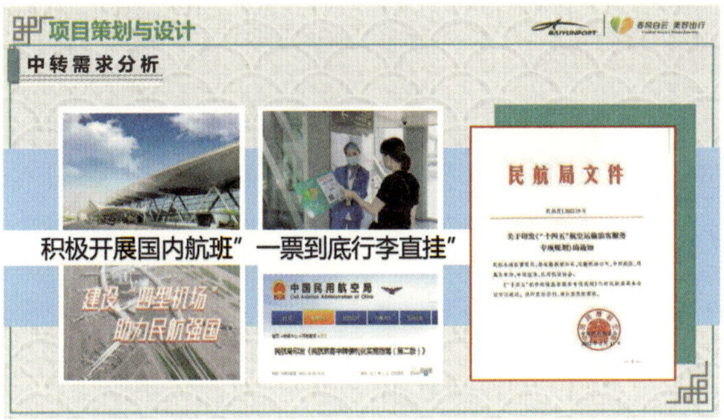

图源：2022CAPSE 创新奖决赛展演材料

2. 成型过程

通过对一号航站楼中转服务保障现状进行分析，从旅客体验度入手，筛选出三个制约中转便利化服务的难点、痛点。

（1）T1 航站楼架构设计传统、行李分拣系统不具备主动分拣中转行李的功能，中转数据缺少共享。

（2）中转航班受航空公司间合作协议制约的限制，不同航空公司的中转信息无法实现数据共享，导致中转旅客到达白云国际机场后要先取行李，再重新办理值机、行李托运、过安检，耗时较长、体验不佳，无法实现便利中转。

（3）机场中转查询信息没有完善的信息对接平台，各大航司都使用各自的系统查询中转信息，现场保障人员无法准确及时地查询到中转数据，导致中转服务断节、滞后，旅客体验不佳。

3. 创新特点

以上述难点为导向，搭建中转数据对接平台，通过旅客数据共享 + 中转平台设计双结合，整合各大航空公司及 OTA 平台（线上交易平台）信息资源，实现中转数据信息共享，能及时查询同航司及跨航司的中转信息，优化转机旅客体验，有助于中转数据及保障节点全流程实时可控，推动机场中转业务能力的提升。

4. 目标设定

中转旅客量较前一年增长 50%，搭建智慧中转平台，让“数据多跑路，旅客少跑动”。在满足中转便利化普及需要的同时，利用好存量资源，免去人工录入数据的繁琐和误差，避免运营期增加更多人工成本，实现中转平台量化高效，数据共享，打通中转全流程保障节点，为旅客提供更为及时的信息传递服务，满足旅客便利化中转服务需求。

需求	对策	目标	措施
搭建智慧中转平台	力争精准挖掘存量资源	中转旅客量较前一年增长 50%	数据多跑路 旅客少跑动
满足中转便利化	避免运营期增加人工成本	实现中转数据共享	利用好存量资源
高效传递信息	为旅客提供信息获取渠道	满足旅客便利化中转服务需求	打通中转全流程保障节点

图源：2022CAPSE 创新奖决赛展演材料

（二）落地与实施

1. 流程设计

旅客通过“机场通”小程序线上预约中转服务，填写申报流程，预约成功后，旅客到达白云国际机场无须再前往柜台办理转机手续，可直接前往出发航班登机口，实现无感中转。托运行李对接 RFID（行李全流程跟踪系统）实现后台转运，从而让旅客体验更快捷的中转服务。以数据为基础、“机场通”技术平台为支撑，不断测试及优化，确保信息传输准确无误，旅客端操作简单便捷。真正做到便利化中转服务，给旅客舒心的转机体验。

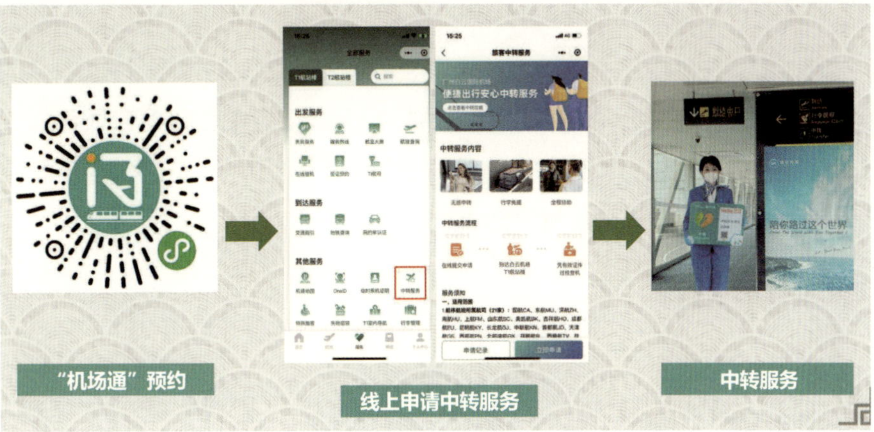

图源：2022CAPSE 创新奖决赛展演材料

2. 资源保障

通过搭建中转平台，推进中转信息数据化，提高中转效率。

随着广州白云国际机场中转业务不断发展，为满足航司及旅客对中转保障的要求，通过研究发现，用传统的流程优化手段很难彻底解决旅客中转信息、产品获取等问题，项目组针对难点问题逐一解决。

（1）旅客数据源。对接机场通、携程、同程、去哪儿渠道的有订单的中转旅客数据，对接航司获取通程旅客信息。

（2）航班数据源。对接 EIMF 系统获取进港航班、出港航班的动态数据及保障数据。

（3）行李数据源。对接行李跟踪系统获取中转行李的保障数据。

推动线上预约小程序，旅客自行组合不同航司中转产品，中转平台实现数据时时更新；OTA 平台（携程、同程、去哪儿等）自由组合拼接，实现中转组合数量最大化、营销力度最强化，中转数据自动化，最终实现中转航班保障全流程无缝衔接。

完成一系列数据化改造后，项目组将统一标准的保障流程纳入岗位手册形成制度并定期组织人员培训学习，并通过班前班后会及案例分析，互相学习分享经验，从而提高服务人员业务处理效率。

图源：2022CAPSE 创新奖决赛展演材料

3. 监测改进

一是需求导向，使用中转信息系统获取、整合、分析各个源头的数据，通过现场收集、线上发放调查问卷等方法收集汇总整合旅客意见；二是目标导向，指定中转数据专项负责人，汇总每周、月度、年度数据指标，并定期进行同比、环比数据分析；三是问题导向，根据问题反馈及时修订保障流程，制定完整的《中转保障流程》并及时优化。

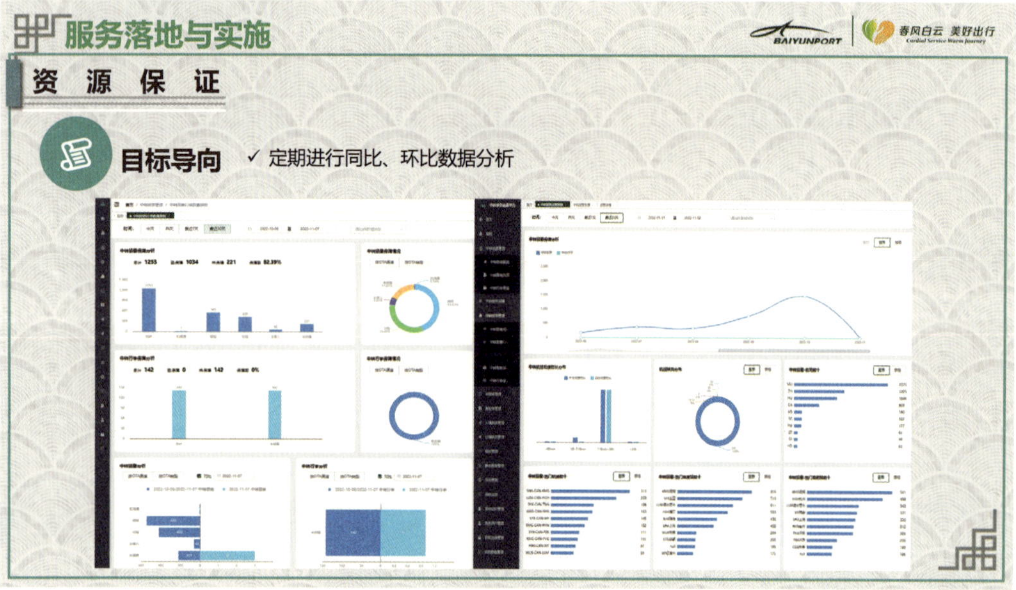

图源：2022CAPSE 创新奖决赛展演材料

（三）目标实现与展望

1. 目标性

通过旅客数据共享 + 中转平台设计双结合，打通航空公司间信息传递渠道，实现中转旅客数据信息共享，设计搭建中转平台系统，优化转机旅客体验，打造经广飞产品。

图源：2022CAPSE 创新奖决赛展演材料

建立与航司、OTA、民航中转旅客服务平台等对接的中转信息系统，由系统来获取、整合、分析上述各个源头的数据。以广州白云国际机场为杠杆，航司与 OTA 分两边，不断优化中转流程、推出地面中转产品，提供中转便利化服务，OTA 自由组合拼接实现中转组合数量最大化，提升航司信心，便利的中转服务吸引航司继续加大投入，同时吸引旅客经广州中转，提高广州白云国际机场中转率和旅客吞吐量，助力广州白云国际机场世界级枢纽机场建设。

2022 年广州白云国际机场代理航空公司国内转国内旅客比 2021 年同期增加 59%，取得重大突破。中转平台根据航班动态 100% 实现数据联动；中转数据精细划分，100% 实现数据接收传递；在中转平台数据支撑下，100% 满足中转旅客需求。

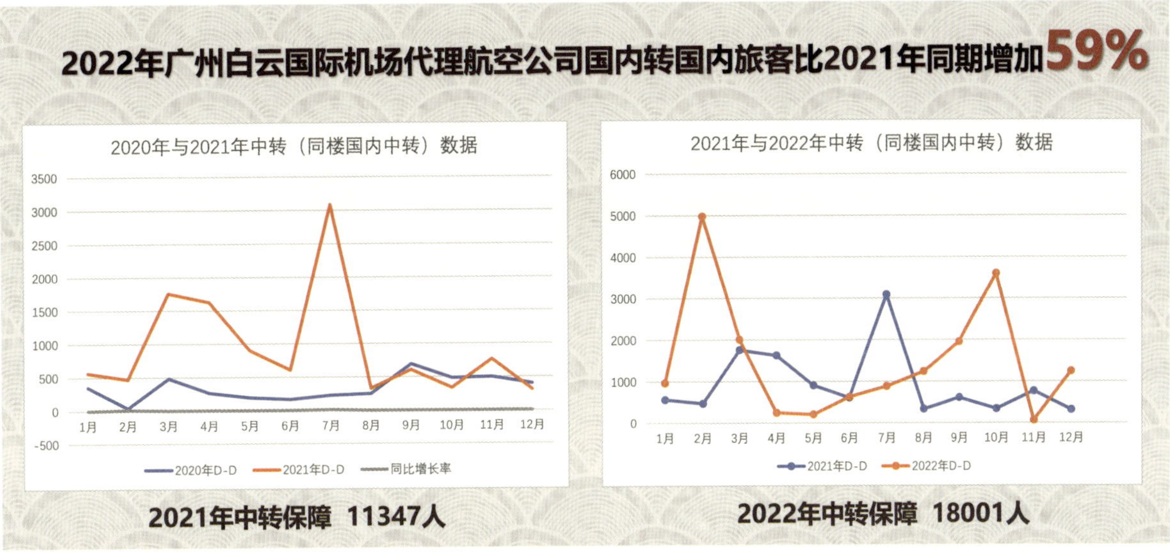

图源：2022CAPSE 创新奖决赛展演材料

2. 标准化

通过不断的努力，项目先后获得“第十届全国品牌故事大赛三等奖”“2022 年广东省质量信得过交流会二等奖”“白云国际机场股份公司服务三人小组年度一等奖”“年度先进集体”“白云国际机场股份公司优秀班组称号”“温馨小家”及“民航 VLOG 视频展示活动”三等奖。项目团队致力于打造精品中转服务品牌，在中转接机、产品更新、流程优化、休息室、中转增值产品、流程标准方面苦下功夫，同时固化中转流程及保障标准，将中转保障做得更好，打造中转服务品牌，助力广州白云国际机场品牌建设。

中国经济的发展带动航空事业的高速发展，广州白云国际机场更是挑战和机遇并存，高效、舒适、快捷的中转服务是打造广州空港枢纽门户的核心内容之一，也是实现“白云空港，通达世界”战略目的必经之路。广州白云国际机场展望未来，打造悦享中转、春风服务相结合的中转服务子品牌，助力白云机场腾飞。

二 案例综评

（一）综合点评

案例围绕“提高中转效率”开展创新。通过搭建中转数据对接平台，实现旅客数据共享 + 中转平台设计双结合，整合各大航空公司及 OTA 平台信息资源，实现中转数据信息共享，优化旅客转机体验。为民航业打通数据壁垒、整合大数据互联互通优势、提升服务水平和出行体验，提供了良好的借鉴。

（二）技术建议

创新团队在创新的方法应用方面还有提升的空间。该创新案例整体策划更多的是以系统建设为主牵引，而非以需求为总牵引推动整体创新的开展，不利于创新团队真正从核心需求出发，以系统建设为方式方法，推进创新的可持续性。

三 现场展演视频回放

微信扫码可观看

【广州白云国际机场股份有限公司】“智慧平台　高效中转”展演视频

案 例 名 称：【厦门航空有限公司】厦门航空星鹭用户体系

案 例 编 号： IAM2022001

创 新 分 类： 管理创新

所 属 单 位： 厦门航空有限公司

项目负责人： 王涛

项 目 成 员： 秦静、高桂、葛培荣、刘艺凌、曹晔斐、黄柯惟、蓝欣、林径曲

创新“坐标”

在“民航强国战略”中的位置

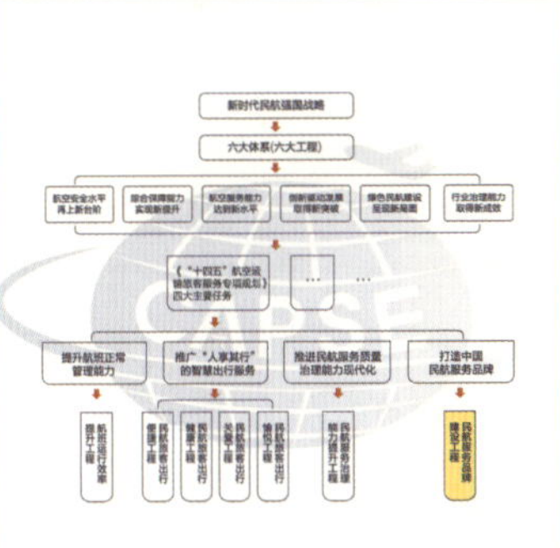

CAPSE 关于《“十四五”民用航空发展规划》解读图

在“服务管理体系”中的位置

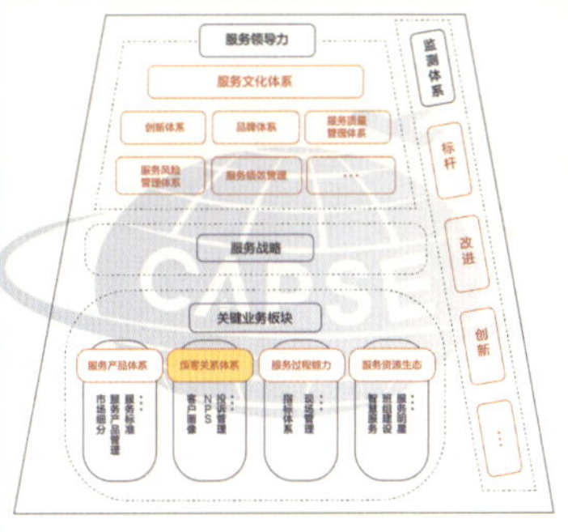

CAPSE 服务管理模型

在“服务品牌评价模型”中的位置

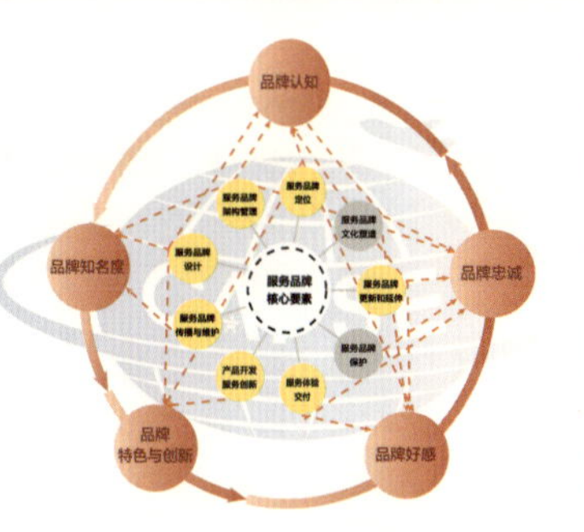

CAPSE服务品牌评价模型

创新 KPI

指标名称	创新前	创新后	备注（行业现状）
厦航星鹭用户人数	0	新增 20 万人 / 月	—
厦航官方平台月活用户数	—	提升 20%	—
用户在厦航官方平台互动次数	—	提升 30%	—
带动非航旅板块收入	—	超 200 万元（上线 5 个月）	—

一 关键内容展示

（一）策划与设计

1. 需求识别

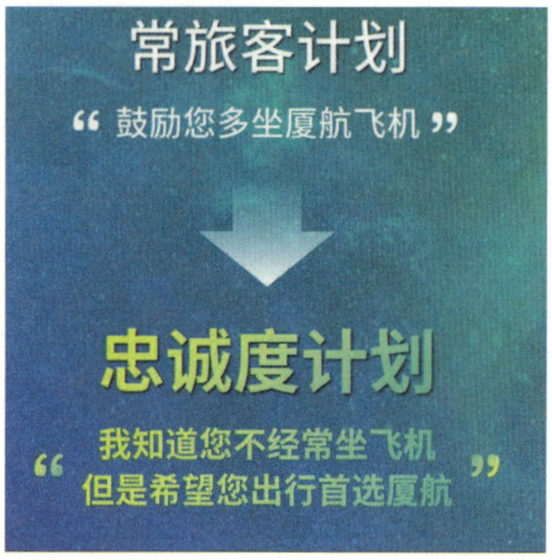

图源：2022CAPSE 创新奖决赛展演材料

根据《2019 年交通运输行业发展统计公报》数据显示，在疫情前，2019 年全国民航共 6.6 亿人次乘机，飞行距离 11705 亿人千米，平均每人 0.5 次，每次 1774 千米。每年乘机 2~3 次的旅客，占中国民航旅客的 85% 以上。

面对相对低频的航空旅客出行需求，厦航传统的“常旅客计划”白鹭俱乐部会员体系，无法匹配厦航集团现阶段多业务板块和全生命周期客户的“忠诚度计划”运营。

2. 成型过程

针对民航旅客大众化、年轻化的趋势，星鹭用户体系围绕线上、线下场景，为广大航旅客群提供更新颖、更新潮的服务权益与互动体验。以用户在厦航集团全域场景的消费行为、消费量和服务使用频次等形成的“活跃度”数值作为评估依据，星鹭用户体系设置“一星至五星以及付费”共 6 个等级，通过匹配机票、休息室、商城购物折扣等优惠权益牵引，提升用户在厦航平台的黏性及整体消费贡献。

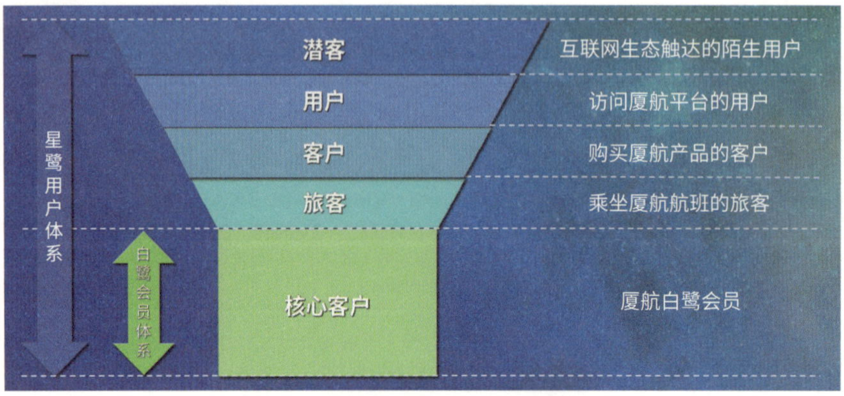

图源：2022CAPSE 创新奖决赛展演材料

3. 创新特点

“星鹭用户体系”，突破了传统民航会员忠诚度运营的常规模式，为广大航旅客群提供更新颖、更新潮的服务权益与互动体验。

4. 目标设定

提高旅客使用航旅产品服务的场景和频次，提升用户忠诚度。

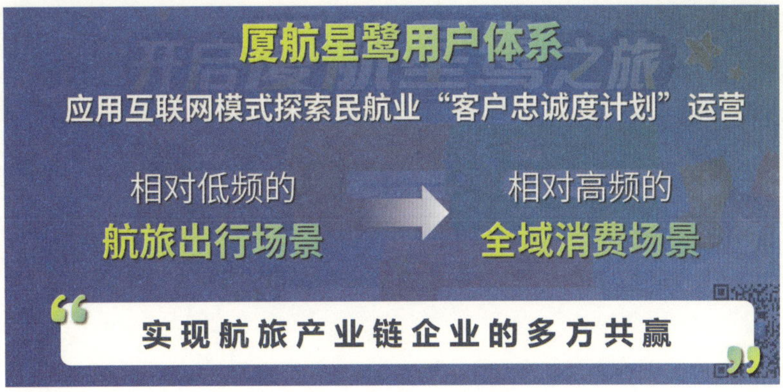

图源：2022CAPSE 创新奖决赛展演材料

（二）落地与实施

1. 流程设计

星鹭用户体系在需求调研阶段，充分研究民航业会员体系及互联网行业用户运营优势及特点，结合“注重体验、依赖新媒体、关注性价比、重视即时反馈”等线上平台用户特征，从“成长”和“权益”两个维度设计星鹭用户体系相关规则，推出“专享服务、消费折扣、虚拟卡券、线上特权”四大类权益，为用户提供了“新”体验。

2. 资源保障

（1）在玩法模式上，更新颖。厦航在 App 和微信小程序上开辟星鹭用户专区，用户只要完成商城购物、体验功能、签到互动、完善账户等专区一系列任务，即可实时累积活跃度，提升星鹭等级，解锁星级权益。

图源：2022CAPSE 创新奖决赛展演材料

（2）在权益设计上，更新潮。星鹭用户体系首期配置的权益，不仅涵盖了航旅出行场景，而且还拓展至厦航商城板块。让每位加入星鹭成长计划的用户都能尽享一站式厦航集团优质权益的全方位体验。值得一提的是，新体系中厦航将积分商城的购买记录也纳入到贵宾卡定保级计划中，只要消费达到一定额度，即可获得定级航段和定级积分。这一全新的权益设计，对很多暂时无法出行，且处在定保级边缘的客户来说，是个超值福利。另外，全新用户体系还创新性推出了星鹭 Pro 付费模式，让付费用户能够快速体验优质权益！

（3）在互动上，更新意。除了玩法和权益的创新之外，厦航星鹭用户体系配套推出一系列虚拟徽章，用户达到不同会员等级、用户星级，游览不同的目的地、乘坐不同的机型、体验不同的特色服务等都可以点亮对应的勋章。

3. 监测改进

材料未呈现。

（三）目标实现与展望

1. 目标性

星鹭用户体系主要在官方平台拉新促活、促进用户交互提升、带动非航业务收入等方面取得显著成效。

图源：2022CAPSE 创新奖决赛展演材料

2. 标准化

星鹭用户体系是厦航创新性的应用互联网平台用户全生命周期管理理念，在传统民航“常旅客计划”基础上，在民航业内首次开展“会员忠诚度计划”运营全新模式探索。

星鹭用户体系通过结合行程、在线行为、消费等数据，持续丰富各等级用户画像，形成较完善的厦航集团用户数据库，进而培养、巩固厦航线上私域流量。同时，通过星鹭用户体系有效地串联起厦航集团主辅业务板块，以及航旅上下游合作伙伴的协同运营，推动用户从“相对低频的航旅出行”向“相对高频的日常消费”场景的流量转化，通过流量汇聚、推动流量变现，实现航旅产业链企业的多方共赢。

二 案例综评

（一）综合点评

创新团队围绕旅客的成长培育管理进行了创新。创新团队突破民航对旅客的管理传统范畴，将顾客全生命周期管理应用到航空公司顾客的培育和管理体系，在原有航空公司“旅客”范畴拓展到了顾客范畴，并围绕不同层级开展获客、转化、忠诚度培养等相关工作适配。这一创新将航司对旅客的细分维度和营销活动、产品的匹配颗粒度提升到了更加精细化的层面，也有效弥补了常旅客体系的不足。该创新为民航实体进一步精准细分用户市场，精准评估各类活动、渠道（如抖音直播）的应用模式提供了较好的借鉴。

（二）技术建议

作为一个管理创新案例，该创新对于公司相应管理层应该产生的效能结果评价尚显不足，创新设定的几个目标值未进行常态化的监测分析，另外，缺少支撑目标值的过程监测指标，如缺少各层级之间转化率的量化跟踪等。这有可能会影响该管理模式的实效性。

三 现场展演视频回放

微信扫码可观看

【厦门航空有限公司】“厦门航空星鹭用户体系”展演视频

案例名称：【济宁曲阜机场有限公司】推进军民航深度融合发展　深化机场消防改革

案例编号：IAM2022002

创新分类：管理创新

所属单位：济宁曲阜机场有限公司

项目负责人：李国栋

项目成员：曹先慧、周畅、柴智光

创新“坐标”

在“民航强国战略”中的位置

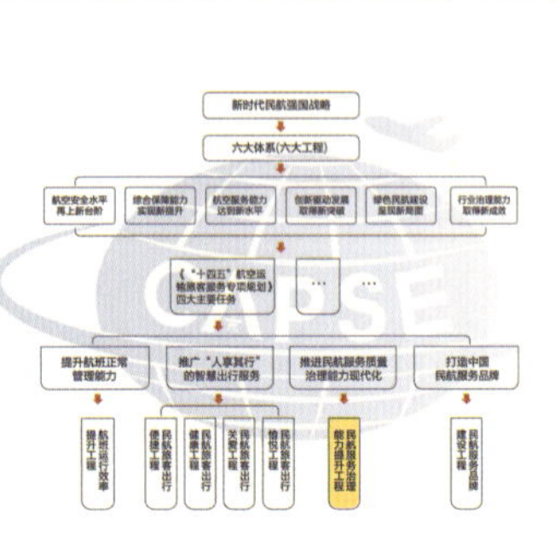

CAPSE 关于《“十四五”民用航空发展规划》解读图

在“服务管理体系”中的位置

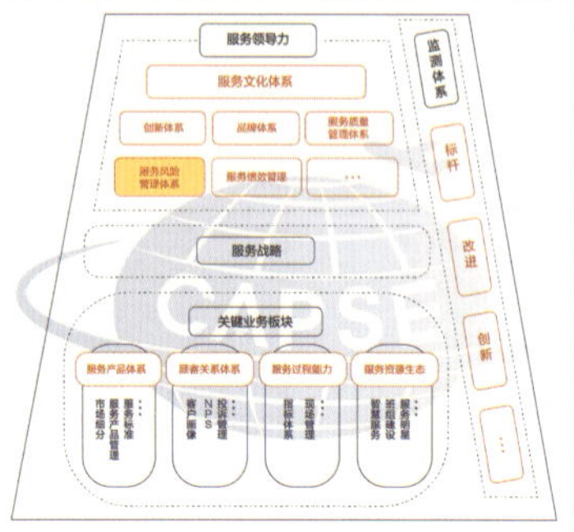

CAPSE 服务管理模型

在“旅客出行体验”中的位置

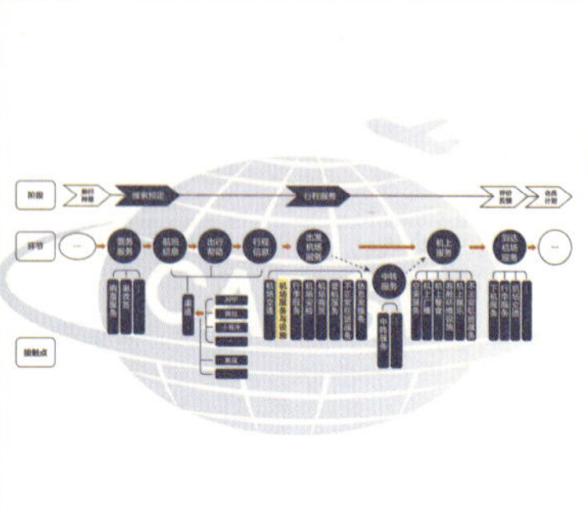

CAPSE 旅程地图

创新 KPI

指标名称	创新前	创新后	备注（行业现状）
军民合用机场消防资源共享共用	军民航各负其责	军民合用机场消防资源共享共用	军民航各负其责

一 关键内容展示

（一）策划与设计

1. 需求识别

济宁曲阜机场的快速发展及航班架次的不断增长，对机场应急救援消防保障提出了更高要求，消防保障等级提升工作迫在眉睫，结合推进军民融合深度发展战略思想，济宁曲阜机场按照国家民航相关规章要求积极争取军方和民航局的支持，进一步整合军民合用机场消防保障资源。

济宁曲阜机场作为全国首家军民合用机场推行军民航消防保障融合试点，围绕军民融合消防保障工作中的问题和难点，研讨落实双方职责边界，开展消防车辆性能评估，认证双方人员资质，扎实开展联勤联训，加强协调在联合指挥、联合救援等方面的具体工作，有序推进一系列消防保障军民融合工作。

2. 成型过程

为加强军民航工作协调，军民航双方成立了以空军场站及机场公司主要负责人为组长的联合保障领导小组，全面负责研究确定军民深度融合的总体方案和方法措施，统筹协调解决全局性、跨单位的运行保障问题，持续指导、推动军民深度融合理念及政策的落实。

济宁机场突破传统思维，以军民深度融合为契合点，创新性地整合军民航消防救援资源，通过反复对标、多次论证，与军航多年深度融合发展的基础促使济宁机场走出了一条创新之路。

突破了救援指挥体系相互联合、消防车辆性能相互评估、人员资质能力相互认证、消防药剂采购相互联合、应急救援预案相互演训等多方面壁垒，通过双方资源共享、建立相关联合机制，在确保消防救援能力“1+1 大于 2”的前提下，通过深度融合使机场消防保障等级得以提升。

3. 创新特点

材料未呈现。

4. 目标设定

推进军民航深度融合发展、深化机场消防改革工作。

（二）落地与实施

1. 流程设计

（1）强化组织领导开展联合保障

为加强军民航工作协调，军民航双方成立了以空军场站及机场公司主要负责人为组长的联合保障领导小组，全面负责研究确定军民深度融合的总体方案和方法措施，统筹协调解决全局性、跨单位的运行保障问题，持续指导、推动军民深度融合理念及政策的落实。

军民航双方结合航班换季和运行保障特点，定期召开军民航协调会，梳理双方应急救援保障队伍、装备质量情况，分析安全形势，解决双方在实际运行中存在的问题。

（2）签署协议、体系整合、资源共享

济宁曲阜机场先后联合空军济宁场站编写及签订相关手册、协议、方案、程序 20 余份，以方案和程序为架构，双方建立健全消防应急救援机制，建立协同协调制度，完善联合应急救援预案，明确各救援目标的指挥权归属。实现了军民航日常飞行期间的消防救援力量联合布控、消防值守及时联动、消防救援联合出动，大幅提升了消防联合救援效率。双方通过《协议》有效整合军民合用机场消防保障资源，明确了军民航消防器材装备、灭火药剂的配备情况、类型及质量情况，消防车首车行驶速度、喷射率、加速度等车辆性能标准，真正做到了军民航消防资源共享、力量共用、风险共防，整体上大大提升了军民航消防救援能力和水平。

（3）明确通报程序，实现信息实时互通

军民航双方建立健全了消防应急救援信息传递机制，双方设立值班联系电话并实行 24 小时值班制度，明确信息分类及各类信息通报的主管部门，建立军民航通报联络信息表，通过固定电话、移动电话、专用对讲机等方式建立双方在值班、救援现场的通信联络，当发生紧急情况需救援力量增援时，对方在第一时间获取信息，进而组织有效的应急救援，以确保救援现场通信联络畅通。

（4）加强联勤联训、实现力量共用

军民航消防双方以“能打仗、打胜仗”的要求为指导思想，结合《军民航联合消防大练兵实施方案》《军民航消防应急救援理论知识培训计划》《济宁曲阜机场专职消防队实战大练兵（2020—2022 年）实施方案》大力开展注重实效的岗位练兵活动，切实将消防工作贴近实际、消防训练利于实战。在大练兵活动中，采取 PPT 授课、分组讨论等方式定期组织开展军民航航空器灭火救援理论知识培训，培训主要以了解双方航空器构造、危险部位及各部位火灾扑救措施为主，确保突发事件发生时能够合理有效地进行处置。定期组织进行体能、业务技能、班组成操、军地联合救援等联训科目。有效落实了军民航联合救援的训练要求，相互熟悉了预案和车辆器材装备，建立了信息沟通交流平台，提高了业务技能，提升了协同作战能力，为全面提升航空器应急救援处置能力，保障机场持续安全运行奠定了坚实基础。

（5）制订联合救援方案，实现风险共防

加强应急救援实战化演练，完善灭火救援预案。济宁曲阜机场联合空军济宁场站制订航空器各部位火灾灭火救援预案，预案中详细列明军民航通信方式、信息传递程序、出动方式、火场指挥基本原则、灭火救援消防力量部署、灭火救援力量分工、灭火救援职责等内容。近年来军民航组织开展航空器灭火救援实战演练，突发特情原地待命，在正常保障航班前提下军、地、民三方协同扑救驻地房屋、机场围界外麦田及杂草火灾等各类演练、实战灭火救援 50 余次，先后获赠锦旗 4 面，群众对军民航消防救援及时灭火救援，挽救人民群众财产表示衷心的感谢。

2. 资源保障

材料未呈现。

3. 监测改进

材料未呈现。

（三）目标实现与展望

1. 目标性

（1）创新举措成为全国首家，开创了军民合用机场军民航深度融合发展的新局面。

（2）军民融合促进良性发展，大大提升了机场消防救援保障能力。

（3）试点经验获广泛推广，2019 年 10 月，民航山东监管局对济宁曲阜机场军民融合工作进行了通报表彰，并给予了充分肯定。为切实提升军民合用机场消防应急救援保障能力。近年来，潍坊机场、义乌机场、南充机场、吉安机场等多家单位，先后对济宁机场军民航深度融合发展消防保障等级提升工作进行了交流学习。

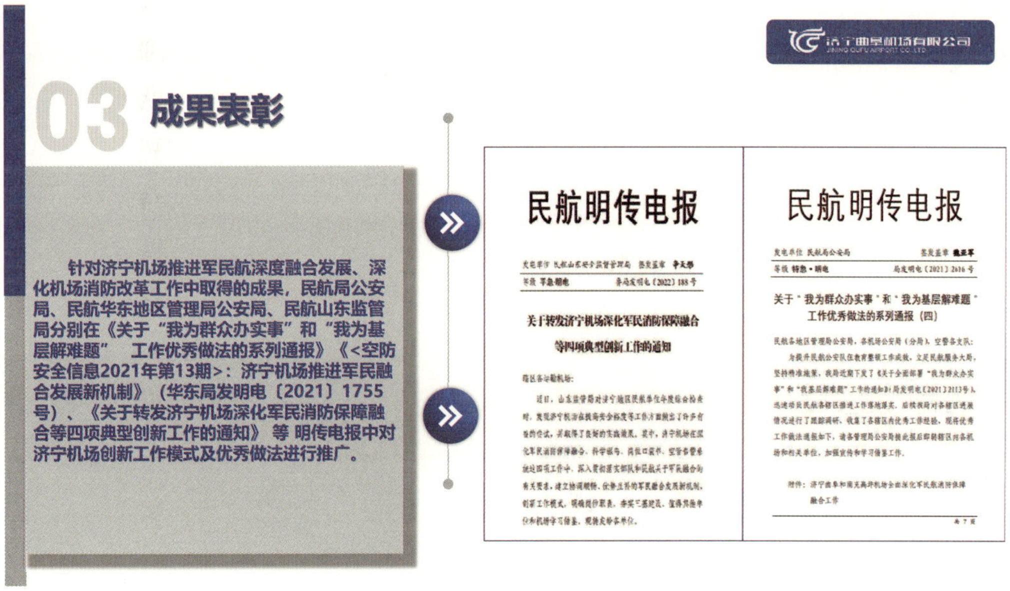

图源：2022CAPSE 创新奖决赛展演材料

2. 标准化

2019—2021 年间，潍坊南苑机场、浙江义乌机场、四川南充高坪机场、江西吉安机场等多家单位，先后对济宁机场军民航深度融合发展消防保障等级提升工作进行了交流学习。2022 年 9 月，根据局方通知要求，济宁机场安排专人前往佛山机场，重点围绕军民融合救援机制建设、联合保障、联合救援等方面对佛山机场军民航融合消防保障能力提升工作开展业务交流和指导。

3. 展望

下一步，济宁曲阜机场将继续按照“军为民用、民为军备”的基本原则，始终坚持“飞行安全、廉政安全、真情服务”三条底线，不断强化“三基”建设，牢固树立“三个敬畏”意识，在军民融合发展推进消防改革的课题上进一步下功夫，确保改革成果有实效、可复制、可推广。同时，还将进一步探索军民航在应急救护保障方面的深度融合，进一步加强军民航双方的沟通协作，使融合发展更有动力、充满活力、形成合力，推动改革工作迈上新台阶。

二 案例综评

（一）综合点评

该创新案例围绕军民机场资源融合改革进行创新，创新团队通过资源共享、建立联合机制等创新举措，实现了军民机场消防资源降本增效的目标。案例在落地与实施过程中，围绕需求识别出的问题诉求，对设施设备、人员队伍、作业流程等全方位进行评估，建立统一标准和规范，搭建了高效的沟通协调机制，有效解决了军民航融合机制不健全、不规范的痛点问题，实现了创新目标。为军民两用机场在推进军民航深度融合发展战略方面提供了较好的实践，得到了局方的认可，具有可推广性。

（二）技术建议

创新团队在创新过程中，需求的识别方面不够系统，如创新的需求来源不够明确，可从国家到行业到机场实际情况进行分层识别，进而通过满足需求而制定创新的目标；其次，在服务监测和改进方面，创新项目未体现有效的评估和改进机制，这不利于对创新项目开展常态化监测并根据监测结果进行持续提升改进，也不利于创新项目的可持续发展。

三 现场展演视频回放

微信扫码可观看

【济宁曲阜机场有限公司】“推进军民航深度融合发展　深化机场消防改革”展演视频

案例名称：【上海国际机场股份有限公司浦东国际机场】浦东机场旅客服务质量管理体系建设与成熟度提升实践

案例编号：IAM2022003

创新分类：管理创新

所属单位：上海国际机场股份有限公司浦东国际机场

项目负责人：张敏求

项目成员：朱建军、袁涛、刘欣倩、王京航

创新“坐标”

在“民航强国战略”中的位置

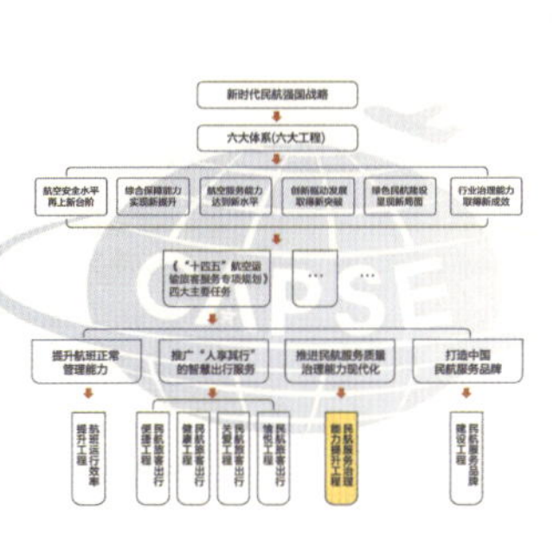

CAPSE 关于《“十四五”民用航空发展规划》解读图

在“服务管理体系”中的位置

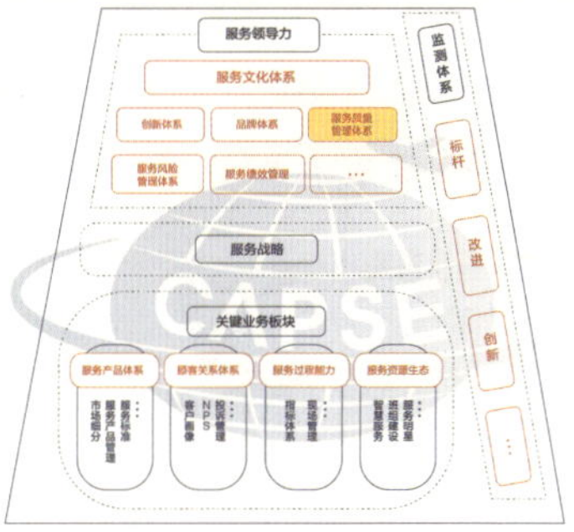

CAPSE 服务管理模型

在“旅客出行体验”中的位置

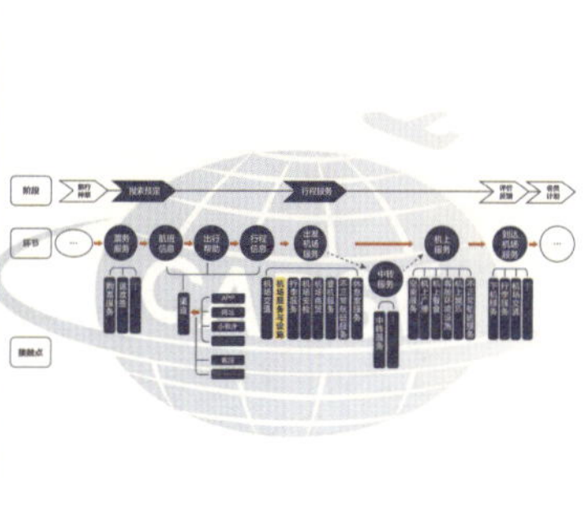

CAPSE 旅程地图

创新 KPI

指标名称	创新前	创新后	备注（行业现状）
服务体系成熟度	规范级	优秀级	规范级
民用机场旅客服务认证管理要求评价得分	86	86.35	86
CAPSE 旅客满意度	4.05	4.16	4.07

一 关键内容展示

（一）策划与设计

1. 科学性

浦东机场服务体系是建立在国家各级要求基础上的。2023 年 2 月国务院发布的《质量强国建设纲要》中，对于民航业明确提出要求，推动航空公司和机场全面建立旅客服务质量管理体系，加快质量管理成熟度跃升。

国家交通运输部在 2021 年 3 月发文要求“机场应建立旅客服务质量管理体系，并确保持续有效运行”。民航局 2021 年 8 月印发《公共航空运输旅客服务质量管理体系建设指南》，明确了服务体系的具体建设要求。基于外部要求和内部驱动，浦东机场重新梳理、完善优化形成了具有自身特色的“海纳百川、申情相伴”的旅客服务质量管理体系。

2. 新颖性

浦东机场服务的总体战略由服务理念、政策理论、服务网络和管理体系组成。政策理论是土壤，服务理念是阳光，服务网络是旅客接触的服务范围，是枝叶果实；管理体系则是机场服务背后庞大的根系。

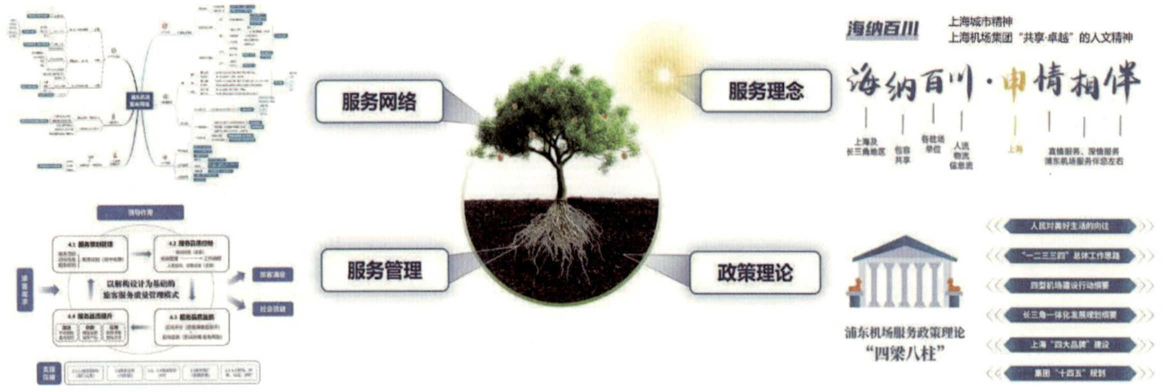

图源：2022CAPSE 创新奖决赛展演材料

3. 顾客导向

浦东机场参照 ISO9001 和卓越绩效模式，以公司服务管理职能解构为基础，设计了一套具有自身特色的旅客服务质量管理模式。在领导作用影响下，以旅客需求为输入、旅客满意和社会效益为输出，根据 PDCA 循环的逻辑串联服务策划、服务品控、服务监察、服务提升四个模块功能，以组织架构、体系文件、绩效奖惩、宣传推广、审核评价提供支撑保障，实现服务质量的持续改进。

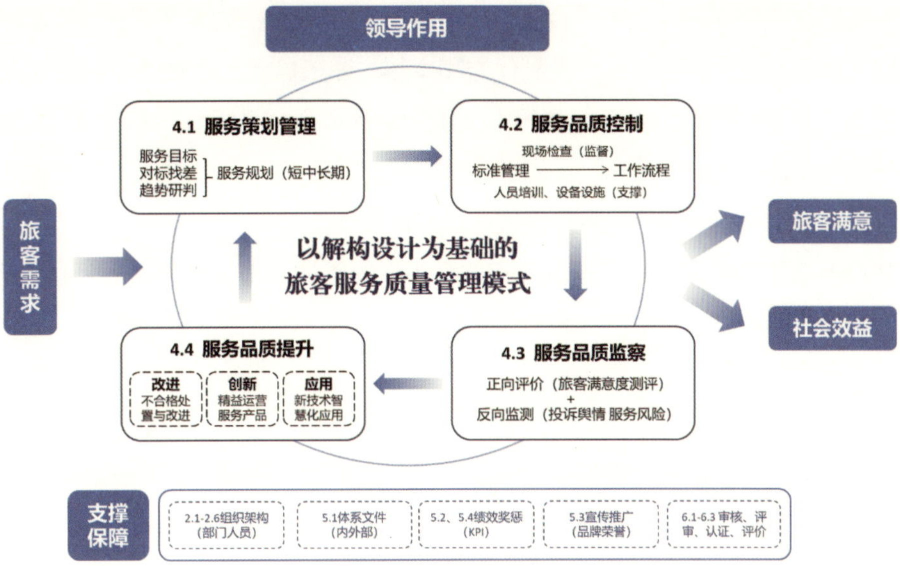

图源：2022CAPSE 创新奖决赛展演材料

（二）落地与实施

1. 系统性

2021 年为了响应局方服务体系要求，浦东机场重新梳理服务管理工作，于 2022 年 1 月印发服务体系建设专项组织机构、发布体系建设计划，并于 6 月编制完成草案征求意见、8 月正式发布体系手册，导入体系成熟度方法工具。10 月组建培训人才队伍自评，12 月正式开展成熟度评价。

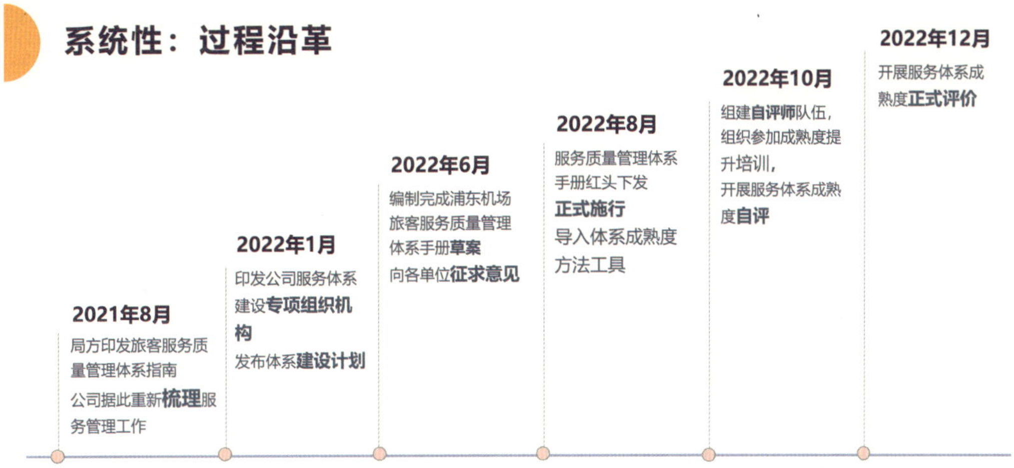

图源：2022CAPSE 创新奖决赛展演材料

2. 可行性

编制了《旅客服务质量管理体系手册》，手册中逐条比对了浦东机场服务体系与 ISO9001、局方指南要求的对应内容，并按照最高标准、最严要求执行，兼具了行业特性与专业能力的双重水平。

管理体系建设往往存在只满足于“合规”的问题，而在高质量发展背景下，需要对体系有效性与适宜性提出更高的目标，促进体系升级到优秀和卓越。浦东机场追根溯源，积极导入管理体系成熟度的方法工具，依据中国质量协会团体标准《质量管理体系成熟度评价指南》，参加 2022 年工信部质量提升和品牌建设重点项目——质量管理体系成熟度评价。通过对浦东机场服务体系进行系统评价，了解成熟度水平，识别公司服务管理中的改进和创新机会。

针对旅客服务流程中关键单位，选派具有体系工作经验的内审员组建了服务体系自评师队伍。同时对民航局服务体系要求、浦东机场服务体系情况及成熟度方法工具进行宣贯，还组织参加中质协的体系成熟度自评师培训。

3. 创新性

中国质量协会组织专家队伍对服务体系开展了成熟度评价，充分肯定了浦东机场服务质量管理体系的建设提升成果，并给予“优秀级”评价。这是中质协颁发过的最高等级评价结果，也是民航业首家单位获评。在中质协年会中，浦东机场服务体系建设与成熟度提升作为优秀管理实践成果受邀在质量管理体系成熟度论坛上面向全国发布，也是年会上民航业内唯一发布展示的单位。

自评小组对浦东机场服务质量管理体系的建设和运行情况进行严格、全面、深入的自我评价。按照自评标准评估体系的优势亮点、差距不足和改进方向，整理评价情况形成《浦东机场旅客服务质量管理体系自评报告》。识别关键差距，明确需改进项，制订提升计划予以实施。

4. 可推广性

（1）统筹运作：体系参照 ISO9001 通用结构提升成熟度，便于与公司各管理体系的一体化运作。

（2）管理评价：成熟度评价体系提供了一个诊断仪，便于定期评价公司服务管理水平。

（3）体系升级：从体系符合性审核到体系成熟度水平评价是未来高质量发展的趋势，也便于为今后民航局评审做好充分准备。

（4）对标一流：一流企业的背后是一流的管理体系，成熟度提升可助力机场服务发展。

（三）目标实现与展望

1. 目标达成

在目标达成上，服务体系成熟度、民用机场旅客服务认证管理要求评价得分、CAPSE 旅客满意度指标得分均有所提升，连续 8 年获评 CAPSE 最佳机场。

2. 技术或经营绩效

在经营绩效方面，2021 年度和 2022 年度浦东机场 ACI 旅客满意度测评得分 5 分，排名全球第一，连续 12 年位列全球机场前 10 位。

3. 社会效益

在社会效益方面，“申情服务”品牌获评中国质量协会的中国企业创新成果品牌战略创新奖，还获得了上海品牌服务认证、品牌建设先进单位等荣誉。此外，浦东机场通过创标提升社会效益，目前已编制发布两项团体标准，已立项两项正在推进撰写中。

二 案例综评

（一）综合点评

该创新案例围绕旅客服务质量体系的有效性进行创新性探索和实践。创新团队参照 ISO9001，创造性地将国际领先的质量管理体系成熟度评价方法应用与旅客服务质量体系的有效性评价进行结合。团队以公司服务管理职能解构为基础，设计了一套具有自身特色的旅客服务质量管理评价模式。该案例为民航实体在完成质量体系建设后，就如何真正持续、有效发挥质量体系的作用方面提供了非常好的路径借鉴。

（二）技术建议

作为一套体系管理的创新，团队在成熟度评价方法融合方面还有提升的空间，创新团队在体系有效性评价的目标设定、评价结果应用、自评师的培育方面还处于初级阶段，还尚未形成基于成熟度评价机制的持续改进。

三 现场展演视频回放

微信扫码可观看

【上海国际机场股份有限公司浦东国际机场】“浦东机场旅客服务质量管理体系建设与成熟度提升实践”展演视频

案例名称：【上海虹桥国际机场有限责任公司】“数字运营，精准把控”陆侧交通智能管理平台数字化转型

案例编号：IAM2022004

创新分类：管理创新

所属单位：上海虹桥国际机场有限责任公司

项目负责人：郝小鸫

项目成员：袁逸峰、宋士成、秦晓迪 、陆晓刚

创新“坐标”

在“民航强国战略”中的位置

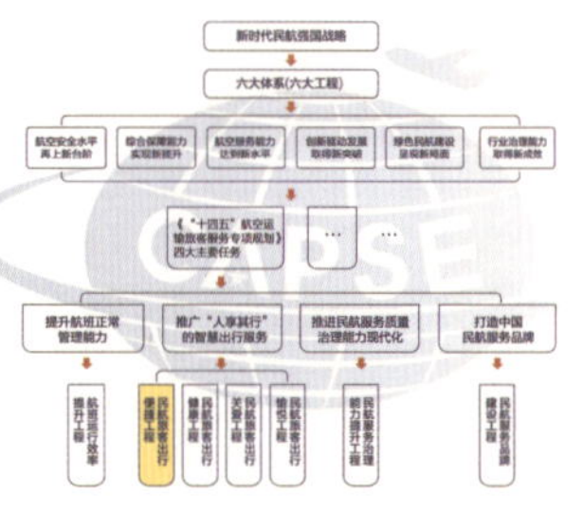

CAPSE 关于《“十四五”民用航空发展规划》解读图

在“服务管理体系”中的位置

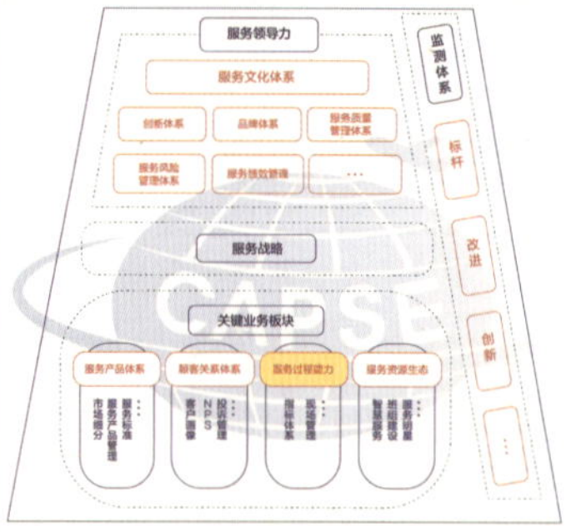

CAPSE 服务管理模型

在“旅客出行体验”中的位置

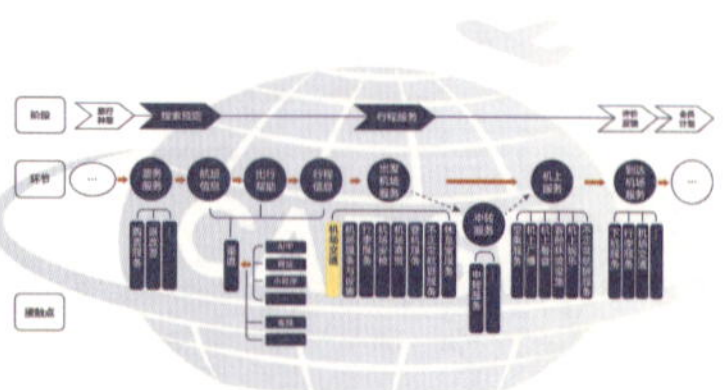

CAPSE 旅程地图

创新 KPI

指标名称	创新前	创新后	备注（行业现状）
运行报表	人工填写	平台自动生成	人工填写
停车库疏导预警	人工判断车辆情况	依据数据指标自动提醒预警	人工判断车辆情况
旅客排队 KPI 达标率	94.76%（2021 年）	99.6%（2022 年）	—

一 关键内容展示

（一）策划与设计

1. 需求识别

虹桥机场客流疏散主要集中于 4 种交通方式：即出租车 (28%)、自驾 (45%)、地铁 (25%)、公交大巴 (2%)。其中，网约车在停车库内运行，占据总停车量的 80% 以上；夜间地铁停运后，主要依赖出租车和自驾这两种交通方式。面对持续增长的客流量，交通设施容量呈现出明显的不足；同时主动引导方面也呈现出能力不够。

图源：2022CAPSE 创新奖决赛展演材料

2. 成型过程

陆侧交通智能管理平台，是以机场陆侧交通运行场景为依托、量身定制的运行管理系统。

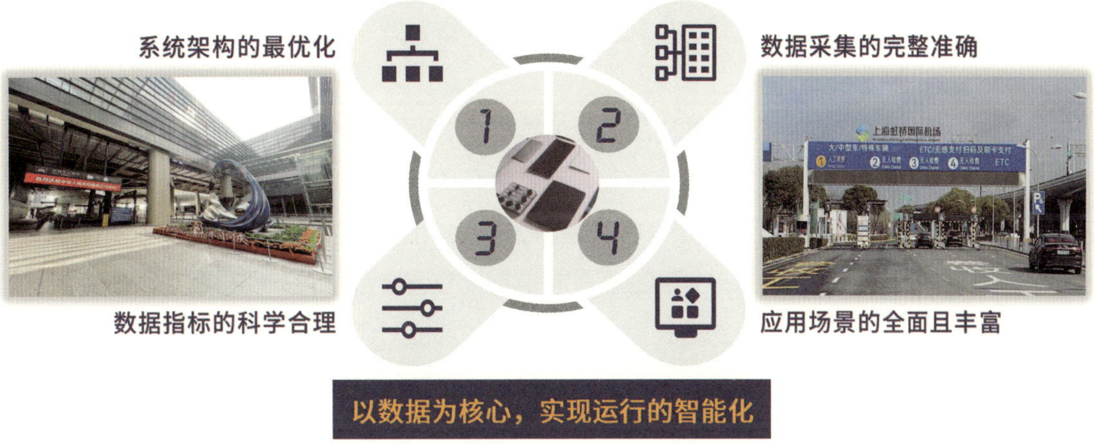

图源：2022CAPSE 创新奖决赛展演材料

项目组搭建系统体系，并以数据分析和数据应用为前提，依托可视化数据推动服务数字化转型。

3. 创新特点

基于完整指标体系下的数据治理分析和全方位的应用，大大提升了运行管理效率、资源利用效率和面向旅客的服务能力，有力地诠释了数字化转型发展所带来的品质提升和管理模式革新。

4. 目标设定

线上支付比例达到 90% 以上，实现无人收费的目标。

（二）落地与实施

1. 流程设计

（1）以架构规划为纲的系统体系搭建

基于一、二级数据及源头数据，即到达航班旅客的可预知性，充分利用先进的信息技术，即深度学习技术（AI 技术），对未来的运行状况进行预测分析，也是数据分析的重要内容之一，以此形成三级数据库。一、二、三级数据库的形成，构建了整个智能管理平台以数据为核心的基础体系，实现了在空间、时间角度的完整性。即各种交通方式、各种业务场景的应用数据体系和过去、现在、未来的时间数据体系。

（2）以数据为基础的运行场景全方位应用

① 实现精准的运行管理，这是精细化管理的需要，也是提升数据治理整体能级的要求。

② 实现运行的预测预警。机场的运行具有高度循环的特征，其重要的特点是高低峰分明。同时受到天气、会展等重大因素影响会出现突发或极端情况。在此情况下，依据科学的数据提前做到预测预警，对运行管理、旅客服务均具有重要意义。此外，为提高陆侧交通的集散效率，建立科学的模型，带入新的数据，如航班、旅客、天气等，从而实现对未来的停车场和出租车出入数据进行更为精准的预测。

（3）以可视化数据应用体系构建为依托，推动管理和服务数字化转型

① 大屏呈现。

位于 TMC 平台的信息大屏，主要应用平台的数字化呈现，同时与 PC 端桌面部分的细化展示互为补充，这也是虹桥机场陆侧交通数字化建设数据大脑的集中体现，在具体展示逻辑上，主要包含三个方面。一是数据展示。具体内容同 PC 端应用一致，但表现形式不尽相同。为了最直观的应用，实时运行数据、历史数据、未来预测数据等关键指标应通过合理的布局显示在同一页面上。对于达到必须预警的指标应以最醒目的方式呈现。二是关键部位 CCTV 监控图标和现场 LED 屏显示内容展示。三是核心数据源，即到达航班与旅客人数、关键外部数据及重要事项等展示。

② 业务流程的动态呈现。

a. T2 出租车运行的动态展示，具备两种运作模式，一是实时运行状态展示功能，通过接入实

时运行数据实现运行场景的线上化，能够通过动画形态真实反映实时运行状态，用于提升现场管理的能力和水平；二是模拟状态交互功能，归纳车流及人流的不同情况，并预设数种运行状态，在此基础上要求能够进行基础的切换和开关备用操作，用于培训及领导层决策分析使用。

b. 东交停车库（P5~P8）的动态展示。实现实时动态数据和历史对比数据的叠加应用，从而让后台人员能够较为精准地掌握现场运行实际情况，实现精准地运行调度和预判。停车库的实时数据包含的种类非常多。停车的整个流程包括车辆入库、每个区域或层面的停车状态、车辆出库等。停车库数据动态展示应实时显示车库的饱和度（含各区域或层面）、入库车流量、出库车流量等。

③ 公共平台小程序的应用。

作为陆侧交通运行数字化转型的延伸，项目组同样关注旅客服务层面的数字化应用拓展，借助智能管理平台的综合性应用，公共平台小程序顺势而生，既可满足虹桥机场陆侧交通的运行同旅客及第三方服务提供商之间信息对称的需要，也可满足增值性服务产品直接面向 C 端应用的需要。在支付宝预约停车小程序的基础上进行拓展和完善，形成虹桥机场陆侧交通的支付宝和微信小程序。

a. 交通信息整合动态发布。公共平台小程序可发布虹桥机场陆侧交通所有交通方式的静态信息、实时运行的数据信息、同交通相关的临时性或紧急性信息和服务信息（如导航服务）等，使旅客充分了解，自主选择出行方式。

b. 经营性业务开展。公共平台小程序可实现更多差异化服务的线上运营，可直接面向旅客端提供诸如预约停车、租赁车服务等经营性业务，同时也可以面向第三方服务平台，开展业务对接，不断丰富和延展小程序功能。

图源：2022CAPSE 创新奖决赛展演材料

2. 资源保障

材料未呈现。

3. 监测改进

材料未呈现。

（三）目标实现与展望

1. 目标性

（1）一体化高效协同，优化运行效率

在静态交通部分，基于停车动线流程中的各个二级系统采集到基础数据及治理后的二级数据，可以覆盖车辆进场到离场全过程，在做好运行实时管控的同时，尽可能地通过关键数据的展示形成信息对称，引导旅客更合理地选择停放区域，并且让相关配合单位及时获取到停车库的运行态势，从而更及时地提供运行协助。

（2）全局精准可视，提高服务水准

智能管理平台数字治理在服务方面让旅客提前获取虹桥机场陆侧交通信息。2022 年对比 2021 年同月份旅客排队测评情况，KPI 达标率由此前的 94.76% 上升到 99.6%。

（3）业务自动梳理，实现降本增效

由于线上支付的全面拓展，线上支付的比例还会有所提升，项目组希望达到 90% 以上。因此，无人收费的目标基本可以实现。

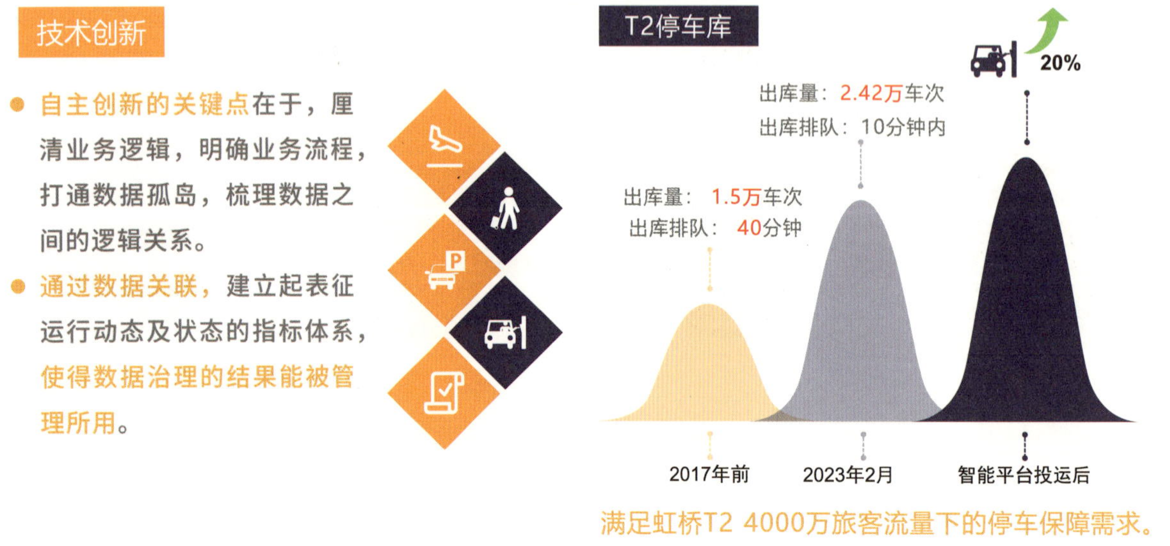

图源：2022CAPSE 创新奖决赛展演材料

管理创新

- 基本实现了从经验粗放式管理向数据精准管理方式的转变。
- 依托系统预警机制，及时精准启动应急工作方案，使设施容量、运营效率和保障能级，有了全面提升。

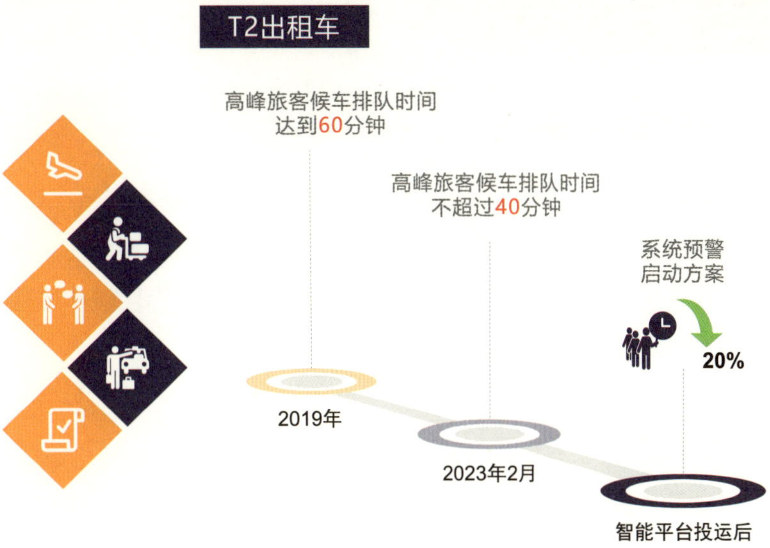

图源：2022CAPSE 创新奖决赛展演材料

用户体验

线下（现场显示屏）与线上（交通小程序），两端实时运行信息的对称和及时发布，更多更好的服务产品供给等，使旅客的体验感会有较大的提升。

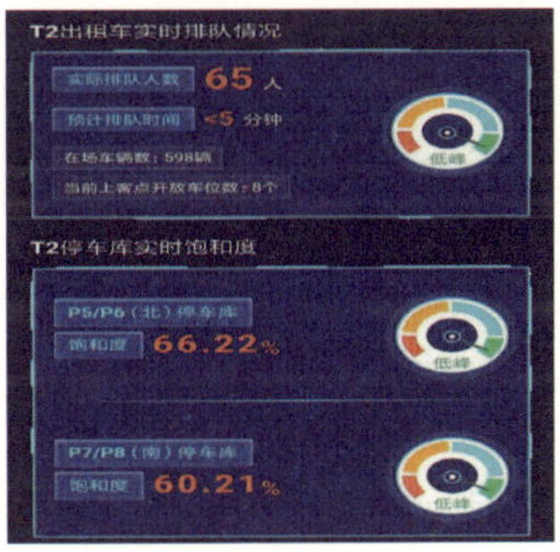

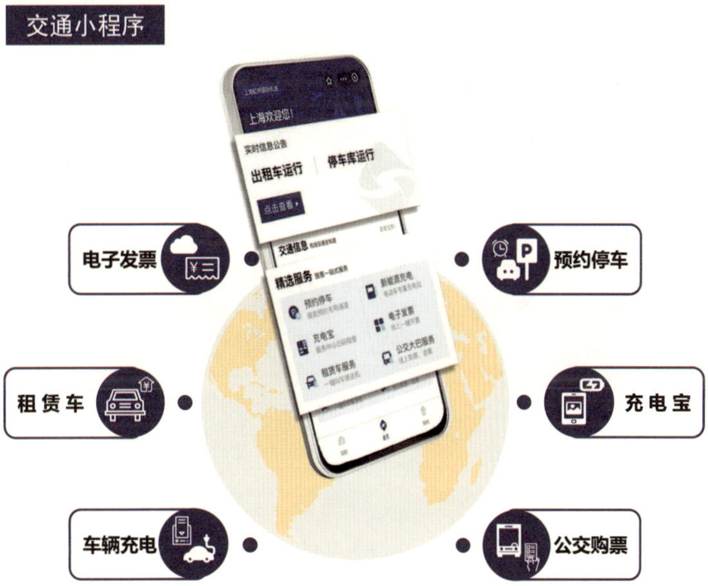

图源：2022CAPSE 创新奖决赛展演材料

2. 标准化

材料未呈现。

3. 展望

虹桥机场陆侧交通智能管理平台的建设，是基于完整指标体系下的数据治理分析和全方位的应用，大大提升了运行管理效率、资源利用效率和面向旅客的服务能力，有力地诠释了数字化转型发展所带来的品质提升和管理模式革新，相信持续的深化应用一定能为机场整体运营效率的综合提升和业务融合带来更多可能。

二 案例综评

（一）综合点评

该创新案例围绕“机场陆侧交通运行”这一场景进行了创新，重点聚焦车辆管理过程数据质量管理，根据运行场景特征，建立完整的评价指标体系，在车辆运行管理效率、停车场资源利用效率、旅客等车时间方面取得了预期的效果。该案例为民航实体在初步信息化后，如何聚焦数据应用服务质量提升提供了不错的借鉴。

（二）技术建议

创新团队在创新过程中，首先在对创新需求识别、目标的设置上不够精准，未能将系统转型开发与相关方进行有效的联系，目标设置也未清晰与系统平台的数字化转型建立联系，这不利于创新的策划与实施及成果达成方面的评估。另外，在服务资源保证、监测改进方面，未体现为确保创新项目正常开展所配备的资源保证情况及根据监测结果所进行的持续提升改进的内容，这都不利于项目的可持续发展。

三 现场展演视频回放

微信扫码可观看

【上海虹桥国际机场有限责任公司】“‘数字运营，精准把控’陆侧交通智能管理平台数字化转型”展演视频

案例名称：【内蒙古自治区民航机场集团有限责任公司包头分公司】包头机场航空科普研学实践教育基地项目

案例编号： IAM2022005

创新分类： 管理创新

所属单位： 内蒙古自治区民航机场集团有限责任公司包头分公司

项目负责人： 杨发

项目成员： 苑淼、高炜、高超

创新“坐标”

在“民航强国战略”中的位置

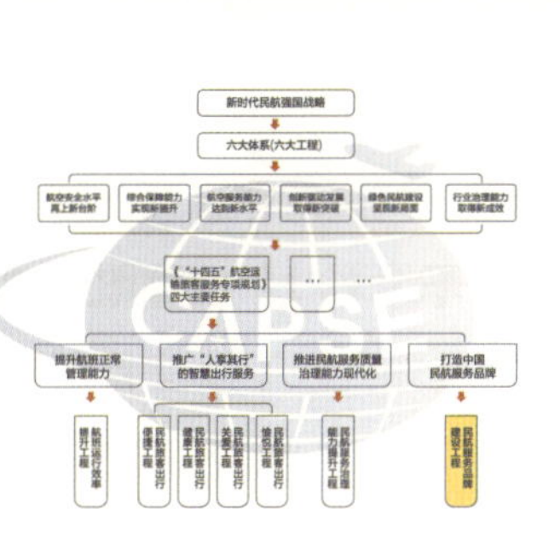

CAPSE 关于《“十四五”民用航空发展规划》解读图

在“服务管理体系”中的位置

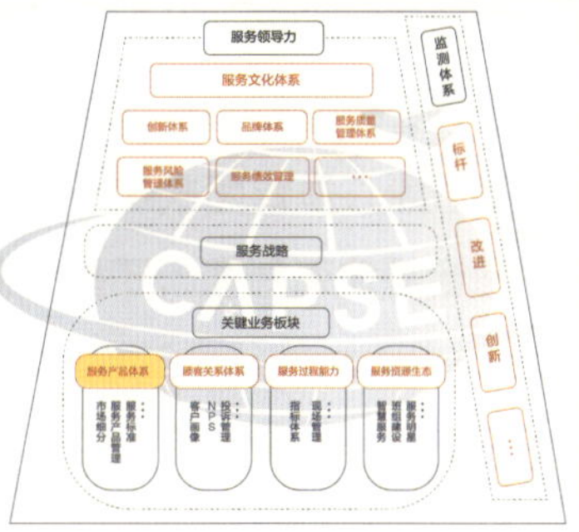

CAPSE 服务管理模型

在“服务品牌评价模型”中的位置

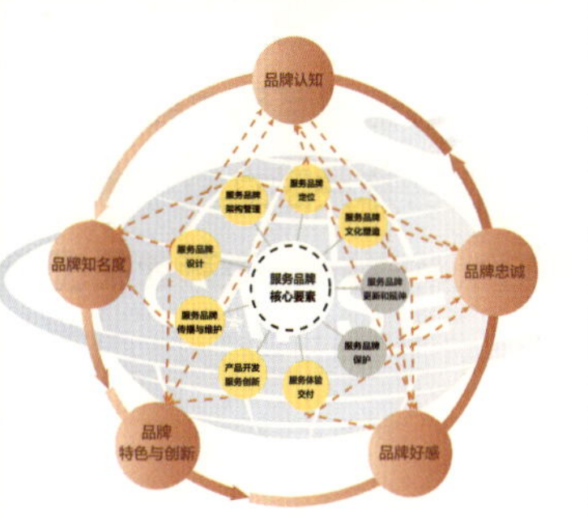

CAPSE服务品牌评价模型

创新 KPI

指标名称	创新前	创新后	备注（行业现状）
航空研学旅行人数	0	1258 人次	—
研学收入	0	150000 元	—

一 关键内容展示

（一）策划与设计

1. 需求识别

自 2020 年疫情以来，包头机场运输生产明显下降，国际航班停飞、国际候机楼闲置。面对不利形势，包头机场人迸发出顽强不屈的韧劲，转变思路，着眼于增加收入，根据内蒙古民航机场集团公司“坚持发展为第一要务，加快生产经营全面恢复，以创新实现‘破局’‘突围’，向创新要安全、要服务、要效益”的工作要求，包头机场提出了“降本增效”工作要求，如何利用机场闲置资源增收创效，成为摆在包头机场面前的一个新课题。在政策支持方面，教育部等 11 个部门要求将研学旅行纳入中小学教育教学计划，同时要将研学评价结果逐步纳入学生综合素质评价体系。《科普法》规定，机场应当在所辖范围内加强科普宣传。作为社会公共基础设施，践行“人民航空为人民”的理念，机场有责任为此做出贡献。在市场需求方面，2021 年中国旅游研究院发布的《中国研学旅行发展报告》指出，随着素质教育理念的深入和旅游产业跨界融合，研学旅行市场需求不断释放，中国研学旅行市场总体规模将超千亿元。经市场调研，包头市有 40 万幼儿园至高中阶段学生，目前，包头市研学基地仅有羊绒制造、农耕、草原、沙漠治理等类型，机场航空研学尚属空白，研学需求端市场巨大，机场作为多数城市的独有资源，只要开发研学项目就具有市场唯一性。有了创新想法，有了政策支持，更有市场需求，包头机场着手打造航空研学基地。

2. 成型过程

在对包头市研学旅行市场进行充分调研后，按照包头次枢纽机场建设实施方案，充分利用机场现有资源，包头机场创新性地提出创建研学基地，开发研学旅行产品，积极寻找新的增收渠道。利用机场闲置资源和民航特色工种，借鉴国内研学旅行成功案例，包头机场开发了航空科普教育研学旅行产品，将包头机场申报成为“包头市科普教育示范基地”“包头市青少年教育研学实践基地”

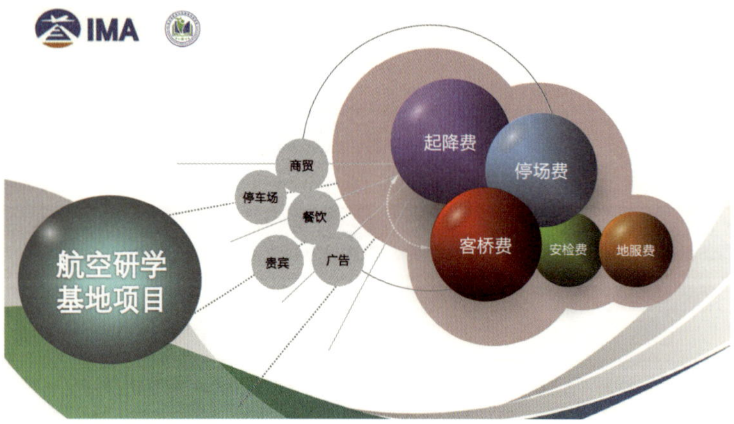

图源：2022CAPSE 创新奖决赛展演材料

“包头市少先队校外实践教育基地”，并递交了国家级航空研学教育基地申报材料。与包头市知名教育机构合作开展研学活动，逐步创建包头机场航空科普研学实践教育品牌。

3. 创新特点

（1）充分利用机场特色资源，打造特色课程。

（2）利用闲置资源，实现“降本增效”。

（3）项目灵活性高，可根据机场实际情况，开发不同课程，自由组合；投入小，见效快。

4. 目标设定

以培养创新人才队伍为核心，盘活、深挖闲置资产价值，创新创效，树立包头机场良好社会形象。

（二）落地与实施

1. 流程设计

（1）课程开发

图源：2022CAPSE 创新奖决赛展演材料

建设包头机场航空科普研学实践教育基地的思路确定后，包头机场成立了总经理负责、分管领导直接参与的项目建设领导小组，合理调配机场资源，集中全力建设研学基地。依托集团公司空管培训中心、包头机场国际候机楼、7 级消防、4D 级飞行区等现有民航特色资源，基地初期开发了“小小民航人，快乐值机行”“小小民航人，护航小卫士”“小小民航人，走进神秘空管、畅游飞行世界”“小小民航人，走进神秘飞行区”等课程，为广大学员带来值机、安检体验，从全新的角度了解机场空管和飞行区。购置了餐桌餐椅、学员服装及教学用具，制作了研学基地标识和文化墙等配套设施。

为加强教学力量，根据课程内容，包头机场从地面服务部、安检护卫部选拔了 4 位研学讲师，负责课程讲授、活动组织；更有 6 位员工发挥奉献精神，利用休息时间，参与研学课件编写、调试设备、示范操作。同时，基地加强研学市场调研、信息反馈，适时引入 C919 模拟机、野狼通用飞机等全新课程项目，为基地课程建设注入新的活力，受到了广大学员和教培机构的一致好评。

（2）风险评估

为深入评估研学活动给机场运营带来的安全风险，包头机场组织了三次研学基地运营安全风险评估专题会议，由安全质量部、安检护卫部、运行指挥中心和飞行区管理部等多部门参与，充分结合安全运行保障要求，对研学活动的流程设计、活动路线、保障措施，以及人员、车辆管理等各方面，提出了具体的要求和保障举措，既保证了机场安全运行不受影响，又为基地活动的顺利开展创造了有利条件。

（3）资格申报

在基地建设初见成效的同时，包头机场加强与包头市教育局、科技局及包头团市委的沟通与联系，积极申报教育基地、科普基地。2022 年 5 月 28 日，包头市科技协会向基地颁发了“包头市科普教育示范基地”牌匾。当天，“包头市航空科普教育研学基地”正式挂牌运营。7 月 6 日，共青团包头市委员会、包头市教育局、包头市少工委共同为基地颁发了“包头市少先队校外实践教育基地”牌匾。同时，包头机场还递交了国家级航空科普教育基地申报材料。

（4）宣传推广

包头机场专门为基地设计了 logo、徽章和研学证书，通过抖音、微信、电台等多种媒体渠道进行宣传。

2. 资源保障

材料未呈现。

3. 监测改进

在基地建设的整个过程中，包头机场一直注重基地建设经验的总结和成果提炼。通过日常收集、课程评价、家长满意度调查等方式，记录总结了超过 100 条问题、意见和建议。包头机场领导多次召开协调会，专题解决基地运营过程中遇到的问题。通过不断总结、提炼，基地提出了标准化运营概念，总结提出了“因地制宜、灵活多变”的发展方向，让研学项目具备可复制、易推广的巨大优势。

目前，基地各项配套设施设备已基本完善，人才队伍已初步建立，日均接待能力达到 70 人次，与华夏航空、熙泰航空、包头市青少年发展中心等多家知名教育、旅行机构建立了良好的合作关系。

（三）目标实现与展望

1. 目标性

2022 年 6—10 月，基地正式运营期间，共接待学员 31 批，1258 人次，为包头机场直接创收约 15 万元，2023 年预计收入 100 万元。

2022 年 9 月 12 日，包头机场收到包头市科技局邀请，参加了 9 月 15—18 日举办的 2022 年全国科普日宣传活动。活动当天，基地展台受到了广大市民的热情关注，超 500 人次参观者前来咨询了解，共发放宣传活页 1500 余份，包头机场航空科普研学基地迅速走红，对包头机场及研学基地起到了积极的宣传作用。

包头机场航空科普研学实践基地的建立，填补了包头市航空科普教育的空白，是包头机场积极投身社会教育、履行社会职责的具体体现。

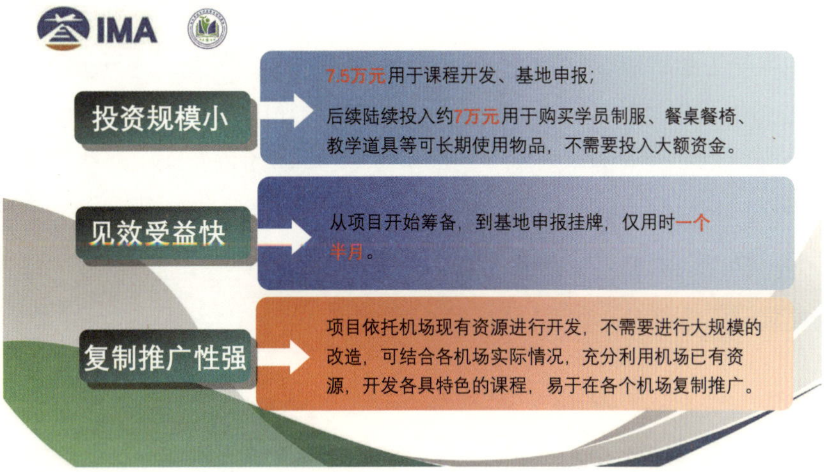

图源：2022CAPSE 创新奖决赛展演材料

2. 标准化

项目具有投资小、见效快、可复制等显著特点，可迅速推广至集团公司其他成员机场。通过集团公司的强大整合能力，该项目极可能吸引资本进入投资建设，成为集团公司营业收入的增长极，从而走出一条守正创新的路。

图源：2022CAPSE 创新奖决赛展演材料

3. 展望

材料未呈现。

二 案例综评

（一）综合点评

创新团队围绕“航空 + 旅游”这一课题进行了创新。创新团队将“工业旅游”理念充分融入创新过程，与传统的民航工业旅游不同，团队从产品策划设计端到渠道端进行了整合性设计。在策划与设计阶段以创新思维实现“破局”“突围”，充分盘活和利用自身的资源禀赋条件与优势，积极探索和寻求创收增效路径；尝试依托国家“希望工程”“未来工程”的大背景，在服务落地与实施环节，成立项目团队、合理调配机场资源，集中优势资源建设航空研学基地，让航空研学活动变为“体验式”而非“参观式”，实现了人才培养锻炼、社会效益和企业受益等多赢的成效。这为民航实体利用自身资源拓展“工业旅游”赛道提供了很好的借鉴。

（二）技术建议

创新团队在创新的绩效评价体系方面尚有改进空间，作为管理层面的创新，对于创新效能评估缺少基于效率、成本、质量等多维度的评价考量。

三 现场展演视频回放

微信扫码可观看

【内蒙古自治区民航机场集团有限责任公司包头分公司】“包头机场航空科普研学实践教育基地项目”展演视频

案例名称：【河北航空有限公司】整合资源，打造全能型团队

案例编号：IAM2022006

创新分类：管理创新

所属单位：河北航空有限公司

项目负责人：郭玉玲

项目成员：无

创新“坐标”

在“民航强国战略”中的位置

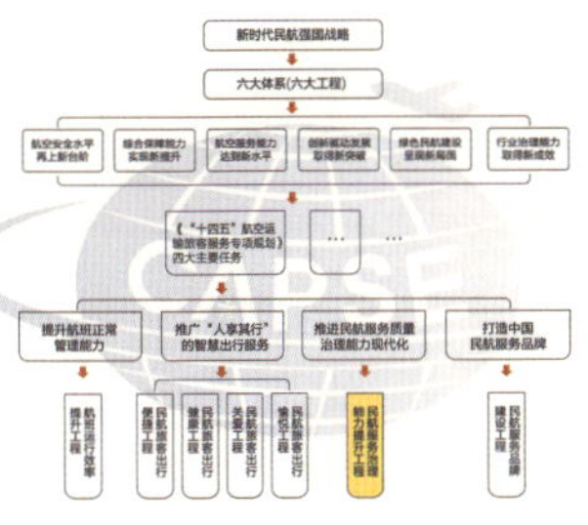

CAPSE 关于《“十四五”民用航空发展规划》解读图

在“服务管理体系”中的位置

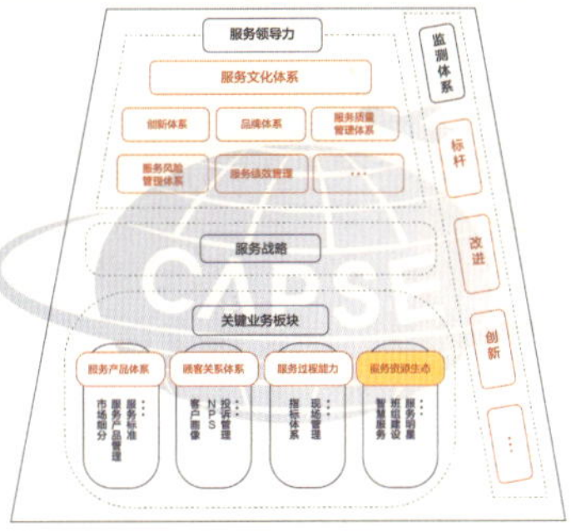

CAPSE 服务管理模型

在“时间效率”中的位置

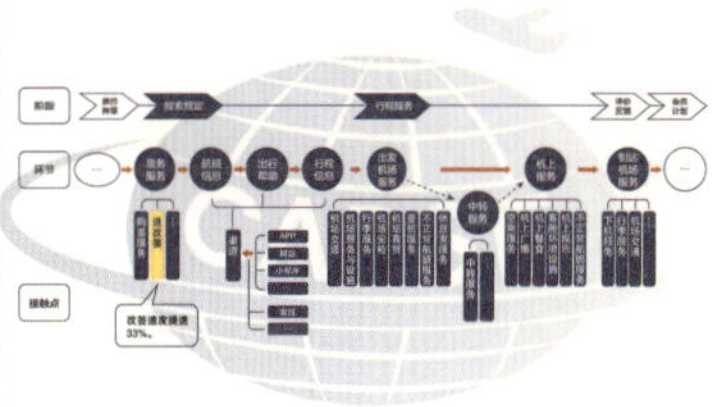

CAPSE 旅程地图

创新 KPI

指标名称	创新前	创新后	备注（行业现状）
改签速度	—	提速 33%	退改签与值机分开办理
双资资质人员占比	0	90%	大部分航司单人只掌握单岗业务

一 关键内容展示

（一）策划与设计

1. 需求识别

近年受到疫情冲击，整个行业经营困难，出于成本控制，未招收新员工，再加上有辞职、转岗人员，导致现场人手不足，无法满足基本运行需求，同时围绕民航局人才强业的重点工程，人才升级培养战略迫在眉睫。退改签和值机手续需分开办理，如旅客想办理两个业务，需排队两次，为响应“以人为本，真情服务”的服务理念，服务升级势在必行。

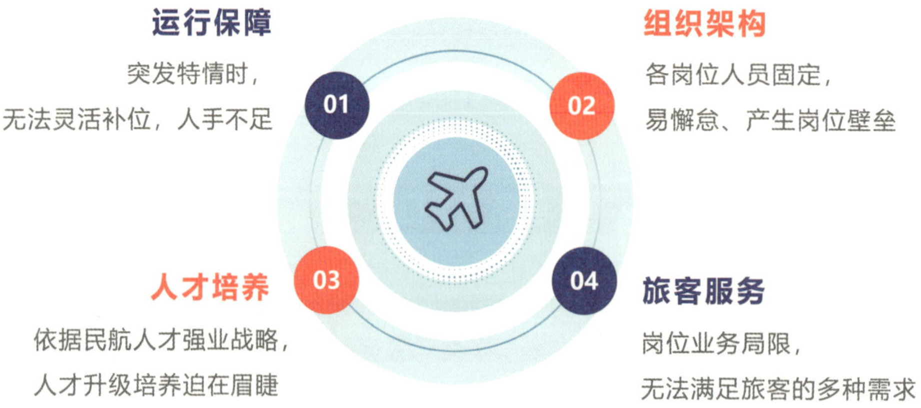

图源：2022CAPSE 创新奖决赛展演材料

2. 成型过程

（1）进行组织结构优化，打破岗位间壁垒，组织开展售票、值机、乘机轮岗锻炼，打造地面服务通用型人才。

（2）提升地面服务实力，打破传统的一柜台一服务的模式，实现值机柜台的服务功能动态升级调整，解决大面积航延时候机楼现场改签拥堵的问题。

3. 创新特点

立足现状，主动出击，实现一人多面，成功打造了地面服务通用型人才，解决了人员短缺的困境，同时面对旅客问询，可全面解答旅客问题；实行一柜台两服务，实现柜台功能随航班变动的动态升级服务。

4. 目标设定

秉承着“发展为了人民”的理念，围绕民航局“人才强业”的重点工程，全力打造专业、敬业、温暖的地面通用型团队，90% 以上地面人员需具备双资资质，助力实现民航“十四五”规划中的综合保障能力实现新提升及航空服务能力达到新水平的目标。

（二）落地与实施

1. 流程设计

（1）建立“三岗一体”专业化服务

第一阶段：2020 年 9 月起，河北航空地面服务保障部对值机、乘机、票务员工进行了首批双岗资质员工能力建设，对首批员工进行为期四个月理论 + 实训轮岗培养，后续分别于 2021 年 3 月和 8 月开展第二批、第三批双资质能力培养。

第二阶段：针对已具备双岗资质的人员，开展工作，2022 年 9 月起通过精英组排班方式适当增加第二资质岗位排班，进一步夯实员工实战能力。

第三阶段：2022 年 12 月起全面实行双资排班，即具有双岗资质的员工，根据航班的实际运行情况，在值机岗位、乘机岗位、票务岗位灵活调动，随时调整，确保现场的平稳运行。

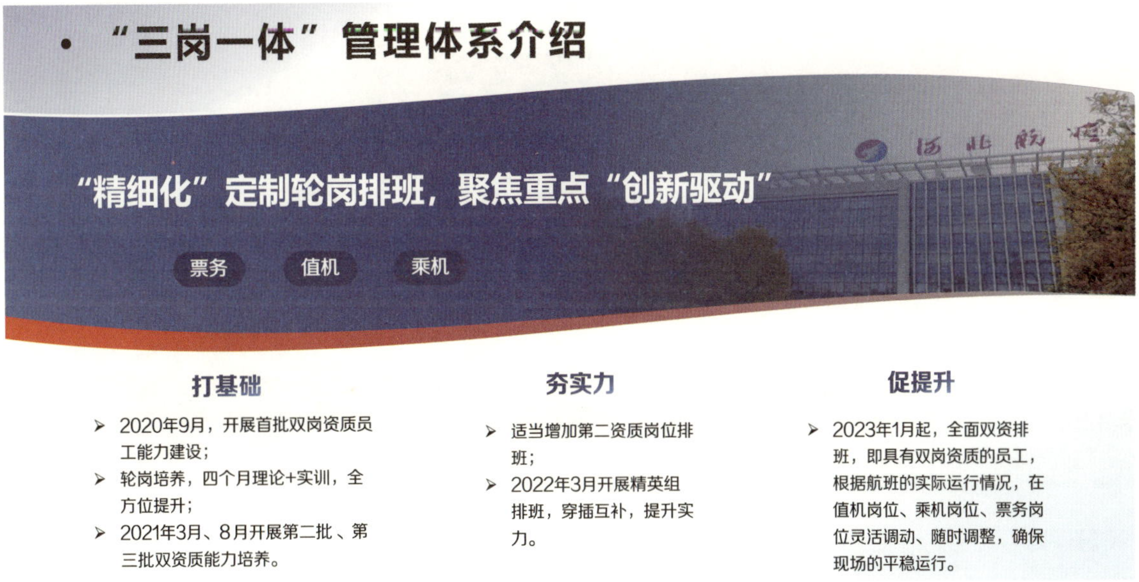

图源：2022CAPSE 创新奖决赛展演材料

（2）实现柜台服务功能动态升级调整

不拘泥于行业现状，切实研究服务现状，大胆改革创新，实施“三步走”计划，推进一线服务能力改革提升项目，一是人员储备，自 2020 年 9 月开始，开展每期三个月的双岗资质轮岗培养，并完成相应岗位资质考核；二是综合排班，针对已完成双岗资质培养的人员实行综合排班实习，巩固业务和服务能力，并根据实际运行和人员实力情况试行“一窗口　两服务”模式；三是改革落地，自 2022 年开始正式推行“一窗口　两服务”模式，在航班出港高峰时期，将票台改为值机柜台，疏解值机排队压力，在涉及旅客改签量较多时将值机柜台功能转变为票台，同一时间可开放 5~8 个票台，实现值机柜台随旅客需求动态调整。

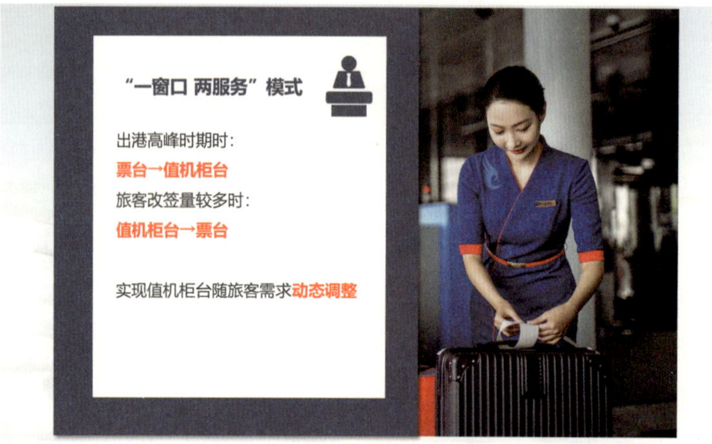

图源：2022CAPSE 创新奖决赛展演材料

图源：2022CAPSE 创新奖决赛展演材料

2. 资源保障

为顺利推进三岗一体专业化团队的建设，培训带教工作尤为重要，河北航空地面服务保障结合业务手册，凝练出便于员工随时查阅的思维导图及岗位指导书，并且建立部门线上培训平台——蜂鸟微课，以蜂鸟微课为载体，将新业务、重要内容全面宣贯，截至 2023 年 3 月已上传百余篇课程。

图源：2022CAPSE 创新奖决赛展演材料

3. 监测改进

为打造三岗一体专业化地面团队，以“目标为导向”设定了阶段性目标：培养 30% 双资资质人员—培养 50% 双资资质人员—培养 70% 双资资质人员—培养 90% 双资资质人员，以考核结果为准，以此监督整体进程。

（三）目标实现与展望

1. 目标性

经过三岗一体专业化建设，目前已实现 90% 以上地面人员具备双资质双岗能力，有效地解决了地面人员短缺的问题。

“一柜台服务功能动态升级调整”模式开创石家庄机场先例。出港航班密集、客流量增大时，实现票台切换值机柜台，可提升 62.5% 的值机服务能力，解决现场航班值机排队压力，服务体验更佳；2022 年 7 月，针对承德雷雨多发导致航班长时延误问题，现场实施两次航班大面积改签服务，每次改签 100 余人，临时开办 5 个票台，提升 150% 的票务服务能力，快速疏解了排队压力；冬季天气多雾时，航班延误导致改签情况发生较多，据评估，综合服务能力提升项目为改签提速 33%。

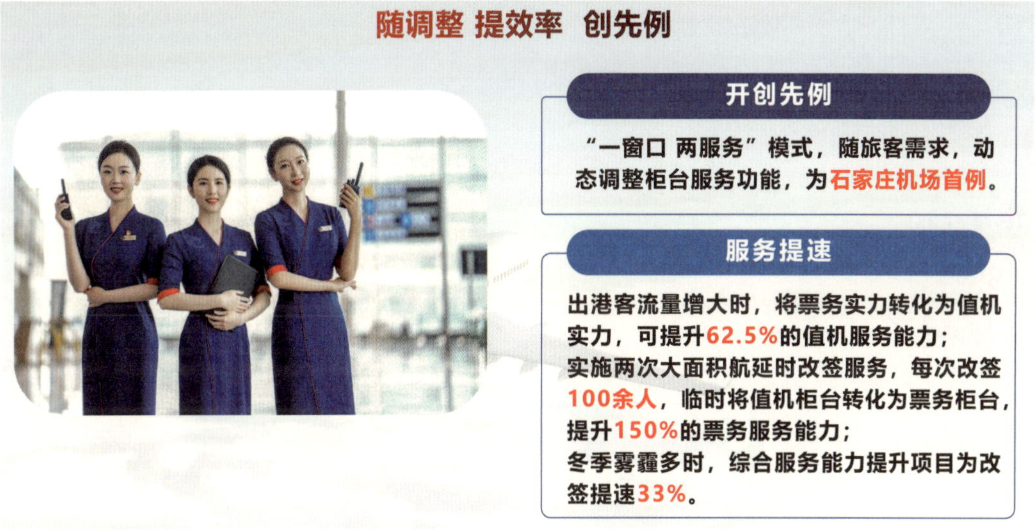

图源：2022CAPSE 创新奖决赛展演材料

2. 标准化

材料未呈现。

3. 展望

从控制成本与人才培养角度出发，打造通用型地面团队，一举两得，既能够平衡岗位差距，促进团队和谐，又能培养全面人才，此管理办法适合在整个行业推广。

以真情服务旅客为标杆，开创了行业先例，推行服务能力提升改革，从旅客角度出发，节省了旅客排队时间，让值机、改签更方便快捷。通过改革，节省了旅客排队时间，尤其是大面积航延时改签柜台的全面增加开放有效解决现场困境，提升了旅客满意度和现场服务水平，实效性强，此模式可在全行业推广。

二 案例综评

（一）综合点评

创新团队围绕服务人力资源管理进行了管理创新。团队在整个创新过程中，将岗位胜任力、一岗多能等成熟的管理模式与民航场景新变化进行了有机的结合应用，通过流程功能需求梳理和现有人才胜任差的梳理，完成了员工胜任力转型升级。这为民航实体在应对民航服务提供模式和方式快速变化的背景下，如何有效做好现有人力资源胜任提供了很好的借鉴。

（二）技术建议

作为人力资源管理创新的一个科目范畴，创新团队在员工胜任方面的系统性管理还有待加强，比如，在胜任力识别方面缺少清晰的识别地图和路径，在效果评估方面缺少对岗位和人员的胜任力匹配评价。

三 现场展演视频回放

微信扫码可观看

【河北航空有限公司】“整合资源，打造全能型团队”展演视频

案例名称：【天津滨海国际机场有限公司】机场智能驱鸟系统

案例编号：IAM2022007

创新分类：管理创新

所属单位：天津滨海国际机场有限公司

项目负责人：袁红

项目成员：郭爱强、王羽玥、吴然然、陈帷滢、万柏青、白波、戚卫平、张博文、杨柠硕、郭跃忠、王喜禄、侯新刚、孙海、陆柯

创新“坐标”

在“民航强国战略”中的位置

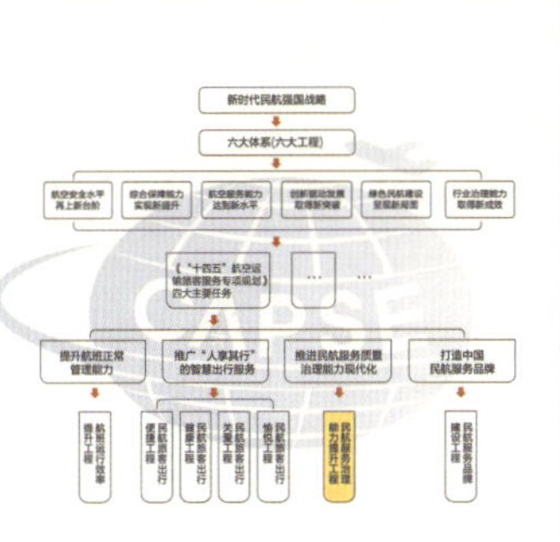

CAPSE 关于《“十四五”民用航空发展规划》解读图

在“服务管理体系”中的位置

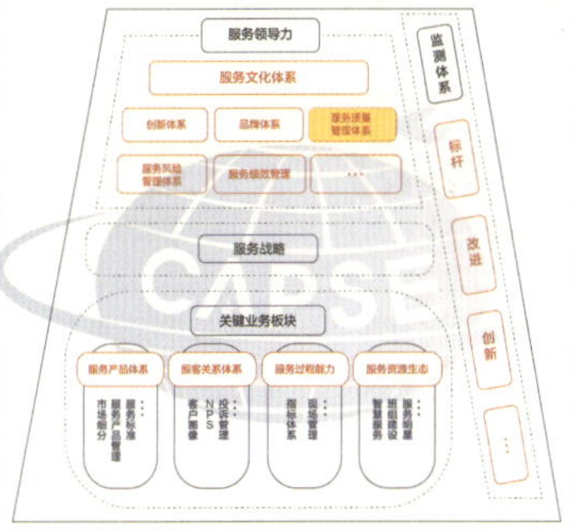

CAPSE 服务管理模型

在“时间效率”中的位置

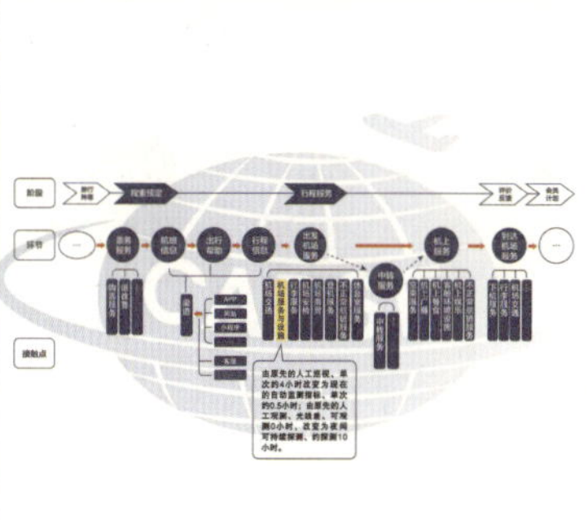

CAPSE 旅程地图

创新 KPI

指标名称	创新前	创新后	备注（行业现状）
驱鸟设备巡视检查	人工巡视，单次约 4 小时	自动监测指标，单次约 0.5 小时	人工巡检为主，作业时间受航班影响大
夜间鸟情探测	人工观测，光线差，可观测 0 小时	夜间可持续探测，约探测 10 小时	人工巡视为主，夜间无法观测
分析报告撰写	人工分析汇总，单次约 4 小时	自动分析生成报告，单次约 0.5 小时	人工分析为主
数据录入	填写纸质台账，每天约需 2 小时	电子记录，每天约需 0.5 小时	纸质台账，人工录入、分析为主

一 关键内容展示

（一）策划与设计

1. 需求识别

（1）鸟击事件的危害

鸟击航空器是指鸟或蝙蝠与航空器相撞造成的不安全事件。由于航空器飞行速度非常快，与飞鸟等发生碰撞后可能造成航空器损伤，严重影响飞行安全。

（2）鸟情巡视的局限性

在机场鸟击防范工作中，传统的鸟情观测主要依靠人工巡视，受巡视区域面积大、员工技能不熟练、天气不利等多种因素影响，存在鸟情数据收集不全面、处置不及时、数据分析滞后等问题，迫切需要新的技术支持。

（3）技术的发展

物联网、雷达及光电探测等技术的发展，给机场鸟击防范工作带来了曙光，若能够结合需求进行改良设计，具有非常好的应用前景。

2. 成型过程

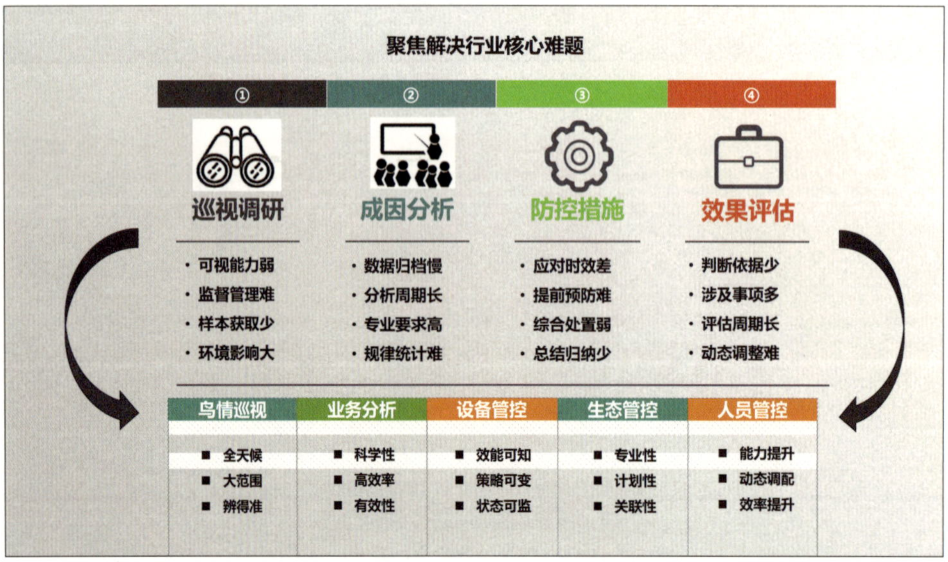

图源：2022CAPSE 创新奖决赛展演材料

3. 创新特点

（1）技术辅助、管理升级

鸟防态势综合交互功能，通过采用先进的数字孪生技术，将鸟击防范业务所涉及的鸟情、设备、人员等多要素进行叠加，经业务智能汇总后，实现鸟情探测、设备驱离、车辆协同等多个业务模块的实时监测、调度。

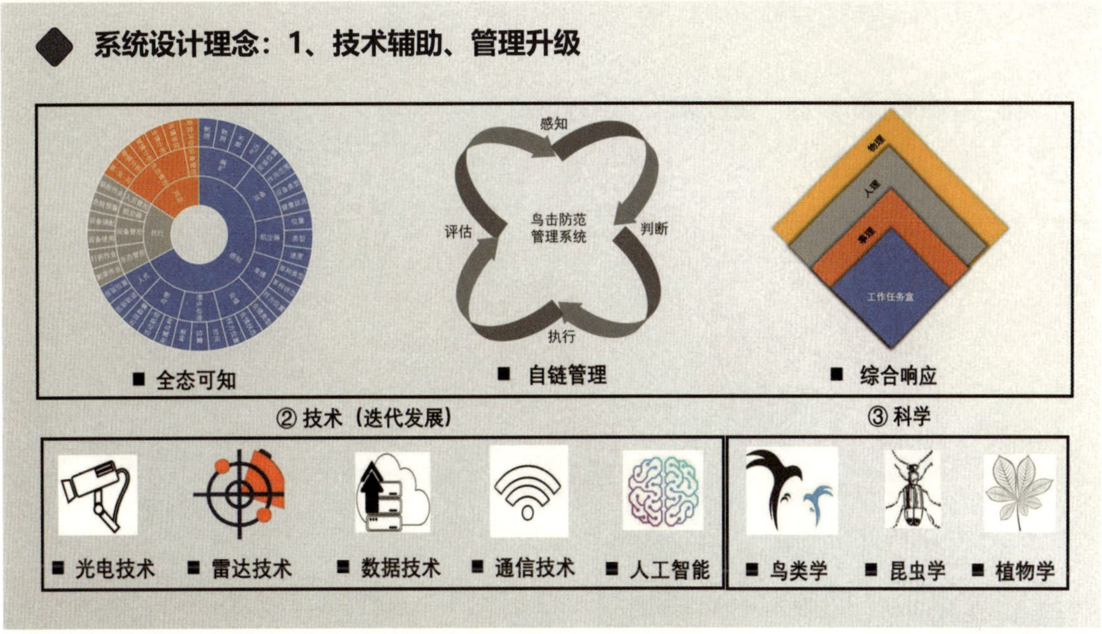

图源：2022CAPSE 创新奖决赛展演材料

（2）多维融合、智能分析

鸟防业务综合管理功能，实现日常作业和联动设备的智能管理，协助提供生态治理建议、选择驱鸟设备使用策略、评估驱鸟设备有效性、评估生态治理效果。

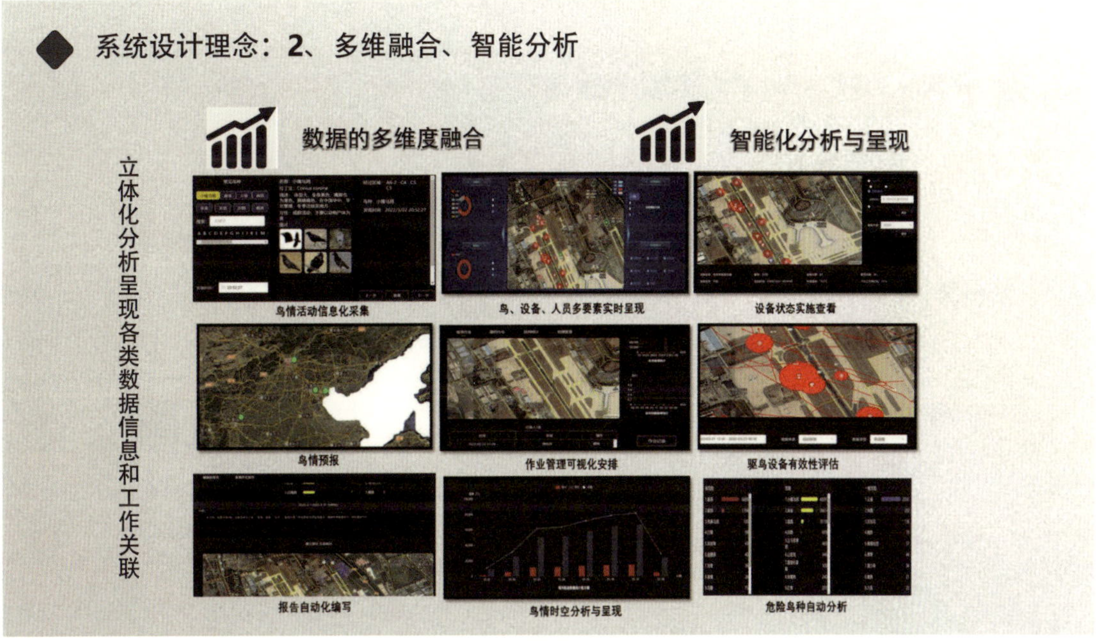

图源：2022CAPSE 创新奖决赛展演材料

（3）全态感知、闭环管理

现场工作支撑功能，实现鸟情信息、生态环境调研信息的人工采集录入和设备巡检功能，对鸟情发生重点区域进行提示，实现驱鸟设备远程运行状态监测和实时操控。

图源：2022CAPSE 创新奖决赛展演材料

（4）主线突出、应用便捷

鸟情综合分析功能，对鸟类分布时空进行综合呈现，智能评估鸟类风险等级，提供鸟类防治建议，按需自动化编写分析报告，对工作任务进行实时管理。

图源：2022CAPSE 创新奖决赛展演材料

4. 目标设定

机场智能驱鸟系统针对鸟击防范业务，通过搭建一体化智能管理平台，利用物联网技术将探测端设备、业务系统、驱赶端设备集成应用，集鸟情信息探测收集与分析、设备管理、生态环境监测于一体，创新性搭建现代化鸟击防范管理的业务处理中枢，以鸟情信息为主线，全方位提供数据服务，科学化、自动化调度系统接入的各类鸟击防范资源，实现了以“探、驱、识、管一体化”为管控理念的鸟击防范闭环管理。

（二）落地与实施

1. 流程设计

（1）系统搭建框架

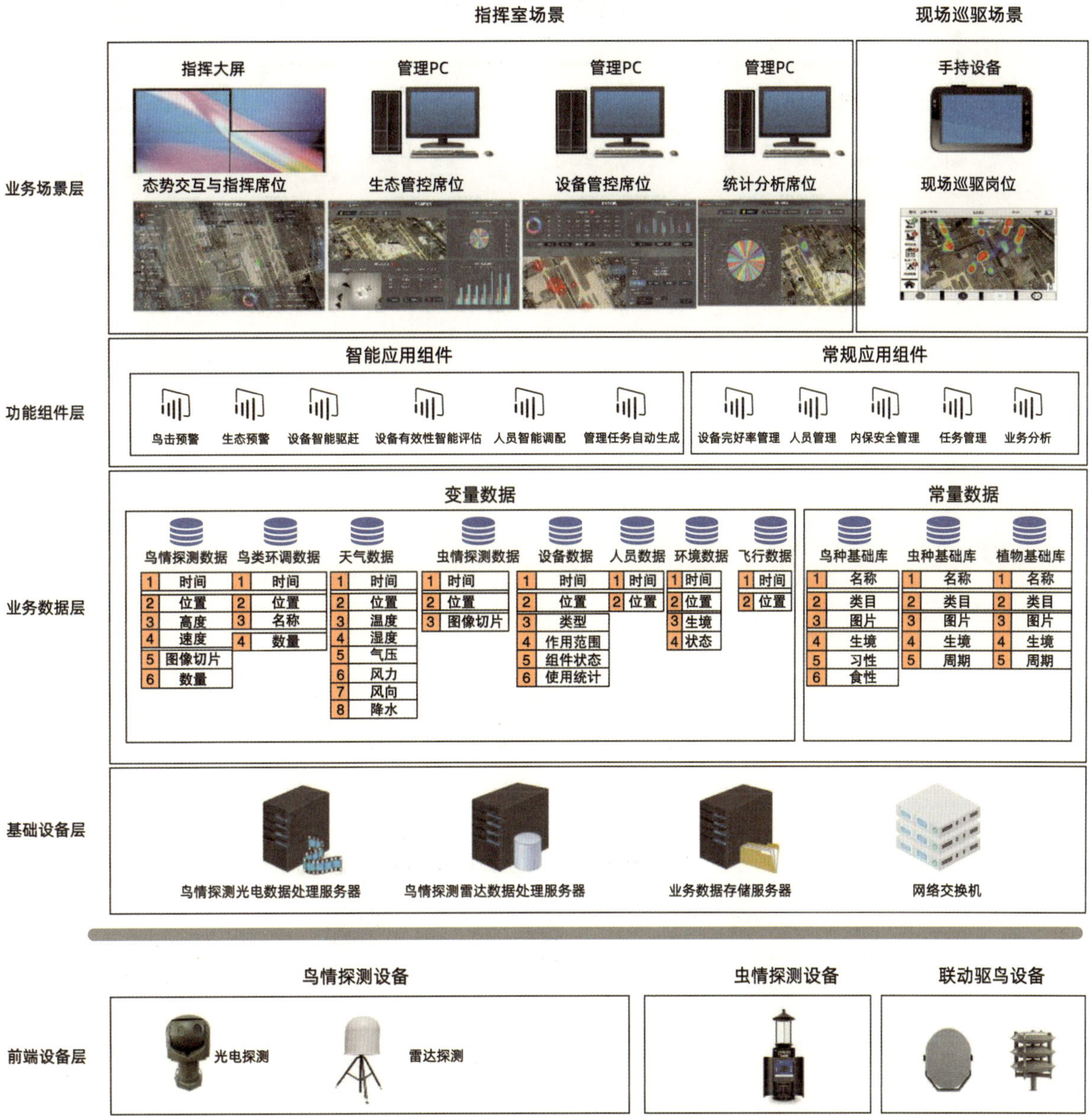

图源：2022CAPSE 创新奖决赛展演材料

（2）各层通信贯通

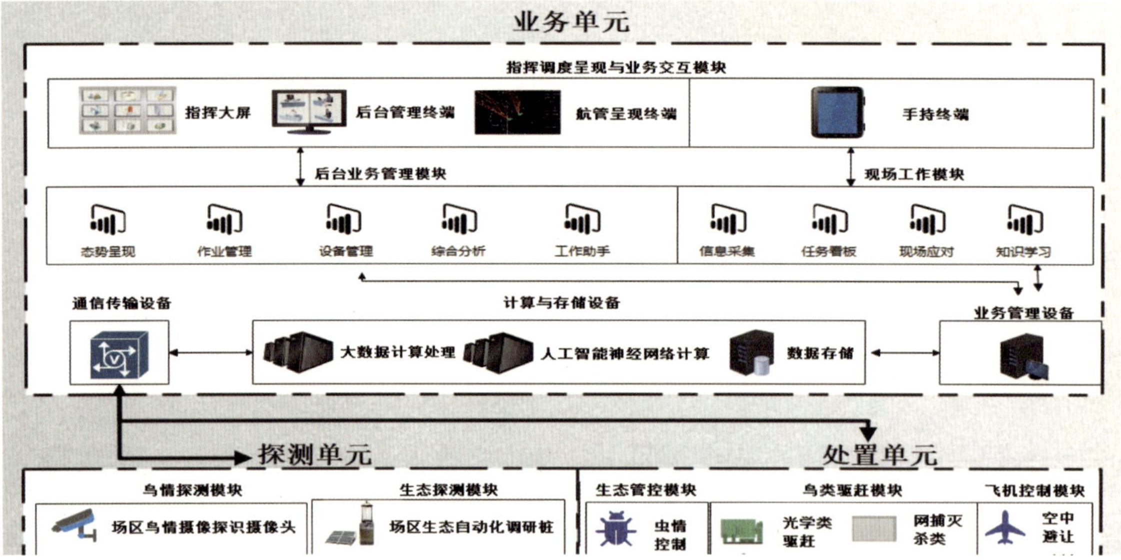

图源：2022CAPSE 创新奖决赛展演材料

（3）预留数据接口

系统具有广泛的设备接驳能力：系统拥有丰富、多样的自动化探测技术经验和设备联动控制功能；系统建设预留有兼容性极高的通信、数据格式接口，确保各类选型设备均能与系统完美适配，同时便于后期优化和推广。

（4）制定布设策略

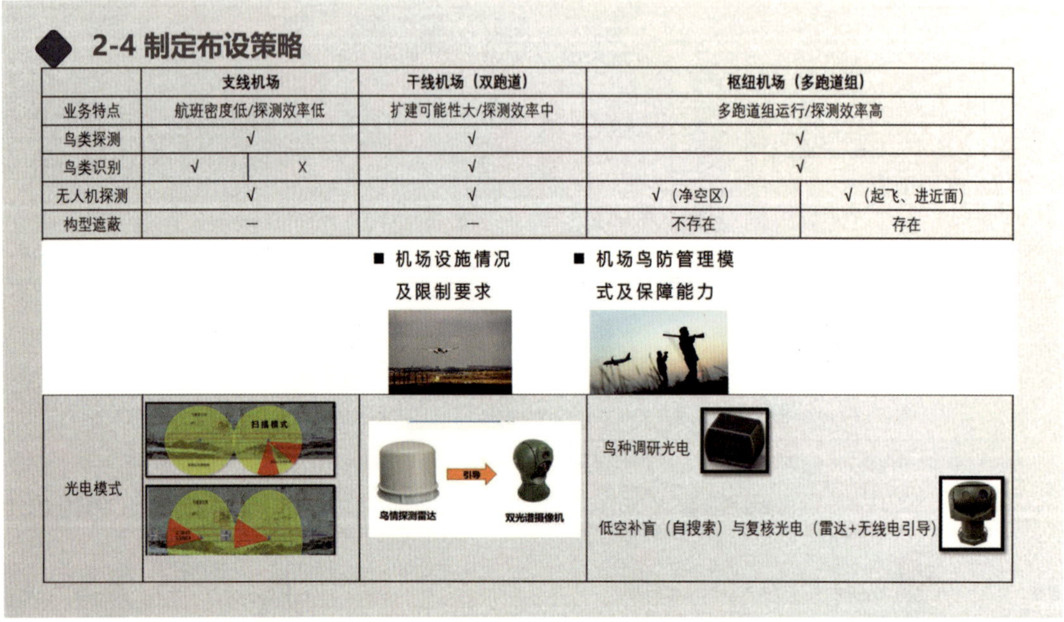

	支线机场		干线机场（双跑道）	枢纽机场（多跑道组）	
业务特点	航班密度低/探测效率低		扩建可能性大/探测效率中	多跑道组运行/探测效率高	
鸟类探测	√		√	√	
鸟类识别	√	X	√	√	
无人机探测	√		√	√（净空区）	√（起飞、进近面）
构型遮蔽	—		—	不存在	存在

图源：2022CAPSE 创新奖决赛展演材料

（5）研究推广方案

机场是否位于候鸟迁徙路线、机场运输规模及保障等级、机场周边生态环境整体情况、机场扩建计划及跑滑结构。

（6）业内推广示范

2-6 业内推广示范

技术拓展情况

机场名称	技术形式	时间
天津滨海国际机场	正式部署	2020年
石家庄正定国际机场	正式部署	2021年
杭州萧山国际机场	正式部署	2023年

技术先进性

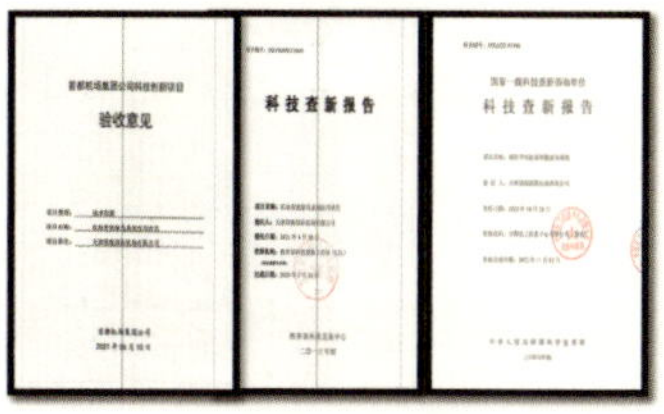

知识产权

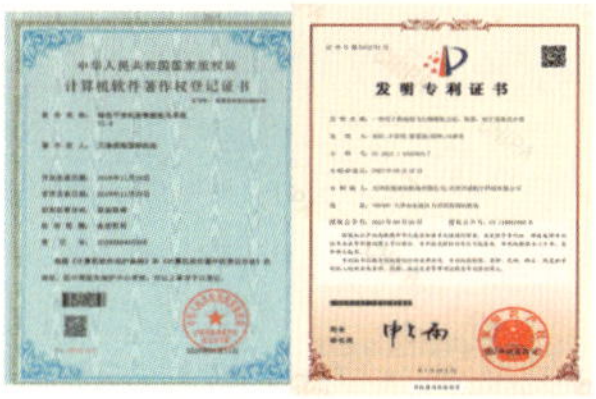

中外论文刊物

图源：2022CAPSE 创新奖决赛展演材料

2. 资源保障

（1）探鸟雷达应用：探驱一体化将探鸟雷达与定向声波驱鸟器、全向声波驱鸟器及煤气炮驱鸟器等各类驱鸟设备组网联动，可实现全天候、全自动 24 小时不间断驱鸟，使探测、预警、避让、驱赶、监测及数据统计成为有机的整体，全自动联合工作，可让鸟防人员、飞行区运行指挥人员及时得到鸟情信息，及时采取相应措施，保证飞行安全，实现信息、设备及人员的集中统一管理，可最大化发挥系统的工作效益。机场通过合作开发的模式，采集与分析鸟情数据，及时调整驱鸟方案及设备，对驱鸟工作的改进起到支持和指导作用。

（2）设置光电探测设备：自行对附近空域目标进行搜索探测，发现目标后，通过光电探测设备对目标进行跟踪及识别，确认入侵目标的种类是鸟还是无人机等低慢小目标，可有效地指导决策管理人员采取相应的有效措施预防危害的发生。

3. 监测改进

（1）增加软硬件设计对现有驱鸟设备的健康状况进行监控，使设备健康状况实施监测的目的；对驱鸟设备的安全防护电路及报警功能增加软硬件设计，达到实时监测目的；对驱鸟设备与探鸟雷达联动的接口电路进行设计开发，达到满足通信联动控制需求，完成研发后需进行安装、调试确认；调试成功后样机硬件和参数固化；改造驱鸟设备和雷达联调试验，调试结束采取三防处理措施，编写检测及验收工艺。

（2）机场驱鸟模块业务系统研究包括基于雷达的鸟情分析报告分系统、人技结合的值班巡逻业务分系统、驱鸟设备健康状况监测分系统和鸟情数据管理中心分系统。可基于以上分系统研究建立机场有害物体侵入预警指挥控制中心，能够对空中有害生物侵入和空中异物侵入进行预警、驱赶、控制、监视，能够对驱鸟设备的健康状况进行监控，能够对巡逻驱鸟人员进行应急指挥调控。

（三）目标实现与展望

1. 目标性

机场智能驱鸟系统构建了“一次规划、分步迭代”的系统建设理念，搭建了适合机场使用的新型智能鸟防系统，对比之前的驱鸟巡查管理模式，本系统对提升鸟击防范的工作效率和防范成效起到了非常显著的推动作用。

（1）解决了人工数据分析耗时耗力、及时性较差的问题，数据分析效率提升了约 87.5%。

（2）弥补了人工检查驱鸟设备耗费时间长、针对性差的缺陷，设备巡检效率提升了约 85%。

（3）弥补了人工巡视调研对人员技能要求高、受天气影响大、监测范围小、鸟情处置不及时等缺陷。

（4）驱鸟设备按需启动，提升鸟情驱赶效果，节省无效运行时的物料成本。

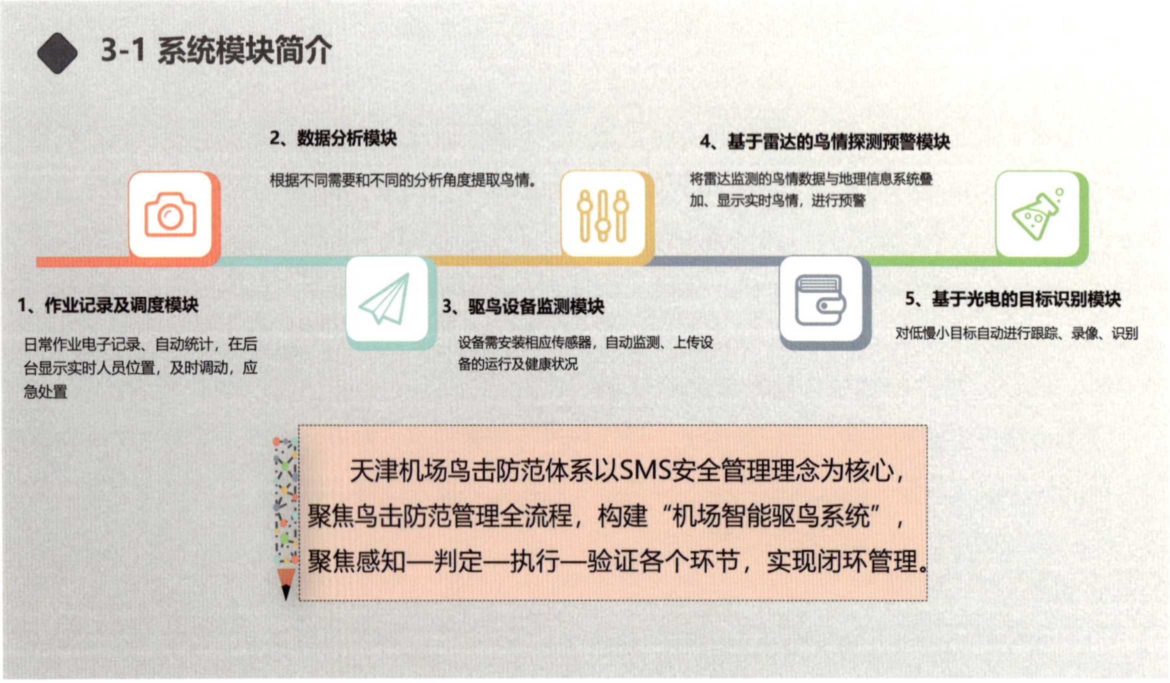

图源：2022CAPSE 创新奖决赛展演材料

2. 标准化

该项目取得的研究成果：发表论文 1 篇，取得软件著作权 1 项，发明专利授权 1 项，并逐步在石家庄机场、杭州机场等大中型机场应用和部署。

“机场智能鸟防系统”搭建了一个具有普遍适用性的平台，突破技术壁垒，保留信息接口，可快速融合各机场的作业需求，快速完成各机场定制化修改，具有比较好的推广应用前景。目前，该系统已成为业内头部主流鸟防业务系统，各机场可根据自身需求，按需选择接入探鸟雷达、光电设备、驱鸟设备适配器等硬件设施，本系统可有机融合各类硬件输入信息，进行整合输出，提供适用的鸟击防范指令。

二 案例点评

（一）综合点评

创新团队围绕智能驱鸟系统的研发进行了探索和实践，策划与设计阶段结合鸟防态势综合交互、综合管理、现场工作支撑和鸟情综合分析等进行需求分析。落地与实施阶段系统深度融合探鸟雷达、鸟类目标光电识别设备与机场全定向驱鸟设备，综合管理和信息有效交互，实现探、识、驱的智能联运一体化，体现了创新落地与实施的系统性和有效性，过程中采取较全面和充分的监测，促进科学性改进；在业内机场主体进行推广运用，为机场和行业提供了驱鸟管理的创新探索。

（二）技术建议

创新案例整体策划更多的是以系统建设为主牵引，而非需求为主牵引，整体的规划也是以整体系统发展规划为主要呈现，不利于真正从需求出发，推进创新的可持续性。此外，创新团队在该项目后续实践中可进一步实现全地貌、全域境、全节气、全面覆盖经纬度的立体综合的探、识、驱鸟智能一体化，不断收集汇总数据，在降低投入资源的基础上，进一步探索绿色环保的、智能化迭代升级的、推广适用度更好的驱鸟系统。

三 现场展演视频回放

微信扫码可观看

【天津滨海国际机场有限公司】“机场智能驱鸟系统”展演视频

案例名称：【深圳航空有限责任公司】服务创新实验室

案例编号：IAM2022008

创新分类：管理创新

所属单位：深圳航空有限责任公司

项目负责人：姚隽、林殿武、朱俊霖

项目成员：张腾、黄宇

创新“坐标”

在“民航强国战略”中的位置

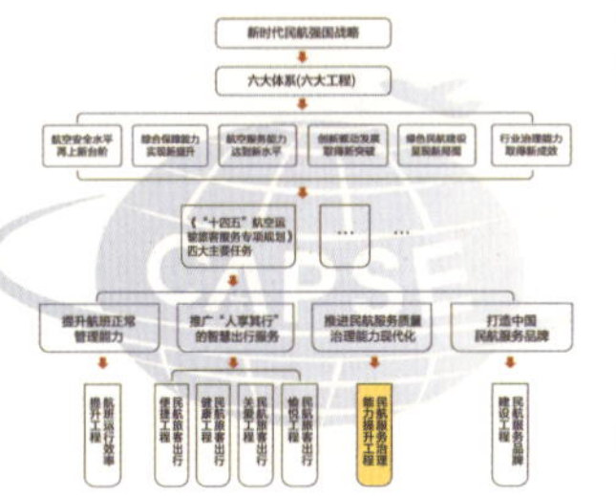

CAPSE 关于《“十四五”民用航空发展规划》解读图

在“服务管理体系”中的位置

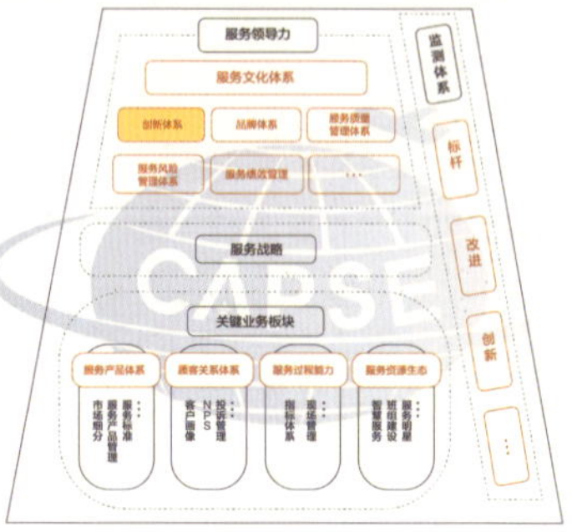

CAPSE 服务管理模型

创新 KPI

指标名称	创新前	创新后	备注（行业现状）
服务创新创意数量	没有得到有效管理和应用，无系统性数量统计	1180+	日常工作中涌现出的创新创意鲜有得到重视和管理，没有统一的管理方式和渠道。开展创新创意管理，既是服务创新的方法路径之一，也能够激发全员的创新热情

一 关键内容展示

（一）策划与设计

1. 需求识别

（1）精准找到创新改进点：集中各服务环节短板问题及改进点。

（2）营造创新氛围：充分激活员工创新动能，有效管理创新创意。

（3）创造创新条件：建立公司级创新管理体系，协同关键管理支持部门提供资源支持，完善从创意到创新项目的落地过程。

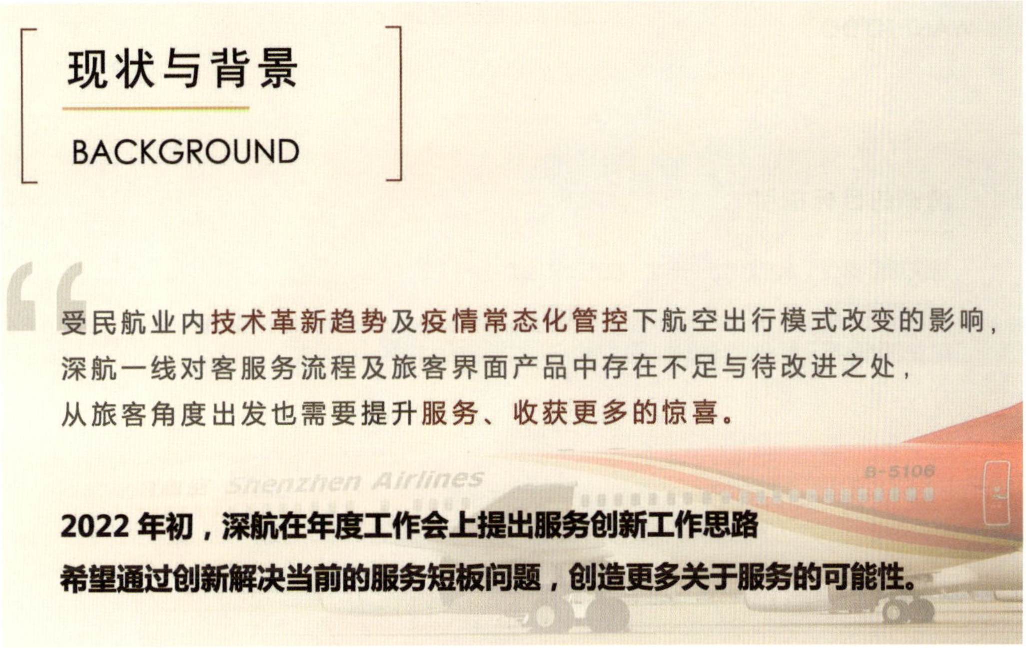

图源：2022CAPSE 创新奖决赛展演材料

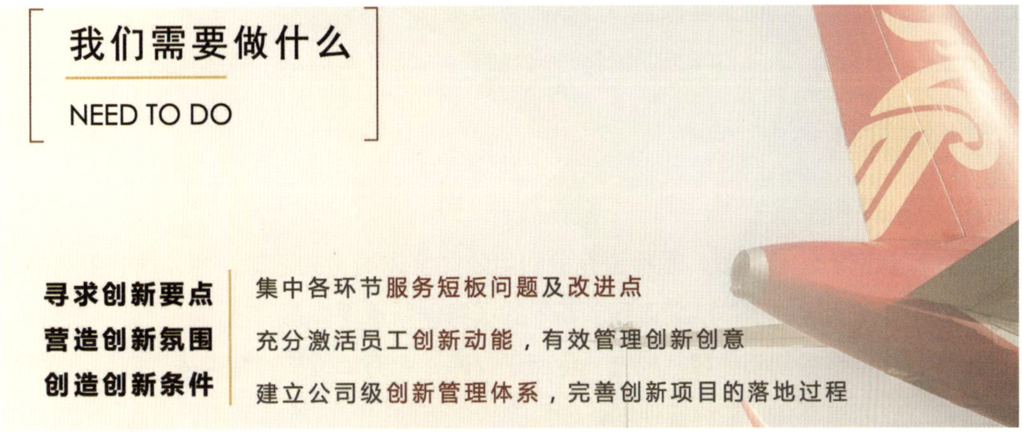

图源：2022CAPSE 创新奖决赛展演材料

2. 成型过程

2022 年 2 月开始，服务创新项目组通过“服务创新金点子”活动在公司范围内征集创新创意与基础服务问题点，建立激励政策鼓励一线员工结合旅客服务过程提出创造性想法，通过科学的评选机制筛选出一批优质创新创意。

2022 年 6 月，在完成了一批优质创意收集后，着手搭建公司服务创新实验室，协同关键管理支持部门建立创新配套机制，为“金点子”创意转化落地、创新项目的开展提供快捷的审批渠道和有力的资源支持。

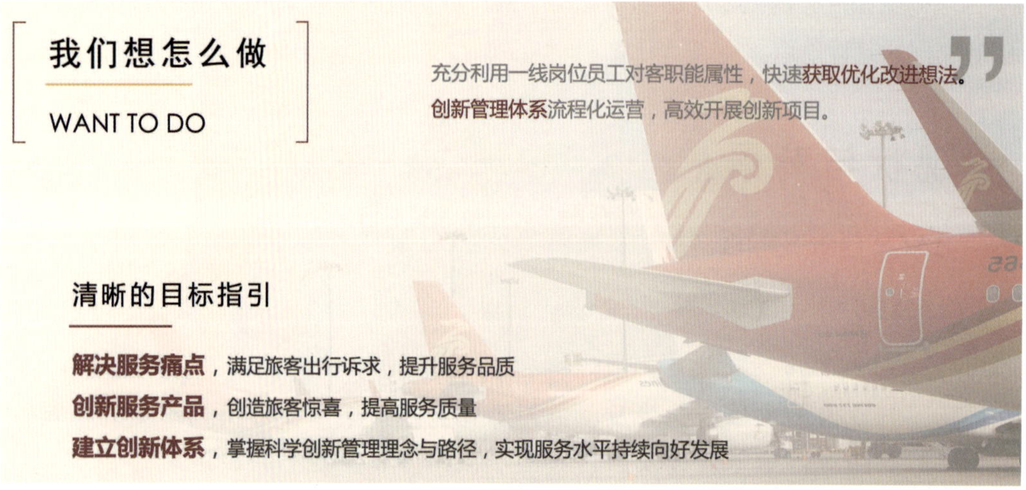

图源：2022CAPSE 创新奖决赛展演材料

3. 创新特点

充分利用一线岗位员工对客职能属性，及时发现旅客服务中的问题，通过“金点子”渠道快速获取员工的优化改进想法。创新管理体系流程化运营，高效开展创新项目。

4. 目标设定

（1）解决服务痛点，满足旅客出行诉求，提升服务品质。

（2）创新服务产品，创造旅客惊喜，提高服务质量。

（3）建立创新体系，掌握科学创新管理理念与路径，实现服务水平持续向好发展。

（二）落地与实施

1. 流程设计

服务创新实验室的建立初衷，是希望充分利用公司全体员工的智慧，为公司的服务提升助力。基于这个逻辑，项目组建立了“从创意到创新”的服务创新管理体系，通过“金点子”创意征集机制，筛选出一批优质服务创新创意并成立“金点子”库，业务单位从“金点子”库臻选课题到服务创新实验室完成立项与孵化，最终实现创新项目的转化落地呈现在旅客面前。

（1）服务创新“金点子”创意征集

项目组通过企业内部系统办公系统与钉钉平台，发布“金点子”征集表单，向公司全员开放创新创意申报渠道；钉钉客户端手机界面在保留创意征集的同时，根据当前旅客服务诉求与服务痛点开放专题解决方案征集渠道，为公司服务管理工作提供专业意见支持。

①“金点子”评审机制。

项目组通过建立创新评估小组，组织核心服务领域专家每月为有效“金点子”进行评审，评审从创新性、实用性、可行性、服务战略、风险评估五个维度对“金点子”进行评分，并对五个维度分别设定三级分值区间供评委作为赋分参考。评审阶段的分值达到60%即入围月度“金点子”，并收录“金点子”库作进一步落地评估。

② 创意共享平台管理（“金点子”库）。

“金点子”库通过月度评估集合服务创新创意，作为创意共享平台为各创新团队提供参考选择，适时挑选对应业务的点子进行孵化落地。

为了提高金点子的转化效率，创新实验室在每月完成新一批的月度“金点子”收集后做分级分类管理。从业务领域、服务环节上做分类，组织对应业务单位与管理支持部门对已入围“金点子”从服务管理视角、旅客视角、投入成本等维度提供落地转化建议，分级管理“金点子”库中的创意。

分级管理，具体由财务部门提供投入成本预估，规划部门与业务单位提供项目实现效果评估，创新实验室通过对投入成本与实现效果两项指标设定区间分值邀请以上部门评分，评分结果将通过二维评估模型获取落地转化意见。

（2）服务创新实验室

① 创新项目孵化。创新项目一般是由自组的团队通过“金点子”创意、服务痛点“摘牌”项目形成创新方案，由服务创新项目组进行初审后，定期组织由各专业领域组成的项目评审专家团队为创新项目进行立项审批。

通过立项审批的项目，需与创新实验室签订《任务合约书》，在约定的项目周期内允许创新项目团队在一定范围内（特定部门、特定环节）开展试验性的创新项目，并积极与创新实验室保持沟通，及时发现项目开展过程中的难点，创新实验室将组织财务部门、安全部门、信息管理部门等专业领域部门组成配套机制为创新项目开展提供资源支持。

② 创新项目推广应用。创新项目试验性阶段后，由创新项目团队向创新实验室提交结项报告书，并由创新项目评审专家团队从试验性阶段结果、旅客界面效果、服务短板优化关键指标等维度做出综合评估，通过推广应用的项目将最终形成服务产品与标准服务流程在全公司范围内应用与实施。

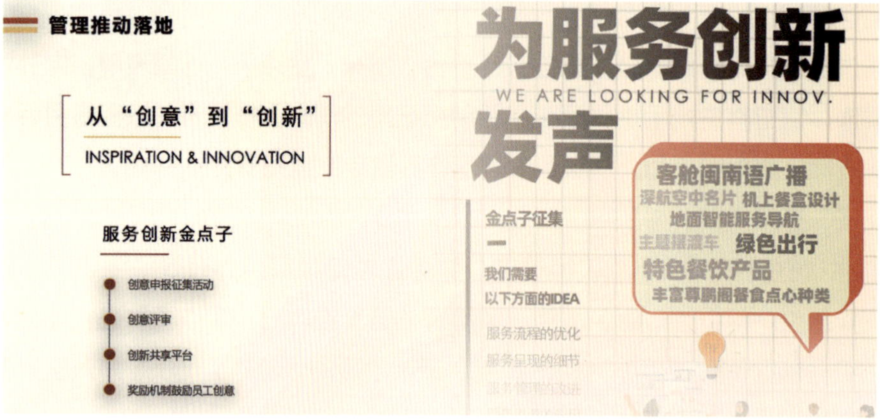

图源：2022CAPSE 创新奖决赛展演材料

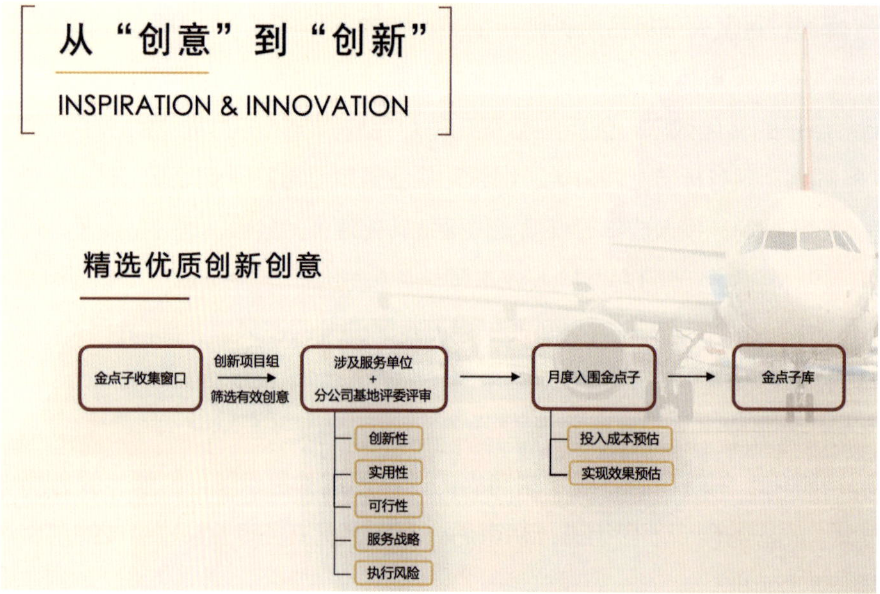

图源：2022CAPSE 创新奖决赛展演材料

2. 资源保障

（1）制度建设

基于《深圳航空有限责任公司创新管理办法》框架，梳理《深圳航空有限责任公司服务产品与提升创新实验室管理办法》，保障创新项目通过实验室顺利开展，鼓励创新团队鼓励大胆尝试，为创新项目提供试错的机会。

（2）激励政策

① 以服务奖励的形式，对月度入围的“金点子”提出者个人给予物质奖励，适时通过公司级平台进行表彰及宣传。

② 公司层面针对创新项目设立深航创新奖，对外部奖项、论文、著作和专利四类创新成果设立奖励。

（3）专业领域支持

基于创新工作的特性，同时也是创新实验室工作需要，项目组在公司内部各专业管理领域（财务、安全与标准、法律与风险、品牌等）之间对各项资源进行梳理整合、总体统筹后，组建项目评审专家团队，通过优化流程、制定合适方式和机制，使其得到合理分配和应用。

图源：2022CAPSE 创新奖决赛展演材料

3. 监测改进

（1）“金点子”的月度评审结果复盘

月度评审后的结果统计上，一般要求项目组对当月的评分结果进行核查，对分值偏高与偏低、分值落差明显的结果进行排查，并对该条“金点子”做修剪值统计处理。在不打破评委结构的前提下，对专业领域评审与分公司评审做分值权重调整，更侧重专业领域的评分。

（2）“金点子”库动态更新管理

创新实验室及时获取政策信息，对前期已完成分级管理的“金点子”从服务环节、业务领域上做筛选，挑选出匹配的“金点子”重新评估，及时更新分级管理的状态。

（3）项目转化效果监控

针对不同类别的创新项目，创新实验室设定不同的项目跟踪指标，具体在月度、季度想反馈进度表中体现。针对服务改进类项目，设定旅客投诉率、满意度等量化指标环比情况作为参考；针对营销服务产品创新，设定辅营收入增长环比情况作为参考；针对品牌创新项目，通过监控社媒舆论作为项目评价指标。

对存在“投入大回报低”问题的项目，提出阶段性的解决方案。项目反馈指标略低于期望值的，实验室通过对创新项目团队提出改进意见并进行督办，后期项目反馈指标持续低于期望值，由创新实验室组织评审专家决定终止项目实施。

（三）目标实现与展望

1. 目标性

（1）目标达成

截至 2022 年底，服务创新“金点子”创意征集活动收到 1180 余条服务创新建议，申报来源覆盖公司 30 个部门超过 20 个一线服务岗位，通过“金点子”月度评审，甄选出 110 余条涵盖多领域的优质服务创新创意。通过确立深航服务创新实验室管理办法，完成了创新管理平台的搭建，为创新项目的孵化落地提供了创造环境。

（2）社会效益

创新项目团队通过创新实验室完成孵化与落地，最终实现涵盖服务品牌建设、服务产品开发、服务流程优化等方面在内的 57 项服务创新项目完成转化并得到应用。

① 旅客满意。通过服务创新试验，各单位针对旅客提出的诉求，提出服务流程优化改进建议与服务创新思路。在防疫服务流程、餐食包装与品质、高端旅客服务等方面积极创新，获得旅客一致好评。

② 社会影响。深航一“旅”阳光通过“4+2”管理创新，获得行业内外多项荣誉。2022 年一“旅”阳光全年共计获得旅客 CSM 起单（CSM 起单：在服务质量管理体系流程中记录旅客表扬情况）表扬 4654 宗，比 2021 年上升 165%，共计收到锦旗 14 面，一“旅”阳光成员对创新管理体系的满意度达到 99.8%；深航儿童友好品牌创新产品将儿童友好理念融入航空服务领域，积极正面地向社会广大受众传播品牌正能量，并通过多平台共同铺开传播渠道，提升深圳航空的公众形象和品牌价值。

2. 标准化

材料未呈现。

3. 展望

航空服务水平是航空企业应对行业激烈市场竞争的有力武器，为了满足旅客日趋成熟和动态性较强的服务需求，各航空企业越来越需要掌握准确的创新理念、实施科学的创新路径，以帮助航司吸引旅客从而增加客流量，以实现效益的提升和企业的可持续发展。

深航在 2022 年给予了创新团队一个大胆试错的机会，整个服务创新管理体系也是深航在这一领域的一次大胆尝试。纵观全年工作情况，项目组收获了众多创新与创意“金点子”并得到初步有效的管理，这些“金点子”也最终通过公司上下各单位的共同努力实现了落地转化，得到 57 个实现应用的小微创新项目。

形容某件事达到成效，数据也许最有说服力。在收获数量的同时，更应该把握“细微但全面，稳健而深入”的创新思想，实现创新项目的品质提升。未来服务创新的发展，不止是对服务内容的创新，还应该配套相应的管理创新措施，可以从品牌管理、组织管理、人力资源管理、业态布局管理、运营管理、补救服务管理、文化管理等几个方面展开实施，形成完整的服务创新体系，更好地为服务创新实践进行思路指导和行为指导。

二 案例综评

（一）综合点评

该创新案例围绕民航基层创新力激发进行了创新探索。创新团队将创新管理的闭环逻辑通过建立服务创新工作实验室管理模式进行落地，在工作机制方面通过“金点子库”等方式，建立了从一线员工创意或反馈到筛选、评估、孵化转化相对完备的机制和流程。另外，该创新案例将创新转化率作为牵头工作价值评估的“牛鼻子”，切实提升了创新工作实验室的质量。这为民航实体破解有创新机制、无创新实效，提供了较好的管理模式范本。

（二）技术建议

作为管理创新范畴，创新团队在创新机制本身的评价和创新内生动力培育方面还有提升空间。创新案例对创新工作实验室本身运转的质量缺少评价机制，这可能会影响实验室运转先进性的评价。另外，在实验室运转过程中，对参与岗位层级所具备的工具应用能力缺少 SOP 级指引和技能需要的评估，这可能会影响未来更高效地发挥参与者的创新效能。

三 现场展演视频回放

微信扫码可观看

【深圳航空有限责任公司】“服务创新实验室”展演视频

案例名称：【元翔（厦门）国际航空港股份有限公司】“清新客舱”品牌创新案例

案例编号：IAB2022001

创新分类：品牌创新

所属单位：元翔（厦门）国际航空港股份有限公司

项目负责人：叶晓红

项目成员：王红、薛文婉、邹本清、吴春香、江春福、卓妹妹

创新“坐标”

在“民航强国战略”中的位置

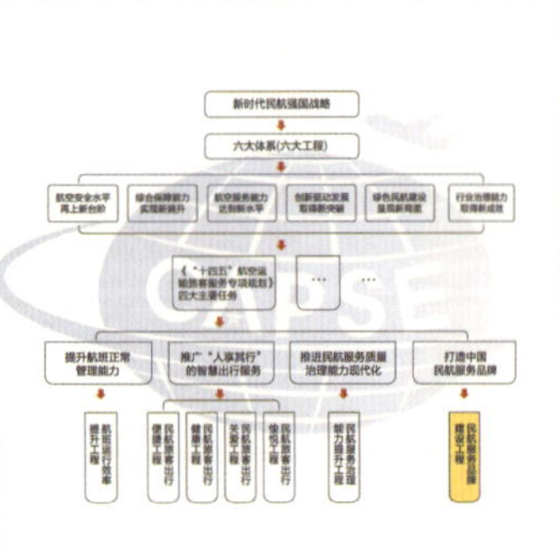

CAPSE 关于《“十四五”民用航空发展规划》解读图

在“服务管理体系”中的位置

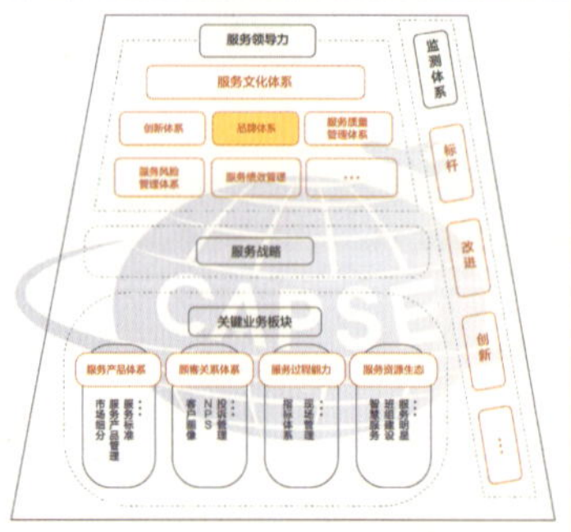

CAPSE 服务管理模型

在“旅客出行体验”中的位置

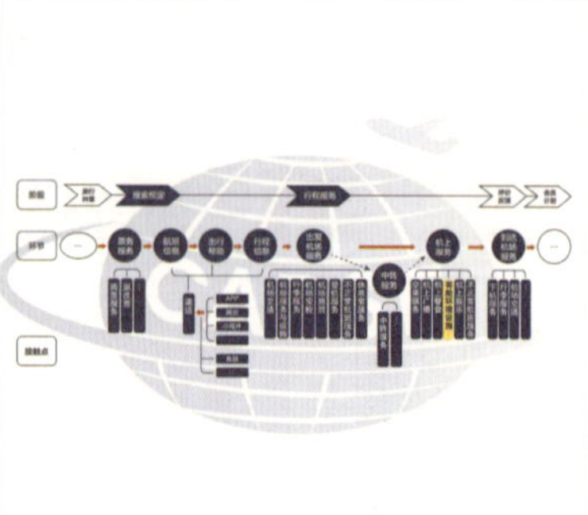

CAPSE 旅程地图

在“服务品牌评价模型”中的位置

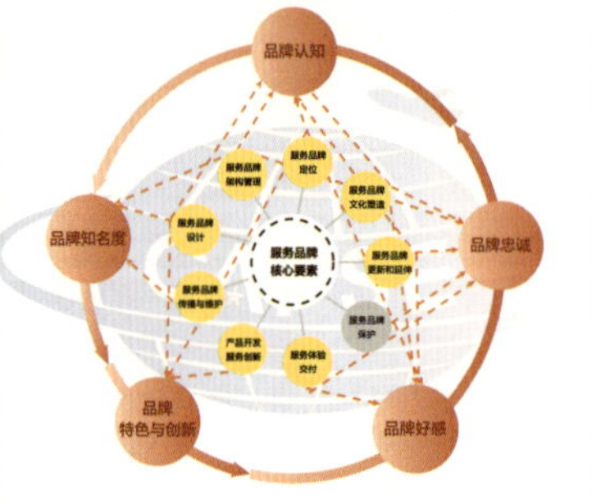

CAPSE服务品牌评价模型

创新 KPI

指标名称	创新前	创新后	备注（行业现状）
客舱清洁机组满意度	95.2	97.36	无相关资料呈现
表扬信	461	861	无相关资料呈现
宣传报道	12	32	无相关资料呈现

一 关键内容展示

（一）策划与设计

1. 需求识别

民航飞机客舱保洁服务近年来成为民航服务关注的焦点和难点，在短暂的航班过站时间中，需要在 15 分钟内完成普通窄体客机清洁、25 分钟内完成普通宽体客机清洁，为确保航班正点率，对客舱清洁效率提升又提出了更高的要求；另一方面，客舱保洁部代理着各航空公司的地面清洁业务，面临着几十家航空公司差异化服务要求，空客、波音等系列几十种机型的保洁流程标准，需要为航司客户群体提供定制化的客舱清洁服务，满足个性化的服务需求。如何在紧张的过站时间中提供“又好又快”的客舱清洁服务，持续为旅客和航空公司营造温馨清新的乘机之旅，为乘机旅客提供宾至如归的客舱空中之“家”服务，成为当前民航机场地勤客舱保洁服务发展的新挑战。

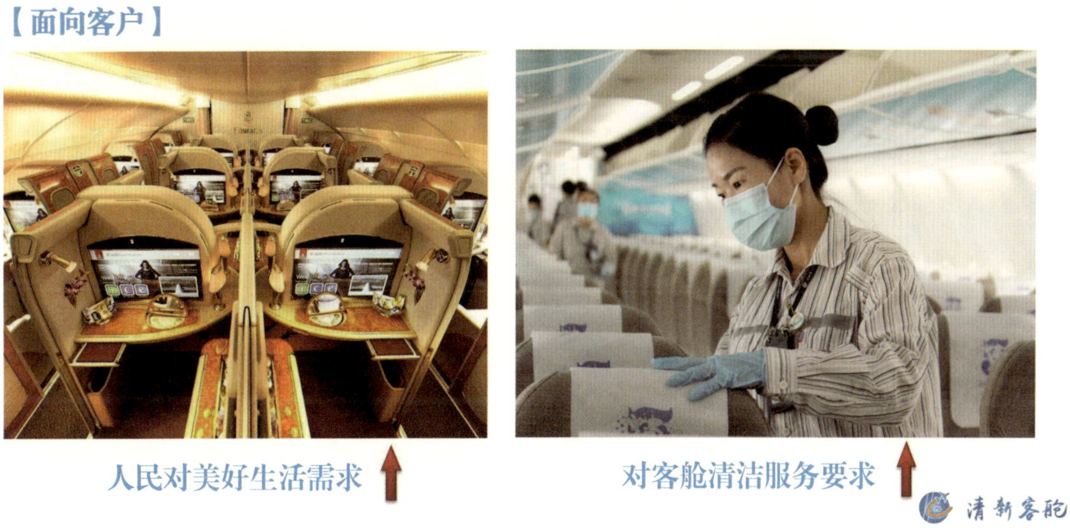

图源：2022CAPSE 创新奖决赛展演材料

2. 成型过程

2019 年，元翔厦门空港地勤客舱保洁部围绕着提供如家般温馨舒适的客舱清洁服务体验宗旨，提出了“客舱 · 家”服务理念，初步形成了“清新客舱”服务品牌雏形，2022 年，客舱保洁部发动全员立足服务，从心出发，升级品牌，在进一步梳理客舱清洁服务特色、明晰品牌发展路径的基础上，“清新客舱”服务品牌应运而生，体系建设工作全面启动。

品牌：清新客舱

愿景：持续为客户打造清新温馨的客舱之家

宗旨：立足小客舱 服务大世界

口号：清新客舱　七彩启航

理念：爱心　用心　细心　尽心　热心

形象：阳光自信 端庄优雅

文化：人人是精品　节节有互动　处处显真情

图源：2022CAPSE 创新奖决赛展演材料

3. 创新特点

建立一套高于行业标准的客舱清洁效率和清洁品质标准，客舱清洁机组服务满意度由 95.2 提升至 97，致力于达成“又好又快”的品牌目标，为民航提供新的客舱清洁标杆。

4. 目标设定

（1）客舱清洁服务满意度 97 以上。

（2）员工岗位练兵优秀率 85% 以上。

（3）品牌宣传报道数量达到 30 篇以上。

（二）落地与实施

1. 流程设计

成立“清新客舱”品牌策划小组，建立“七个有”部署体系。

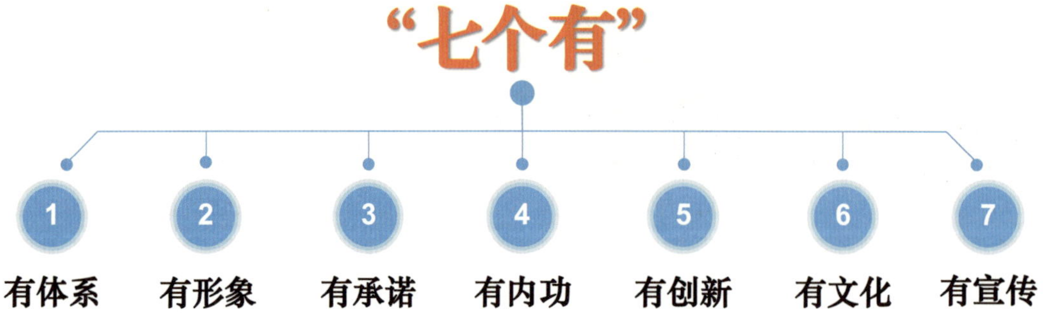

图源：2022CAPSE 创新奖决赛展演材料

（1）有体系：推出客舱清新品牌手册、IP、手工文创等。

（2）有形象：形象升级五步曲，树立“阳光、自信、端庄、优雅”的形象。

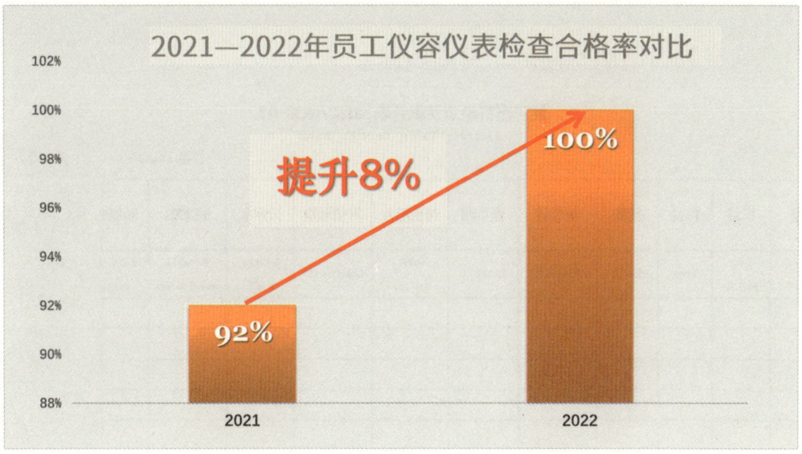

图源：2022CAPSE 创新奖决赛展演材料

（3）有承诺：重承诺、传真情，2022 年共计捡到失物共 5600 余次，折合人民币 67.2 万余元。

（4）有内功：流程优化、增加人员、固化技能，提高岗位优秀率。

（5）有创新：2022 年首航复航礼 3 次、航司周年庆活动 1 次、节日互动 8 次。

（6）有文化。

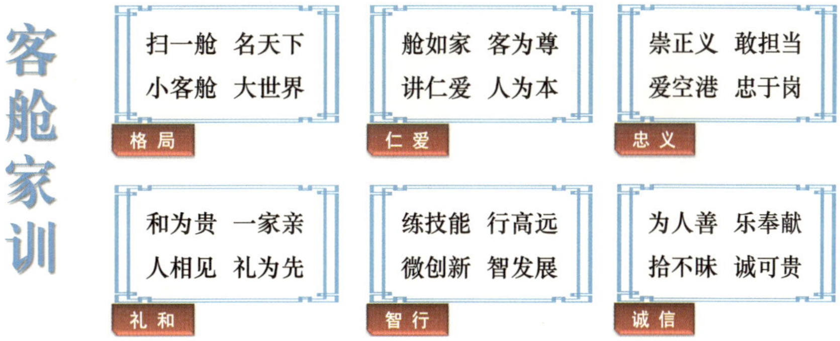

图源：2022CAPSE 创新奖决赛展演材料

（7）有宣传：组织选拔“最靓空扫”形象大使，参加各项评选活动。

“清新客舱”服务品牌体系架构逐渐明晰，客舱保洁团队深化服务内涵，对服务主品牌进行了横向延伸，推出了“悦”系列服务产品及团队形象建设：“清新颜悦 · 礼仪接机”，最靓“空扫”温馨迎接抵厦航班；“清新馥悦 · 清沁之旅”，创新打造洁净清沁的空中之旅；“清新恬悦 · 宁静客舱”为机组营造宁静恬适的客舱空间；“清新礼悦 · 情牵高崎”共贺航司周年庆典，礼悦传情；“清新诚悦 · 爱心速递”，成立旅客遗失物品爱心接力的第一站；“清新速悦 · 精益攻关”，效率提升，为航班准点保障赢得先机；“清新慧悦 · 活力团队”，能力提升，建设清新客舱服务智慧团队。

2. 资源保障

材料未呈现。

3. 监测改进

“清新客舱”品牌策划小组动态监测，及时纠偏。

航空器客舱清洁服务表-XIAC/QR16-02

Aircraft Cabin Service Form

日期（Date）：　　年（Y）　　月（M）　　日（D）

项目	航班号	机型	口袋	座椅	地板	垃圾桶	洗手间	其他服务	其他污染	污水车	清水车	垃圾	是否满意	机组\代表签名
NO	Fight No	Type of aircraft	Seat pocket	Seats	Floor	Rubbish bin	Lavatory	Other service	Other stains	Sewage truck	Potable water truck	Rubbi truc	satisfied	ward Signature
1														
2														
3														
4														
5														
6														
7														
8														
9														
10														
11														
12														
13														

备注(Remark)：		质量监督员（Quality controller）	机组或代表建议
1	口袋包括：安全须知、清洁袋、耳机、杂志、拖鞋		
2	座椅包括：安全带、小桌板、枕头套、毛毯、头片		
3	Done已完成“√”，Not Done未做“×”，清水车列填写水量	值班班长（Duty supervisor）	
4	是否满意：满意“√”；不满意“×”，并询问相关建议和意见		

修订日期：2022年06月26日　　　版本：C/2

图源：2022CAPSE 创新奖决赛展演材料

（三）目标实现与展望

1. 目标性

（1）2022 年客舱清洁效率提升 12%，在高于行业标准的前提下，又给民航交付了一份优秀的答卷，为行业树立了新的标杆。

（2）2022 年客舱清洁机组服务满意度成绩高达 97.36，2022 年收到机组、旅客表扬信 711 封，对客舱保洁部高效高质的清洁服务、拾金不昧的高尚品质、热情惊喜的主动服务提出表扬和赞许；2018 年和 2019 年连续获得全日空、立荣航空厦门地区地面服务优秀团队奖、先进保障团队奖项。

（3）自升级“清新客舱”品牌体系以来，“空扫”团队积极参与 CAPSE 等举办的质量评比活动，拓展品牌知名度和影响力，2021 年“清新客舱 惊喜体验”项目荣获品牌创新提名奖；王红荣获 CAPSE“2018 年度民航服务之星奖”，成为首个获得该奖项的机场客舱清洁员，孙云静荣获 2019 年厦门市第二届“质量品牌故事大赛”三等奖；2022 年 12 月客舱保洁部吴泽柱《百年风华，“疫”见真情》征文荣获 2022 年全国品牌故事大赛全国总决赛二等奖。

（4）2022 年 3 月客舱保洁部荣获全国民航五一巾帼标兵岗、华东民航五一巾帼标兵岗，员工亓芹荣获华东民航五一巾帼标兵。

（5）2022 年客舱保洁部充分运用翔业周报、新空港、微信公众号、行业相关宣传平台，投稿 128 篇，刊登报道 32 次，积极宣传推广“清新客舱”品牌内涵和服务举措。“清新客舱”服务品牌的建设，将客舱保洁从民航幕后推向了台前，让更多的人认识到这一群穿行于航班间隙的辛勤身影，为客舱保洁服务赋予了全新的涵义，为乘机的旅客带来了别样的舒适与惬意。

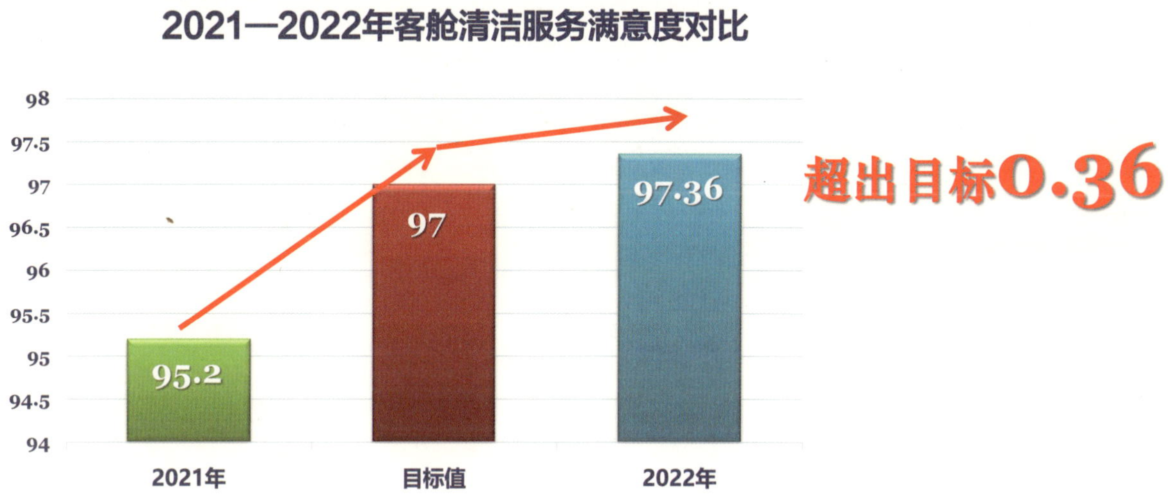

图源：2022CAPSE 创新奖决赛展演材料

2. 标准化

材料未呈现。

3. 展望

展望未来，“清新客舱”应进一步聚焦旅客对美好旅行的需求，着力深化“清新客舱”品牌内涵，通过品牌模型管理推动可量化、操作性强的品牌建设进程，加强新技术运用的思考和尝试，实现“精益智造　匠心升级”的发展目标。

二　案例综评

（一）综合点评

该创新案例围绕服务子品牌的打造进行了创新探索与实践。创新团队结合客舱清洁工作场景，打造了具有行业领先性的“清新客舱”特色的服务品牌。创新团队将传统品牌管理的核心要素在实践中进行了融会贯通，形成了自己的品牌打造模式——“7 个有”，从 7 个不同的管理维度将班组品牌建设与业务品牌进行了高度融合，在基层品牌打造过程中，达到了一种成熟度较高的状态。该案例为民航实体在标杆班组品牌和标杆服务品牌打造的融合方面提供了非常好的借鉴，同时也为行业更精准地去感知“润物细无声”的品牌提供了样例。

（二）技术建议

创新案例在品牌力持续改进体系方面还有提升的空间。创新项目未体现基于品牌力的评估和改进体系，目前满意度、优秀率、宣传稿件等指标虽然在一定程度上可以对该品牌进行监测衡量，但是评价体系还不是很完善，比如，缺少站在行业客舱清洁领域的相关品牌价值评估的策划，以及对班组子品牌或者服务标准等差异化方面的品牌竞争力的监测关注。这有可能会影响品牌力的持续提升。

三 现场展演视频回放

微信扫码可观看

【元翔（厦门）国际航空港股份有限公司】“‘清新客舱’品牌创新案例”展演视频

案 例 名 称：【西安咸阳国际机场股份有限公司】西安机场“西悦行 · 经西飞”中转服务品牌

案 例 编 号：IAB2022002

创 新 分 类：品牌创新

所 属 单 位：西安咸阳国际机场股份有限公司

项目负责人：朱蕊、樊瑞琳

项 目 成 员：无

创新“坐标”

在“民航强国战略”中的位置

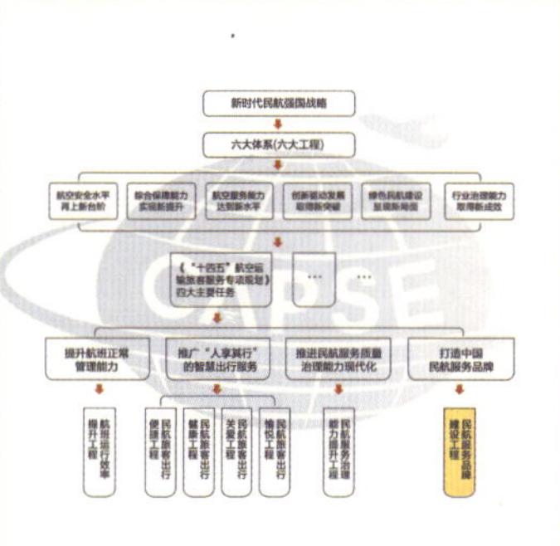

CAPSE 关于《“十四五”民用航空发展规划》解读图

在“服务管理体系”中的位置

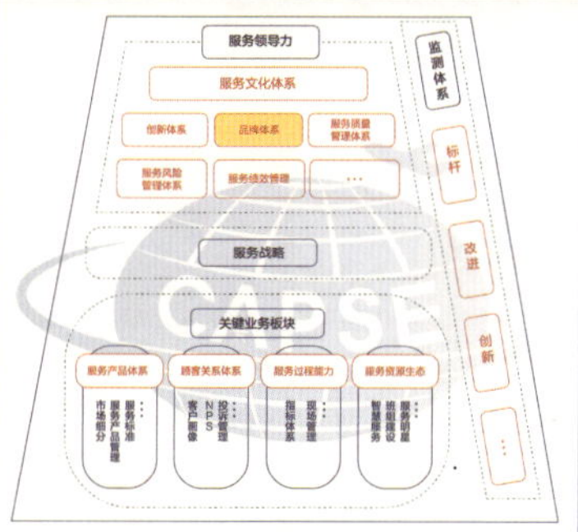

CAPSE 服务管理模型

在“旅客出行体验”中的位置

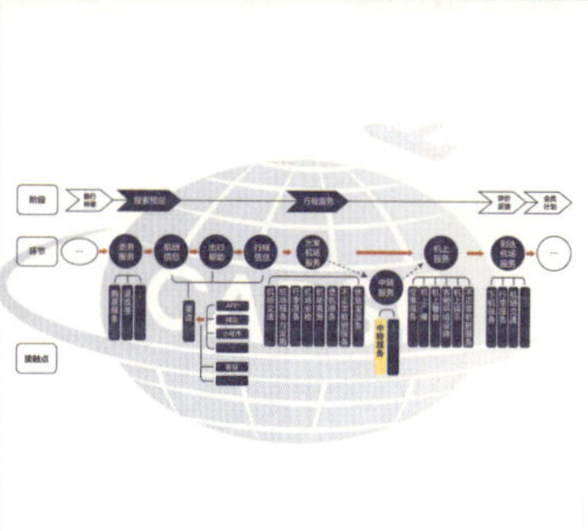

CAPSE 旅程地图

在“服务品牌评价模型”中的位置

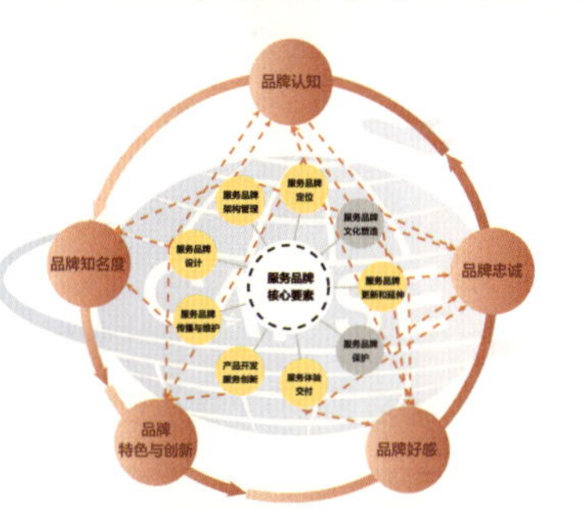

CAPSE服务品牌评价模型

创新 KPI

指标名称	创新前	创新后	备注（行业现状）
中转率	—	13%	中转旅客量占总业务量比重位于行业前列
中转产品体系	0	5 类 10 项	业内成体系化免费中转产品较少
行李免提服务	无	首家实现跨航司中转行李免提的机场	民航局号召开展跨航司中转行李免提服务，大部分机场未实现

一 关键内容展示

（一）策划与设计

1. 需求识别

目前，民航新时代高质量发展的一个重要趋势就是由“点对点直飞”时代向“点对点直飞 + 枢纽中转”时代转变，中转对枢纽机场具有重要意义，目前越来越多的机场和航司更加注重在中转指标、发展战略上进行规划，通过打造机场特有的中转品牌，有效增加旅客运输量，提高航线及航班等资源的利用率，拉动机场及附近区域的经济发展。

2. 成型过程

图源：2022CAPSE 创新奖决赛展演材料

自 2019 年起，西安机场结合区位优势及发展现状，立足旅客实际需求，提出了打造“中国最佳中转机场”的发展目标，作为西安机场实现“三型枢纽”战略的重要抓手及落实民航高质量发展的具体实践。围绕这一战略部署，机场制订了《西安咸阳国际机场打造中国最佳中转机场支撑三型枢纽（2019—2023）建设方案》，计划通过 5 年时间打造成为“中国最佳中转机场”，构建“东进西出、南下北上”国内转运通道和中国面向欧洲、中亚地区转运通道。再通过 5~10 年时间，构建欧洲、中亚经西安至日韩、东南亚的国际中转通道，到 2030 年，中转旅客达到 2500 万左右，占比将近 30%，逐步向亚欧大陆上领先的中转机场迈进。

为支撑目标实现，机场确定了打造“五个最佳中转”实施路径，分别是“最佳中转网络”“最佳中转流程”“最佳中转价格”“最佳中转体验”“最佳智慧中转”，并逐步推出“西悦行 · 经西飞”西安中转品牌，通过不断完善航网建设、优化航班排布、创新中转服务产品、加大设备投入提升保障效率等努力，不断丰富中转品牌内涵，提高中转品牌知名度、影响力。

借助“三个经济”政策红利，依托区位优势，聚焦“航网通道、中转效率、旅客体验、航司协同、资源支撑”等核心要素，由单一、追求规模向量值齐增转变，由空中转向综合交通换乘中心转变，由松散的航司合作向紧密的战略合作转变，通过持续提升，建成“中国最佳中转机场”。

图源：2022CAPSE 创新奖决赛展演材料

3. 创新特点

（1）跨航司（包括低成本运营航司）中转行李免提。

（2）为中转旅客提供涵盖“吃住行游购娱”一系列免费及优惠产品。

（3）航线网络覆盖 80% 以上的运营机场。

（4）中转选择最丰富，价格最优。

4. 目标设定

通过 5 年时间建成“东进西出、南下北上国内转运”和“中国面向欧洲、中亚、中东转运”两大通道，中转旅客年均增幅超过 18%，中转比例达到 20%，国内中转旅客占比居全国第一。

（二）落地与实施

1. 流程设计

第一，加快构建高效完善的航线网络，满足中转旅客基本出行需求。机场充分发挥区位优势，从西安向外发散，形成了连接国内 160 余个航点 270 余条中枢轮辐式航线网络，与骨干城市高频穿梭，与支线航点广泛连接，国内航点通达性、支线航点覆盖率均位居全国第一。

聚焦航线网络

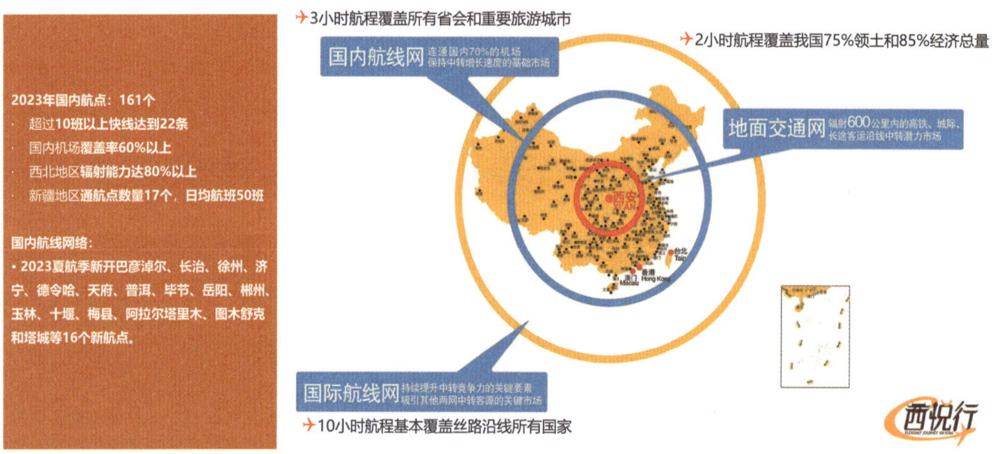

图源：2022CAPSE 创新奖决赛展演材料

第二，调整航班结构，优化中转衔接时间，提升旅客过港效率。机场积极争取管理局支持，与航空公司凝聚共识，与第三方咨询公司开展合作，共同围绕中转能力提升、航班波设计开展大量的航班结构调整和时刻优化工作。通过两年的努力，机场中转衔接机会日均提升约 400 个，极大地提升了中转衔接机会和中转效率，为旅客中转提供更多选择。

优化保障模式，提升中转效率

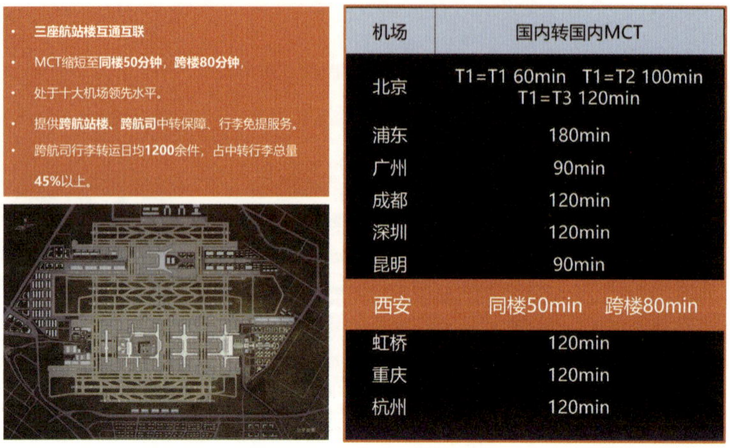

图源：2022CAPSE 创新奖决赛展演材料

第三，设计差异化的中转运价产品，降低旅客出行成本，积极加强与 OTA 的合作，定期对中转竞争市场航线进行分析比对，提升西安中转的价格优势。

第四，围绕中转旅客刚需和痛点问题全面创新中转服务产品。一是提升中转保障效率，提供跨航司行李免提服务；二是推出“悦享中转”产品，满足中转旅客刚需。

第五，加大中转设施设备投入，持续提升中转服务品质。一是开展行李直挂服务试点；二是持续提升中转设施资源保障；三是持续加大中转信息化投入，完成行李运行管理平台项目和中转服务平台建设，并完成两个系统的信息共享，实现 OTA、航司与机场中转保障系统数据互通，为中转行李保障提供信息化支撑工具，大幅提升中转行李保障效率完成；同时将中转服务产品介绍、转机流程介绍、中转问询等加入航站楼智能机器人，进一步提升中转服务的智慧化。

2. 资源保障

在持续丰富品牌建设的同时，机场结合旅客实际需求，不断更新、完善产品体系内容，并结合行业实时热点，不断尝试中转 + 首乘、空铁联运、空地联运等多种模式的服务设计，为旅客提供更丰富、更便捷、更高效的中转服务体验。

3. 监测改进

材料未呈现。

（三）目标实现与展望

1. 目标性

疫情前，2019 年，西安机场累计完成运输起降 34.5 万架次、旅客吞吐量 4722.1 万人次，其中，中转旅客增长快于整体业务增长，全年共运送中转旅客 605.2 万人次，同比增长 20.8%，占总客运量的 12.8%，同比上升 1.6 个百分点。疫情防控期间，业务量受疫情影响较大，而中转旅客占比依旧维持在较高水平，2020 年占比 13.9%，2021 年占比 14.9%，2022 年占比 11.3%，中转旅客对机场运输量拉动明显，客源结构已初步建立，旅客中转忠诚度基本稳定。

西安机场“西悦行 · 经西飞”已取得了较好的市场成绩，通过市场调研，西安机场品牌占有量已在业内处于前列，通过多方位的服务产品、完善的资源投入，为西安机场中转品牌奠定了较好的市场基础，行业影响力逐步提升。

2. 标准化

材料未呈现。

3. 展望

下一步，机场还将围绕“服务、旅游、文化”等主题，联合航空公司、旅游行业、文化机构等共同将资源优势转化为平台优势，实现航空服务能力和品质的深层次提升，为旅客提供更好的航空出行体验。

希望再通过 5 年的发展，使西安机场中转服务品牌成为：

（1）品牌溢价能力在同类产品品牌中位于第一。

（2）建立准确、清晰的品牌 4 大联想，提升品牌外延度。

（3）综合品牌指数（消费者态度指数）处于同类产品品牌中第一位，并与第二位拉开较大差距。

二 案例综评

（一）综合点评

创新团队聚焦民航大产品线——中转产品进行了系统性策划和创新探索。首先，团队设立了清晰的品牌定位和产品承接路径，团队以“西悦行 · 经西飞”中转服务品牌打造为切入点，用品牌打造对“中转产品”进行顶层定位和展开，围绕“品牌建设”的起点要素对品牌进行了较为明确的阐述，即“打造中国最佳中转机场”和“五个最佳中转”，并沿着品牌定位对航网建设、航班排布、中转服务、设备投入等支撑要素进行展开。其次，建立了较为清晰的品牌识别系统，如团队围绕“五个最佳”建立了子品牌架构、推出了吉祥物等识别要素。这为民航实体系统性培育服务产品品牌提供了更高一级的示范。

（二）技术建议

作为一个定位中国最佳中转的品牌创新实践，创新团队在创新过程中，对于服务产品的精细化设计方面还有提升空间。在服务内容和服务标准方面，目前还是以通用中转旅客画像为主的设计，尚未与西安机场通用客群画像、差异化需求进行场景交叉，与通用服务单品融合也尚处于初级阶段，可参考本次大赛川航中转的案例。另外，品牌结果评价体系缺失，作为一个品牌定位为最佳中转产品的服务品牌，目前主要还是以中转率、服务个数等过程指标为支撑，尚未对旅客感知满意度、忠诚度，以及自身的品牌指数、品牌溢价类相关指标进行常态化监控、对标监控和改进驱动。这有可能会影响该品牌持续竞争力的培育。

三 现场展演视频回放

微信扫码可观看

【西安咸阳国际机场股份有限公司】“西安机场‘西悦行 · 经西飞’中转服务品牌”展演视频

案例名称：【广东省机场管理集团有限公司揭阳潮汕机场公司】“潮尚飞”服务品牌

案例编号：IAB2022003

创新分类：品牌创新

所属单位：广东省机场管理集团有限公司揭阳潮汕机场公司

项目负责人：李龙飞

项目成员：无

创新“坐标”

在“民航强国战略”中的位置

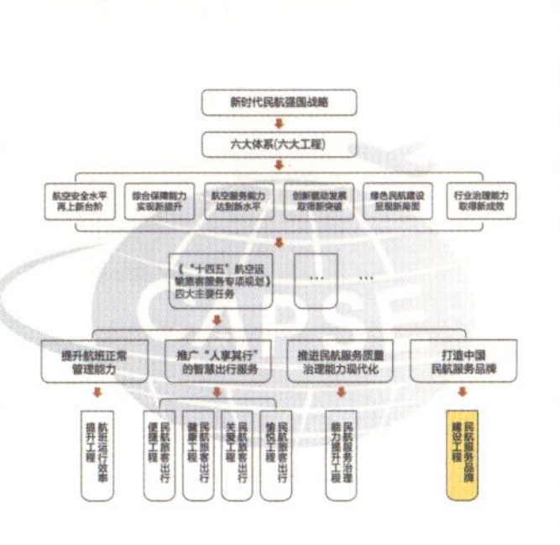

CAPSE 关于《“十四五”民用航空发展规划》解读图

在“服务管理体系”中的位置

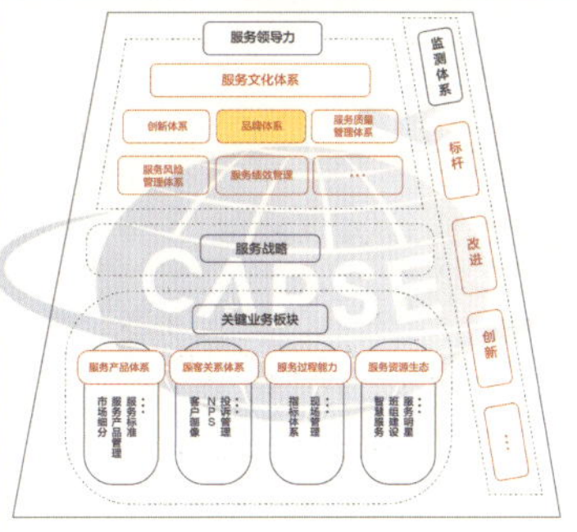

CAPSE 服务管理模型

在“服务品牌评价模型”中的位置

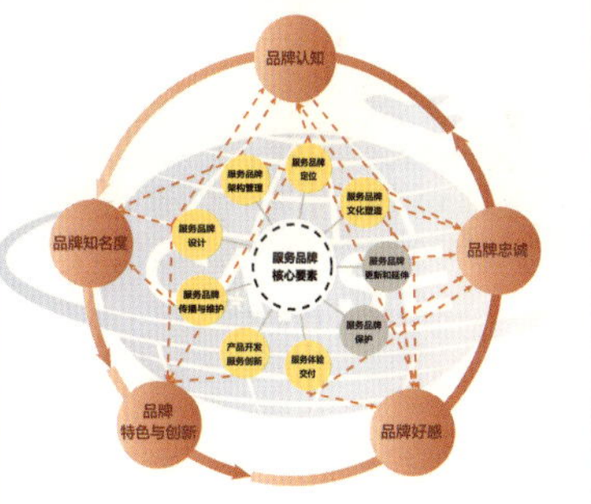

CAPSE服务品牌评价模型

创新 KPI

指标名称	创新前	创新后	备注（行业现状）
品牌核心价值理念	无	服务细致、品质精致、体验极致	大型机场服务品牌具备
品牌画像	无	潮韵、潮味、潮流	大型机场服务品牌具备
品牌定位	无	潮文化特色的精致机场	大型机场服务品牌具备

一 关键内容展示

（一）策划与设计

1. 需求识别

为进一步加强品牌建设、规范品牌管理，构建以“春风服务”为内核的一体化、高标准的品牌矩阵，提升广东机场在全球航空业界的美誉度和竞争力，在“一起分享世界的美”使命和“春风服务”品牌的指引下，揭阳潮汕机场公司将“春潮服务”品牌更新为“春风服务 · 潮尚飞”，并对其品牌定位、画像和标签等进行提炼勾画。

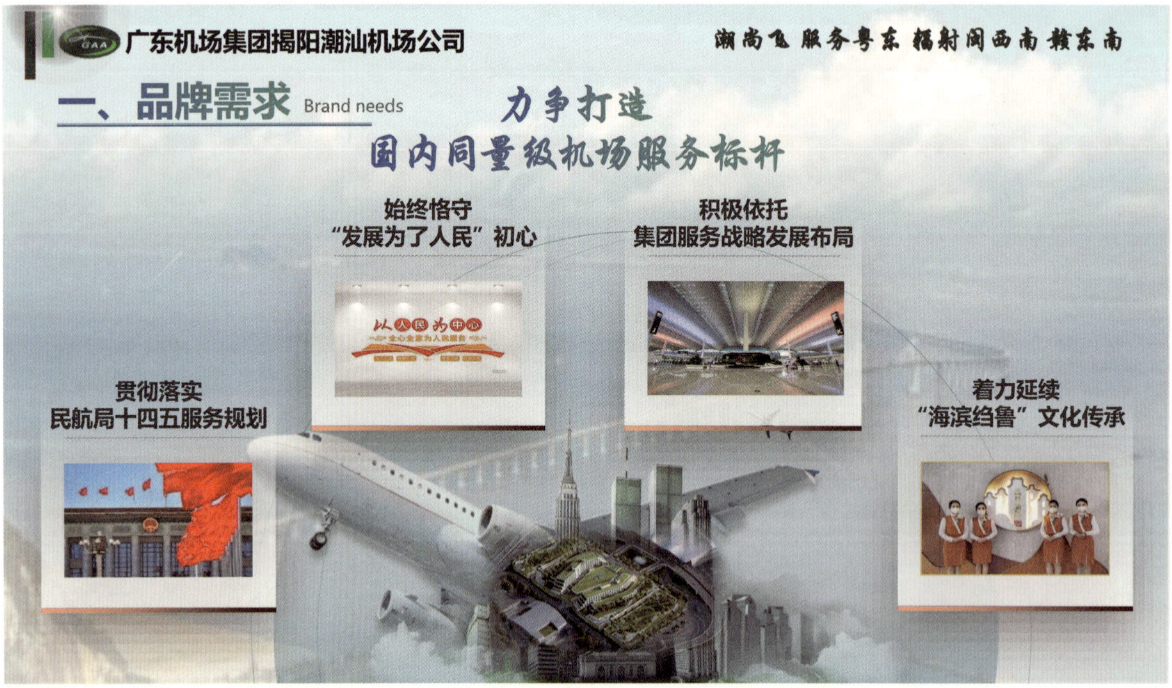

图源：2022CAPSE 创新奖决赛展演材料

2. 成型过程

“潮尚飞”品牌是潮汕机场“勇立潮头、引领潮流、开放包容、热情好客”的集中体现，“潮”代表潮汕地区、潮文化，“尚”代表时尚、精致、品质，“潮尚飞”的品牌与潮文化特色的精致机场一脉相承，谐音是“朝上飞”，寓意着揭阳潮汕机场发展蒸蒸日上。

图源：2022CAPSE 创新奖决赛展演材料

3. 创新特点

潮韵、潮味、潮流。

图源：2022CAPSE 创新奖决赛展演材料

4. 目标设定

打造潮文化特色的精致机场，服务细致、品质精致、体验极致。

（二）落地与实施

1. 流程设计

（1）构建“潮尚飞”品牌体系

图源：2022CAPSE 创新奖决赛展演材料

图源：2022CAPSE 创新奖决赛展演材料

揭阳潮汕机场公司服务品牌体系以“潮尚飞”为总品牌、以各部门班组服务品牌为子品牌构成完整体系，包含“潮致行”“潮安行”“潮 e 行”三大子品牌。

图源：2022CAPSE 创新奖决赛展演材料

（2）打造潮文化特色的精致机场

① 打造潮文化候机体验。

图源：2022CAPSE 创新奖决赛展演材料

② 打造潮文化艺术长廊。

图源：2022CAPSE 创新奖决赛展演材料

③ 打造潮味“美食地图”。

图源：2022CAPSE 创新奖决赛展演材料

（3）打造极致候机体验

① 智慧出行。

无纸出行：从值机、托运、安检至登机，实现“一证通关”。

行李跟踪：上线 RFID 行李全流程跟踪系统。

中转无忧：推行托运“一机二屏”，中转“一次过检”。

智慧停车：建设综合交通综合体，智能停车引导，无感自助缴费。

② 精益求精。

持续丰富“潮尚飞”服务品牌内涵，在旅客出行的每一个环节都凸显出揭阳潮汕机场服务人员的专业与用心，得到旅客充分的信任。从旅客全流程进行精心设计，研究不同的服务模式，深挖服务细节，推出各项细化服务举措、升级设施配置，为旅客提供便捷、温暖的服务，提升旅客出行满意度。

③ 度身定制。

作为旅客感受城市“人文关怀”的门户，揭阳潮汕机场在旅客个性化服务项目、爱心服务设施等方面下足功夫与投入。提质升级母婴室，建设安检私密检查室。把旅客的实际需求融入预先设计、过程实施到运营体验的过程之中。关键设施布局、关键工艺打造、关键用品选取全方位提供细致化、人性化、优质化的服务体验。

2. 资源保障

图源：2022CAPSE 创新奖决赛展演材料

3. 监测改进

材料未呈现。

（三）目标实现与展望

1. 目标性

通过“潮尚飞”服务品牌建设，引导员工从旅客满意度中找寻职业幸福，从而做好服务更加尽心、更加尽职、更加尽力，把改善细节服务与创新服务机制结合起来，为旅客提供良好舒适的乘机感受，进一步提升“潮尚飞”服务品牌对员工的感召力和荣誉感，争做“潮尚飞”服务品牌代言人，让全体员工向标杆看齐，营造“争先恐后当标兵，你追我赶争先进”的良好风气和服务氛围，让“潮尚飞”服务品牌全面融入机场所有服务环节中去，实现机场服务不断创新。

图源：2022CAPSE 创新奖决赛展演材料

2. 标准化

2022 年 6 月 20 日，第八届 CAPSE 航空服务奖（满意度测评类）获奖名单公布，揭阳潮汕国际机场荣获 200 万 ~1000 万级 2021 年度最佳机场奖，并取得第一名的优异成绩，这是揭阳潮汕国际机场首次荣获 CAPSE 相关奖项；6 月 27 日，在 2021 年度民用机场服务质量评价报告发布会上，揭阳潮汕国际机场荣获中国民用机场协会、中国民航科学技术研究院、中国民航报社联合颁发的“2021 年度中国民用机场服务质量优秀奖”，这是揭阳潮汕国际机场继 2018 年之后再次获得此殊荣。连续两个服务奖项，体现揭阳潮汕国际机场为旅客提供高品质服务的不懈追求，彰显揭阳潮汕国际机场“服务细致，品质精致，体验极致”的真情理念。

图源：2022CAPSE 创新奖决赛展演材料

揭阳潮汕国际机场始终立足于客户需求，结合行业发展趋势和客户需求调研，交付满足人民群众美好出行向往的服务产品，推动“潮尚飞”服务品牌建设成果不断转化。同时大力推进人民群众长期关注的痛点难点问题的专项整治，积极运用新科技、新技术，在服务流程上不断创新，打造差异化、个性化服务产品，持续提升服务质量，为广大客户提供更加便捷、舒适、温馨的体验。

二 案例综评

（一）综合点评

创新团队围绕“潮尚飞”服务品牌的打造，进行了系统的、较为完整的创新实践。创新团队在品牌打造过程中，对“潮尚飞”服务品牌进行了较为清晰的定位梳理，从品牌到品牌、从品牌到标准、从品牌到产品均进行了拉通策划，比如，通过打造潮文化特色精致机场的品牌定位，明确品牌标准、品牌核心价值观、品牌 logo，构建了地域特色和地域文化显著的“潮尚飞”品牌体系。“潮尚飞”品牌包含“潮致行”“潮安行”“潮 e 行”三大子品牌，覆盖了各类旅客群体出发到达的全流程动线，在提升员工自身获得感的同时，达成了以品牌为引领的服务氛围效应。这为民航实体系统性考虑服务品牌打造提供了良好的借鉴。

（二）技术建议

作为一个机场服务品牌的创新实践，创新案例在服务品牌管理体系、品牌价值衡量与持续提升等维度还有较大的提升空间。机场服务品牌属于机场大品牌的子品牌，在管理体系上缺少大品牌架构、品牌策划、品牌延申、品牌价值保护等维度的系统性策划；从品牌价值衡量与持续提升维度，缺少对品牌结果的监测，如品牌好感度、品牌知名度、品牌忠诚度、品牌创新等维度的关注，以及基于这些关注进行品牌力持续提升的驱动机制。这有可能会导致在机场服务品牌建设过程中缺少进一步突破的抓手。

三 现场展演视频回放

微信扫码可观看

【广东省机场管理集团有限公司揭阳潮汕机场公司】“‘潮尚飞’服务品牌”展演视频

案例名称：【湖南机场管理集团空港实业股份有限公司乐翔贵宾服务分公司】打造“无V不至”服务品牌 助力贵宾服务全面升级

案例编号：IAB2022004

创新分类：品牌创新

所属单位：湖南机场管理集团空港实业股份有限公司乐翔贵宾服务分公司

项目负责人：吴泓俊、易穗子、刘亚

项目成员：王超、郭军、汪慧、黎亮、谢欣芸、李小果

创新“坐标”

在“民航强国战略”中的位置

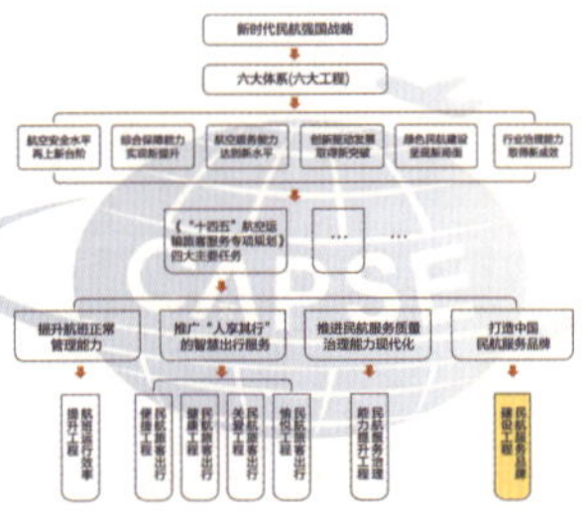

CAPSE 关于《“十四五”民用航空发展规划》解读图

在“服务管理体系”中的位置

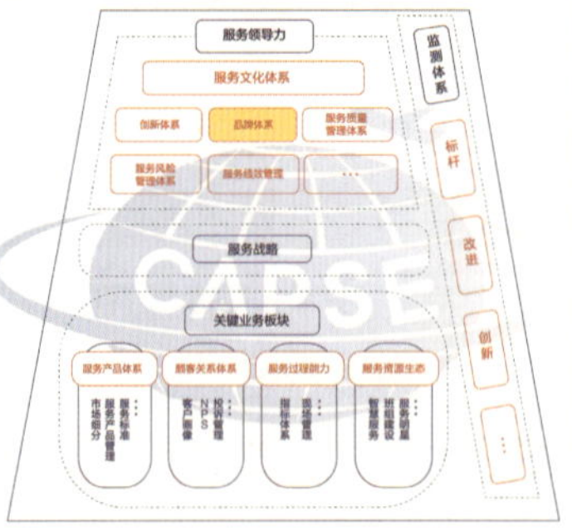

CAPSE 服务管理模型

在“服务品牌评价模型”中的位置

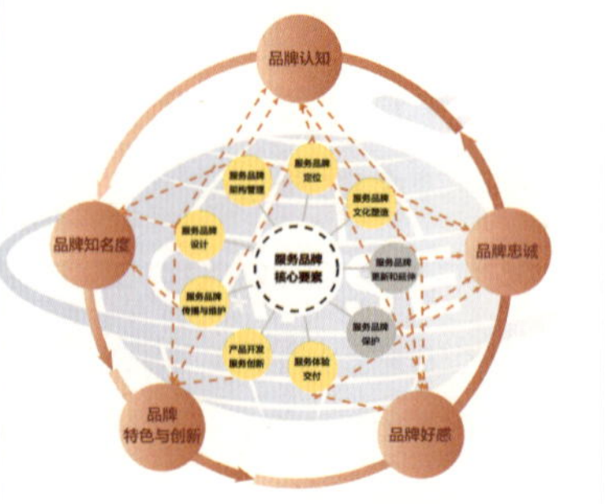

CAPSE服务品牌评价模型

创新 KPI

指标名称	创新前	创新后	备注（行业现状）
服务体系	服务体系不够完善	在品牌建设的持续深化后，形成了多点发力、全面开花的品牌阵矩	—
服务举措	服务意识不够深入，服务举措不够特色化	在明确品牌定位后，倾力推出全流程、跟踪式、一站式、贴心式服务举措，满足旅客多元化、个性化、便捷化出行需求	—
宣传体系	宣传资源不足、宣传力度不够	通过纸质宣传册、微信群、朋友圈、公众号、网络平台等线上线下载体相结合的方式开展品牌宣传创建	—

一 关键内容展示

（一）策划与设计

1. 需求识别

长沙作为新晋网红城市，不仅拥有悠久的历史文化，还有着丰富的特色美食，吸引着全国各地的宾客前来探访体验。长沙机场乐翔贵宾厅作为湖南接待四方宾客、对外展示的重要“窗口”，自2020年以来，面临着复杂严峻的疫情防控形势，以及旅客出行日益增长的多元化、个性化、专属化的服务需求等多种考验。

2. 成型过程

为了进一步推动服务品牌工作的开展，扩大服务品牌的知名度和影响力，在品牌建设中运用多种形式的宣传活动，并致力于不断优化微小细节，突出构建“以人为本”的品牌理念。

3. 创新特点

品牌以打造“小 V”人物形象为设定，以全方位、多样化服务举措为延伸，以满足旅客的个性化需求为目标，致力于以“五心”服务，打造“五星”品牌。从无微不至的服务到“无 V 不至”服务品牌，是乐翔贵宾服务分公司服务的初心，也是从标准化、品质化服务转向品牌化、体验化服务的全面升级。

4. 目标设定

面对新的形势需求变化，打造全覆盖服务体系、信息化服务建设、精准化服务举措的服务品牌迫在眉睫。空港实业乐翔贵宾服务分公司践行“人民航空为人民”的使命，从旅客体验出发，创新“无 V 不至”服务品牌。一方面倾力推出全流程、跟踪式、一站式、贴心式服务举措，满足旅客多元化、个性化、便捷化出行需求；另一方面，持续构建多点支撑、多元发展的“无 V 不至”品牌发展新格局，推动服务标准化、精准化转向品牌化、体验化发展，深度契合网红城市特质，助力城市经济发展。

（二）落地与实施

1. 流程设计

（1）品牌设计

① 打造品牌人物形象。以乐翔红色制服的 V 领与佩戴的丝巾为元素，设计“小 V”员工的人物形象，并率先在品牌建设中进行应用，以人物形象的亲民、活泼、立体化打造，迈开品牌建设的第一步。

图源：2022CAPSE 创新奖决赛展演材料

② 设计品牌 logo。结合乐翔分公司所有往来的旅客都认定为 VIP 的理念，将英文字母 V 元素设为 logo 的核心，将湖南的省花芙蓉花融入其中，并结合公司的片区管理工作法，即这五个花瓣指的是五个职责，安全、服务、营销、质控、培训，让五片花瓣具有多层意义，象征着品牌服务始终以旅客为核心，贯彻“以人为本”的价值追求。

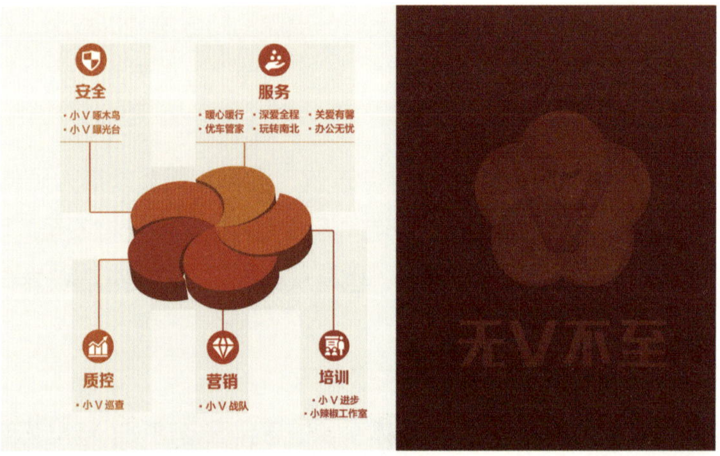

图源：2022CAPSE 创新奖决赛展演材料

（2）品牌内涵

① 无 V 不至——小 V 全程，打造全流程服务新样本。

小 V 全程是品牌创新服务举措的第一站，本着为每一位旅客提供优质、便捷、尊享的服务，推出私人定制系列。在拓展新客户的同时以常旅客喜好为依托，创新个性化的出行方案，打造一站式全流程服务贴合旅客需求，传递机场温度、体现品牌特色。

② 无 V 不至——小 V 管家，创新跟踪式服务新模式。

小 V 管家以“让不一样的客人感受到不一样的服务”作为潜心研究的课题，品牌主动融入大数据、云时代、智能化发展的新浪潮，和多个单位精准化对接、全方位联动，创新推出空中动态提前知晓、路程动态实时跟踪、目的地机场天气提前告知、行李服务优先安排，做到出行流程便捷高效的五步法，形成全链条跟进、全天候在线的尊享服务。

③ 无 V 不至——小 V 星程，升级一站式服务新体验。

以网红城市星城长沙为引导，小 V 星程聚焦为首次抵达长沙的旅客推荐长沙特色景点、特色美食、网红打卡地的游玩攻略。推出“乐享其中，玩转星城”的小 V 星程一站式服务，配套制作

“星城游玩小手册”“必吃美食清单”“乐游玩”等“打卡地须知小窍门”。同时，与第三方车行签订合作协议，提供车辆预订派单服务，精准匹配旅客“机场—市区”的交通需求，以服务新体验陪伴旅客星城游玩。

图源：2022CAPSE 创新奖决赛展演材料

④ 无 V 不至——小 V 无忧，推出贴心式服务新举措。

为不断精雕细琢贵宾服务体验，小 V 无忧结合“我为旅客办实事”主题实践活动，创新推出旅客便民包、行李门到门、制定行李二维码温馨提示卡等 32 项便民措施，并推出代表湖湘味道的“乐翔那碗粉”子品牌，用湖湘特色传递小 V 关怀。

图源：2022CAPSE 创新奖决赛展演材料

⑤ 无 V 不至——小 V 相随，引领文明志愿服务新风尚。

深化拓展“暖心暖行，乐翔同行”等特色志愿服务。针对候机楼内往来旅客，提供“您的困难，我来帮”“暖心暖行，乐翔同行”特色系列服务，累计志愿服务时长 2000 余小时，帮助近 1800 名旅客，收到 107 通表扬电话。在传统节日开展“喜迎中秋，乐享团圆”“喜乐元宵”等主题活动中，荣获湖南省“情满旅途 · 暖冬行动”优秀志愿服务团队等多项荣誉，真正做到无微不至的旅途关怀，传递“无 V 不至”的品牌正能量。

图源：2022CAPSE 创新奖决赛展演材料

2. 资源保障

随着“无 V 不至”品牌建设的持续深化，品牌结合旅客需求、公司发展、行业目标，将品牌建设与党建引领相融合，延伸了 6 个各具特色的服务子品牌，即“暖心暖行”春运志愿服务品牌、“深爱全程”老人小孩专享服务品牌、“关爱有馨”时尚女性服务品牌、“优车管家”过夜停车服务品牌、“玩转南北”高端旅游服务品牌、“办公无忧”商旅出行服务品牌，形成了多点发力、全面开花的品牌矩阵，带动品牌内涵加速升级，新举措、新场景层出不穷。

图源：2022CAPSE 创新奖决赛展演材料

3. 监测改进

为拓宽品牌宣传方式，通过纸质宣传册、微信群、朋友圈、公众号、网络平台等线上线下载体相结合的方式开展品牌宣传创建。同时，以“小 V 课堂”“节日主题宣传日”等多元化的互动活动、创新创意的二十四节气海报、生动有趣的疫情防控、“小 V”暖心提醒等多种方式，让“无 V 不至”品牌活跃在各个主流平台，成为长沙机场一抹亮丽的“小 V”红。

图源：2022CAPSE 创新奖决赛展演材料

（三）目标实现与展望

1. 目标性

面对疫情防控、经营受阻、安全压力等困难交织，在湖南机场集团的坚强领导下，空港实业乐翔贵宾服务分公司秉持“至诚服务，至尊享受”的服务理念，倾力打造“有活力，有温度，有价值”的“无 V 不至”服务品牌。在防疫情、抓安全、优服务、提品质、塑形象上绽放了强大的生机活力，为旅客提供了更加真心、诚心、细心、爱心、贴心的五星级服务体验。“无 V 不至”服务品牌也成为特殊时期服务地方发展、展示长沙形象、打造行业标杆、助力集团发展的创新样本。

2. 标准化

自“无 V 不至”品牌创建以来，以“1+6”模式组建了 18 支“小 V 战队”。依托“小 V 创新工作室”，结合日常礼仪培训、师徒结对等形式，形成了一支全能型的“小 V”先锋队伍，出色完成了党的二十大代表团、两会、中非经贸博览会等重要保障任务，得到了各界宾客的高度认可，收获锦旗 26 面。

在品牌实施过程中，为响应湖南三高四新战略定位，全新打造了自贸临空综合区商业一体化贵宾厅，并推出“贵宾出行定制全流程服务”项目，荣获全国质量技术创新成果“专业级”奖项等多项荣誉。

3. 展望

阴霾散去、暖意渐浓、春山在望。在建设民航强国的新征程中，空港实业乐翔贵宾服务分公司将始终锚定高质量发展航向，坚持以服务创品牌，以品牌促服务，让“无 V 不至”成为机场高端、优质、便捷服务品牌的代名词。

二 案例综评

（一）综合点评

创新团队围绕如何由“优质服务”到“服务品牌”进行了创新实践。团队以现有服务内容、服务标准、服务呈现等资源为基础，围绕服务产品品牌塑造的核心要素“服务产品品牌内涵—服务产品品牌架构与内容—服务产品品牌传播—品牌更新体系”对原有贵宾服务服饰、话术、礼仪、32项便民服务、茶艺、钢琴、美食等进行了体系化整合，对服务产品品牌培育进行了实践和探索，从各方反馈来看，也取得了一定的品牌影响力。这为民航实体围绕基础服务产品（流程）向服务产品品牌培育，提供了一个良好的借鉴。

（二）技术建议

该案例主要围绕服务品牌（站在公司角度也可以称为服务子品牌或服务产品品牌）的创新探索，目前距离成为真正有竞争力的强势品牌，还有较大的提升空间。在品牌管理的范畴方面，创新团队在服务产品品牌的价值评估方面缺少系统的策划，这需要囊括除了满意度、传播量以外的好感度、知名度、忠诚度等一系列的评价维度。另外，在服务产品品牌培育的内在逻辑线方面还比较松散，没有形成从品牌内涵到品牌服务内容，再到资源支撑等方面的强逻辑支撑，整体体现的产品服务品牌管理还比较零散。这有可能会影响“无Ⅴ不至”品牌成为一张有竞争力民航服务名片的进程。

三 现场展演视频回放

微信扫码可观看

【湖南机场管理集团空港实业股份有限公司乐翔贵宾服务分公司】“打造‘无Ⅴ不至’服务品牌助力贵宾服务全面升级”展演视频

特别鸣谢

第六届 CAPSE 创新大赛决赛于 2023 年 3 月 31 日在湖南长沙圆满落幕，CAPSE 创新奖组委会向各协办单位和所有参赛单位的大力支持表示最真挚的感激与谢意，衷心感谢每一位的贡献与付出！

第六届 CAPSE 创新大赛协办单位

湖南省机场管理集团
湖南机场股份有限公司长沙黄花国际机场分公司
湖南空港实业股份有限公司
湖南航空股份有限公司

第六届 CAPSE 创新大赛参赛单位

（排名不分先后，按照单位名称拼音字母正序排序）

安庆天柱山机场有限责任公司
澳门航空股份有限公司
北京首都国际机场股份有限公司
北京首都航空有限公司
北京首都机场餐饮发展有限公司
北京首都机场航空安保有限公司
成都双流国际机场股份有限公司
重庆机场集团
重庆江北国际机场有限公司
东部机场集团有限公司
东部机场集团有限公司南京禄口国际机场贵宾服务公司
东部机场集团有限公司南京禄口国际机场投资有限公司
东方航空食品投资有限公司
广东机场白云信息科技有限公司
广东省机场管理集团有限公司惠州机场公司
广东省机场管理集团有限公司揭阳潮汕机场公司
广东省机场集团物流有限公司
广西机场管理集团南宁吴圩国际机场
广州白云国际机场二号航站区管理有限公司
广州白云国际机场股份有限公司
广州白云国际机场股份有限公司航空运输服务分公司
广州白云国际机场商旅服务有限公司
广州白云空港设备技术发展有限公司
贵州航空有限公司
海口美兰国际机场有限责任公司
海南航空控股股份有限公司
杭州萧山国际机场有限公司
河北航空有限公司
河北机场管理集团有限公司

续表

衡阳南岳机场有限责任公司
湖北机场集团航空物流有限公司
湖南航空有限公司
湖南机场股份有限公司长沙黄花国际机场分公司
湖南机场管理集团空港实业股份有限公司乐翔贵宾服务分公司
湖南机场物流股份有限公司
湖南空港实业股份有限公司航空食品服务分公司
湖南省机场管理集团
淮安涟水国际机场有限责任公司
济南国际机场贵宾服务有限公司
济宁曲阜机场有限公司
江西航空有限公司
江西空港航空地面服务有限公司
江西省机场集团有限公司
江西省机场集团有限公司赣州机场分公司
江西省机场集团有限公司吉安机场分公司
江西省机场集团有限公司景德镇机场分公司
江西省机场集团有限公司上饶机场分公司
江西省机场集团有限公司宜春机场分公司
昆明航空有限公司
兰州中川国际机场有限公司
内蒙古巴彦淖尔民航机场有限责任公司
内蒙古扎兰屯民航机场有限责任公司
内蒙古自治区民航机场集团有限责任公司
内蒙古自治区民航机场集团有限责任公司包头分公司
内蒙古自治区民航机场集团有限责任公司赤峰分公司
内蒙古自治区民航机场集团有限责任公司呼和浩特分公司
内蒙古自治区民航机场集团有限责任公司呼伦贝尔机场分公司
内蒙古自治区民航机场集团有限责任公司通辽分公司
内蒙古自治区民航机场集团有限责任公司乌兰浩特分公司
内蒙古自治区民航机场集团有限责任公司锡林浩特分公司

续表

青岛国际机场集团有限公司
青岛航空股份有限公司
琼海博鳌机场
泉州晋江国际机场股份有限公司
三亚凤凰国际机场有限责任公司
山东航空股份有限公司
山东省机场管理集团济南国际机场股份有限公司
山东省机场管理集团有限公司
上海国际机场地面服务有限公司
上海虹桥国际机场有限责任公司
上海吉祥航空股份有限公司
上海浦东机场股份有限公司
深圳航空有限责任公司
深圳市机场股份有限公司
深圳市机场物流发展有限公司
沈阳桃仙国际机场股份有限公司
石家庄正定国际机场
首都机场集团有限公司北京大兴国际机场
四川航空股份有限公司
四川省机场集团有限公司成都天府国际机场分公司
唐山三女河机场管理有限公司
天津滨海国际航空物流有限公司
天津滨海国际机场有限公司
天津航空有限责任公司
温州机场集团有限公司
乌鲁木齐地窝堡国际机场
武汉天河机场有限责任公司
西安咸阳国际机场股份有限公司
西部机场集团航空物流有限公司
西部机场集团宁夏机场有限公司
西部机场集团宁夏机场有限公司地面服务分公司

续表

厦门航空有限公司
新疆机场集团公司阿克苏机场
幸福航空有限责任公司
徐州观音国际机场有限责任公司
扬州泰州国际机场
元翔（福州）国际航空港有限公司
元翔（厦门）国际航空港股份有限公司
元翔（厦门）国际航空港股份有限公司地勤服务分公司
云南机场集团有限责任公司丽江机场
云南机场集团有限责任公司西双版纳机场
云南昆明长水国际机场
云南祥鹏航空有限公司
浙江长龙航空有限责任公司
中国国际航空上海分公司
中国联合航空
中国南方航空股份公司湖南分公司
中国南方航空股份有限公司
中国南方航空股份有限公司深圳分公司
中国南方航空股份有限公司新疆分公司
中国南方航空贵州有限公司
中国南方航空物流有限公司